Walter Ötsch & Thies Stahl

Das Wörterbuch des NLP

Das NLP-Enzyklopädie-Projekt

Reihe
Pragmatismus & Tradition
Band 54
Herausgegeben
von Thies Stahl

Walter Ötsch & Thies Stahl

Das Wörterbuch des NLP

Das NLP-Enzyklopädie-Projekt

Unter Mitwirkung von Inke Jochims
Mit Zeichnungen von Lucas Derks

Junfermann · Verlag Paderborn
1997

Covergestaltung: Petra Friedrich

Satz: adrupa Paderborn
Druck: PDC – Paderborner Druck Centrum

Die Deutsche Bibliothek – CIP-Einheitsaufnahme
Ötsch, Walter:
Das Wörterbuch des NLP: Das NLP-Enzyklopädie-Projekt/Walter Ötsch, Thies Stahl. – Paderborn: Junfermann, 1997
(Reihe Pragmatismus & [und] Tradition, Bd. 54)
ISBN 3-87387-336-2

NE: Stahl, Thies:; GT

ISBN 3-87387-336-2

Was steht wo?

Vorwort von Walter Ötsch

Dieses Lexikon ist ursprünglich am Internet entstanden. Im Sommer 1996 fand ich Spaß daran, einen österreichischen Internet-Server zu installieren (http://www.nlp.at) und mit den vielfältigen Möglichkeiten des Internet zu experimentieren. Ich wollte dabei eine technische Struktur zur Verfügung stellen, in welche andere NLP-interessierte Personen Stichworte für ein NLP-Lexikon eintragen konnten (die dann mit Hyperlinks miteinander verbunden wurden). Während der Ausarbeitung der ersten Stichworte gewann ich Gefallen am Formulieren und bis zum Herbst 1996 entstand eine erste Fassung, die sich auf einmal als Rohkonzept für ein Buch entpuppte – welches dann im Frühjahr 1997 intensiv überarbeitet wurde. Zusätzlich entstand auch eine CD-ROM-Version – unter Beibehaltung der Hyperlink-Struktur der Internet-Version.

Bei all dem haben mich viele Personen in inhaltlicher und in technischer Hinsicht unterstützt. Stellvertretend für viele andere bedanke ich mich bei Helmut Broichhagen, Lucas Derks, Paul Gutenbrunner, Gundl Kutschera, Wolfgang Lenk, Nikolaus Mayr, Alexa Mohl und Doris Reisinger. Thies Stahl hat mir umfangreiche Unterlagen zur Verfügung gestellt, die zum Teil in das Lexikon eingeflossen sind. Thies Stahl hat auch angeregt, den vorliegenden Text als Grundlage für eine geplante NLP-Enzyklopädie zu verwenden. Ich finde diese Idee ganz hervorragend und lade alle interessierten Leserinnen und Leser ein, uns bei diesem Projekt zu unterstützen. Inke Jochims hat an der Endfassung des Lexikons intensiv mitgearbeitet und viele Verbesserungsvorschläge entwickelt.

Ich wünsche allen Leserinnen und Lesern so viel Spaß beim Lesen, wie ich beim Schreiben hatte.

Linz, im Mai 1997
Walter Ötsch

Vorwort von Thies Stahl

Die bisher für die hier vorliegende Arbeitsgrundlage und damit für die geplante NLP-Enzyklopädie erstellten Texte gehen im wesentlichen auf meinen Mitherausgeber Dr. Walter Ötsch zurück. Bis auf wenige Ausnahmen (die namentlich kenntlich gemacht wurden) zeichnet er verantwortlich für die Einträge unter den jetzt vorhandenen Start-Stichpunkten.

Dafür gebührt ihm der Dank der „NLP-Gemeinde“. Nicht nur für den enormen Zeitaufwand, der für die Niederschrift der umfangreichen Texte notwendig war, sondern auch für die hervorragende und auch sehr zeitintensive Arbeit der Vernetzung der Stichworte. Wobei neben der gedanklichen vor allem auch die „rein physikalische“ Arbeit der Vernetzung – die Erstellung der Hyperlinks in der Internetausgabe – größte Ansprüche an Geduld und klares, sauberes Denken stellen. Diese enorme Arbeit ist den Texten nicht mehr anzusehen, der Internet-Ausgabe am Bildschirm nicht, und dem hier vorliegenden Buch schon gar nicht.

Vielen Dank, Walter, daß Du diese aufwendige Vorarbeit auf Dich genommen und damit für eine Initialzündung gesorgt hast. Du hast einen Grundstein gelegt für das erste wirklich interaktive Buchprojekt dieser Art. Die einzelnen Stichpunkte sind fließend formuliert und sehr gut lesbar – und ... sie laden ein, sich an ihnen zu reiben, nicht mit ihnen einverstanden zu sein, mit Details und mit Aspekten genauso wie mit Kernaussagen, mit den metaphorischen Verpackungen und mit theoretischen Metaphoriken ebenso wie mit stilistisch-sprachlichen Besonderheiten.

Diese Texte sind ein Anstoß zum Handeln. Jetzt ist es an uns, den NLP-Interessierten und -Begeisterten, Kelle, Mörtel und weitere Steine zur Hand zu nehmen und mitbauen zu helfen an dem Gedankengebäude, dem Definitionsgerüst, dem auszubauenden impliziten Menschen- und Weltbild des NLP, in dem wir uns zu Hause fühlen können.

Es sollte groß genug und variabel genug eingerichtet sein, damit unterschiedliche (Schul-)Meinungen in bezug auf Definitionen, Geltungsbereiche, Lieblingsmetaphoriken, -analogien und -dogmen in ihm Platz haben und damit es eine Begegnungsstätte für die multikulturelle NLP-Gemeinschaft mit ihrem multiperspektivischen Bewußtsein sein kann.

Außerdem sollte dieses Haus in Planung und Ausführung so angelegt sein, daß es mit seinen Bewohnern und ihren Entwicklungen mitwächst. Dafür möchte ich mich in diesem Projekt einsetzen.

Hamburg, im Mai 1997
Thies Stahl

Das NLP-Enzyklopädie-Projekt

Wir laden Sie ein, bei der Entwicklung des vorliegenden Wörterbuches zu einer NLP-Enzyklopädie mitzuarbeiten.

Alle NLP-kundigen Personen sind eingeladen, auf der Grundlage des vorliegenden Textes uns ihre abweichenden, ergänzenden und weiterführenden Meinungen, Definitionen, Metaphern, ... einzusenden.

Das Lexikon soll auf diese Weise nach und nach zu einer umfangreichen NLP-Enzyklopädie anwachsen.

Die Enzyklopädie soll von Thies Stahl und Walter Ötsch in einigen Jahren publiziert werden. Jede Person, die einen Beitrag geleistet hat (auch wenn dies nur einige Sätze sind), wird in der Enzyklopädie bei den entsprechenden Stichwörtern mit ihrem vollen Namen als AutorIn genannt.

Dieses Projekt wird in Zusammenarbeit mit dem DVNLP (Deutscher Verband für Neurolinguistisches Programmieren) durchgeführt.

Schreiben Sie an:

Walter Ötsch
Alois Senefelderstraße 9
A-4020 Linz
Tel. + Fax: ++43 – 7 32 – 34 89 09
E-mail: la@nlp.at

oder an:

Thies Stahl
Drosselweg 1
D-25451 Quickborn
Tel.: ++49 – 41 06 – 8 23 81
Fax: ++49 – 41 06 – 8 23 83
E-mail: Susanne.u.Thies.Stahl@t-online.de

oder an:

Junfermann Verlag
Postfach 1840
D-33102 Paderborn
Tel.: ++49 – 52 51 – 3 40 34
Fax: ++49 – 52 51 – 3 63 71
E-mail: 100732.1461@compuserve.com

Absicht

⇨ *gute Absicht*

Ableitung, Derivation, abgeleitete Bedeutung, Ableitungs-Suche

Das ⇨ *Meta-Modell* der Sprache basiert auf der Unterscheidung nach ⇨ *Tiefenstruktur* und ⇨ *Oberflächenstruktur*. Unterschiede zwischen den beiden Strukturen können in der Linguistik durch Transformationen beschrieben werden. Transformationen sind „eine Reihe formaler Mapping-Operationen ..., die genau bestimmen, wie Tiefen-und Oberflächenstrukturen sich voneinander unterscheiden können. Der gesamte Prozeß, der eine Tiefenstruktur mit ihrer Oberflächenstruktur verbindet, wird Ableitung (Derivation) genannt“ (*Bandler und Grinder 1996 [1975], 223f.*). „Eine Ableitung ist eine Serie von Transformationen, welche die Tiefenstruktur- und die Oberflächenstruktur verbindet“ (*Bandler und Grinder 1994a [1975], 52*).

„Wenn wir natürliche Sprachsysteme verwenden ... nehmen wir an, daß der Zuhörer die Fähigkeit hat, Tiefenstrukturbedeutungen von der Oberflächenstruktur, die wir ihm auditiv anbieten, zu unterscheiden. Darüberhinaus nehmen wir ebenfalls an, daß der Zuhörer die ... Fähigkeit besitzt, aufgrund der Form bestimmter Oberflächenstrukturen zusätzliche Bedeutungen aus dieser zu entnehmen“ (*Bandler und Grinder 1996 [1975], 245*). Beispiele für abgeleitete Bedeutungen sind ⇨ *Vorannahmen* der natürlichen Sprache oder ⇨ *Konversations-Postulate*. Die hypnotischen Sprachmuster des ⇨ *Milton-Modells* aktivieren beim Zuhörer einen Prozeß, dem Gehörten (das „kunstvoll vage“ präsentiert wird) eine personenspezifische Bedeutung zu geben. Dieser Prozeß wird Ableitungssuche oder ⇨ *transderivationale Suche* genannt.

Accessing cues

⇨ *Zugangs-Hinweise*

Affirmationen

Im Lateinischen heißt affirmatio Bejahung. Im NLP wird der Ausdruck Affirmationen für suggestive, meist kurze Sätze verwendet, die einen positiven und bejahenden Sinn haben, wie z.B.: „Ich bin ruhig und gelassen.“ Affirmationen können ein wirksames Mittel sein, innerlich einen ⇨ *Ressourcen-Fokus* zu aktivieren. In der NLP-⇨ *Ziel-Arbeit* werden oft ⇨ *Ziel-Sätze* in prägnanter und kurzer Weise als Affirmationen formuliert. Der Wert von Affirmationen zeigt sich in der (innerlichen und äußeren) Reaktion einer Person, die sie hört oder liest. Wirkungsvolle Affirmationen können den ⇨ *inneren Zustand* schnell verändern (Wechsel von der ⇨ *Problem-* zur ⇨ *Ressourcen-Physiologie*).

Affirmationen beeinflussen den ➪ *inneren Dialog*, das innere Zwiegespräch, das viele Menschen fortgesetzt haben. (Der innere Dialog ist für die Konstruktion subjektiver Realitäten bedeutsam. Mit Hilfe ihres inneren Dialogs erklären sich Menschen, was gerade wichtig und sinnvoll ist, vgl. *Wrycza 1994.*)

Als ob

Die Fähigkeit zur Simulation, die Fähigkeit, zu denken und zu handeln, „als ob" bestimmte Tatbestände eingetreten oder „wahr" wären.

(1) Diese Fähigkeit steht im Zentrum der Philosophie von Hans Vaihinger (1852-1933), auch „Die Philosophie des Als Ob" (*Vaihinger 1911*) oder „Fiktionalismus" genannt. Vaihinger geht von der „Einbildungskraft" des Menschen aus: Menschen entwerfen die ganze Zeit auf eine unbewußte Weise ➪ *Modelle* der Welt und handeln, „als ob" ihre eigenen Modelle „wahr" wären. Selbst ganz elementare Begriffe, wie ein „Ding", sind nach Vaihinger „Fiktionen": einzelne subjektive Empfindungen (wie der Geschmack von Zucker) werden als statische „objektive Eigenschaften" einem „Ding" (dem Zucker) zugeordnet. Prozeßhaft-dynamische Empfindungen gerinnen zu einem statischen „Ding", und im Alltag tun wir so, „als ob" diese „Dinge" mit ihren Eigenschaften „tatsächlich" existieren würden (*Vaihinger 1911, 300ff.*). Bandler und Grinder zitieren in „Metasprache und Psychotherapie" diese Ideen als Beispiel dafür, wie Sprache und sprachliche Begriffe soziale (und individuelle) Realitäten schaffen (*1994a [1975], 31f.*).

(2) Die Fähigkeit zu simulieren spielt in vielen Techniken des NLP eine große Rolle. Beispiele sind die zweite Position, bei der Menschen tun, „als ob" sie eine andere Person wären oder die dritte der ➪ *Wahrnehmungs-Positionen*, bei der Menschen eine Situation oder ein Ereignis so betrachten, „als ob" sie außerhalb der Situation wären. Die NLP-Techniken der (äußeren) ➪ *Zeit-Linie* leiten Menschen an, Ereignisse in der Vergangenheit oder in der Zukunft so zu erleben, „als ob" sie jetzt stattfinden würden.

(3) Viele Techniken des NLP basieren auf einer direkten Aktivierung von ➪ *Ressourcen*, z.B. durch die Aktivierung von ➪ *Referenz-Erfahrungen*:

Menschen stellen sich vor, sie würden jetzt diese Erfahrung machen. Sie tun dabei so, „als ob" sie jetzt an diesem Ort / zu dieser Zeit / in diesem Erlebnis wären. Diese Technik findet auch in der ➪ *Ziel-Arbeit* häufig Anwendung. Eine intensive Simulation des ➪ *Ziel-Zustandes* wird im NLP in der Regel positiv interpretiert (und geübt). Dabei geht man davon aus, daß das Gehirn nur unvollständig zwischen einer Vorstellung (der „Simulation") und einem tatsächlich stattfindenden Ereignis (der „Realität") unterscheiden kann: das Nervensystem bringt sich in einen Zustand, „als ob" all dies jetzt passieren würde. Damit wird der ➪ *Fokus der Aufmerksamkeit* auf Ressourcen und auf das eigene Potential gelenkt, wodurch die Wahrscheinlichkeit der Erreichung von Zielen erhöht wird.

(4) Techniken des „als ob" werden im NLP auch verwendet:

(a) um ein Ziel ➪ *ökologisch* zu überprüfen. Dazu ist ein ➪ *genaues Wahrnehmen* der ➪ *Physiologie* notwendig, die eine Person einnimmt, wenn sie sich innerlich ihr Ziel vorstellt bzw. vorstellt, sie hätte das Ziel bereits erreicht. ➪ *Inkongruenzen* bzw. keine vollständige ➪ *Ressourcen-Physiologie* werden im NLP als Einwände von ➪ *Teilen* im ➪ *Unbewußten* interpretiert, deren ➪ *gute Absicht* erkundet, gewürdigt und in das (modifizierte) Ziel eingebaut werden soll.

(b) um kreative Lösungen für die Erreichung eines Zieles zu erkunden. Die Vorstellung, man hätte ein Ziel bereits erreicht, ist in vielen Fällen ein ➪ *Ressourcen-Zustand*, in dem meist der Zugang zum kreativen Potential leichter gelingt. Eine typische Technik geht so: sich die Erreichung des Zieles assoziiert vorstellen, von da auf die Gegenwart oder das Problem (räumlich entfernt gedacht) zu blicken und sich die Frage zu stellen: „Was habe ich genau gemacht, um dieses Ziel zu erreichen?"

(5) Diese Technik ist ein Beispiel für die Anwendung eines „Als ob"-Rahmens („as if" frame) im NLP. Der „Als ob"-Rahmen ist ein Rahmen (➪ *Kontext*), der im Gegensatz zum tatsächlichen oder gedachten Rahmen eines Problems steht („Problem-Rahmen"). Im „Als ob"-Rahmen soll der Zugang zu gewünschten Informationen oder gewünschtem Verhalten verfügbar gemacht werden. Seine Anwendung ist dann sinnvoll, wenn der direkte Zugang dazu in der Gegenwart blockiert ist (*Bretto 1988, Outcomes 17*).

Ambiguität

➪ *Mehrdeutigkeit*

Analog

Die Gegensatz-Paare analog und digital werden in der Sprache des NLP in zwei verwandten Bedeutungen verwendet:

(1) als Klassifizierung für kontinuierliche und diskontinuierliche Prozesse. Analoge Informationen sind kontinuierlich meßbar (*Dilts 1983, 26*), analoge

Prozesse sind kontinuierlich veränderbar (dychoton) – in winzigen Schritten, wie auf einer Skala. Beispiele für analoge Kommunikation sind der Körper-Ausdruck und der Stimmklang. Digitale Informationen und Prozesse sind demgegenüber diskontinuierlich veränderbar (diskret) – abrupt, wie in Sprüngen. Ein bekanntes Beispiel ist die Sprache (*Bandler und Grinder 1994a [1975], 209*).

In dieser Bedeutungsgebung können analoge und digitale ➪ *Untereigenschaften* unterschieden werden. Analoge Untereigenschaften sind z.B. die Helligkeit, der Kontrast, die Größe und die Entfernung innerer visueller Bilder. (Jede dieser Untereigenschaften kann auf einer Skala verändert werden: ein Bild kann heller oder dunkler sein.) Digitale Untereigenschaften sind z.B. die Unterscheidungen nach dissoziiert / assoziiert, lokalisiertes / ganzheitliches Körper-Gefühl oder die Stereo- / Mono-Qualität eines Hör-Erlebnisses.

(2) Als Klassifikation für die „Gleichartigkeit" oder „Ähnlichkeit" von „Modell" und „Realität". Eine analoge Uhr, eine Ziffernblatt-Uhr, zeigt die Zeit (die „Realität") in Form eines Kreises (das „Modell" der Zeit), eine digitale Uhr in Form von Ziffern. In der analogen Darstellung besteht ein direkter Zusammenhang zwischen der Strecke, die der Zeiger zurücklegt, und der Zeit, die verstrichen ist: Je weiter die Zeit voranschreitet, desto weiter schreitet der Zeiger auf seinem Weg um das Ziffernblatt voran.

Analoge Kommunikation in dieser Bedeutung ist die ➪ *Körper-Sprache* (Haltung, Mimik, Gestik, Stimmqualität, ...), digitale Kommunikation die gesprochene Sprache (Wörter und Sätze). Die analoge Körper-Sprache (z.B. eine geballte Faust) spiegelt direkt eine innere Befindlichkeit wider (z.B. den Wunsch, tatsächlich zuzuhauen). „Modell" (die Faust) und „Realität" (die Wut) stehen hier in einer direkten Abbildungs-Beziehung: die Struktur- und Intensitäts-Merkmale des „Territoriums" werden direkt in der „Landkarte" gespiegelt, wie bei der Zeit-Strecke und der Strecke des Zeigers auf der Uhr. Digitale Abbildungen hingegen sind weniger direkt. Zeichen (die Buchstabenfolge K-a-t-z-e) und Inhalt (das Tier „Katze"), „Modell" und „Realität" stehen in einer künstlichen, per Konvention erlernten Beziehung.

Die analogen (körpersprachlichen) und die digitalen (verbalen) Anteile an Kommunikation können einander widersprechen (➪ *Inkongruenz*). Welche Botschaft ist dann die „richtigere"? Bateson und die Paolo-Alto-Schule ordnen die digitalen Informations-Anteile dem Inhalts-Aspekt, die analogen Anteile dem Beziehungs-Aspekt von Kommunikation zu (*Bateson 1983 [1972], 270ff.*). Analoge und digitale Anteile werden hier in eine Hierarchie gestellt (vgl. dazu auch die differenzierte Sichtweise bei *Bateson 1983 [1972], 376*): *Was* jemand sagt (die Worte), wird als „weniger wahr" gedeutet, als *wie* jemand dies sagt (die nonverbalen Elemente) (*Kriz 1994, 245*). Grinder und Bandler kritisieren explizit diese Sichtweise: Nonverbale Botschaften sind keine ➪ *Meta-Botschaften* (in der Bedeutung von übergeordnet) zu verbalen Botschaften, sondern ➪ *Para-Botschaften* (auf einer gleichen Ebene) (*1994a [1975], 42ff.*). Diese Ansicht wird heute im NLP geteilt (*Bachmann 1993 [1991], 86f.*).

Weitere Literatur: *Bandler und McDonald 1993 (1988), 71ff.*

Analoger Anker

➩ *Gleit-Anker*

Analoges Markieren, analoges Kennzeichnen

Der Einsatz sinnlicher Elemente, wie Lautstärke, Schrift-Bild oder einer Geste, um ein bestimmtes Wort in einem Satz oder eine bestimmte Sequenz in einer Präsentation hervorzuheben und zu betonen. Beim analogen Markieren werden nonverbale Elemente verwendet, um sprachliche Elemente in unterschiedliche Botschaftseinheiten aufzuteilen. Man kann damit Informationen auf einer unbewußten Ebene geben, ohne dies bewußt anzusprechen, z.B. Ihr **SEHEN** zu lenken, daß **SIE** automatisch **HIERHER** schauen. Analoges Markieren in der Sprache ist Teil des ➩ *Milton-Modells.*

Literatur: *Grinder und Bandler 1987 (1981), 90ff.; Bandler und Grinder 1996 (1975), 32f.*

Änderungs-Techniken

Die Gesamtheit aller NLP-➩ *Interventionen*, bei denen ein Problem nachhaltig verändert werden soll. Schauer (*1995, 199ff.*) klassifiziert die Änderungs-Techniken des NLP in fünf Gruppen (diese Liste umfaßt nicht alle NLP-Interventionen):

(1) ➩ *Anker-Techniken*
(2) therapeutische Aktivierung von ➩ *Untereigenschaften*
(3) Interventionen mit regressiven Anteilen, wie
  (a) Veränderung der persönlichen Geschichte (z.B. ➩ *History change*)
  (b) ➩ *Belief-Techniken*
  (c) ➩ *Reframing-Techniken*
  (d) Regressionen mit Hilfe der ➩ *Zeit-Linie*
  (e) ➩ *Phobie-Techniken*

(4) Gegenwartsbezogene Interventionsmuster, wie die drei ➩ *Wahrnehmungspositionen* und die Technik der ➩ *Neuprägung,* die Technik des ➩ *Neues-Verhalten*-erzeugen (ergänzend noch: Techniken zur Veränderung von ➩ *Meta-Programmen* und von ➩ *Strategien*).

(5) Zukunftsorientierte Interventions-Modelle, wie die ➩ *Ziel-Arbeit* oder die Methode des ➩ *Future pace.*

NLP ist ressourcenorientiert. Die Kurzformel für Veränderung im NLP lautet: „Gegenwärtiger (Problem-) Zustand plus Ressourcen gleich erwünschter Zustand" (*Dilts 1995 [1989], 22*).

Viele Änderungs-Techniken des NLP sind in eine Abfolge von sechs ➪ *Prozeß*-Schritten eingebettet. Diese sechs Schritte geben einen Rahmen für die Zuordnung von NLP-Techniken ab. Es sind dies: (1) das Problem erkunden, (2) sich vom Problem dissoziieren, (3) das Ziel festlegen, (4) Ressourcen für das Problem erkunden, (5) aktivieren und (6) damit das Problem verändern. Diese sechs Schritte beziehen sich auf drei Bereiche: auf einen Problem-Bereich PB, auf einen neutralen Bereich NB und einen Ressourcen-Bereich RB.

(1) Im ersten Schritt werden das Problem und der Problem-Zustand erkundet. Dies erfolgt im PB, oft ➪ *assoziiert*, d.h. der Klient oder die Klientin befindet sich im ➪ *Problem-Zustand*. Die Phase des Assoziiert-im-Problem-sein wird im NLP in vielen Fällen kurz gehalten (es sei denn, Personen haben Schwierigkeiten, sich zu assoziieren). Meist geht es nicht darum, belastende Gefühle und Situationen zu aktivieren, sondern um das Sammeln von Informationen.

(2) Im nächsten Schritt geht es darum, sich vom Problem und vom Problem-Zustand zu dissoziieren, d.h. vom Problem innerlich wegzugehen (vom PB in den NB). Damit wird ein ➪ *Unterbrecher* für den Problem-Zustand geschaffen.

(3) Nach der Ist-Analyse kommt die ➪ *Ziel-Arbeit*, d.h. die Festlegung eines ➪ *Zieles* nach den Ziel-Kriterien des NLP. Je mehr sich eine Person mit ➪ *wohlgeformten Zielen* beschäftigt, desto mehr kommt sie in einen ➪ *Ziel-Zustand*, der ein Ressourcen-Zustand ist, d.h. vom NB in einen RB.

(4) Ein Ziel ist etwas, das noch nicht erreicht ist, d.h. es gibt innerliche ➪ *Hindernisse*. Sind diese erkundet (als eigener Prozeß oder als Teil der Problem- oder Ist-Analyse), dann geht es darum, jene Ressourcen zu ermitteln, die helfen können, bestehende Hindernisse zu beseitigen (wiederum im NB oder im RB).

(5) Der nächste Schritt ist die Aktivierung der Ressouren, die für das Ziel hilfreich sind. Dies geschieht im NLP meist durch ein assoziiertes Erleben eines Ressourcen-Zustandes (RB), z.B. durch Aktivierung einer Erinnerung.

(6) Im letzten Schritt wird das ursprüngliche Problem mit dieser Ressource (diesen Ressourcen) angereichert (das kann assoziiert oder dissoziiert geschehen) – der Prozeß geht von RB zum PB. Dieser Schritt war erfolgreich, wenn die innere ➪ *Repräsentation* des Problems verändert wurde (vgl. damit auch die vier Schritte bei *Dilts 1995 [1989], 25*).

Angleichen

Sich an eine Person anzugleichen bedeutet, sich (in Teilbereichen) innerlich und äußerlich wie diese Person zu verhalten. Damit soll Ähnlichkeit erzeugt werden. Personen, die einander ähnlich sind, oder die einander den Eindruck vermitteln, ähnlich zu sein, fassen zueinander meist schneller Vertrauen. Das Ähnliche ist meist das Vertraute (Partner weisen oft überraschende Ähnlichkeiten in vielen Details auf). Hinweise darüber, in welcher Weise dies bewußt eingesetzt (und geübt) werden kann, finden Sie unter dem Stichwort ➩ *Spiegeln.*

Anker

Ein Reiz, auf den eine Person auf eine bestimmte Weise reagiert. Natürliche Anker sind z.B. Farben, die eine bestimmte Stimmung auslösen, Musik, die aktiviert oder beruhigt, oder ein Geruch, der an ein bestimmtes Ereignis erinnern läßt. Anker sind externe ➩ *Auslöser*, die eine innere Wirkung hervorrufen. Das Wort Anker kommt von Anchormen, das sind prominente Moderatoren in Talkshows. Allein das Auftreten eines bestimmten Anchorman soll das Publikum veranlassen, sich diese Sendung anzusehen. Werbung ist ein gutes Beispiel für die Wirkung von Ankern. Werbung produziert sinnliche Reize: Bilder von sympathischen Menschen und schönen Landschaften, das Logo des Produktes, markante Stimmen, einen einprägsamen Satz, Musik. All das soll positive Gefühle hervorrufen. Die Werbe-Industrie versucht, diese Anker wieder und wieder zu setzen. Das Gehirn lernt so, die einzelnen Elemente als Einheit zu kodieren: auf unbewußte Weise werden der Slogan, das Logo, die Stimmen, die Musik und das Gefühl miteinander verbunden. (Das Gehirn lernt eine ➩ *Synästhesie.*) Beim Kaufen soll diese Synästhesie aktiviert werden. Wir sehen das Logo des Produktes und, ohne daß uns dies zu Bewußtsein kommt, wird die gesamte Einheit von Sehen, Hören und Fühlen innerlich aktiviert. Das Logo des Produktes wirkt als visueller Anker, der visuelle Reiz führt zu einem positiven Gefühl: der Kunde kauft.

Das Anker-Konzept stammt aus dem ➩ *Behaviorismus* (Bandler und Grinder erwähnen die Reiz-Reaktions-Konditionierung von Pawlow, *1994c [1979], 107*). NLP als pragmatischer Ansatz verwendet die behavioristische Idee konditionierter Reize auf vielfältige Weise, ohne dabei das Menschen-Bild des Behaviorismus und seine Idee einer unbegrenzten ➩ *Manipulation* von Menschen zu übernehmen.

Anwendungen von Ankern im NLP sind:

(1) das Studium natürlicher Anker im Alltag, die uns – automatisch und meist unbewußt – die ganze Zeit in die eine oder die andere Richtung lenken. Für die Erkundung von Problemen kann es nützlich sein, die genauen Anker zu kennen, z.B.: Was genau löst die schlechte Stimmung aus, wenn ich mit diesen Menschen zusammen bin? NLP konzentriert sich dabei auf die sinnlichen Aspekte: Was genau muß ich sehen, hören, um in dieses Gefühl zu kommen?

Ein Beispiel ist die Analyse des Arbeitsplatzes auf positive und negative Anker. Dazu ist es hilfreich, den eigenen Arbeitsplatz intensiv sinnlich zu erleben – oder sich innerlich intensiv vorzustellen – und alle sinnlichen Eindrücke, der Reihe nach, auf ihre Wirkungen auf den eigenen ➪ inneren Zustand zu überprüfen (*Weiß 1990, 82f.; Mohl 1996a [1993], 177f.*).

(2) Anker werden im NLP verwendet, um Zugang zu persönlichen ➪ *Ressourcen* zu schaffen. Eine Beraterin B kann z.B. einen Klienten K immer dann in einer bestimmten Weise berühren (z.B. auf die Schultern tippen), wenn K an ein schönes Erlebnis denkt und dabei eine ➪ *Ressourcen-Physiologie* zeigt. Nach einigen Wiederholungen „sitzt" der Anker: immer wenn B K auf genau dieselbe Weise (und sei es nur scheinbar unabsichtlich) berührt, verändert sich die Physiologie von K auf wahrnehmbare Weise. Damit hat B ein Instrumentarium, um K gezielt in seine Ressourcen zu führen. Im NLP werden Anker systematisch eingesetzt, um Wirkungen bei anderen und bei sich selbst zu erzielen. Viele Techniken des NLP werden mit Hilfe von bewußt gesetzten Ankern durchgeführt oder damit begleitet (➪ *Anker setzen*).

Wenn sich eine Person einen Anker selbst setzt, dann spricht man von ➪ *Selbst-Anker*. Selbst-Anker können ein hervorragendes Instrumentarium der ➪ *Selbst-Steuerung* sein.

Ein Beispiel ist ein ➪ *Glücks-Anker*. Eine Person kann:
(a) sich selbst einen guten Zustand (z.B. selbstbewußt zu sein) mit Hilfe einer Bewegung (z.B. eine Drehung mit der rechten Hand) ankern,
(b) diesen Anker öfter üben, und
(c) ihn dann für eine Situation einsetzen, die ansonsten als schwierig erlebt wird (z.B. eine öffentliche Rede zu halten).

(3) Mit NLP können Menschen lernen, im Alltag klare Anker zu installieren und bewußt zu setzen. Ein Beispiel ist der Einsatz ➪ *räumlicher Anker*, z.B. im Büro oder bei einem Vortrag, mit genau definierten inneren Zuständen. Ein anderes Beispiel ist der pointierte Einsatz des Körpers. ➪ *Körper-Sprache* in Kommunikation kann auf andere als Anker wirken und die Präsentation eigener Ideen und Vorschläge erleichtern.

(4) Das Anker-Konzept des NLP schafft ein Verständnis für viele zwischenmenschliche Prozesse im Alltag: wie Personen sich selbst und andere beeinflussen, indem sie – oft unbewußt – Anker setzen und damit bei sich

und anderen innere Zustände auslösen. Die Kenntnis von ➪ *kalibrierten Schleifen* schafft die Möglichkeit, sie bewußt und zielgerecht zu verändern.

(5) Viele Änderungs-Techniken des NLP zielen darauf hinaus, natürliche Anker, die unerwünschte Reaktionen hervorrufen (z.B. immer, wenn jemand laut mit mir redet, werde ich ärgerlich), in ihrer Wirkung abzuschwächen oder zu löschen. Die Standard-Technik ist das ➪ *Anker löschen*: Dabei werden zwei Anker gesetzt: der negative (die laute Stimme) und ein positiver Anker, der mit Ressoucen verbunden ist (z.B.: ➪ *Quelle*). Werden dann beide Anker gleichzeitig aktiviert, dann verschmelzen beide Anker, und der positive Anker kann den negativen Anker überlagern, so daß er in seiner Wirksamkeit gemildert oder gänzlich gelöscht ist (➪ *Anker verschmelzen*).

Literatur: *Cameron-Bandler 1992 (1978), 94ff.; Bandler und Grinder 1994c (1979), Kap. 2.*

Anker entmachten

➪ *Anker löschen*

Anker kollabieren

➪ *Anker verschmelzen*

Anker löschen

Der Prozeß, bei dem ein Anker, der eine unerwünschte Wirkung ausübt, in seiner Wirkung gemildert oder aufgehoben wird. Anker löschen geschieht im NLP (1) durch bewußte Techniken und (2) unbewußt, automatisch – als Begleit-Prozeß anderer NLP-Interventionen.

(1) Im ersten Fall ist es notwendig, einen Anker und seine Wirkung bewußt zu kennen (viele Anker wirken ➪ *unbewußt*). In manchen Fällen kann es schon genügen, einen Anker zu kennen, damit seine Wirkung geschwächt ist. Die Standard-Technik des NLP für das bewußte Löschen von Ankern ist das ➪ *Anker verschmelzen*. Dabei wird ein Anker, der unerwünschte Wirkungen ausübt, durch einen stärkeren Anker überlagert, der mit erwünschten inneren Zuständen verbunden ist.

(2) Anker löschen geschieht als automatischer Begleit-Prozeß bei vielen ➪ *Änderungs-Techniken* des NLP. Wenn es z.B. gelingt, in einer ➪ *Neuprägung* eine traumatische Situation aus der Kindheit durch kraftvolle Ressourcen anzureichern (z.B. dem kleinen Kind, das verletzt worden ist, imaginativ Schutz und Liebe zu geben), dann können eine Vielzahl starker Anker in ihrer weiteren Wirksamkeit geschwächt oder gänzlich aufgehoben sein. Eine traumatische Prägungs-Situation ist eine Situation, bei der eine Person nachhaltig lernt, auf einen äußeren Reiz (z.B. die laute Stimme des Vaters) in einer ganz bestimmten Weise zu reagieren (z.B. mit Rückzug und Kopf-

schmerzen). Dieser Prozeß kann ein automatischer, unbewußter Prozeß werden: die Person reagiert im weiteren Leben auf laute Stimmen männlicher Autoritäts-Personen meist mit Rückzug und Kopfschmerzen. Eine erfolgreiche Neuprägung kann diese Automatik unterbrechen. Der Anker (die laute männliche Stimme) hat für das weitere Leben andere Auswirkungen als Kopfschmerzen zu produzieren.

Anker setzen, ankern

Der Prozeß, bei dem ein externer Reiz mit einer bestimmten Reaktion so verbunden wird, daß eine spätere Reaktivierung dieses Reizes wiederum zu dieser Reaktion (auch in einer abgeschwächten Weise) führt. Beim Ankern wird eine absichtliche Assoziation zwischen einem Reiz und einem bestimmten Erlebnis hergestellt (*Cameron-Bandler 1992 [1978], 95*). Ankern macht einen bestimmten Reiz zum Anker.

Anker setzen kann in jedem ➪ *Repräsentations-System* erfolgen. Alles, was sinnlich wahrnehmbar ist, kann ein Anker sein. Visuelle Anker können Gesten sein, ein Blick, das Foto aus dem Urlaub, das Logo eines Produktes, ein bestimmter Platz in der Wohnung. Beispiele für auditive Anker sind Musikstücke, Stimmen, Zitate, Räuspern oder Worte, die mit einer bestimmten Lautstärke oder einem eigenen Tonfall ➪ *analog* markiert werden. Kinästhetische Anker sind z.B. Berührungen durch andere oder wenn wir uns selbst in einer bestimmten Weise berühren. Auch Geruch oder Geschmack können wirkungsvolle Anker sein: der Geruch dieser Person, in die ich damals so verliebt war ...

Anker zu setzen ist ein natürlicher Prozeß. Es ist nicht möglich, andere Menschen nicht zu ankern. Dies gilt in besonderem Maße für ➪ *kinästhetische* Anker (z.B. Berührungen). Das Wissen um die Wirkung kinästhetischer Anker kann Menschen auf Berührungen achtsam machen – darauf zu achten, welche Zustände auf welche Weise geankert werden, wenn man andere Menschen berührt.

Bei vielen NLP-➪ *Interventionen* sind kinästhetische Anker Teil des ➪ *Prozesses* (d.h. explizit in den Prozeß-Anweisungen zu finden) oder sie werden begleitend verwendet, z.B. um einen schnellen Zugang zu bestimmten ➪ *inneren Zuständen* zu erleichtern. Starke positive Anker (z.B. ➪ *Quelle*) können für Veränderungs-Prozesse generell als Schutznetz dienen. Sie werden am Anfang einer Übung gesetzt. Sollte der Klient oder die Klientin im Verlauf der NLP-Beratung in unerwarteter und unerwünschter Weise mit negativen Gefühlen ➪ *assoziiert* sein, dann kann der positive Anker aktiviert werden, um das Herausführen aus dem negativen Zustand und den Aufbau eines wirksamen ➪ *Unterbrechers* zu erleichtern.

➪ *Wohlgeformtes* Ankern gehorcht nach Dilts und Epstein (*1992a, 22*) folgenden Bedingungen:
(1) Intensität des Reizes

(2) „Reinheit" der Reaktion
(3) Einzigartigkeit des Reizes (des Ankers)
(4) Timing in der Zuordnung von Reiz und Reaktion

Beim Setzen von kinästhetischen Ankern ist u.a. zu beachten:

(1) ➪ *Rapport*. Es ist möglich, Menschen ohne Rapport zu ankern – Werbung ist ein Beispiel dafür. Im therapeutischen oder beratenden Kontext sollte man ohne Rapport keine Person ankern. (NLP soll kein ➪ *Manipulations*-Instrument sein.)

(2) Wo, an welcher Stelle des Körpers soll der Anker gesetzt werden? Anker sollen an einer sicheren und erreichbaren Stelle gesetzt werden. Aus Rapport-Gründen ist es nützlich, den Klienten oder die Klientin vorher um Erlaubnis zu fragen, wo eine Berührung angenehm ist.

(3) In welcher Weise, mit welchem Druck und mit welcher Intensität soll der Anker gesetzt werden? Hier geht es wiederum um Rapport und um klare Anker, d.h. um eindeutige Körper-Signale.

(4) In welchem Moment? Anker sollen am Höhepunkt des Erlebens gesetzt werden. Eine elegante Methode ist das Ankersetzen in der Zeit vor Erreichung des Höhepunktes, d.h. der Prozeß des Hineingehens in diesen Zustand wird verankert. Genau dieser Prozeß soll später durch das „Abfeuern" des Ankers ausgelöst werden.

(5) Wie lange? Die Berührung, die den Anker ausmacht, darf nur für die Dauer des Vorhandenseins des inneren Zustandes erfolgen, ansonsten kann der Anker (unabsichtlich) wieder gelöscht werden.

Anker setzen soll präzise erfolgen: Ein Anker soll mit einem genau definierten inneren Zustand verbunden sein. Dazu muß der Coach exakt die dazupassende ➪ *Physiologie* kennen und fähig sein, sie ➪ *genau wahrzunehmen*. Anker setzen ist eine der Basis-Techniken des NLP – mit vielen Varianten und Modifikationen. ➪ *Selbst-Anker*, ➪ *Stapel-Anker*, ➪ *Glücks-Anker*, ➪ *Gleit-Anker*, ➪ *Anker verschmelzen*, ➪ *Räumliche Anker*, ➪ *Boden-Anker*.

Anker stapeln

Der Prozeß, bei dem ein ➪ *Stapel-Anker* gesetzt wird.

Anker testen

Ein etablierter (gesetzter) Anker wird in seiner Wirksamkeit überprüft, indem der Coach (Berater, Therapeut) den Auslöser aktiviert und der Klient mit genau dem geankerten Zustand reagiert – und zwar unabhängig davon, in welchem Zustand der Klient ist, wenn der Coach diesen Anker einsetzt. Die Wirkung des Ankers wird daran gemessen, ob der Coach die dazu passende ➪ *Physiologie* wahrnehmen kann.

Anker verketten

Der Prozeß, bei dem ein ➪ *Ketten-Anker* gesetzt wird.

Anker verschmelzen, Anker kollabieren

Der Prozeß, bei dem zwei Anker mit unterschiedlichen internen Erfahrungen gleichzeitig aktiviert werden. Der stärkere Anker dominiert und es entsteht etwas Neues. Anker verschmelzen ist eine bekannte NLP-Intervention. Dabei werden, getrennt voneinander,

(1) zuerst ein negativer Anker (z.B. eine Erinnerung an ein unerwünschtes Ereignis) gesetzt,

(2) dann ein positiver Zustand (z.B. eine Ressource, die man sich bei diesem Ereignis gewünscht hat) verankert,

(3) beide Anker – getrennt voneinander – in ihrer Wirkung überprüft (getestet) und
(4) anschließend gleichzeitig aktiviert („abgefeuert").

Anker verschmelzen erbringt nur dann eine positive Wirkung, wenn der positive Anker sich auf einen intensiveren inneren Zustand bezieht als der negative. Die Dauer des Ankers (des Anker-Setzens) spielt dabei meist keine entscheidende Rolle. Sehr intensive Zustände können ganz kurz (z.B. durch scheinbar flüchtige Berührungen) wirkungsvoll geankert werden. In manchen Fällen wird die Intensität des positiven Ankers durch einen ➪ *Stapel-Anker* sichergestellt oder erhöht.

Beim Verschmelzen der Anker setzt sich jener Anker durch, der mit dem intensiveren Zustand (den intensiveren Zuständen) verbunden ist. Der Verschmelzungs-Vorgang kann mit intensiven physiologischen Reaktionen (z.B. erröten, durchatmen, schwitzen) verbunden sein und kann unterschiedlich lang dauern (einige Sekunden bis einige Minuten). Das Ende des Verschmelzungs-Vorgangs kann von einem geschulten Beobachter meist exakt identifiziert werden (➪ *Versöhnungs-Physiologie*). Wenn dieser Prozeß erfolgreich abläuft, dann kann der negative Anker in seiner weiteren Wirksamkeit entscheidend geschwächt oder gänzlich gelöscht sein.

Annahmen

➪ *Grundannahmen des NLP*,
➪ *Vorannahmen*

Äquivalenz

➪ *Komplexe Äquivalenz*

As if, As if-Frame

➪ *Als ob*

Assoziiert

Der NLP-Ausdruck für ganz da sein, intensiv in einem Zustand sein, voll auf etwas konzentriert sein. Wenn ich mich über etwas intensiv freue oder wenn ich sehr verärgert bin, dann bin ich assoziiert. Sich zu assoziieren beschreibt den Prozeß des „Hineinsteigens" in den Zustand des Assoziiert-Seins. Assoziiert sein kann die Gegenwart betreffen oder sich auf die Vergangenheit oder die Zukunft beziehen. Assoziiert hat mit Zugehörigkeit zu tun: in einer Situation voll präsent sein, mit meinen Gefühlen verbunden sein, usw. Bei einer assoziierten Erinnerung erlebt die Person das Ereignis vollständig wieder, so ➪ *als ob* es in der Gegenwart noch einmal passiert. Sie sieht das, was geschah, aus ihren eigenen Augen, und hört und fühlt das, was sie gehört und gefühlt hat, als es tatsächlich geschah (*Andreas 1994 [1989], 38*).

Das Gegenteil von assoziiert ist ➪ *dissoziiert*. Dieser Ausdruck hat verschiedene Bedeutungen. Im üblichen Verständnis von NLP bedeutet dissoziiert: innerlich Abstand haben, sich einer Situation nicht zugehörig fühlen. Eine dissoziierte (visuelle) Erinnerung ist eine Erinnerung, bei der eine Person die damalige Szene von außen betrachtet, d.h. sie sieht sich selbst, was sie damals getan hat, oder was ihr damals zugestoßen ist, sie hört von außen, was es dabei zu hören gegeben hat, usw. Dissoziierte Erinnerungen sind von weniger intensiven oder gar keinen Gefühlen begleitet. „Von einem dissoziierten Standpunkt aus sieht und hört die Person alles, was geschah, doch ihre Gefühle ähneln den viel schwächeren Gefühlen eines unbeteiligten Beobachters“ (*Andreas 1994 [1989], 38*).

Assoziiert und dissoziiert sind ➪ *Polaritäten*. Menschen sind unterschiedlich geübt, in bestimmten ➪ *Kontexten* assoziiert oder dissoziiert zu sein. Für Beratung und Therapie sowie für ➪ *Selbststeuerungs*-Zwecke werden im NLP Assoziierungs- und ➪ *Dissoziierungs-Techniken* systematisch eingesetzt.

Assoziierungs-Techniken Assoziations-Techniken

Anleitungen für Prozesse, die bewirken sollen, daß eine Person mehr assoziiert ist. Diese Prozesse können in allen ➪ *Repräsentations-Systemen* ablaufen. Visuell (auditiv) sich zu assoziieren bedeutet, eine Szene ganz mit den eigenen Augen zu betrachten (mit den eigenen Ohren zu hören). Eine visuell (auditiv) assoziierte Erinnerung ist eine Erinnerung, bei der sich eine Person vorstellt, sie würde das Geschehen mit ihren eigenen Augen (mit ihren eigenen Ohren) erneut wahrnehmen. Visuelle und auditive Assoziation wird möglich, indem sich eine Person in ihrem Erleben auf visuelle und auditive ➪ *Untereigenschaften* konzentriert. Dabei kann es hilfreich sein, sich jene Untereigenschaften ins Bewußtsein zu rufen, die innerlich die stärkste Wirkung ausüben (➪ *kritische Untereigenschaft*). Zusätzlich kann man sich vorstellen, diese Untereigenschaften (z.B. Farben oder Musik) würden in den eigenen Körper hineinfließen und ihn ausfüllen (das hat oft eine starke Wirkung).

Sich kinästhetisch zu assoziieren bedeutet, sich auf Körper-Gefühle zu konzentrieren und sie zu verstärken. Eine gute Methode ist es, (1) sich auf jene Körperstelle zu konzentrieren, wo das Körper-Gefühl am stärksten ist, (2) die spezifischen Untereigenschaften dieses Gefühls zu erkunden, (3) zu verstärken und (4) dann mit dem ➪ *Atem* über den ganzen Körper zu verteilen. Gefühle sind immer mit einem spezifischen Atem-Muster verbunden. Genau in diesem Atem-Muster zu atmen, kann eine gute Strategie sein, Ereignisse assoziierter zu erleben. Gefühle und die dazupassende Atmung versetzen den Körper in einen bestimmten inneren Rhythmus. In vielen Fällen ist es möglich, den inneren Rhythmus von Gefühlen zu erfahren. Viele Menschen erleben dies in Form einer Welle, die durch den Körper geht. Um sich schnell mehr zu assoziieren, kann es hilfreich sein, sich diese Welle vorzustellen und dann die Höhe und den Rhythmus dieser Welle zu verändern. Typischerweise wird in einer Richtung das Gefühl stärker, in einer anderen schwächer. Ein Beispiel: Ich denke an „Begeisterung“, aktiviere mein Körper-Gefühl dazu, erkunde die Welle und mache sie größer und schneller. Dies bewirkt bei mir, daß ich noch begeisterter werde – bei einer anderen Person löst es vielleicht das Gegenteil aus (**Wie ist das bei Ihnen?**).

Assoziierungs-Techniken werden im NLP für die Aktivierung von ➪ *Ressourcen-Zuständen* eingesetzt, insbesondere für ➪ *Ziel-Bilder*, ➪ *Moments of Excellence*, ➪ *core states* oder die ➪ *Quelle*. In vielen Fällen kann es hilfreich sein, Repräsentations-Systeme zu ➪ *überlappen* und ➪ *Synästhesien* zu konstruieren, z.B. sich zuerst ein visuelles Bild vorzustellen, dann auditive Elemente dazuzugeben, dann sich auf Gefühle zu konzentrieren, auf den ➪ *Atem*, usw. – und all dies – so gut es geht – gleichzeitig zu erleben.

Atem

Die Art des Atems ist einer der ➪ *Zugangs-Hinweise* des NLP. Atem zu beobachten, bedarf eines weichen (defokussierten) Blicks: der Fokus der Augen ist vor oder hinter eine Person gerichtet. In dieser Art des Sehens wird der Körper als Ganzes wahrgenommen: der Atem-Rhythmus, in dem der Körper schwingt, ist so leicht erkennbar (man kann es üben, den defokussierten Blick in einem Gespräch schnell ein- und auszuschalten). Kennzeichen von visuellen internen Vorgängen können hohes und flaches Atmen in der Brust sein und ein Atem, der manchmal aussetzt. Tiefes, volles Atmen in der Brust ist ein Indiz für kinästhetische Prozesse. Bei intensiven Gefühlen ist oft eine heftige Atmung zu beobachten. ➪ *Innerer Dialog* ist oft von regelmäßigem Atmen mit dem Zwerchfell oder der ganzen Brust begleitet. Spontanes Ausatmen oder Gähnen kann ein Zeichen plötzlicher Zustands-Änderungen (body shift) sein.

Atmen ist ein interessanter ➪ *physiologischer* Prozeß, weil er ➪ *unbewußt* abläuft und bewußt leicht gesteuert werden kann. Innere Zustände sind immer mit einem bestimmten Atem-Muster verbunden. Im Zugang zu einem guten Zustand, wie ➪ *Moment of Excellence*, ist es immer hilfreich, sich das Atem-Muster genau zu merken, und es zu üben.

Auditiv

bezieht sich auf hören, auf den Hör-Sinn, eines der ➪ *Sinnes-Systeme* und auf das Hören, eines der ➪ *Repräsentations-Systeme* des NLP.

Augenbewegungen, Augen-Bewegungsmuster

Die (oft unbewußten) Augenbewegungen von Menschen können ein ➪ *Zugangs-Hinweis* dafür sein, in welchen ➪ *Repräsentations-Systemen* innere Prozesse ablaufen. Bandler und Grinder (*1994a [1975]*) entwarfen ein einfaches Modell mit sechs Positionen, das am besten anhand einer Zeichnung erklärt werden kann:

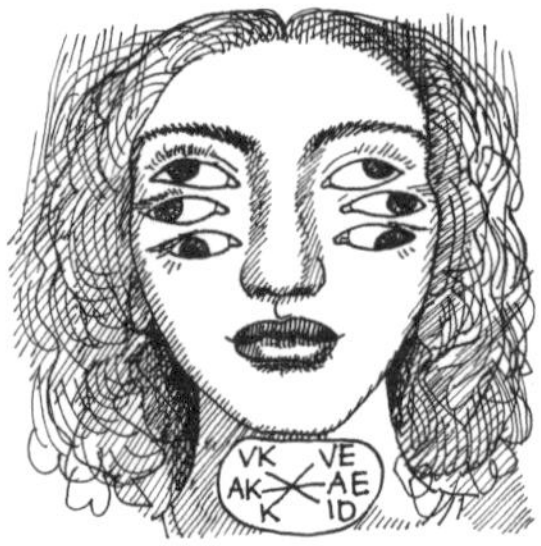

Die Symbole bedeuten:
VK: visuell konstruierte Vorstellungen
AK: auditiv konstruierte Klänge / Geräusche oder Worte
K: kinästhetische Empfindungen (zusätzlich Geruch oder Geschmack)
VE: visuell erinnerte Vorstellungen
AE: auditiv erinnerte Klänge / Geräusche oder Worte
ID: innerer Dialog („Zwiegespräch") – (oft auch als AID für auditiv: innerer Dialog bezeichnet).

Dieses Modell beansprucht keine universelle Gültigkeit. Es dient als grober Orientierungsrahmen (bei Linkshändern kann es seitenverkehrt sein) und kann auch im Einzelfall nicht zutreffend sein. In der Anwendung des Modells ist immer nach ➪ *Leit-System*, ➪ *bevorzugtem Repräsentations-System* und ➪ *Referenz-System* zu unterscheiden.

Wichtiger als die mechanische Anwendung des NLP-Augen-Modells ist der grundlegende Gedanke, der hinter dem Modell steht: auf Augenbewegungen bei anderen Menschen sorgsam zu achten und ihnen für innere Prozesse eine systematische Bedeutung zu geben. Im NLP geht man davon aus, daß die Augenbewegungsmuster für eine Person konsistent sind, daß es eine Systematik gibt, die für diese Person gilt (*Bandler und Grinder 1994c [1979], 44*). Wenn z.B. eine Person von einem Problem spricht und dabei mit ihren Augen (und sei es nur für Augenblicke) immer in die gleiche Richtung und auf den gleichen Ort schaut, dann ist dieser Ort im inneren Raum bedeutsam und kann für Veränderungs-Prozesse systematisch genutzt werden (dasselbe für mögliche Lösungen und Ziele). Die Wahrnehmung von Augen-Bewegungen ist auch für die Erkundung persönlicher ➪ *Strategien* hilfreich. Um die oft schnellen Bewegungen der Augen bewußt erfassen zu können, ist ein Training im ➪ *genauen Wahrnehmen* notwendig.

Weitere Literatur: *Andreas 1994 (1991), 193ff.* Überblicke über die umfangreiche Literatur über empirische Tests zu diesem Modell finden sich bei *Weerth 1994 (1992), 235ff.*; *Bachmann 1993, 216ff.; Schauer 1995, 71ff.* und *Walker 1996, Fußnote 372 (264f.).*

Auslöser

Ein Reiz aus dem Umfeld einer Person, der auf diese Person einwirkt und eine Wirkung erzielt. Auslöser unterscheiden sich nach Gordon (*1995 [1978], 142f.*) von Anker durch die Art der Beschreibung. Auslöser sind „das Umfeld-Ereignis selbst" (z.B.: eine Person A berührt eine Person B an der Schulter: die Berührung durch A ist für B ein Auslöser). Anker hingegen sind „die Wahrnehmung eines Umfeld-Ereignisses" oder „die Erfahrung der Umgebung" (durch die Person B). Auslöser kann man „objektiv" („von außen") beschreiben, während Anker eine mehr „subjektive" Kategorie sind (die Wahrnehmung von B, die „Innen-Welt" von B). In den meisten NLP-Texten wird diese Unterscheidung nicht getroffen: Auslöser sind ➪ *Anker*.

Autotelisches Selbst

Eine Wortschöpfung aus dem Griechischen. Autos bedeutet Selbst und Telos ist das Ziel. Ein autotelisches Selbst ist ein Selbst, das sich selbst Ziele setzt. Csikszentmihalyi charakterisiert mit diesem Ausdruck Menschen, die „glücklich" leben. Sie verfügen über die Fähigkeit, auch widrige äußere Umstände in optimale innere Erfahrungen (von ihm „flow" genannt) zu verwandeln. Menschen mit dieser Fähigkeit besitzen nach ihm folgende Merkmale (*1992 [1990], 275ff.*):

(1) Sie sind fortlaufend auf der Suche nach neuen Herausforderungen, setzen sich selbstbestimmte Ziele, bemühen sich um die Entwicklung notwendiger Fähigkeiten und lenken ihre Aufmerksamkeit auf die Folgen ihrer Handlungen.
(2) Sie sind konzentriert und vertiefen sich in die Handlung.
(3) Sie richten ihre Aufmerksamkeit im Tun ganz auf das Tun und auf das Geschehen während des Tuns.
(4) Sie erfreuen sich intensiv an der unmittelbaren Erfahrung im Tun.

Der Ansatz von Csikszentmihalyi ist mit vielen Aspekten des NLP und mit seinen ➪ *Grundannahmen* vereinbar. Beispiele für Gemeinsamkeiten und Ähnlichkeiten sind: die ➪ *Ziel-* und ➪ *Ressourcen*-Orientierung, die Forderung nach Feedbackhaltung, die Fähigkeit von ➪ *up-time* und zum Zugang zu den Gefühlen des ➪ *Körpers*, der Gedanke der ➪ *Selbststeuerung* und die Betonung subjektiver Erfahrungen: „Subjektive Erfahrung ist nicht nur ein Aspekt des Lebens, sie ist das Leben selbst" (*1992 [1990], 253*).

Auswahl-Prozeß des Bewußtseins

Der Gedanke der Auswahl ist zentral für ein ➪ *konstruktivistisches* „Verstehen" von ➪ *Bewußtsein* (in meinem Verständnis ist NLP ein konstruktivistischer Ansatz). Was Menschen wahrnehmen (was sie „für-wahr-nehmen"), ist ein winziger Ausschnitt der Informationen, die über die Sinne aufgenommen und vom Gehirn verarbeitet werden. Das Auge sendet pro Sekunde mindestens 10 Millionen Bit an das Gehirn, die Haut 1 Million, das Ohr 100.000 und der Geschmacksinn ungefähr 1000 Bit. Alles in allem sind das mehr als 11 Millionen Bit/Sekunde (*Zimmermann 1993, 182*). Im Bewußtsein erscheint ein unglaublich winziger Teil, vielleicht 10 Bit/Sekunde: ein Millionstel dessen, was wir über die Sinne aufnehmen (*Norretranders 1994 [1991], 189ff.*).

(In vielen NLP-Texten wird, mit Verweis auf *Miller 1956*, die Bandbreite des Bewußtseins oft mit „sieben plus/minus zwei" angegeben. Miller entwickelt in diesem Aufsatz das Prinzip des ➪ *Chunking*: Menschen können sich – wenn sie sich anstrengen – ungefähr sieben verschiedener „Dinge" bewußt sein [sieben Wörter, sieben Zahlen, sieben Begriffe, sieben Geräusche, ...]. Mehr „Dinge" werden im Bewußtsein als „Ganzheit" erfahren: die Aufmerksamkeit richtet sich auf den nächsthöheren Chunk.)

Der enorme Auswahl-Prozeß der Wahrnehmung wird ganz entscheidend von früheren Erfahrungen, vom ➪ *Gedächtnis*, beeinflußt: „Wahrnehmung und Gedächtnis sind untrennbar miteinander verbunden" (*Roth 1991, 147*). Wahrnehmen ist Umgestalten von Informationen anhand erlernter ➪ *Wahrnehmungs-Filter*: „Wir nehmen stets durch die »Brille« unseres Gedächtnisses wahr; denn das, was wir wahrnehmen, ist durch frühere Wahrnehmungen entscheidend mitbestimmt" (*ebenda*).

Dazu einige Zahlen: Das Gehirn hat, so schätzt man, eine Billion Nervenzellen – das sind tausend Milliarden, eine Eins mit 12 Nullen. Diese Billion Nervenzellen sind durch mindestens eine Trillion Verknüpfungspunkte verbunden (Synapsen genannt), das sind tausend Billionen. Jede dieser Synapsen hat viele, vielleicht hundert Freiheitsgrade (*Roth 1990b, 167*). Das Gehirn ist wie ein riesiger Kosmos, der sein Eigenleben führt. Nur ein überraschend kleiner Teil des Gehirns beschäftigt sich direkt mit Wahrnehmungs-Prozessen. Kaum mehr als einige Millionen Nervenzellen haben mit der primären Sensorik, den Sinnesorganen, und der Motorik zu tun. Die zentrale Erregungsverarbeitung und Auswertung hingegen wird von mindestens 500 Milliarden Zellen bewerkstelligt. Das heißt: auf jede Nervenzelle, auf jedes Neuron, das primäre Sinneseindrücke verarbeitet, „kommen rund hunderttausend Neuronen, die diese »Information« weiterverarbeiten, mit früherer Erfahrung vergleichen und zur Konstruktion kognitiver Wirklichkeit benutzen. Wir können also ohne Übertreibung sagen, daß das Gedächtnis unser wichtigstes Sinnesorgan ist" (*Roth 1990a, 280*).

In dieser Deutung hat Bewußtsein immer mit ➪ *Modell*-Bildung zu tun. Dafür sind auch jene Prozesse bedeutsam, die NLP im ➪ *Meta-Modell* beschreibt: die ➪ *Tilgung*, die ➪ *Verzerrung* und die ➪ *Verallgemeinerung* von Informationen. In der konstruktivistischen Interpretation wird der enge Zusammenhang von Wahrnehmung und ➪ *Beliefs* betont: Menschen nehmen nicht das wahr, „was ist" (im Konstruktivismus gibt es keine „objektive Realität"), sondern das, was einem (unbewußten) Modell der „Außen-Welt" entspricht. Menschen „sehen" nicht „die Welt", sondern ihr Modell der Welt, ihre Beliefs über die Welt. Wahrnehmen ist kein (reines) Ab-Bilden, sondern ein (unbewußtes) Konstruieren (*Emrich 1990*). Wahrnehmen und Bedeutung-zu-geben sind Aspekte desselben Prozesses: „Es gibt keine Trennung von Wahrnehmung und Interpretation. Der Akt des Wahrnehmens ist der Akt der Interpretation“ (*Glasersfeld und Richard 1984, 18*).

Backtrack

Eine Technik des ➩ *Spiegelns* (Pacings). Im Gespräch mit einer Person oder in einer Präsentation wird eine verbale oder nonverbale Wiederholung jener Informationen gemacht, die vorher (seit dem letzten Backtracking) erhalten wurden (*Bretto 1988, Outcomes 16*). In einem Backtrack werden z.B. Gesprächsinhalte einer anderen Person zusammengefaßt, wobei bestimmte Schlüsselworte mit denselben auditiven ➩ *Untereigenschaften* verwendet werden, die die andere Person oder andere Personen ursprünglich verwendet haben.

Bagel-Modell

Das Bagel-Modell (im Englischen B.A.G.E.L. Model geschrieben), von Robert Dilts vorgeschlagen (*Dilts und Epstein 1992a, 14*), ist eine Liste von Kriterien, um innere kognitive und physiologische Zustände zu erkunden. Die Buchstaben bedeuten: B für Body posture: Körperhaltung, A für Accessing cues: ➩ *Zugangs-Hinweise*, G für Gestures: Gesten, E für Eye movements: ➩ *Augen-Bewegungen*, L für Language patterns: Sprach-Muster, wie ➩ *Meta-Modell* und ➩ *Milton-Modell.*

Bail out

➩ *Unterbrecher*

Basisannahmen des NLP

➩ *Grundannahmen des NLP*

Bateson-Kategorien, Bateson-Lernkategorien, logische Ebenen nach Bateson

Die Theorie der logischen Typen von Whitehead und Russell *(1910-1913)* ist ein Versuch, den Gesamt-Bereich der Mathematik hierarchisch-logisch zu ordnen. Jeder mathematische Begriff, jedes Theorem, jede Aussage, ... wird eindeutig einer bestimmten logischen Ebene zugeordnet. Eine Menge (z.B. die Menge aller Bücher) wird einem höheren logischen Typ zugeordnet als ihre Elemente (ein einzelnes Buch), eine Bezeichnung (z.B. ein Symbol für ein „Ding“) einer höheren Ebene als das Bezeichnete (z.B. ein „Ding“), eine „Landkarte“ einer höheren Ebene als das „Gebiet“ usw. Auf diese Weise sollten auch alle logischen Widersprüche eliminiert werden. Gregory Bateson hat 1964 vorgeschlagen, diese Theorie auf Probleme der menschlichen Kommunikation anzuwenden (*Bateson 1983 [1972], 362ff.*).

Bateson unterscheidet dabei vier (bzw. fünf) logische Kategorien von Lernen:

(1) Lernen Null ist die primitivste Art des Lernens, z.B. eine stereotype Reaktion: „Ich »lerne« von der Werkssirene, daß es zwölf Uhr ist" (*368*).

(2) Lernen Eins (Lernen I) ist etwas komplizierter. Beispiele sind „mechanisches Lernen" oder die klassische Konditionierung im ➪ *Behaviorismus*: Eine Person „lernt" es, auf einen Reiz auf eine neue Weise zu reagieren – ein neuer ➪ *Anker* wird wirksam.

(3) Lernen Zwei (Lernen II) ist eine „Veränderung im Lernen I", ein Meta-Lernen über Lernen I. Eine Person „lernt" z.B. verschiedene Anker und entwickelt daraus eine Theorie über Menschen oder über sich selbst. Diese Theorie ist eine Theorie über Erfahrungen aus Lernen I, eine Interpretation von Lernen I. Lernen II ist ein Phänomen höherer logischer Ordnung als Lernen I. Lernen II (welche Theorien dabei entstehen) hat Rückwirkung auf Lernen I. Lernen II hat mit der Entwicklung von ➪ *Modellen* und ➪ *Beliefs* zu tun. Es bezieht sich auf den ➪ *Kontext*, in den Menschen Erfahrungen einordnen und den Menschen für sich konstruieren.

(4) Lernen Drei ist Lernen über den Kontext von Lernen II. Beim Lernen III werden grundlegende ➪ *Vorannahmen* in Frage gestellt, auf denen Lernen II beruht, z.B. Vorannahmen über das eigene Ich. Lernen III wäre ein Lernen über das Ich, z.B. eine tiefgehende Änderung der ➪ *personalen Identität* (wie es der ➪ *Core-Transformation-Prozeß* oder der ➪ *Ur-Credo-Prozeß* bewirken kann). Lernen Drei ist nach Bateson „schwierig und selten". Bateson erwähnt Erfahrungen, wie sie „Zen-Buddhisten, abendländische Mystiker oder einige Psychiater" beschreiben (*390*). Lernen Drei könnte auch (das ist meine Vermutung) ein tiefes Verständnis des ➪ *Belief*-Gedankens sein.

(5) „Lernen IV wäre Veränderung im Lernen III, kommt aber vermutlich bei keinem ausgewachsenen lebenden Organismus auf dieser Erde vor" (*379*). (Was Bateson damit meint, bleibt unklar.)

Die Lern-Kategorien von Bateson sind für NLP bedeutsam. Robert Dilts hat sein Modell der ➪ *logischen Ebenen* ausdrücklich auf die Lerntypen von Bateson bezogen (*Dilts 1993 [1990], 219*).

Weitere Literatur: *Weerth 1994 (1992), 235ff.* und *Schauer 1995, 136ff.*

Literatur von und zu Bateson: *Ruesch und Bateson 1995 (1968); Bateson 1983 (1972)* und *1986; Bermann 1983 (1981), 167ff.; Holl 1985* und *Walker 1996, 57ff.*

Bateson-Lernstrategie

Eine ➪ *Änderungs-Technik*, die Robert Dilts für einen ➪ *stuck state* vorgeschlagen hat, in der es einer Person schwerfällt, neue Ideen und neue Lösungsmöglichkeiten zu entwickeln. (Dilts hat diesen Prozeß durch ➪ *Modellieren* von Gregory Bateson entwikkelt.) Die Pointe dabei ist

(1) die Übersetzung eines Problems (z.B. aus der Arbeit) in ein „Problem“ aus einem Ressourcen-Bereich (z.B. eine sportliche Aktivität, die der Klient oder die Klientin K gerne macht),
(2) das Bewußtwerden, welche Lösungen K im Ressourcen-Bereich routinemäßig anwendet und
(3) die Rückübersetzung dieser Lösungen für das ursprüngliche Problem.

Ein Beispiel: Das Problem ist Streß durch andere Menschen im Beruf. Als Ressource wird Skifahren gewählt.

Die „Übersetzung“ könnte so befragt werden: „Gibt es beim Skifahren auch manchmal Streß durch andere Menschen?" Die Antwort könnte sein: „Ja, wenn ich auf eine Horde von Rasern treffe.“

(2) Im Umgang mit „Streß“ in einem Ressourcen-Bereich stehen einer Person automatisch viele Lösungen zur Verfügung, oft wird nicht einmal ein „Problem“ konstruiert. Z.B.: „Wenn ich beim Skifahren auf eine Horde von Rasern treffe, dann: (a) nehme ich das Tempo zurück, (b) denke ich mir, daß ich jetzt besonders aufpassen muß, (c) fahre an den Rand der Piste, (d) freue mich über mein kluges Verhalten, (e) warte ab, bis wieder freie Bahn ist und (f) fahre mit Schwung weiter.“

(3) Diese Lösungen können als ➪ *Metaphern* für das ursprüngliche Problem verstanden werden. Sie werden in den Berufs-Kontext rückübersetzt, z.B. „das Tempo zurückzunehmen, würde bedeuten, eine Pause zu machen“, usw.

Bedeutungs-Reframing

Beim Bedeutungs-Reframing wird die Bedeutung eines Problems im gleichen Kontext verändert. Mehr dazu unter ➪ *Reframing*.

Behavio(u)r Generator

➪ *Neues Verhalten* generieren

Behaviorismus

Von 1913 bis etwa 1970 eine der Hauptrichtungen in der Psychologie. Der Behaviorismus vertrat die Meinung, die Psychologie dürfe sich nur mit dem von außen beobachtbaren Verhalten von Mensch (und Tier) beschäftigen. Der Behaviorismus untersucht, wie äußere Reize (stimuli) ein bestimmtes (äußerlich beobachtbares) Verhalten (responses) hervorrufen. Der Behaviorismus untersucht nichts „im Menschen“. Es gibt hier keine „Innen-Welt“. Die Behavioristen lehnen es ab, das Verhalten des Menschen aus Gedanken, Gefühlen, Absichten oder anderen geistigen Prozessen zu erklären. Der Mensch ist hier eine biologische Maschine, ein reiner Reiz-Reaktions-Mechanismus.

NLP als pragmatischer Ansatz hat die Reiz-Reaktions-Idee in Form des ➪ *Anker-Konzeptes* übernommen. Viele Anker-Techniken des NLP gehen auf behavioristische Verfahren zurück. NLP hat damit, so könnte man sagen, den Behaviorismus auf der Ebene der Techniken integriert. Auf einer theoretischen Ebene eignet sich der Behaviorismus jedoch nicht für eine Fundierung von NLP. Dilts, Bandler und Grinder führen dafür drei Gründe an (*1994 [1980], 16ff.*):

(1) Der Behaviorismus setzt einen objektiven Beobachter voraus. NLP schließt den Wahrnehmungsstandpunkt des Beobachters in die Beschreibung mit ein.
(2) Der Behaviorismus argumentiert wissenschaftlich-statistisch. NLP entwickelt seine Modelle in sinnesspezifischen Begriffen, die den Anwendern verfügbar und zugänglich sind.
(3) Der Behaviorismus beschreibt den Menschen ohne „Innen-Welt", als „Black Box", deren innere Struktur unbekannt ist. NLP öffnet die „Black Box der Behavioristen" und studiert die Strukturen innerer Räume.

Ich ergänze aus meinem Verständnis von NLP:
(4) Für den Behaviorismus sind Menschen konditionierte Apparate, ohne freien Willen. NLP betont das Potential im Menschen: seine potentielle Freiheit, selbstbestimmt nach eigenen ➪ *Werten* und ➪ *Zielen* zu leben (➪ *Selbststeuerung*).
(5) Der Behaviorismus glaubt an das Konzept einer „objektiven Wissenschaft". NLP basiert auf einer ➪ *konstruktivistischen* Philosophie.

Belief

Ein im NLP üblicher Begriff für Überzeugungen, Einstellungen, Glaubenssätze, Meinungen. Es gibt im NLP keine allgemein akzeptierte Definition von Belief (vgl. den Überblick bei *Major 1996*). Für O'Connor und Seymour sind Beliefs Einstellungen: „Leitprinzipien, unsere inneren Landkarten, die wir benutzen, um der Welt Sinn zu verleihen" (*1996 [1990], 138*). „Glaubenssätze beinhalten die »Generalisierungen«, die wir über die Welt machen, sowie unsere Arbeits- und Verhaltenssprinzipien" (*352*). Beliefs sind nach Dilts „Überzeugungen über uns selbst und darüber, was in der Welt um uns herum möglich ist" (*1993 [1990], 11*). Glaubenssätze sind ➪ „*Verallgemeinerungen*" (Generalisierungen) über die „Beziehungen zwischen Erfahrungen" (*35*). „Glaubenssätze sind Verallgemeinerungen über

(a) Zusammenhänge,
(b) Bedeutung,
(c) Grenzen,

und zwar hinsichtlich:
(1) der Welt um uns herum,
(2) spezieller Verhaltensweisen,
(3) Fähigkeiten,
(4) unserer Identität" (*Dilts und Epstein 1992b, 21*).

In einer ➪ *konstruktivistischen* Interpretation von NLP könnte man Beliefs (sehr weit) als alle Überzeugungen definieren, denen wir einen Wahrheits-Charakter zuschreiben.

Beliefs können auch als Regeln verstanden werden. Regeln kann man in (1) präskriptive und (2) deskriptive Regeln unterteilen (*Jochims 1995, 185ff.*):

(1) Präskriptive Regeln sind Regeln, die ein ➪ *Verhalten* vorschreiben, was in einem besonderen ➪ *Kontext* erlaubt ist und was nicht. Präskriptive Regeln sind Normen, Werturteile, soziale Regeln, „Beliefs über Grenzen". Sie sind rational nicht begründbar und werden meist nonverbal vermittelt. Präskriptive Regeln wurden von einer Autorität formuliert und sind oft mit intensiven Gefühlen verbunden.

(2) Deskriptive Regeln sind Beliefs über den Zusammenhang von Ereignissen, Glaubenssätze über die Beziehung zwischen Ereignissen. Deskriptive Beliefs äußern sich in der Regel als ➪ *Meta-Modell-Verletzungen*, wie „komplexe Äquivalenz" und „Ursache-Wirkung".

Dilts beschreibt zwei Hauptformen deskriptiver Beliefs (*1993 [1990], 35ff.; Jochims 1995, 165ff.*):

(1) Verallgemeinerungen über kausale Beziehungen („A verursacht B"), und
(2) Verallgemeinerungen über Bedeutungs-Beziehungen („A bedeutet B").

(1) Ursache-Wirkungs-Beliefs suggerieren, daß das Auftreten von A das Auftreten von B bewirkt: **„Häufiges Bildschirm-Schauen verursacht Glücks-Gefühle.**" „**Dieses Lexikon macht Sie klug**." Kausale Beliefs suggerieren einen Zwang: es muß so sein. Kausale Interpretationen sind für ➪ *innere Zustände* und soziale Beziehungen fast immer inadäquat. Für unerwünschte innere Zustände bedeuten sie eine Einschränkung der Wahl-Freiheit: „Du machst mich traurig." Beliefs dieser Art torpedieren den Gedanken der ➪ *Selbst-Steuerung*: innere Zustände erscheinen als von außen determiniert. Im sozialen Bereich aktivieren kausale Beliefs Macht-Illusionen und schreiben Opfer-Täter-Rollen fest.

(2) Bedeutungs-Beziehungen verbinden Beschreibungen mit Schlußfolgerungen: „**Wenn Sie das verstehen**" (eine Beschreibung A), „**dann bedeutet das, daß Sie o.k. sind**" (eine Schlußfolgerung B). Die Suggestion hier ist: Wenn die Beschreibung A wahr ist, dann ist auch der daraus gezogene Schluß B wahr. Beliefs dieser Art beruhen nach Inke Jochims auf zwei Irrtümern (*1995, 169*): (a) aus einer Beschreibung kann man nicht zwingend eine Schlußfolgerung ziehen („Weil du mich so ansiehst, hast du mich nicht lieb!"), (b) Beschreibungen (Sinnes-Eindrücke) und Schlußfolgerung (Interpretationen) werden gleichgesetzt, obwohl sie anderen ➪ *logischen Ebenen* angehören.

Im NLP heute wird die Wichtigkeit von Beliefs für menschliches Handeln betont. Beliefs fungieren als machtvolle ➪ *Wahrnehmungs-Filter*, die die ungeheure Fülle an Informationen aus der Außen-Welt sinnvoll ordnen.

Ohne Beliefs, ohne soziale Regeln, ohne Vorstellungen über Ursache-Wirkungs-Zusammenhänge wären wir nicht in der Lage, die Welt sinnvoll wahrzunehmen und ihr Bedeutung zu geben. Beliefs strukturieren das menschliche ➪ *Bewußtsein* auf grundlegende Weise. NLP geht von einer engen Wechselwirkung von Beliefs und Wahrnehmung, sowie von Beliefs und Verhalten aus. NLP als Theorie subjektiver Erfahrungen ist das Studium dieser Wechselwirkungen, bei sich und bei anderen.

Die Arbeit mit Glaubenssätzen bedeutet einen Perspektivenwechsel im NLP – eine dritte Phase in seiner Entwicklung (*Jochims 1995, 10f.*):

(1) In der Anfangsphase (ca. 1974-1978) wurden die Prinzipien formuliert und wichtige Modelle, wie das ➪ *Reframing*, entworfen.

(2) Zwischen 1978 und etwa 1985 hat sich die NLP-Arbeit vor allem darauf konzentriert, Techniken für die Behandlung von Symptomen zu entwickeln.

(3) in der dritten Phase (ungefähr ab 1985) richtet sich der Fokus der Aufmerksamkeit auf die Frage, was Glaubenssätze sind und wie sie Verhalten steuern. Jetzt geht es „primär darum, den einschränkenden Glaubenssatz zu verändern. Erst dann kann ein neues, dem Weltbild angemessenes Kommunikationsverhalten gelernt werden. Die Lernbarkeit von Kommunikation wird also nicht grundsätzlich bestritten, wohl aber neu gesehen“ (*Jochims 1995, 11*).

Die Arbeit mit Beliefs wirft die Frage nach der „Identifikation“ von Beliefs auf. Beliefs sind keine „Objekte“ und Beliefs sind keine eindeutig beschreibbaren „Symptome“ (*Jochims 1995, 11ff.*). Für die Erkundung von Beliefs dienen im NLP vor allem ➪ *Warum-Fragen* und das ➪ *Meta-Modell* der Sprache: Meta-Modell-Verletzungen verweisen oft auf Glaubenssätze.

Viele einschränkende Beliefs sind unbewußte ➪ *Vorannahmen*. Beim Versuch, sie bewußt zu machen, können nach Dilts u.a. folgende Phänomene auftreten (*1993 [1990], 82ff.*):

(1) Der Klient (die Klientin) gerät in eine „Nebel-Wand“ und wird verwirrt. Dilts empfiehlt hier, den Fokus der Aufmerksamkeit bewußt auf den „Nebel“ zu richten: Im oder hinter dem „Nebel“ wird oft das gewünschte Belief sichtbar. (Der „Nebel“ ist eine „negative Halluzination“, vgl. *Wolinski 1993 [1991], 43ff.*)

(2) Der Klient (die Klientin) legt eine falsche Spur (einen „roten Hering“). Dilts empfiehlt hier, auf ➪ *Inkongruenzen* im Ausdruck zu achten.

(3) Der Klient (die Klientin) präsentiert Theorien und Hypothesen, die der Therapeut (die Therapeutin) – bewußt oder unbewußt – suggeriert. Auch hier soll exakt auf minimale ➪ *Zugangs-Hinweise* geachtet werden.

Beliefs entstehen nach Gundl Kutschera (*1995a [1994], 247ff.*): (1) in intensiv empfundenen Situationen, (2) durch kognitives Wissen, (3) durch Ergebnisse, die wir in der Vergangenheit erzielt haben, (4) indem wir klare Ziele setzen. O'Connor und Seymour beschreiben die Herkunft von Beliefs so: „Glaubenssätze und Einstellungen entspringen vielen Quellen – aus Erziehung, ➪ *Modellieren* von bedeutsamen anderen Menschen, Vergangenheitstraumen und wiederholten Erfahrungen. Wir entwickeln Glaubenssätze dadurch, daß wir unsere Erfahrungen mit der Welt und mit unseren Mitmenschen generalisieren, das heißt, ➪ *Verallgemeinerungen* ableiten. Woher wissen wir, aus welchen Erfahrungen wir generalisieren sollen? Einige Einstellungen kommen fertig aus der Kultur und der Umgebung, in die wir hineingeboren werden. Die Erwartungen der bedeutsamen Menschen, die in unserer Kindheit um uns sind, prägen uns Glaubenseinstellungen ein. Hohe Erwartungen (vorausgesetzt, sie sind realistisch) bilden Kompetenz. Niedrige Erwartungen flößen Inkompetenz ein. Wenn wir noch jung sind, glauben wir, was uns gesagt wird, denn wir haben keine Möglichkeit, es zu überprüfen. Diese Glaubenssätze können überdauern, ohne durch unsere späteren Leistungen modifiziert zu werden" (*1996 [1990], 138*).

NLP konzentriert sich nicht auf die „Wahrheit" oder „Falschheit" von Beliefs, sondern auf ihre Wirkung (*Major 1996*), die sie insbesondere auf ➪ *Ziele*, ➪ *Kriterien* und ➪ *Werte* ausüben. Beliefs können Ziele fördern und Beliefs können Ziele verhindern: Welche Auswirkungen hat es, wenn ich überzeugt bin, erfolglos zu sein, welche, wenn ich überzeugt bin, erfolgreich zu sein? NLP hat die Idee der bewußten Setzung von fördernden Beliefs (und des Studiums ihrer Wirkungen) auf sich selbst angewandt und einen Katalog von fördernden ➪ *Grundannahmen* des NLP erstellt, mit dem sich alle, die ernsthaft NLP betreiben, auseinandersetzen (und auseinanderzusetzen haben).

Beliefs gelten als eine der ➪ *logischen Ebenen* des NLP. In der Deutung von Robert Dilts reguliert die Ebene der Beliefs die „untergeordneten" Ebenen der ➪ *Fähigkeiten* und des ➪ *Verhaltens*. (Eine Kritik an dieser Deutung findet sich beim Stichwort ➪ *Logische Ebenen*.) Auch die „übergeordneten" Ebenen der ➪ *Identität* und der ➪ *Zugehörigkeit* können als Beliefs definiert werden. Auf der Ebene der ➪ *personalen Identität* sind alle Vorstellungen über uns selbst enthalten, unsere Selbst-Bilder, unsere Beliefs über uns, was wir glauben, wer wir wirklich sind. Die Ebene der Zugehörigkeit beinhaltet alle Überzeugungen über etwas, was mehr als unsere Individualität, unsere Person ist.

NLP kennt viele Methoden, um Beliefs zu erkunden und zu verändern. Beliefs können im Gespräch bewußtgemacht und verändert werden. Dazu sind u.a. das Modell der ➪ *Repräsentations-Systeme*, die Fragen des ➪ *Meta-Modells* sowie Methoden des ➪ *Reframings*, insbesondere des ➪ *Punch-Reframings* (Sleight-of-Mouth-Patterns), geeignet. Viele ➪ *Änderungs-Techniken* des NLP sind geeignet, unerwünschte Beliefs in einer Richtung, die mehr den eigenen Zielen entspricht, zu verändern. Mit Hilfe der ➪ *Neuprägung* ist es oft möglich, auch tiefsitzende (und in Vergessenheit geratene) Beliefs aus der Kindheit bewußt zu machen und nachhaltig zu verändern. In der ➪ *Imperativen Selbst-Analyse* geht es um die Erkundung (und Änderung) von Kern-Beliefs.

Im NLP gibt es ein eigenes Set von Interventionen, die „Belief-Änderungen“ genannt werden. Dabei geht es darum, die innere Vorstellung, die mit einem hinderlichen Belief verbunden ist, zu erkunden und zu verändern. Zwei bekannte Beispiele von Belief-Änderungen:

(1) durch direkte Veränderungen von ➪ *Untereigenschaften*: Dabei werden
- ➤ die Untereigenschaften des hinderlichen Beliefs (meist ➪ *dissoziiert* repräsentiert) mit den Untereigenschaften eines fördernden Beliefs verglichen,
- ➤ einige markante Unterschiede festgehalten,
- ➤ nach und nach Untereigenschaften vom fördernden Belief in die Repräsentation des hinderlichen Beliefs hineingegeben (z.B. mit helleren Farben angereichert) und
- ➤ am Schluß eventuell das gesamte Bild des fördernden Beliefs auf das Bild des hinderlichen Beliefs „geklatscht“.

(2) mit Hilfe von ➪ *Boden-Ankern*, z.B. mit vier Orten IK („innere Kraft“), AG („absolute Gewißheit“), KM („kann sein/muß nicht sein“) und AB („altes Belief“). Dabei werden
- ➤ zuerst AG und KM am Boden verankert,
- ➤ dann das alte Belief am Ort AB aktiviert und
- ➤ auf KM in seiner Gewißheit abgeschwächt.
- ➤ Dann wird IK als kraftvoller Unterbrecher genützt.
- ➤ Anschließend wird das neue Belief auf KM aktiviert,
- ➤ auf AG als sicher verankert und
- ➤ mit IK angereichert.

NLP ist in meinem Verständnis (W.Ö.) praktizierter ➪ *Konstruktivismus*. In dieser Interpretation kommt dem Belief-Gedanken zentrale Bedeutung zu: Alles, woran wir glauben, alles, was für uns existiert, alles, was wir für wahr halten, jede Art von Bedeutungs-Gebung folgt nicht zwingend aus den Umständen, aus der Umwelt, sondern wird innerlich konstruiert, ist ein Konstrukt. Im englischen Wort Be**LIE**f ist **LIE**, die Lüge, enthalten. Be**LIE**fs sind keine Lügen im wörtlichen Sinn, aber sie sind immer nur mögliche Deutungen, die auch anders sein könnten. Im deutschen Wort **ÜBER**-Zeugung ist ein anderes Wort-Spiel enthalten. **ÜBER** verweist auf eine ➪ *Meta-Ebene*: dem, was ist, wird noch eine Ebene hinzugefügt, die Ebene der Deutungen, der Interpretationen. Zeugung ist ein sehr machtvolles Wort. So wie Mann und Frau ein Kind zeugen, so zeugen wir mit unseren **ÜBER**-Zeugungen die Realität, in der wir leben.

Die prinzipielle Aussage des Konstruktivismus (alles ist konstruiert. Wir verfügen über kein „objektives“ Kriterium für die „Wahrheit“ von Konstrukten) stößt in der ➪ *Änderungs-Arbeit* des NLP an eine praktische Grenze: Beliefs, die Menschen nicht bewußt sind, können nicht als Beliefs (als Konstrukte) erkannt und verändert werden. Viele Menschen kennen die Beliefs nicht, die ihr Leben auf eine grundlegende Weise regeln. Die machtvollsten Beliefs sind unbekannte ➪ *Vorannahmen*, die auf einer unbewußten Ebene wirken. Das Ziel der ➪ *Selbststeuerungs-Techniken* des NLP könnte (in meinem Verständnis) sein: die schrittweise Entdeckung hinderlicher Vorannahmen, ihre Überprüfung, ihre Veränderung, die Konstruktion neuer Vorannahmen und ihre Integration ins Leben. Der Belief-Gedanke des NLP (das ist mein Belief) ist ein tiefer Gedanke. Er beinhaltet ein lebenslanges Lern-Programm, bei dem Menschen immer mehr Bewußtheit darüber erlangen, in welcher Weise sie ihr Leben, seine Sonnen- und Schatten-Seiten, seine Erfolge und Dramen durch ihre Beliefs gestalten. Den Belief-Gedanken als kognitiven Gedanken zu „verstehen“, – und versuchen, ihn in sein Leben zu integrieren, sind zwei Paar Schuhe. Im NLP ist viel von Beliefs die Rede. Inhaltlich sind dabei oft nur die Beliefs anderer Menschen, nicht jedoch die eigenen Beliefs gemeint. Den Belief-Gedanken auf sich selbst anzuwenden (oder versuchen, es zu tun oder sich darum zu bemühen), liegt auf einer anderen Ebene. Wie können wir diesen Prozeß beschleunigen? **Was würde es bedeuten, den Belief-Gedanken auf den Belief-Gedanken anzuwenden?**

Ein Märchen zum Belief-Gedanken: ***Das Märchen vom Tempel der tausend Spiegel***

In einem fernen Land gab es vor langer, langer Zeit einen Tempel mit tausend Spiegeln, und eines Tages kam, wie es der Zufall so will, ein Hund des Weges. Und der Hund bemerkte, daß das Tor zum Tempel der tausend Spiegel geöffnet war, und vorsichtig und ängstlich öffnete er das Tor und ging in den Tempel hinein. Und Hunde wissen natürlich nicht, was Spiegel sind und was sie vermögen, und nachdem er den Tempel betreten hatte, glaubte er sich von tausend Hunden umgeben. Und der Hund begann zu knurren und er sah auf die vielen Spiegel und überall sah er einen Hund, der ebenfalls knurrte. Und er begann die Zähne zu fletschen und im selben Augenblick begannen die tausend Hunde die Zähne zu fletschen und der Hund bekam es mit der Angst zu tun. So etwas hatte er noch nie erlebt und voller Panik lief er, so schnell er konnte, aus dem Tempel hinaus. Dieses furchtbare Erlebnis hatte sich tief in das Gedächtnis des Hundes vergraben. Fortan hielt er es als erwiesen, daß ihm andere Hunde feindlich gesinnt sind. Die Welt war für ihn ein bedrohlicher Ort und er ward von anderen Hunden gemieden und lebte verbittert bis ans Ende seiner Tage.

Die Zeit verging und wie es der Zufall so will, kam eines Tages ein anderer Hund des Weges. Und der Hund bemerkte, daß das Tor zum Tempel der tausend Spiegel geöffnet war, und neugierig und erwartungsvoll öffnete er das Tor und ging in den Tempel hinein. Und Hunde wissen natürlich nicht, was Spiegel sind und was sie vermögen und nachdem er den Tempel betreten hatte, glaubte er sich von tausend Hunden umgeben. Und der Hund begann zu lächeln und er sah auf die vielen Spiegel und überall sah er einen Hund, der ebenfalls lächelte – so gut Hunde eben lächeln können. Und er begann vor Freude mit dem Schwanz zu wedeln, und im selben Augenblick begannen die tausend Hunde mit ihrem Schwanz zu wedeln und der Hund wurde noch fröhlicher. So etwas hatte er noch nie erlebt und voller Freude blieb er, so lange er konnte, im Tempel und spielte mit den tausend Hunden. Dieses schöne Erlebnis hatte sich tief in das Gedächtnis des Hundes vergraben. Fortan hielt er es als erwiesen, daß ihm andere Hunde freundlich gesinnt sind. Die Welt war für ihn ein freundlicher Ort und er ward von anderen Hunden gern gesehen und lebte glücklich bis ans Ende seiner Tage. (*Quelle unbekannt*)

Beobachter, Beobachterin

(1) Bezeichnung für eine ➪ *Wahrnehmungs-Position*, z.B. die dritte Wahrnehmungs-Position oder die ➪ *Meta-Position*.

(2) Bezeichnung für eine Rolle bei der Durchführung von NLP-Techniken, manchmal auch ➪ *Meta*-Person genannt. Aufgaben einer Meta-Person (im ➪ *Kontext* von NLP-Trainings) können sein: nonverbalen ➪ *Rapport* zu halten, ➪ *genau wahrzunehmen*, auf die Reihenfolge von ➪ *Prozeß-Schritten* zu achten und Feedback zu geben.

Literatur: *Andreas und Andreas 1992, 70f.; Baumeler 1994, 44.*

Between time

(Zwischen-Zeit) Eine Variante der inneren ➪ *Zeit-Linie*: Vergangenheit und Zukunft werden im inneren Raum, in der Vorstellung, wie ein V angeordnet, die Gegenwart liegt in der Person.

Bevorzugtes Repräsentations-System

Das bevorzugte oder primäre ➪ *Repräsentations-System* ist jenes Repräsentations-System, das Menschen im allgemeinen oder in bestimmten ➪ *Kontexten* vorrangig verwenden. Nicht alle Menschen besitzen ein eindeutig erkennbares bevorzugtes Repräsentations-System, manche Menschen haben in verschiedenen Kontexten verschiedene bevorzugte Systeme. Wer aufmerksam auf die Sprache und ihre ➪ *Prädikate* achtet, wird feststellen, daß viele Menschen alle Sinnes-Systeme in Sprache transportieren. Von bevorzugtem Repräsentations-System spricht man dann, wenn ein Sinnes-System eindeutig dominant ist, wenn eine Person z.B. in der Mehrzahl der Fälle visuelle Prädikate verwendet. In diesen Fällen spricht man auch vom ➪ *Wahrnehmungs-Typ*, z.B. dem visuellen Typus. Das bevorzugte Repräsentations-System ist vom ➪ *Leit-System* (das System, mit dem man sich Informationen intern zugänglich macht) und vom ➪ *Referenz-System* (das System, mit dem man den Wahrheitsgehalt von Informationen überprüft) zu unterscheiden.

Bewegungs-Anker

Ein kinästhetischer ➪ *Anker*, bei dem eine Körper-Bewegung (ein leichtes Schaukeln, eine Drehung der Schulter, ein Heben des Kopfes, ...) mit einem erwünschten ➪ *inneren Zustand* verankert ist. Bewegungs-Anker sind meist ➪ *Selbst-Anker*, d.h. eine Person ➪ *ankert* sich selbst mit dieser Körper-Bewegung. Bewegungs-Anker werden bei vielen NLP-Interventionen systematisch eingesetzt, z.B. indem eine Person aufgefordert wird, (1) sich an eine ➪ *Ressource* zu erinnern, (2) dies ➪ *assoziiert* zu erleben, und (3) in diesem Zustand den Körper so zu bewegen, daß die Erfahrung auf eine natürliche Art noch intensiver und reichhaltiger wird. Gesetzte Bewegungs-Anker erlauben in der Regel einen leichten Zugang zu der geankerten Ressource. Sie sind ein effizientes Mittel, um Personen rasch in einen ➪ *Ressourcen-Zustand* zu führen. Bewegungs-Anker sind auch als Selbst-Anker für den Alltag hervorragend geeignet. In diesem Falle wird man (1) eine sozial akzeptierte Bewegung wählen und (2) die entsprechende Bewegung so minimalisieren (z.B. die Schultern nur zwei Zentimeter drehen), daß sie von ungeschulten Personen nicht wahrgenommen wird. ➪ *Glücks-Anker,* ➪ *Moment of Excellence*

Bewußte Inkompetenz, Bewußte Kompetenz

Das zweite und dritte Stadium des ➪ *Lern-Zyklus.*

Bewußtsein

Es gibt keine verbindliche Definition von Bewußtsein, weder im NLP noch sonstwo. Vielleicht kann man Bewußtsein auch gar nicht „definieren". Spencer-Brown (*1969*) führt jede geistige Operation, alles Denken, auf die Elementar-Operation des Unterscheidens zurück (vgl. *Simon 1990, 110ff. und 1993, 52ff.*). Was ist ein Unterschied? (Spencer-Brown setzt die Idee der Unterscheidung voraus, „erklärt" sie aber nicht.) Für Bateson ist ein „Unterschied" so etwas wie eine „Idee" (*1983 [1972], 618*). Der „Geist" wählt aus einer unendlichen Fülle von Möglichkeiten eine „sehr begrenzte Anzahl, die zur Information werden. Was wir tatsächlich mit Information meinen – die elementare Informationseinheit – ist ein Unterschied, der einen Unterschied ausmacht" (*582*). Mit anderen Worten: Der „Geist", das „Bewußtsein" operiert selbstbezüglich und entzieht sich einer herkömmlichen „Definition".

Im NLP finden sich zwei große Sichtweisen von Bewußtsein:

(1) Die erste Sichtweise kann dem ➪ *mechanistischen Welt-Bild* und der damit verbundenen ➪ *Computer-Metapher des Geistes* zugeordnet werden (vgl. *Ardui und Wrycza 1994, 10ff.*). Bewußtsein ist hier ein „Epi-Phänomen", etwas Zweitrangiges – etwas, das nicht eigens thematisiert werden muß. Ein Beispiel: „Im NLP wird das Bewußtsein einfach als das Ergebnis der relativen Intensitäten der Aktivität unserer Repräsentationssysteme angesehen. Es ist ein Indikator dafür, wie stark ein bestimmtes Repräsentationssystem benutzt wird. Es ist für uns also keine Einheit an sich, als die es oft angesehen wird. Im NLP wird das Bewußtsein behandelt als eine in Erscheinung tretende Eigenschaft der Aktivität des Nervensystems und nicht als Indikator dieser Aktivität. Würde man sagen, daß unser Bewußtsein oder unsere Bewußtheit unser Verhalten kontrollierte oder beeinflußte, dann müßte man vergleichsweise auch sagen, daß die Eigenschaft der »Nässe«

oder der »Vereisung« die strukturellen Kombinationen der H_2O-Moleküle kontrolliert oder beeinflußt, von denen diese Eigenschaften abgeleitet sind. Das Bewußtsein ist vielmehr eine »Nebenwirkung«, ein Indikator eines Teils der Vorgänge, die sich beim Verarbeiten in Repräsentationssystemen abspielen" (*Dilts, Bandler und Grinder 1994 [1980], 68;* ähnlich *Dilts 1983, 17* und *51f.*).

(2) Im Gegensatz dazu wurden in den letzten Jahren im NLP, auch von führenden Personen, eine Vielzahl von Phänomenen untersucht, die unzweifelhaft außerhalb des Fokus einer mechanistischen Vorstellung von der Welt liegen (vgl. *Ardui und Wrycza 1994a*). Beispiele sind (vgl. *Van der Horst 1994, 28*): die Beschäftigung mit Heilern (John Grinder), mit Jesus von Nazareth (Robert Dilts, Wolfgang Lenk), mit Zen-Buddhismus (Richard Clarke), mit Huna (Tad James), mit ➩ *„Core states"* (*Connirae und Tamara Andreas 1995, [1994]]*, mit dem ➩ *Spirituellen Panorama* (*Jaap Hollander und Lucas Derks 1996*), mit „transzendentalen Meta-States" (*Michael Hall 1995* und *1996*), mit magisch-religiösen Praktiken (*Jaap Hollander, Lucas Derks und Bruce Tannebaum 1996*), mit dem ➩ *„Ur-Credo"* (*Wolfgang Bernard 1996 [1995]*) oder mit spirituellen Erfahrungen generell (*Peter Wrycza 1995 und 1997*).

Phänomene dieser Art verweisen auf ein „Welt-Bild", in dem Bewußtsein als etwas Primäres und Eigenständiges verstanden wird. Der implizite Standpunkt dieser Neuentwicklungen im NLP wurde noch nicht umfassend reflektiert und ausformuliert. Das wäre eine große Aufgabe für die Zukunft und könnte das Selbstverständnis von NLP und seine weitere Entwicklung entscheidend verändern.

Ein solches Forschungs-Programm könnte u.a. bedeuten:
(a) eine Betonung des ➩ *Auswahlprozesses* des Bewußtseins und eine ➩ *konstruktivistische* Interpretation von NLP.

(b) eine Reflexion der Grundlagen des NLP, insbesondere der Rolle der Sinnes-Erfahrungen, des ➩ *mechanistischen Welt-Bildes* und der ➩ *Computer-Metapher des Geistes* (vgl. damit auch die Interpretation des Werkes von Gregory Bateson durch *Bermann 1983 [1981], Kap. 7 und 8*).

(c) eine Revision und Erweiterung der ➩ *Grundannahmen des NLP* (vgl. *Ardui und Wrycza 1994a*) und des darin enthaltenen Menschen-Bildes (vgl. damit den Vorschlag von *Wrycza 1995 und 1997*, das übliche Modell der ➩ *logischen Ebenen* durch zusätzliche Ebenen zu erweitern).

(d) die Etablierung von Querverbindungen zu Ansätzen, die das menschliche Bewußtsein in einem umfassenden Sinne studieren, z.B. zur Spektrums-Psychologie (*Wilber 1987a [1979]* und *b [1977], 1988 a [1983]* und *b [1981], 1996 [1995]*), zur Transpersonalen Psychologie (*Deikman 1986 [1982]; Walsh und Vaughan 1987 [1980]; Tart 1988 [1986]* und *Nickel 1990*), zur Theorie des Holotropen Geistes (*Grof 1993a [1985]* und *b [1992]; von Roden 1997*), zum Taoismus (*Watts 1978 [1951]* und *1980 [1966]*), zu anderen sprituellen Traditionen Asiens (vgl. den Überblick bei *Gottwald und*

Howard 1990) oder zu neueren Ansätzen in den Kognitionswissenschaften (z.B. *Varela und Thompson 1992 [1991]*).

Zur Bedeutung „bewußter Verstand“ versus „unbewußter Geist“ vgl. das Stichwort ➪ *Unbewußtes*.

Beziehungs-Reframing

Eine Sonderform des ➪ *Reframings*, angewandt auf Konflikte in einer Partnerschaft. Typische Schritte sind: (1) Die Festlegung des Themas. (2) Eine Vereinbarung über ein Meta-Ziel: Wir wollen uns auf etwas Neues einigen. (3) Identifikation einer oder mehrerer ➪ *kalibrierter Schleifen* für einen typischen Streit zum Thema. (4) Bewußtmachen und Analyse dieser Schleifen aus einer Meta-Position. (5) Erkunden der jeweiligen ➪ *guten Absicht* hinter dem Verhalten. (6) Gegenseitige Würdigung dieser Absicht. (7) Erarbeitung neuer Verhaltensweisen, in denen diese Absicht ohne Streit gelebt werden kann. (8) Treffen einer Vereinbarung. (9) ➪ *Future pace*.

Block

Ein ➪ *Problem-Zustand*, der innere Zustand einer Blockade, im NLP meist als ➪ *stuck state* bezeichnet.

Boden-Anker

Boden-Anker sind ein Sonderfall ➪ *räumlicher Anker*, wo Plätzen im Raum eine bestimmte Bedeutung zugeschrieben wird. Ein Boden-Anker ist ein ➪ *Anker*, wobei eine Stelle am Boden mit einem bestimmten ➪ *inneren Zustand* verankert ist. Boden-Anker sind im NLP weit verbreitet. Viele Änderungs-Übungen des NLP werden mit Boden-Ankern durchgeführt, d.h. Plätze am Boden werden als Boden-Anker aufgebaut. In vielen Fällen genügt ein einmaliges Ankern eines bestimmten Platzes am Boden: Immer wenn eine Person diesen Platz im Verlauf einer NLP-Intervention betritt, ist an ihrer ➪ *Physiologie* deutlich erkennbar, daß sie innerlich diesen Zustand erfährt. Beim Ankern wird dabei (1) eine bestimmte Stelle am Boden festgelegt (gedanklich oder durch eine Markierung, z.B. durch Zettel), (2) dieser Platz betreten, (3) auf diesem Platz ➪ *assoziiert* ein bestimmter Zustand erlebt und (4) dieser Platz sprachlich für den weiteren Verlauf der Übung eindeutig festgelegt, z.B. als „Problem-Ort“, „Ressourcen-Ort“, „Ort der Ruhe“, „Ort des Zweifels“, „Platz, wo Sie drei Jahre alt waren“, usw.

Die Arbeit mit Boden-Ankern hat für den Berater (die Beraterin) und den Klienten (die Klientin) viele Vorteile.

(1) Boden-Anker erlauben es, innere Zustände sehr präzise zu definieren und exakt zu erleben. Eine Person, die einen (vorher festgelegten) Boden-Anker für sich nutzen will, muß in vielen Fällen nichts anderes tun, als diesen Platz zu betreten und jene Körperhaltung einzunehmen, die diesem Zustand entspricht.
(2) Damit sind Boden-Anker ein Instrument, um einen raschen Zugang zu genau definierten inneren Zuständen zu finden, und
(3) sie exakt von anderen Zuständen zu trennen, indem dieser Platz verlassen und ein anderer Platz eingenommen wird.
(4) Dabei verfügt der Berater (die Beraterin) über klare Kriterien, um zu kontrollieren, ob bestimmte ➪ *Prozeß-Schritte* tatsächlich gemacht werden, weil jedem Ort eine eindeutige Physiologie zugeordnet ist.
(5) Diese Kriterien erlauben es einer geübten Person (die auf ➪ *genaues Wahrnehmen* trainiert ist), auch komplizierte NLP-Interventionen (bei denen es immer um innere Prozesse geht) mit mehreren Personen gleichzeitig durchzuführen.

Einfache NLP-Methoden mit Boden-Anker sind der ➪ *Circle of Excellence* oder die Übung „vom gegenwärtigen zum künftigen Zustand“, wo die Gegenwart (das Problem) und die Zukunft (das Ziel) als getrennte Orte definiert werden.

Beispiele für komplexere NLP-Interventionen mit mehreren Zuständen und mehreren Boden-Ankern sind:

(1) die ➪ *Walt-Disney*-Kreativitäts-Strategie (mit zumindest drei Boden-Ankern für die Zustände des Träumers, des Realisten und des Kritikers),
(2) Übungen zur Entschärfung von Konflikten mit anderen Personen unter Verwendung der drei ➪ *Wahrnehmungs-Positionen* oder
(3) des ➪ *Meta-Spiegels*,
(4) die Verwendung von ➪ *Mentoren* oder
(5) der ➪ *Bateson-Lernstrategie* für ➪ *stuck states*, die durch neue Ideen angereichert werden sollen,
(6) komplexere Übungen zum Ändern von Beliefs, z.B. unter Verwendung von vier Boden-Positionen („Innere Kraft“, „Sicherheit“, „Kann sein/muß nicht sein“, „Altes Belief“ – unter dem Stichwort ➪ *Beliefs* beschrieben),

(7) Interventionen zur Integration von ➪ *Teilen*, die miteinander im Konflikt stehen, oder

(8) Interventionen, mit denen Ziel-Zustände mit Hilfe der ➪ *logischen Ebenen* verstärkt und integriert werden sollen, sowie

(9) alle Methoden unter Verwendung der Boden-Zeit-Linie.

Boden-Zeit-Linie

Bei der Boden-Zeit-Linie wird eine Linie am Boden markiert (gedanklich oder mit Karten, einer Schnur usw.) und dieser Linie eine Zeit-Interpretation gegeben. Eine bestimmte Stelle auf dieser Linie hat die Bedeutung der Gegenwart, in eine Richtung geht es in die Vergangenheit, in die andere in die Zukunft. Die Boden-Zeit-Linie verknüpft das Konzept der ➪ *Boden-Anker* mit dem Konzept der ➪ *Zeit-Linie*. Boden-Anker sind ein hervorragendes Instrument, um Erinnerungen an vergangene Erlebnisse und Vorstellungen über künftige Ereignisse zu aktivieren und systematisch zu nutzen. Sie erlauben in besonderer Weise, diese Erinnerungen und Vorstellungen exakt und abgegrenzt ➪ *assoziiert* und ➪ *dissoziiert* zu erleben. Viele Vorgehensweisen des NLP werden heute mit Boden-Zeit-Linien durchgeführt. Bekannte Beispiele sind: ➪ *History change*, ➪ *Positiver History change*, ➪ *Phobie-Techniken*, ➪ *Traumata-Techniken* und ➪ *Neuprägung* oder die Verwendung der Boden-Zeit-Linie bei der ➪ *Ziel-Arbeit*.

Breaker, Breaker-State

➪ *Unterbrecher*

Calibrated loops

⇨ *Kalibrierte Schleifen*

Chaining, chaining anchors

⇨ *Ketten-Anker*

Change history, changing history

⇨ *History change*

Chunking, chunks

Begriffe, die Miller (*1956*) formuliert hat. Chunks sind Größenordnungen, in denen Informationen organisiert werden. Chunking bedeutet das Organisieren oder Aufgliedern von Erfahrungen in größere oder kleinere Stücke. Im großen Chunk ist der Fokus auf allgemeine und abstrakte Informationen gerichtet, im kleinen Chunk auf spezifische und konkrete Informationen. „Chunking up beinhaltet, daß man sich auf eine umfassendere, abstraktere Informationsebene begibt. Chunking down impliziert, daß man sich auf eine spezifischere oder konkretere Ebene der Informationen begibt. Laterales Chunking bedeutet, daß man andere Beispiele auf der gleichen Informationsebene findet“ (*Dilts 1993 [1990], 223*).

Der Wechsel von Chunks beschreibt ein allgemeines Prinzip des menschlichen ⇨ *Bewußtseins*. Nach Miller (*1956*) können wir bewußt den ⇨ *Fokus der Aufmerksamkeit* in einem Augenblick auf höchstens „sieben plus/minus zwei“ Informationen richten. Umfangreichere Phänomene werden „hochgechunkt“. Der Geist faßt kleinere Einheiten zu größeren „Ganzheiten“ zusammen und studiert sie in einem größeren ⇨ *Kontext*.

Chunking in Kommunikation ist ein Wechsel logischer Ebenen. Die Lern-Kategorien von ⇨ *Bateson* und das Modell der ⇨ *logischen Ebenen* von Dilts sind Anwendungen dieses Prinzips. Die Anwendung der Sprachmuster des ⇨ *Milton-Modells* führt zu „größeren Chunks“, wie z.B. ⇨ *Nominalisierungen*. Die Anwendung der Sprachmuster des ⇨ *Meta-Modells* führt zu „kleinen Chunks“, zu konkreten und spezifischen Informationen. ⇨ *Metaphern* beinhalten laterale Chunks: jemand redet über einen Gärtner und zwei Rosensträucher und meint eine Mutter und zwei Kinder (*Bretto 1988, Introduction 23*).

Chunking down ist oft eine angemessene Strategie, um komplexe und schwierige Aufgaben zu bewältigen. Die bewußte Konzentration auf kleine Chunks kann für große Ziele und langfristige Projekte hilfreich sein. Chunking up hilft in manchen Fällen, aus einem ⇨ *stuck state* herauszukommen und das Problem auf einer höheren Ebene, in einem größeren Zusammenhang zu studieren. Chunks bezeichnen eines der ➪ *Meta-Programme* des NLP. Die Kenntnis, auf welchen Chunks einzelne Personen bestimmte Aufgaben üblicherweise angehen, kann für die Zusammenarbeit in einem Team nutzbringend sein.

Circle of Excellence

Ein ➪ *Moment of Excellence*, der mit einem ➪ *Boden-Anker* verbunden ist. Dabei stellt sich eine Person einen Kreis am Boden vor. Der Bereich innerhalb des Kreises wird mit einem Moment of Excellence verankert und mit zusätzlichen ➪ *Untereigenschaften* angereichert (z.B. eine bestimmte Farbe oder Musik). Am günstigsten ist die Konstruktion einer ➪ *Synästhesie*: z.B. einen kinästhetischen ➪ *Selbst-Anker* mit einer visuellen Vorstellung zu verbinden und dabei an ein Code-Wort zu denken.

Ein Circle of Excellence ist eine wirkungsvolle Methode, um rasch in einen ➪ *Ressourcen-Zustand* zu kommen. Personen können sich trainieren, im Alltag, wann immer dies erforderlich ist, (1) sich ihren Kreis mit ihren Untereigenschaften vorzustellen, (2) mit einem Schritt diesen Kreis zu betreten und (3) diesen Zustand zu erfahren. Ein Circle of Excellence ist auch geeignet, um unerwünschte Anker zu löschen (➪ *Anker löschen)*. Dabei wird eine Person veranlaßt, (1) ihren Circle of Excellence aufzubauen, (2) zu testen, (3) sich neben den Kreis zu stellen, von Problemen und Zielen zu sprechen, und (4) immer dann, wenn eine ➪ *Problem-Physiologie* beobachtet wird, rasch in den Kreis zu treten und den Ressourcen-Zustand zu aktivieren. Auf diese Weise kann auch der rasche Zugang zu den Ressourcen des Circle of Excellence im Alltag geübt werden.

Collapsing anchors

Anker kollabieren, ➪ *Anker verschmelzen*

Columbo-Technik

Die Columbo-Technik geht auf Inspektor Columbo, den Helden einer amerikanischen Endlos-Serie, zurück. Bei der Columbo-Technik nimmt sich eine Person ganz zurück, sie agiert wenig ichhaft, gibt den anderen viel Raum, arbeitet mit Understatements und Entschuldigungen und agiert scheinbar nebenbei und zerstreut. In der Haltung, die Inspektor Columbo vermittelt, kann man andere Personen respektvoll ➪ *führen* („Verzeihen Sie bitte, da habe ich auf einmal eine Idee, ich weiß nicht, ob das eine gute Idee ist, aber erlauben Sie es mir trotzdem, daß ich ...“ usw.). Dies kann (die passende innere Einstellung vorausgesetzt) eine gute Basis sein, um unauffällig und unbemerkt NLP-Techniken anzuwenden und sehr zielgerichtet zu handeln.

Inspektor Columbo selbst ist ein gutes Modell für manche Kommunikations-Techniken des NLP. Inspektor Columbo löst seine Kriminalfälle, indem er u.a. (1) ⇨ *genau wahrnimmt*, (2) gezielt nachfragt, d.h. das ⇨ *Meta-Modell* verwendet, (3) andere ablenkt und ⇨ *Trancen* induziert, indem er das ⇨ *Milton-Modell* einsetzt, (4) dabei unbemerkt ⇨ *Anker setzt*, (5) ständig den ⇨ *Prozeß* beobachtet, d.h. auf einer ⇨ *Meta*-Ebene präsent ist, (6) wirksame ⇨ *Unterbrecher* setzt, (7) Interpretationen anbietet (er entschuldigt sich, spielt den Verwirrten, ...), die es anderen ermöglichen, seinem ungewöhnlichen Verhalten Sinn zu geben, und (8) abgegrenzt von anderen seinen ⇨ *inneren Zustand* selbst bestimmt. (Lediglich Columbos Outfit hat es bislang verhindert, daß er von der NLP-Gemeinde heiliggesprochen wurde.)

Literatur: *Rückerl 1996 (1994), 55.*

Computer-Metapher des Geistes, Computer-Theorie des Geistes

Die Computer-Theorie des Geistes „ist das gegenwärtig bestimmende Paradigma in der kognitionswissenschaftlichen Forschung. Sie beschreibt den menschlichen Geist in Analogie zum Computer als ein Programm, das auf einer Hardware, dem Gehirn, implementiert ist ... Der Grundgedanke besteht darin, semantische Eigenschaften auf physikalische zurückzuführen. Kognitive Prozesse gelten demnach als elementare Rechenprozeduren, die in einer im Gehirn fest installierten logischen Sprache ausgeführt werden" (*Strube 1996, 91*).

Die Computer-Metapher des Geistes ist für NLP bedeutsam. (*Dilts und Epstein 1992a, 20,* bezeichnen sie als die „Basisprämisse" des NLP.) Sie findet sich in vielen Texten und steht auch im Zusammenhang mit der Wortgebung von NLP als „Programmieren" (*Ardui und Wrycza 1994a, 11*). Die Computer-Metapher des Geistes hat die Anfangszeit des NLP geprägt (und ist teilweise für seinen Erfolg verantwortlich). Ein Computer hat eine formal-logische Struktur, eine Vielzahl formaler Programme. Bandler und Grinder beschrieben das Handeln von Virginia Satir, Fritz Perls und Milton Erickson als Set formaler Regeln, als Anwendung formaler Programme. Diese Art des Denkens und diese Art der Beschreibung brachte für NLP viele Vorteile. Beispiele sind (vgl. auch *Ardui und Wrycza 1994a, 11ff.*):

(1) die Konzentration auf Strukturen und nicht auf Inhalte von Kommunikation,
(2) die Formulierung einfacher, klarer und kohärenter Modelle, die
(3) leicht zu lernen und zu lehren sind;
(4) eine nüchterne und neutrale Sprache, die es erlaubt,
(5) NLP-Gedanken und NLP-Techniken in vielen Kontexten erfolgreich einzusetzen.

Die Computer-Metapher des Geistes ist eng mit dem ➪ *mechanistischen Welt-Bild* verbunden. Hier wird alles als Maschine gedeutet. Im mechanistischen Welt-Bild ist ➪ *Bewußtsein* das große Rätsel. In der Geschichte dieses Welt-Bildes wurde immer die technisch fortgeschrittenste Maschine als ➪ *Metapher* für den menschlichen Geist genommen. Descartes beschrieb die Interaktion von Körper und Geist durch Hebel und Fäden (das, was im Gehirn denkt, macht den Körper beweglich wie ein Marionetten-Spieler eine Puppe). Im 19. Jahrhundert glaubte man, der Geist sei eine komplizierte Dampf-Maschine (mit kleinen Ventilen im Gehirn). Im 20. Jahrhundert ist man auf den Computer gekommen – und in hundert Jahren wird man vermutlich die Computer-Metapher des Geistes so eigenartig finden, wie wir heute die Dampfmaschinen-Metapher.

Das mechanistische Welt-Bild ist heute überholt. In vielen Wissenschaften wurde schlüssig nachgewiesen, daß ein mechanistisches Bild prinzipiell unzulässig ist. Es wurde auch bewiesen, daß der Geist kein Computer sein kann und letztlich nicht in Analogie zu einem Computer verstanden werden kann. (Ein elegantes Argument verwendet die Unvollständigkeitssätze von Gödel, wo mit Mitteln der formalen Logik eine prinzipielle Grenze der Anwendbarkeit der formalen Methode nachgewiesen wurde. Vgl. *Nagel und Newman 1984; Bachmann 1985 [1983]; Blaseio 1986; Dreyfus und Dreyfus 1988 [1986]; Penrose 1990* und *Ötsch 1991.*)

Dieser Befund ist auch für NLP relevant. Wenn der menschliche Geist nicht als Computer gedacht werden kann, dann können alle Interpretationen im NLP, die sich auf die Computer-Metapher berufen, in Frage gestellt werden. Mehr noch: NLP betont die Wichtigkeit von ➪ *Beliefs* und von ➪ *Vorannahmen* für das menschliche Denken und Handeln. Wenn die Computer-Metapher des Geistes eine (offene oder heimliche) Vorannahme von NLP (oder von Richtungen im NLP) ist, dann könnte sie für das Handeln von Menschen, die NLP praktizieren und weitergeben, relevant sein – und könnte damit Probleme eigener Art mit sich bringen. Mögliche Beispiele sind (vgl. auch *Ardui und Wrycza 1994a*):

(1) Die Illusion, man könne rein formal (durch ein formales Set von Handlungs-Anweisungen) jede beliebige menschliche Erfahrung verändern.
(2) Die Illusion, man könne rein formal (durch ein formales Set von Handlungs-Anweisungen) Menschen „befähigen“, sich selbst beliebig zu „programmieren“.

(3) Die Illusion, man könne rein formal (durch ein formales Set von Handlungs-Anweisungen) „Programmierer" „befähigen", andere Menschen beliebig zu verändern.
(4) Die Illusion der Macht über andere, was den ➪ *Manipulation*s-Vorwurf an NLP nähren kann.
(5) Ein reduziertes Menschen-Bild, bei dem nicht systematisch darauf Bezug genommen wird, daß der menschliche Geist mächtiger als jedes formales Programm ist, weil er jedes formale Programm „transzendieren" kann (die Pointe der Unvollständigkeitssätze von Gödel).

NLP steht damit (das ist meine Meinung) vor der Aufgabe, die Vor- und Nachteile der Computer-Metapher sorgsam abzuwägen und über seine (implizite) theoretische Basis ernsthaft nachzudenken.

Core-State, Core-Zustände

Bezeichnung für ➪ *Quellen*-Zustände im Rahmen der ➪ *Core transformation*. Für Connirae und Tamara Andreas handelt es sich bei einem Core-Zustand um „die tiefste Ebene dessen, was unsere ➪ *Teile* für uns erreichen wollen" (*1995 [1994], 46*). Sie beschreiben fünf Klassen von Quellen-Zuständen, denen sie eine allgemeine Bedeutung zuordnen:

(1) „Ruhen im Sein" (being): die direkte Erfahrung der Gegenwart, voll da sein, sich als ganz gegenwärtig erleben, sich ganz erleben, voll im Hier und Jetzt sein.
(2) „Innerer Friede" (inner peace): ganz in innerer Ruhe sein, eine innere Stille genießen, voll in sich ruhen.
(3) „Liebe" (love): bedingungslose Liebe schenken, bedingungsloses Geliebtwerden erfahren, umfassende Liebe erleben.
(4) „Okay-Sein" (OKness): das Gefühl, ganz in Ordnung zu sein, sich selbst ganz akzeptieren zu können, Selbstwert ohne jedes Tun oder Leistung erleben, seinen Eigenwert intensiv spüren, das Gefühl haben: „Ich bin liebenswert, weil ich lebe."
(5) „Einssein" (oneness): die Erfahrung der Verbindung zur Natur, zu den Menschen, zu Gott, das Erleben umfassender Einheit, das Gefühl, mit allem eins zu sein.

Diese Quellen-Zustände sind durch sechs Kriterien gekennzeichnet:

(1) Es handelt sich um Seins-Zustände (bei denen nichts getan werden muß und bei denen nichts von außen passieren muß).
(2) Sie haben keine äußeren Ursachen (wie: „Ich bin glücklich, weil das geschehen ist"). Sie können zu jedem Zeitpunkt unabhängig von äußeren Umständen erlebt werden.
(3) Sie sind nicht reflexiv (wie: „Ich liebe mich").
(4) Sie enthalten keine spezifischen Gefühle, wie hoffnungsvoll, stolz, befriedigt, ...

(5) Sie enthalten ein spürbares körperliches Erleben, das die ganze Person ergreift.
(6) Sie sind der Endpunkt in einer Kette von „sich noch besser fühlen". Auf die Frage: „Was könnte noch wichtiger sein?" gibt es keine Antwort bzw. es werden die Konsequenzen des Quellen-Zustandes beschrieben (z.B.: „Mein ganzes Leben würde sich ändern").

Core-Transformation

Ein von Connirae und Tamara Andreas entwickelter Prozeß, der mit Hilfe von NLP-Methoden zur „direkten und unmittelbaren Erfahrung" von ➪ *Core-Zuständen* führen soll (*1995 [1994], 53*). Der Kern des Prozesses ist die Erforschung einer „Ergebnis-Kette": Die ➪ *gute Absicht* eines ➪ *Teils* wird erkundet und immer wieder hinterfragt: „Wenn du diese Absicht vollständig erreichen kannst (Ergebnis 1), was möchtest du dann erreichen, was dir noch wichtiger ist (Ergebnis 2)?" Das neue Ergebnis 2 wird dann wieder hinterfragt, usw. Die ganze Kette führt schließlich zu einem Core-Zustand als letzter Ebene, die nicht mehr hinterfragbar ist. Der Core-Transformation-Prozeß stellt, so die beiden Autorinnen, einen „unmittelbaren Kontakt zu spirituellen Zuständen" her und bewirkt, daß das Bedürfnis nach festen ➪ *Beliefs* schwächer wird (*333f.*).

Cross-pacing

➪ *Überkreuz-Spiegeln.*

Deframing

Ein Kommunikations-Prozeß, bei dem etwas aus einem ➪ *Rahmen*, einem ➪ *Frame*, einem ➪ *Kontext* herausgelöst wird – und damit seine ursprüngliche Bedeutung verliert: „Wenn der Therapeut (entweder direkt oder indirekt) die Bedeutungen, die der Patient mit der Situation in Verbindung bringt, ablehnt, ohne dazu einen neuen Rahmen bereitzustellen, dann löst er die Situation aus dem Rahmen heraus. Es bleibt dem Patienten überlassen, alternative Bedeutungen für sich selber zu schaffen oder die Situation ohne bestimmte Bedeutungen zu akzeptieren. Wenn der Therapeut einen neuen oder alternativen Rahmen oder Sinn für die Situation liefert (wiederum direkt oder indirekt), dann setzt er die Situation in einen neuen Rahmen" (*O'Hanlon 1995 [1987], 110*). Dies wird ➪ *Reframing* genannt.

Denken

NLP verwendet keinen eigenen Begriff „Denken". „Denken" wird (so die Meinung vieler NLP-Autoren) in ➪ *Repräsentations-Systeme* und ➪ *Untereigenschaften* zerlegt und in diesen Elementen studiert. Denken kann in jedem Repräsentations-System erfolgen: in Form von Seh-, Hör-, Fühl-, Riech- oder Schmeck-„Bildern". An etwas Vergangenes zu denken, bedeutet, sich die sinnlichen Qualitäten des ursprünglichen Erlebens ins Bewußtsein zu rufen: Was gab es da zu sehen, zu hören, zu fühlen, zu ...? NLP studiert auch die sinnlichen Komponenten sogenannter abstrakter Vorstellungen, z.B. die inneren Prozesse beim „Denken" an eine mathematische Formel. „Denken" in dieser Definition ist mehr als das „Denken" von Sätzen (mit einer grammatikalischen Struktur). Es weist auch vorsprachliche Elemente auf und ist oft direkt mit Gefühlen verbunden.

Beispiele sind:

(1) das „Denken" an eine mathematische Formel, meist in Form visueller Bilder (zu den Visualisierungs-Fähigkeiten von Mathematikern vgl. *Hadamard 1945* und *Penrose 1990, 424*),

(2) das „Denken" im ➪ *inneren Dialog* und

(3) das „Denken" an die ➪ *Zeit* in Form der inneren ➪ *Zeit-Linie.*

Derivation

➪ *Ableitung*

Deskriptive Regeln

sind Regeln, die beschreiben, wie zwei Ereignisse zusammenhängen, z.B. als Ursache-Wirkungs-Aussage. Deskriptive Regeln sind Schlußfolgerungen vom Besonderen zum Allgemeinen, ➪ *Verallgemeinerungen*, ➪ *Beliefs*.

Digital

Gegenteil von ➪ *analog*.

Dissoziation, dissoziieren, dissoziiert sein

Dissoziation bedeutet Trennung, Abspaltung: Eine globale Erfahrung wird innerlich in einzelne Komponenten zerlegt, wobei sich das ➪ *Bewußtsein* auf einzelne Komponenten richtet und alle anderen ausblendet (nach *Yapko 1995, 115*). Das Konzept der Dissoziation wird sehr frei in unterschiedlichen Bedeutungen verwendet. Beispiele:

(1) Weil Bewußtsein ein ➪ *Auswahl-Prozeß* ist, sind wir die ganze Zeit von irgend etwas dissoziiert. Wenn wir z.B. in bestimmten ➪ *Kontexten* eine bestimmte ➪ *Ressource* nicht erleben, dann sind wir von dieser Ressource dissoziiert. Jedes „Problem“ beinhaltet eine Dissoziation von Erfahrungs-Komponenten des inneren Raumes oder des äußeren Umfeldes.

(2) Dissoziation kann auf verschiedene Arten erlebt werden (*Wolinsky 1993 [1991], 132ff.*):
(a) als Dissoziation von einem inneren Zustand, von einem Gefühl, einer Empfindung, einer Emotion, z.B. im Erleben (jemand ist unfähig, bestimmte Gefühle zu empfinden) oder in der Interpretation („Der Zorn ist über mich gekommen“);
(b) als Dissoziation von einem Körper-Teil: mangelnde ➪ *Körper-Wahrnehmung* oder mangelnde Identifikation mit Symptomen des Körpers;
(c) als Dissoziation von äußeren Reizen, z.B. in einem Tagtraum versunken zu sein.

(3) Hypnose oder ➪ *Trance* ist immer mit Dissoziation verbunden: das Bewußtsein ist mit den hypnotischen Prozeduren beschäftigt, während das ➪ *Unbewußte* dem Gesagten eine Bedeutung für das eigene Leben gibt (➪ *transderivationale Suche*).

(4) Die übliche Bedeutung von Dissoziation im NLP ist die Dissoziation von Gefühlen, von der Intensität des Erlebens. Dissoziiert wird hier als Gegenteil von ➪ *assoziiert* verstanden. Es bedeutet: Abstand haben, nicht voll dabei sein, nicht zugehörig sein, innerlich Distanz halten, emotional wenig beteiligt sein, einen Außen-Standpunkt einnehmen. Viele ➪ *Änderungs-Techniken* des NLP verwenden die Fähigkeit zur Dissoziation. Am Ausgangspunkt steht meist die Vorstellung oder das Erleben eines ➪ *Problem-Zustandes* (➪ *stuck state*), der positiv verändert werden soll. In der Regel erfolgt hier eine schnelle Dissoziation: d.h. Menschen werden angeleitet oder leiten sich selbst an, „aus dem Problem herauszugehen“, sich davon zu dissoziieren. (In manchen Fällen ist es jedoch angebracht, auch den Problem-Zustand länger assoziiert zu erleben, z.B. für Menschen, die ohnehin ständig dissoziiert sind. Auch bei manchen Techniken, wie der ➪ *Neuprägung,* kann dem Erleben des Problem-Zustandes ein Eigenwert zukommen.)

Dissoziations-Strategien

Spezielle Dissoziations-Techniken im Rahmen der Hypnotherapie nach Milton Erickson. Hier geht es um die Dissoziation von bewußten Prozessen, um einen Zugang zum ➪ *Unbewußten* zu ermöglichen (➪ *Trance-Induktionen*). Viele Menschen haben einen fortwährenden ➪ *inneren Dialog* oder sind ständig mit inneren Bildern beschäftigt oder sie werden unentwegt durch ➪ *kinästhetische* Empfindungen abgelenkt. Mögliche Dissoziations-Strategien sind (*Gilligan 1991 [1987], 283ff.*):

(1) Langeweile: der Hypnotherapeut erzählt eine Geschichte nach der anderen,
(2) Ablenkung: z.B. das Alphabet kompliziert aufsagen lassen,
(3) ➪ *Verwirrung* (Konfusion) schaffen.

Dissoziierungs-Techniken, Dissoziations-Techniken

Prozesse, die bewirken, daß eine Person mehr dissoziiert ist. Die Dissoziierungs-Techniken des NLP sind das Gegenstück zu den ➪ *Assoziierungs-Techniken* des NLP. Beide können in allen ➪ *Repräsentations-Systemen* ablaufen. Visuell (auditiv) sich zu dissoziieren bedeutet, eine Szene von außen zu betrachten (von außen zu hören). In einer dissoziierten visuellen Erinnerung sehe ich die damalige Szene von außen: Ich sehe mich selbst als Teil der Szene. In einer dissoziierten auditiven Erinnerung höre ich von außen, aus Distanz, was es da zu hören gab. Wenn ich in dieser Szene selbst gesprochen habe, dann höre ich in einer dissoziierten Erinnerung meine Stimme aus Distanz, von weit weg.

Eine visuelle Dissoziation wird in den meisten Fällen möglich, wenn eine Person die Szene, um die es geht, weit weg und/oder nach unten schiebt. In der visuellen Dissoziation betrachte ich eine Szene, die sehr weit weg (im Extremfall am Horizont) oder weit unten ist: Ich bin auf einem hohen Berg, sitze in meinem Lieblings-Ufo, auf einer Wolke, auf einem großen Adler, und betrachte weit unten im Tal die Szene und sehe mich selbst, was ich damals getan habe. Andere Beispiele sind, sich vorzustellen: (1) man sei hinter einer dicken Glasmauer und könne so die Szene betrachten, (2) man sei mit einer schützenden Licht-Hülle umgeben, (3) man befände sich hinter einer Hülle aus Bienenwaben, könne durch die Waben durchsehen und in den Waben bleibe die negative Energie hängen, die von der Szene da vorne ausgeht, (4) man befände sich hinter einer Licht-Schranke, die alle schädlichen Strahlen aufhält, usw.

In sehr belastenden Erinnerungen oder bei Szenen, die jemanden „überfallen" (die Person muß zwanghaft daran „denken"), kann eine doppelte oder dreifache Dissoziation hilfreich sein. Bei der doppelten Dissoziation wird eine weitere Meta-Ebene konstruiert: Ich (aus Ebene 3) betrachte mich (in Ebene 2), wie ich dasitze und auf das Geschehen in Ebene 1 schaue, wo ich zu sehen bin. (Dies kann bei den ➪ *Phobie-Techniken* studiert werden.) Eine Person kann sich z.B. (aus Ebene 3) vorstellen, sie würde Rad fahren (Ebene 2) und dabei einen Film betrachten, in dem sie selbst in dem unangenehmen Geschehen (Ebene 1) zu sehen ist.

Eine dreifache Dissoziation kann hilfreich sein, um eine Erinnerung zu analysieren, in der mich eine andere Person mit massiven Vorwürfen überhäuft hat, die mich damals sehr betroffen gemacht haben. In der dreifachen Dissoziation wird es oft möglich, den „eigentlichen" Informations-Kern der Vorwürfe zu entdecken: Was wollte mir diese Person damals „wirklich" (jenseits der „Verpackung", der Wort-Wahl) mitteilen? Mehrfache Dissoziationen sind in beliebiger Zahl möglich.

Für eine auditive Dissoziierung ist oft eine Veränderung des ➪ *inneren Dialogs* nützlich. Hier werden die ➪ *Untereigenschaften* innerer Stimmen erkundet (Von wo kommen sie her? Aus dem Körper oder von außen? Wo genau stelle ich mir den Ort dieser Stimmen vor? Handelt es sich um männliche oer weibliche Stimmen? Laut oder leise?) und anschließend verändert (z.B. sich vorstellen, die Stimmen kämen von weit weg, sie würden langsamer oder schneller sprechen, usw.).

Kinästhetische Dissoziation wird durch eine Veränderung des Körpers ermöglicht. In vielen Fällen genügt es, den Körper etwas zu verändern, vielleicht die Schultern etwas zurückzunehmen, um sich von der aktuellen Situation dissoziieren zu können (und z.B. fähig zu sein, die Situation aus der dritten ➪ *Wahrnehmungs-Position* zu analysieren). Dissoziieren im Alltag kann durch bestimmte Gesten oder Körper-Bewegungen erreicht und trainiert werden, z.B. durch einen ➪ *Selbst-Anker*. Eine Kombination von visueller und kinästhetischer Dissoziierung ist folgendes Verfahren: (1) Stellen Sie sich ein belastendes Körper-Gefühl (den Stein im Magen, das Kopfweh) als visuelles Bild in Ihrem Körper vor (als Ding, wie den Stein, oder als Symbol, ...). (2) Geben oder werfen Sie diese visuelle Vorstellung aus Ihrem Körper (nehmen Sie den Stein in die Hand und werfen Sie ihn weit weg). (3) Betrachten Sie dieses Ding von außen (blicken Sie auf den Stein, der weit entfernt ist). Eine andere Methode, die oft hilfreich ist, ist die Veränderung der Körper-Welle von Gefühlen, die bei den ➪ *Assoziierungs-Techniken* beschrieben wurde.

Eine schnelle Dissoziierung von inneren Zuständen wird oft möglich, wenn die Aufmerksamkeit bewußt nach außen gerichtet ist (➪ *up-time*). Dieses Verfahren findet bei vielen NLP-Interventionen Anwendung, bei denen es um einen schnellen Wechsel innerer Zustände und einen raschen Aufbau wirkungsvoller ➪ *Unterbrecher* geht.

Sehr massive schlechte Zustände (akute ➪ *stuck states*) sind oft durch eine ➪ *Synästhesie* visueller, auditiver und kinästhetischer Repräsentationen gekennzeichnet. Gelingt es, diese Synästhesie aufzulösen, so können sich Menschen rasch dissoziieren und sich so aus ihrem schlechten Zustand befreien. Eine einfache Anleitung dazu – in der Anwendung auf eine Person, die in einem stuck state gefangen ist:

(1) Erkunden Sie die visuelle, auditive und gefühlsmäßige Repräsentation des stuck states dieser Person. Sie stellt sich z.B. die belastende Situation visuell vor (d.h. sie sieht eine Szene), hört in ihrem Kopf einen lauten Dialog und verspürt ein Gefühl von Übelkeit im Bauch.

(2) Geben Sie diese drei Repräsentationen aus dem Körper hinaus und weisen Sie ihnen drei weit voneinander getrennte Plätze zu. Veranlassen Sie die Person, sich z.B. vorzustellen, die belastende Szene sei weit oben am Himmel zu sehen, der Dialog käme von weit rechts und das Gefühl der Übelkeit sei weit links plaziert.

(3) Lenken Sie die Aufmerksamkeit der Person in schnellem Wechsel hintereinander auf diese drei Plätze. Deuten Sie in keiner bestimmten Reihenfolge mit dem Finger auf die drei Orte und nennen Sie dazupassende Stichworte, wie „Sehen“, „Hören“, „Fühlen“. Dabei soll die Person ihre Aufmerksamkeit blitzschnell zwischen den drei Orten wechseln lassen.

In der Regel kann dabei eine Phase von ➪ *Verwirrung* (Konfusion), gefolgt von einer deutlichen Veränderung der ➪ *Problem-Physiologie* beobachtet werden (vgl. damit die Technik des Trennens und Sortierens einschränkender Synästhesien und die Konstruktion eines neuen Synästhesie-Moleküls bei *Dilts 1993 [1990], 41ff.*).

Down-time

Gegenteil von ➪ *Up-time*: mit sich selbst, mit seinem Innen-Leben beschäftigt sein. Die Aufmerksamkeit ist nach innen gerichtet, z.B. auf innere Bilder, auf Gefühle, auf den inneren Dialog. Die „Außen-Welt“ bleibt dabei weitgehend ausgeblendet. Die Fähigkeit zu Down-time ist eine der Vorbedingungen für die Erkundung innerer ➪ *Repräsentationen*.

Dritte Position

Die dritte der ➪ *Wahrnehmungs-Positionen*.

Durch-Zeit, Through Time

(1) Eine Variante der inneren ➪ *Zeit-Linie*: Vergangenheit, Gegenwart und Zukunft werden von einer Person innerlich so repräsentiert, als lägen sie außerhalb von ihr, d.h. vor ihrem Blickfeld.

Literatur: *James und Woodsmall 1994 [1988], 35ff.*

(2) In der Arbeit mit der äußeren Zeit-Linie, z.B. mit einer ➪ *Boden-Zeit-Linie*: eine ➪ *dissoziierte Position* außerhalb der Zeit-Linie.

Eingebettete Befehle, eingebettete Kommandos

In einer Rede oder in einem Gespräch werden Kommandos oder Befehls-Phrasen eingebaut und ➪ *analog* markiert. Eingebettete Befehle können **SIE** vielleicht nachdenklich machen, etwas zu **TUN**, ohne **ES** wirklich zu tun (indirekter eingebetteter Befehl). Eine elegante Art ist es auch, eingebettete Befehle in Zitate zu kleiden: „Meine Freunde haben mich mit den Worten ermutigt: »**Entwickle deine eigenen Gedanken zu NLP**«, was ich immer versucht habe, zu beherzigen" (direkter eingebetteter Befehl; *Bandler und Grinder 1996 [1975], 181ff.*). Eingebettete Befehle sind Teil des ➪ *Milton-Modells.*

Eingebettete Fragen

Eingebettete Fragen sind in eine Aussage eingebettet: „Warum machen Sie das, hat mich unlängst jemand gefragt, und ich habe gesagt: Glauben Sie nicht, daß viele Menschen an einem NLP-Lexikon Interesse haben werden?", etc. Diese Art des Sprachgebrauchs ermöglicht es, Fragen auf eine subtile Art zu stellen, ohne daß die Frageform und der Inhalt der Frage als solche offen präsentiert (und thematisiert) werden. Die Wirkung eingebetteter Fragen kann durch ➪ *analoges Markieren* verstärkt werden: „Glauben Sie nicht, daß viele Menschen **am NLP-Lexikon Interesse haben** werden?" Eingebettete Fragen können wie eingebettete Befehle, als ➪ *indirekte Suggestionen* wirken. ➪ *Milton-Modell.*

Literatur: *Bandler und Grinder 1996 (1975), 180ff.*

Einheitliche Feldtheorie

Dilts und Epstein (*1991*) haben unter der Bezeichnung Unified Field Theory Elemente des NLP in einem einfachen Schema zusammengefaßt. (Ich halte den Begriff für zu hoch gegriffen: die heutige Physik verfolgt das ehrgeizige Ziel, eine einheitliche Feldtheorie unter Einschluß aller Kräfte und Elementar-Teilchen zu erreichen.) ➪ *System-Matrix* des NLP.

Elizitieren

To elicit bedeutet im Englischen herauslocken, ans Licht bringen. Im NLP spricht man manchmal vom Elizitieren von Strategien oder auch vom Elizitations-Prozeß. ➪ *Strategien erkunden.*

Erinnerungen, Erinnern

➪ *Gedächtnis,* ➪ *Vergangenheit*

Erste Position

Die erste der drei ➪ *Wahrnehmungs-Positionen*: das Erleben von der eigenen Position aus.

Evokation von Strategien, Strategien evozieren

Evocare bedeutet im Lateinischen hervorrufen. Der Begriff Evokation findet sich im NLP in zwei Bedeutungen:

(1) „Evokation ist das Wort, das man im NLP zur Beschreibung des Prozesse verwendet, wie man jemanden in einen bestimmten Zustand geleitet" (*O'Connor und Seymour 1996 [1990], 92*), ➪ *führen.*

(2) im Sinne von ➪ *Strategien erkunden.*

Exaktes Wahrnehmen

➪ *Genaues Wahrnehmen*

Fähigkeiten

Die Beherrschung einer Klasse von Verhaltensweisen, das Wissen, wie man etwas macht. Fähigkeiten sind eine der ➪ *logischen Ebenen*. Fähigkeiten bezeichnen kognitive und emotionale Prozesse: wie jemand denkt, welche ➪ *Strategien* ablaufen, welche ➪ *Meta-Programme* verwendet werden, welche ➪ *inneren Zustände* dabei aktiviert werden. Fähigkeiten dieser Art sind von außen nicht direkt beobachtbar – im Gegensatz zu Verhalten. Verhalten ist beobachtbar.

Feinabstimmung

➪ *kalibrieren*

Filter

➪ *Wahrnehmungs-Filter*

Fokus der Aufmerksamkeit, Fokus des Bewußtseins

Eine ➪ *Metapher*, um die enorme Auswahl-Leistung des Bewußtseins zu verdeutlichen: „Bildlich gesprochen ist unser Bewußtsein einem Bühnen-Scheinwerfer (»spot light«) vergleichbar, der das Gesicht eines einzigen Schauspielers grell erleuchtet, während sich alle übrigen Personen, Gegenstände und Kulissen eines riesigen Bühnenraumes im tiefsten Dunkel befinden. Der Scheinwerfer kann gewiß wandern, aber es würde sehr lange dauern, bis er uns, eines nach dem anderen, sämtliche Gesichter des im Dunklen verharrenden Chores enthüllt hätte. Diese erst seit kurzem bekannte Tatsache hat für alle Bereiche des menschlichen Lebens größte praktische Bedeutung" (*Trincker 1966, 11* nach *Norretranders 1994 [1991], 192*).

NLP nimmt diese Tatsache ernst. ➪ *Bewußtsein* wird hier als ➪ *Auswahl-Prozeß* aus einer Fülle von Möglichkeiten definiert. NLP studiert, auf welchen Fokus das eigene Bewußtsein und das Bewußtsein anderer Menschen gerichtet ist. Beispiele sind der Problem-, der Ressourcen- oder der Ziel-Fokus.

Im NLP gibt es viele Begriffe, Modelle und Techniken, um den Auswahl-Prozeß des Bewußtseins zu beschreiben. Beispiele sind ➪ *Beliefs*, ➪ *Meta-Programme* und ➪ *Werte*. Alle ➪ *polaren* Modelle des NLP beschreiben Typologien von Aufmerksamkeit, z.B. die Einteilung nach ➪ *assoziiert* und ➪ *dissoziiert*, nach ➪ *up-time* und ➪ *down-time*, nach den drei ➪ *Wahrnehmungs-Positionen* oder den Klassifikationen der ➪ *Walt-Disney-Strategie*. ➪ *Führen* bedeutet, andere zu veranlassen, ihren inneren Scheinwerfer auf ein bestimmtes Gebiet zu richten. Das Ziel der ➪ *Selbststeuerungs-Techniken* von NLP ist die bewußte Steuerung des inneren Scheinwerfers.

Frage-Techniken des NLP

NLP hat im ➪ *Meta-Modell* der Sprache einen Katalog von Fragen aufgestellt, die es ermöglichen, vage und unklare Sprach-Muster zu hinterfragen und damit (meist in kurzer Zeit) präzise und klare Informationen zu bekommen. Dies ist insbesondere zur ➪ *Problem-* und ➪ *Ziel*-Bestimmung wichtig.

Literatur: *Mohl 1996a (1993), 79ff.*

Frame, Framing

Frame ist der Rahmen, die Bedeutung für eine Aussage, eine Handlung, ein Ereignis. Framing bedeutet, etwas in einen Rahmen zu stellen, ihm Bedeutung zu geben. Bedeutungsgebung ist ein Prozeß, der automatisch und unbewußt die ganze Zeit läuft. Etwas „Äußeres" sinnvoll zu verarbeiten (es wahr-zu-nehmen) heißt: es in einen bedeutungsgebenden Rahmen zu stellen. Ohne diesen Prozeß wären Menschen der Fülle „äußerer Daten" ausgeliefert: sie würden die Orientierung verlieren und wären unfähig, sinnvoll zu handeln. Im ➪ *Auswahl-Prozeß* des ➪ *Bewußtseins* werden „äußere Daten" automatisch in abstrakte ➪ *Modelle* verwandelt. Weil in diesem Prozeß nur Modelle entstehen, ist jeder Frame, jeder Rahmen, jede Bedeutungsgebung im Prinzip und in einem gewissen Ausmaß veränderbar. ➪ *Reframing* bedeutet, einen neuen Rahmen zu konstruieren, eine neue Bedeutung zu geben.

Führen

Führen (auch leaden oder leading genannt) wird im NLP in einer (1) allgemeinen und einer (2) spezifischen Bedeutung verwendet.

(1) In einer allgemeinen Bedeutung wird führen in der Bedeutung von lead verwendet – ein Begriff, der im angloamerikanischen Sprachraum einen positiven Beiklang hat. In Kommunikation zu führen bedeutet auch, zu wissen, was man will, d.h. über ein ➪ *Ziel* zu verfügen. Das Ziel gibt die Richtung vor, wohin das Führen führen soll. NLP als Anleitung für Beratung, Coaching und Therapie ist führungs-orientiert. Der Berater, der Coach, der Therapeut läßt die Dinge nicht treiben, sondern agiert gezielt, indem er oder sie gezielt Fragen stellt, gezielt Hypothesen entwirft oder gezielt Interventionen anbietet und durchführt. NLP hat sich in seiner Anfangszeit vor allem als Kurzzeit-Therapie verstanden und kurze, wirkungsvolle Interventionen entwickelt. Alle Techniken des NLP sind ➪ *Prozeß*-Anweisungen, die nur Wirkung haben, wenn die Person, die diese Techniken durchführt, sich selbst oder andere gezielt führen kann. NLP betont die Verantwortung des Therapeuten (der Therapeutin), gezielt Prozesse zu erkennen und zu verändern. Diese Verantwortung ist nicht auf den Therapie-Kontext beschränkt. Sie trifft letztlich jeden Menschen. Nach Watzlawick ist es nicht möglich, nicht zu kommunizieren. Dies bedeutet auch, daß es nicht möglich

ist, andere nicht zu beeinflussen. Es ist nicht möglich, andere nicht zu führen. Alles, was wir tun, jeder Satz, jede Handlung kann andere Menschen beeinflussen und kann auf andere große Wirkungen haben. Anhand des ➪ *Milton-Modells* kann der Einfluß von Sprache im Alltag studiert werden: wie wir uns andauernd durch scheinbar harmlose Sprach-Wendungen in innere Zustände führen. Zwei Beispiele: Kinder zu erziehen oder Unterricht zu geben, ist ein riskanter Job, weil ein einziger Satz das Leben eines Menschen verändern kann.

NLP ist ziel-orientiert. Sich an Zielen zu orientieren, bedeutet, sich am Führen zu orientieren, Verantwortung zu übernehmen und Risiken einzugehen. In guten NLP-Ausbildungen werden die ➪ *Pole* von Führen und Führen lassen bewußt geübt. ➪ *Kongruente* Personen verfügen über die Fähigkeit, andere zu führen, Verantwortung zu übernehmen und sich von anderen führen zu lassen, ihnen Vertrauen zu geben. Die ➪ *Kommunikations-Techniken* des NLP bieten die Anleitung, andere wirkungsvoll zu führen. Die ➪ *Selbststeuerungs-Techniken* des NLP bieten die Anleitung, sich selbst wirkungsvoll zu führen.

(2) In einer spezifischeren Bedeutung beschreibt Führen im NLP einen Prozeß, bei dem eine Person ihr Verhalten ändert (z.B. langsamer redet), worauf eine andere Person mit ihrem Verhalten folgt (d.h. ebenfalls im Reden langsamer wird). Führen dieser Art kann nur gelingen, wenn eine bestimmte Intensität an Kontakt mit dieser Person vorhanden ist. (Im NLP wird das Rapport genannt.) NLP basiert auf dem Prinzip des Pacing und Leading, des Angleichens und Führen, des ➪ *Spiegelns* und Führen. Dieses Prinzip beschreibt zwei Phasen guter Kommunikation. In der ersten Phase geht es darum, die Welt des anderen zu betreten, sich ihr anzugleichen, sie zu spiegeln. Wenn ich z.B. im Atem-Rhythmus einer Person spreche, dann spiegle ich mit meiner Sprache einen inneren Rhythmus, einen ➪ *inneren Zustand* dieser Person (eine wirkungsvolle Methode für ➪ *Rapport*). Wenn ich nach einer gewissen Zeit meinen Sprech-Rhythmus verändere (z.B. langsamer rede) und die andere Person beginnt „wie von selbst“ langsamer zu atmen, dann führe ich diese Person (auf eine unmerkliche und wirksame Weise) in einen anderen inneren Zustand (sie kann dabei ruhiger werden). Führen dieser Art gilt im NLP als Zeichen für das Vorhandensein von Rapport. NLP-erfahrene Personen wenden diesen Check in Kommunikation routinemäßig an. Wenn sie erkennen, daß es möglich ist, mit dem Körper zu führen, dann ist vielleicht der Zeitpunkt gekommen, auch im Gespräch die Führung zu übernehmen und z.B. ein Anliegen vorzubringen.

Fünf-vier-drei-zwei-eins-Methode, 5-4-3-2-1-Methode

Eine ➪ *Trance-Induktion*, die Grinder und Bandler (*1987 [1981], 54ff.*) vorgeschlagen haben. Fünf sinnlich wahrnehmbare Tatbestände werden nacheinander aufgezählt, worauf ein innerer Zustand angesprochen wird: „Du sitzt auf deinem Sessel (1), während du meine Stimme hörst (2) und das Sonnenlicht von außen wahrnimmst (3). Von Ferne hörst du ein Rauschen (4) und spürst, wie deine Füße den Boden berühren (5), und du kannst anfangen, es dir wohlergehen zu lassen." In der nächsten Sequenz werden vier sinnlich wahrnehmbare Tatbestände angesprochen. Es folgen zwei Suggestionen, dann 3 plus 3, usw. – bis schließlich ein sinnlicher Tatbestand von fünf Suggestionen begleitet wird. Dieser Prozeß lenkt die Aufmerksamkeit von der Außen-Welt (⇨ *up-time*) nach und nach auf die Innen-Welt (⇨ *down-time*).

Die 5-4-3-2-1-Methode ist ein gutes Beispiel für die Prinzipien von ⇨ *Spiegeln* (pacing) und ⇨ *Führen* (leading). Werden sinnlich wahrnehmbare Tatbestände angesprochen, denen der Klient innerlich zustimmen kann, dann beschreibt der Therapeut mit eigenen Worten etwas, das der Klient innerlich konstruiert, wenn er den Sinn der Worte verstehen will. Der Klient, der seine Aufmerksamkeit auf etwas richtet, was unleugbar vorhanden ist, entwickelt eine Ja-Haltung zu den Worten des Therapeuten. Dadurch entsteht ⇨ *Rapport* und in dieser Ja-Haltung kann Führen gelingen: Der Klient akzeptiert die angebotenen Suggestionen, die seinen inneren Zustand in eine bestimmte Richtung lenken.

Varianten dieser Methode sind „oder-Verknüpfungen" („Ich weiß nicht, ob du, während du auf deinem Sessel sitzt (1), meiner Stimme zuhören willst (2) oder lieber nach außen in die Sonne schaust (3), ... aber ich weiß gewiß, daß du es dir hier gutgehen lassen willst") oder kausale Verknüpfungen („Da du hier auf deinem Stuhl sitzst (1), kannst du meine Stimme hören (2), ... und all dies bringt dich in eine angenehme Stimmung").

Führungs-System

⇨ *Leit-System*

Future Pace, Future Pacing, Überbrücken in die Zukunft

(1) Der Prozeß, bei dem eine Person ihre Zukunftsvorstellungen für einen bestimmten Kontext, eine bestimmte Aufgabe, usw. erkundet. Future Pace ist ein Standard-Verfahren des NLP am Schluß von ⇨ *Änderungs-Techniken*. Angenommen, es ging um ein Problem X (z.B. mein Verhalten einem Kollegen gegenüber), und die Technik bezog sich auf eine Situation Y (z.B. die wöchentliche Team-Besprechung mit diesem Kollegen). Zum Abschluß der NLP-Intervention wird mein Zukunfts-Bild über Y befragt: Wie stelle ich mir jetzt die nächste Besprechung vor? Was gibt es da zu sehen, zu hören, zu fühlen? Wie nehme ich mich wahr? Was werde ich tun, etc? Die Vorstellung, die dabei entwickelt wird, gilt als Test für die Qualität und Intensität der erfolgten Intervention. Eine positive Zukunfts-Vorstellung nach einer NLP-Intervention ist ein Indiz dafür, daß die gewünschte Veränderung natürlich und automatisch eintreten kann. Eine negative Zukunfts-Vorstellung ist ein

Indiz dafür, daß die verwendete NLP-Intervention wenig Auswirkung auf das tatsächliche Verhalten in der Zukunft ausüben wird.

(2) Der Ausdruck Future Pace wird auch in der Bedeutung einer bewußt konstruierten Verbindung eines Zieles mit der Zukunft verwendet. (Das wird auch als Transfer bezeichnet.) Dabei geht es – im Unterschied zur ersten Bedeutung von Future Pace – um die bewußte Gestaltung von Zukunfts-Bildern und ihre Verfestigung in der Zeit.

Future Pace in dieser Bedeutung wird oft unternommen, um eine gemachte Lernerfahrung in einen zukünftigen ➪ *Kontext* zu stellen, mit Zukunfts-Vorstellungen zu verbinden. Der größte Feind ist, so könnte man sagen, die mangelnde Erinnerung: Wir vergessen im Alltag nur allzuoft unsere Ressourcen und unsere Ziele. Mit dem bewußten Future Pace soll sichergestellt sein, daß die gewünschte Veränderung nicht nur im Beratungs-Kontext, sondern auch im Alltag auftritt. Möglichkeiten dazu sind:

(a) die Imagination des Zieles für konkrete Zukunfts-Situationen,
(b) die Verknüpfung des Zieles mit der inneren ➪ *Zeit-Linie*,
(c) das Befragen von mindestens drei konkreten Anwendungs-Möglichkeiten für die Fähigkeiten, Verhaltensweisen, ... , die im Ziel enthalten sind,
(d) das Einüben der Veränderung als innere ➪ *Strategie*, bei dem schon jetzt ein externer Reiz festgelegt wird, der die Erinnerung an das Ziel aktivieren soll,
(e) die Installation einer inneren Instanz (im Unbewußten), die automatisch für die gewünschte Veränderung sorgen soll.

(Vgl. das „Überbrücken" mit Hilfe von ➪ *Ankern* bei *Bandler und Grinder 1994c [1979], 109f.*)

Gedächtnis

Die Fähigkeit, Sinneswahrnehmungen, Erfahrungen und Bewußtseins-Inhalte zu registrieren, über längere oder kürzere Zeit zu speichern und bei Bedarf wieder zu reproduzieren. In der Regel wird nach Kurzzeit- und Langzeit-Gedächtnis unterschieden. Das Kurzzeit-Gedächtnis umfaßt nur wenige Informationseinheiten (meistens wird gesagt: 7 plus/minus 2). Der größte Teil des Gedächtnisses macht das Langzeit-Gedächtnis aus. In ihm sind Ereignisse und Vorstellungen über Tage, Monate und Jahre gespeichert. Das Langzeit-Gedächtnis hat mit der Konstruktion von Zeit (⇨ *Zeit-Linie*) und vermutlich auch mit der Konstruktion von ⇨ *Identität* zu tun: Wenn wir am Morgen aufwachen, erinneren wir uns, wer wir sind. (Es gibt allerdings auch Ansätze, nach denen „Identität" permanent neu konstruiert wird.) Ein Teil des Langzeit-Gedächtnisses ist unbewußter Natur, d.h. oft nicht bewußt zugänglich. (Der Neurologe Wilder Penrose hat in den dreißiger Jahren nachgewiesen, daß eine Reizung der Hirnrinde durch schwache elektrische Ströme Erinnerungen an weit zurückliegende Ereignisse aktivieren kann, die vorher als „vergessen" gedacht wurden.) Die flexible Natur des Langzeit-Gedächtnisses kann im NLP an Verfahren studiert werden, die mit der eigenen ⇨ *Vergangenheit* zu tun haben, z.B. am ⇨ *positiven History Change* oder bei der ⇨ *Neuprägung*. Dabei wird ein ⇨ *innerer Zustand* in der Gegenwart aktiviert, beim positiven History Change eine ⇨ *Ressource* (z.B. das Gefühl, kompetent zu sein), bei der Neuprägung ein ⇨ *stuck state* (z.B. das Erleben eines negativen Selbst-Bildes in der Gegenwart von [vermeintlichen] Autoritäts-Personen). In diesem Zustand stellt sich jemand vor, jünger und jünger zu werden (meist unter Verwendung einer Zeit-Linie am Boden, d.h. es wird eine Strecke abgeschritten), wobei der ⇨ *Fokus des Bewußtseins* auf alle jene Ereignisse in der Vergangenheit gerichtet ist, die zu dem Ausgangs-Zustand passen. In vielen Fällen ist es möglich, dabei Erinnerungen aus der sehr frühen Kindheit ins Gedächtnis zu rufen, die vorher „unbekannt" waren (d.h. das Paradies der Kindheit oder Verletzungen der Kindheit wiederaufleben zu lassen).

NLP hat keine eigene Gedächtnis-Theorie entwickelt, sondern greift pragmatisch auf verschiedene Ansätze zurück. Wie immer im NLP spielen dabei die ⇨ *Repräsentations-Systeme* eine bestimmende Rolle. Für Lernen und Gedächtnis ist die Unterscheidung nach ⇨ *Leit-System* (das System, das den Zugang zum Informationsabruf sucht), ⇨ *bevorzugtem Repräsentations-System* (das System, das meist bewußt ist und das sich auch in der Sprache spiegelt) und ⇨ *Referenz-System* (das System, das entscheidet, ob die abgerufene Information als wahr oder als falsch gedeutet wird) bedeutsam. NLP bietet ein breites Spektrum von Verfahren, die beim Lernen und Lehren zur Steigerung der Gedächtnis-Leistung eingesetzt werden können. Beispiele sind das Erkunden fördernder und hindernder ⇨ *Lern-Stile*, Lern-Strategien und ⇨ *Beliefs* (für Lehren und Lernen bzw. für einzelne Lernthemen) und ihre Veränderung.

Gefühle

Unter Gefühlen versteht man im NLP meist die körperlichen Empfindungen, das körperliche Erleben. Dies wird dem ➪ *kinästhetischen System* zugeordnet (das kinästhetische System wird manchmal als „Gefühls-System" interpretiert). NLP hat keinen eigenen Gefühls-Begriff. Gefühle sind für NLP nichts eigenes, sondern etwas, das immer vorhanden ist. Jede Person hat nach NLP dauernd Gefühle, auch wenn sie sich dessen nicht bewußt ist. Jeder innere Vorgang besitzt nach NLP auch eine gefühlsmäßige Komponente, Gefühle sind Bestandteil jedes ➪ *inneren Zustandes*. NLP will die ➪ *Selbststeuerung* aktivieren, die Fähigkeit von Menschen, erwünschte Gefühle ➪ *assoziiert* erleben zu können und, sich von unerwünschten Gefühlen ➪ *dissoziieren* zu können. In vielen NLP-Interventionen, bei denen es um einen raschen Wechsel von Zuständen und Gefühlen geht, werden diese Fähigkeiten trainiert.

Genaues Wahrnehmen

NLP-geschulte Personen trainieren sich auf die exakte Wahrnehmung von Details bei einem Gesprächs-Partner. Sie nehmen z.B. wahr, in welcher Weise sich das ➪ *Atem*-Muster, die Pupillen-Größe, das Sprechtempo und ➪ *Muskelspannungen* beim Gegenüber in einem Gespräch verändern und können darauf gezielt reagieren. Durch genaues Wahrnehmen können Informationen über den ➪ *inneren Zustand* und über innere Prozesse bei Kommunikations-Partnern gewonnen werden. NLP-geschulte Personen achten genau auf den Ausdruck des ➪ *Körpers*, auf ➪ *Zugangs-Hinweise* und auf die ➪ *Physiologie* anderer Menschen. Bei NLP-Interventionen ist die exakte Erkundung der ➪ *Problem-*, ➪ *Ziel-*, ➪ *Ressourcen-* und ➪ *Versöhnungs-Physiologie* bedeutsam. Genaues Wahrnehmen ist die Vorbedingung für die bewußte Gestaltung von Kommunikations-Prozessen, z.B. durch ➪ *spiegeln* (pacing) und ➪ *führen* (leading).

Die Fähigkeit zu genauer Wahrnehmung erfordert in der Regel ein längeres Training, bei dem sich Menschen bewußt auf einzelne Details beim Gegenüber konzentrieren. Nach einiger Zeit „automatisieren" sich diese Fähigkeiten und eine Vielzahl nonverbaler Informationen werden „wie von selbst" verfügbar.

Generalisierung

➪ *Verallgemeinerung*

Gestaltungs-Ebenen

➪ *Logische Ebenen*

Glaubenssatz, Belief

Ein Glaubenssatz ist der sprachliche Ausdruck von etwas, an das jemand glaubt, was jemand für wahr hält. Glaubenssätze sind für NLP ein Ausdruck innerer ➪ *Modelle*, die jede Person fortlaufend entwirft und andauernd entwerfen muß, um sich in der Welt zu orientieren. Glaubenssätze in der NLP-Terminologie sind ein alltägliches Phänomen. Sie haben mit Glaubenssätzen im religiösen Sinn nichts zu tun (religiöse Glaubenssätze sind ein Sonderfall der Glaubenssätze in der NLP-Bedeutung). Wir haben es in diesem Lexikon vorgezogen, für den NLP-Begriff von Glaubenssatz das englische Wort ➪ *Belief* zu verwenden.

Gleit-Anker

Ein Berührungs-Anker (kinästhetischer ➪ *Anker*) mit einer gleitenden Bewegung, z.B. mit den Fingerkuppen am Oberarm. Gleit-Anker können in einer kleinen Bewegung bestehen, z.B. ein paar Zentimeter, oder in einer großen Bewegung entlang einer Körperlinie, z.B. von der Armbeuge bin zu den Knöcheln. Gleit-Anker können manchmal sehr wirksame Anker sein, besonders auch, wenn ungewohnte Körperberührungen gewählt werden.

Glücks-Anker

Ein ➪ *Selbst-Anker* und ein ➪ *Stapel-Anker*, der sich auf Glücks-Zustände bezieht. Angenommen der Selbst-Anker besteht darin, Daumen und Zeigefinger der linken Hand zusammenzupressen und die Hand leicht zu drehen. Der Anker wird so gesetzt: Sie machen diese (oder eine andere frei gewählte) Bewegung im Alltag immer dann, wenn Sie etwas erleben, was in Ihnen viel oder etwas „Glück" auslöst (wenn Sie sich über etwas freuen, über etwas lachen, stolz sind, usw.). Jedes dieser (kleinen oder großen) Ereignisse wird auf die gleiche Art geankert. Mit der Zeit verfügen Sie über einen sehr wirkungsvollen Selbst-Anker. Ein Glücks-Anker ist hervorragend geeignet, unerwünschte innere Zustände zu verändern. Er wird dann aktiviert, wenn Sie Ihren inneren Zustand positiv verändern wollen (z.B.: wenn Sie sich über etwas ärgern und diesen Ärger beenden wollen). (Ein Bild dazu finden Sie beim Stichwort ➪ *Anker*.) In vielen Fällen kann die Aktivierung eines Glücks-Ankers den inneren Zustand auf eine kleine Weise verändern, die innerlich als angenehm erfahren wird (➪ *Anker verschmelzen*).

Grundannahmen des NLP

Eine Menge von Annahmen, die grundlegende ➪ *Beliefs* des NLP zum Ausdruck bringen. Welche Annahmen als Grundannahmen des NLP gelten, wird nach Richtung und Schule verschieden gesehen. Typische Grundannahmen sind (nach *Bretto 1988, Introduction 1f.* und *Dilts und Epstein 1992a, 24*):

(1) Jede Person hat ihr eigenes Modell der Welt. Jede Person lebt in ihrem eigenen Modell der Welt.
(2) Die „besten" Modelle der Welt sind die, die die meisten Wahlmöglichkeiten mit sich bringen.
(3) Menschen treffen zu jedem Zeitpunkt die beste Entscheidung, die ihnen – aufgrund ihrer Modelle der Welt und der Situation – möglich ist.
(4) Für jedes Problem gibt es eine Lösung (ein wünschenswertes Ergebnis).
(5) Jede Person besitzt (potentiell) alle ➪ *Ressourcen*, die sie benötigt, um ihre Probleme lösen zu können.
(6) Jedes Individuum ist als Person in Ordnung. Hinterfragt wird nur die Angemessenheit seines Verhaltens. Für (intensives) Lernen ist es hilfreich, das Verhalten einer Person zu bewerten und gleichzeitig ihren Selbstwert zu betonen.
(7) Das Verhalten einer Person ist von der Absicht der Person zu trennen. Hinter jedem Verhalten steht letztlich eine positive Absicht.
(8) Die Bedeutung von Kommunikation ist die Reaktion, die sie bei anderen hervorruft. Die Intention des Kommunikators ist nicht die Bedeutung der Kommunikation.
(9) Körper und Geist sind systemische Prozesse. ➪ *Körper* und Geist sind Teil der gleichen kybernetischen Struktur. Alles, was in einem Teil des Systems geschieht, hat Auswirkungen auf alle anderen Teile.
(10) Wenn etwas nicht funktioniert: Hör damit auf und probier etwas Neues.

Die Frage, welche dieser Annahmen jemand für nützlich erachtet, und in welchem Ausmaß jemand fähig ist, sie in das eigene Leben zu integrieren, bildet einen wichtigen Bestandteil einer ernsthaften Auseinandersetzung mit NLP. Die Grundannahmen des NLP dürfen nicht als „Wahrheiten" mißverstanden werden. Sie gelten im NLP als hilfreiche ➪ *Beliefs*, deren Nützlichkeit an der eigenen Erfahrung überprüft werden soll.

Die prinzipielle Stellung der Grundannahmen im Denksystem des NLP ist umstritten. NLP kann als axiomatisches System interpretiert werden: Die Grundannahmen sind die Axiome, und von da werden alle weiteren Ideen und Aussagen abgeleitet. In einer ➪ *konstruktivistischen* Interpretation des NLP hingegen (das ist meine Interpretation, W.Ö.) sind Grundannahmen Beliefs. Sie sind kein fester Bestandteil des NLP, sondern können immer verändert werden. Das bedeutet auch:

(11) „Wenn eine bestimmte Grundannahme sich (nicht) mehr als nützlich erweist, ist es an der Zeit, eine neue auszuprobieren“ (*Weerth 1994 [1992], 27*).

Dieser Hinweis könnte für manche Grundfragen des NLP bedeutsam sein, z.B. seiner Sichtweise des ➪ *Bewußtseins*, der (impliziten) ➪ *Computer-Metapher des Geistes* und des ➪ *mechanistischen Welt-Bildes.*

Weitere Literatur: *Krusche 1992, 23ff.* und *O'Connor und MacDermott 1996, 145ff.*

Gustatorisch

bezieht sich auf den Geschmack oder das Schmecken, eines der ➪ *Sinnes-* bzw. ➪ *Repräsentations-Systeme* des NLP.

Gute Absicht, positive Absicht, positive Intention

Das ➪ *Teile*-Konzept des NLP beruht auf der Annahme, daß alle „Teile“ im ➪ *Unbewußten* eine positive Funktion ausüben, daß also dem, was sie tun, eine positive Intention zugrundeliegt. Die Idee der guten Absicht ist eine Arbeitshypothese für viele ➪ *Änderungs-Techniken* des NLP. In den Techniken des ➪ *Reframings* wird diese Hypothese als Faktum eingeführt. Das heißt, eine Person, die z.B. ein ➪ *Sechs-Stufen-Reframing* oder ein ➪ *Symptom-Reframing* macht, wird nicht gefragt, ob der „Teil“, der sie ärgert, stört oder Schmerzen verursacht, möglicherweise eine „gute Absicht“ haben könnte, sondern sie wird gefragt, was die „gute Absicht“ dieses „Teils“ *ist.*

Darüber hinaus beschreibt das Prinzip der guten Absicht eine grundsätzliche Einstellung Menschen gegenüber. Dem Verhalten anderer eine positive Absicht zu unterstellen, auch wenn wir sie nicht „verstehen“, kann Kommunikation qualitativ verbessern. Dazu ist es nützlich, die Ebene des Verhaltens von der Ebene der Person, der ➪ *Identität*, zu trennen. Auf der Verhaltens-Ebene geht es um Regeln, um Normen – und um Sanktionen, falls die Regeln und Normen überschritten werden. Auf der Personen-Ebene geht es um den ➪ *Kern der Person*, ihre eigentliche Identität. Auf der Verhaltens-Ebene ist es notwendig, anderen klare Grenzen zu setzen (und ihre Überschreitung zu ahnden). Auf der Verhaltens-Ebene geht es um Bedingungen – vielleicht um Bedingungen, die notwendig sind, will eine soziale Gemeinschaft überleben. Auf der Ebene der Person, des Kerns der Person, geht es nicht um Bedingungen. Die Würde von Menschen ist nicht an Bedingungen geknüpft (eine der Grundideen der Demokratie). Auf der Ebene der Person sind andere

Personen in Ordnung, auch wenn ihr Verhalten nicht in Ordnung ist und eigenen ➪ *Beliefs* und ➪ *Werten* kraß widerspricht. In welchem Ausmaß eine solche Einstellung, auch extremem Verhalten gegenüber, wie Verbrechen oder Krieg, sinnvoll ist und tatsächlich praktiziert werden kann, ist im NLP umstritten. (Im Hintergrund geht es auch um die Frage, ob es „das Böse" gibt.)

NLP generell hat ein positives Menschen-Bild, in dem Menschen tendenziell eine positive Absicht unterstellt wird. Dieses Bild tritt nicht mit einem Wahrheits-Anspruch auf, sondern hat pragmatische Gründe. Menschen mit der Einstellung zu begegnen, sie seien prinzipiell in Ordnung (selbst wenn ihr Verhalten unakzeptabel ist), ist potentiell geeignet, Energie zu sparen, den ➪ *Fokus* auf die eigentlichen ➪ *Ziele* und nicht auf Nebenschauplätze (den Kampf gegen „die schlechten anderen") zu richten. „Feinde" (als Personen) hat nur, wer sich Feinde innerlich konstruiert. Einstein hat einmal gesagt, die wichtigste Frage ist, ob wir in einem feindlichen oder in einem freundlichen Universum leben.

Haptisch

bezieht sich auf berühren und tasten und auf den Tast-Sinn. Haptische oder taktile Empfindungen entstehen aus dem Ertasten von Oberflächen-Strukturen von dem, was berührt wird. Im NLP wird der Tast-Sinn nicht als eigener ➪ *Sinnes-Kanal* aufgefaßt, sondern dem ➪ *kinästhetischen System* zugeordnet.

Hierarchie von Kriterien

Aussagen zu hierarchischen Zuordnungen finden Sie u.a. bei den Stichwörtern ➪ *Chunks*, ➪ *Logische Ebenen*, ➪ *Meta-Botschaft*, ➪ *Meta-Modell* und ➪ *Werte*.

Hindernisse

(Interferenzen) Innere Prozesse, die ein Problem aufrechterhalten. Hindernisse erlauben es nicht, ein gewünschtes Ziel zu erreichen. Nach Robert Dilts sind sieben Arten von Hindernissen bedeutsam, wozu er folgende ➪ *Ressourcen* vorschlägt (*Dilts und Epstein 1992b, 15*):

(1) Hindernis Konfusion: keine Klarheit in bezug auf die Ziele und die dafür benötigten Schritte. Ressourcen: ➪ *Informations-Sammlung*, ➪ *Meta-Modell.*
(2) Hindernis Inhalt: Festgefahrensein in nicht-relevanten Inhalten. Ressourcen: ➪ *genaues Wahrnehmen*, Herausfinden der relevanten ➪ *Wahrnehmungs-Filter.*
(3) Hindernis Katastrophen: alte Traumata und negative Prägungen aus der persönlichen Vergangenheit. Ressourcen: ➪ *Anker löschen*, ➪ *dissoziieren*, ➪ *Neuprägung.*
(4) Hindernis Vergleiche: unangemessene Erwartungen oder Kriterien. Ressourcen: Wechsel der ➪ *chunks*, ➪ *Neues Verhalten generieren.*
(5) Hindernis Konflikt: Inkongruenz, verstecke Bedingungen, Sekundärgewinn. Ressourcen: ➪ *Reframing*, ➪ *Rapport*, Verhandlungsfähigkeiten.
(6) Hindernis Kontext: festgefahrene Verhaltensmuster (Teufelskreis). Ressourcen: Flexibilität im Verhalten, genaues Wahrnehmen.
(7) Hindernis Zweifel: Unsicherheit darüber, ob das Ziel erreicht werden kann. Ressourcen: ➪ *Future pacing*, ➪ *Belief* ändern, ➪ *Swish.*

History change

History change, auch change history oder changing history genannt, ist eine NLP-Technik, um die Emotionen, die Bewertung, die Deutung von Erinnerungen (die in der Gegenwart immer noch belastend sind) positiv zu verändern. (Dadurch soll ihr Einfluß auf die Gegenwart abgeschwächt werden.) NLP geht davon aus, daß diese Aspekte von Erinnerungen prinzipiell (in einem gewissen Ausmaß) verändert werden können. Jede spezifische Erinnerung ➪ *fokussiert* die Aufmerksamkeit auf bestimmte Details, auf eine bestimmte Deutung. Diese Art der Fokussierung ist nur eine Art, eine bestimmte Erinnerung zu „betrachten“. Die „Veränderung der persönlichen Geschichte“ will den Fokus spezifischer Erinnerungen verändern. Dazu wird diese Erinnerung aktiviert, bewußt gemacht und mit ➪ *Ressourcen* angereichert.

Eine typische Anleitung geht so:

(1) Aktivieren und ➪ *ankern* Sie (bei einer anderen Person) ein belastendes Gefühl, das diese Person verändern will.
(2) Führen Sie diese Person mit diesem Anker innerlich zurück in die Vergangenheit.
(3) Sammeln Sie dabei Erinnerungen, wo dieses Gefühl aufgetreten ist, bis zu einer Erinnerung, die als erste Erinnerung gedeutet wird.
(4) Setzen Sie einen kräftigen ➪ *Unterbrecher*.
(5) Machen Sie eine doppelte ➪ *Dissoziierung*: z.B. die Person sieht sich selbst im Kino sitzen, wo auf der Leinwand die erste Erinnerung zu sehen ist.
(6) Reichern Sie die erste Erinnerung mit Ressourcen an, bis die Situation nachhaltig positiv verändert ist.
(7) Führen Sie die Person – der Erinnerungs-Kette entlang – zurück in die Gegenwart.
(8) ➪ *Future Pace*.

Hypnose, hypnotische Sprache

„Hypnose ist eine Beziehung, die eine ➪ *Trance* und Trancephänomene hervorruft“ (*Gilligan 1991 [1987], 413*). Hypnotische Sprache und hypnotische Sprachmuster werden im NLP gezielt verwendet, um andere Menschen in bestimmte ➪ *innere Zustände* zu führen. Einige der hypnotischen Sprachmuster von Milton Erickson, die für die bewußtseinsnahe NLP-Arbeit nützlich sind, werden im NLP im ➪ *Milton-Modell* zusammengefaßt.

Identität

Eine Vorstellung, ein inneres Bild, ein Gespür dafür, daß wir Kontinuität besitzen, daß wir tagaus, tagein dieselben sind. NLP konzentriert sich auf die ➪ *Repräsentation* von Identität, auf das Selbst-Bild, auf die Vorstellung, die wir von uns haben, auf das, wovon wir glauben, was wir „wirklich" sind. Identität bezeichnet so das vermutlich wichtigste ➪ *Belief* jedes Menschen, das Überzeugungs-System, das eine Person für sich selbst für wahr erachtet und das in einer grundlegenden Art und Weise die Wahrnehmung und die inneren Prozesse einer Person strukturiert. Im NLP wird traditionellerweise die Einzigartigkeit und Individualität jeder Person betont. NLP konzentriert sich damit auf die ➪ *personale Identität.* Erweiterungen von NLP, wie das ➪ *soziale Panorama-Modell,* betonen demgegenüber die ➪ *soziale Identität* von Menschen, die Art, wie sich Menschen im Vergleich zu anderen Menschen innerlich repräsentieren. Personale und soziale Identität können als zwei ➪ *Pole* in den Identitäts-Konstruktionen von Menschen gesehen werden, die stets gleichzeitig vorhanden sind und sich wechselseitig beeinflussen und bedingen. Das Ziel von NLP ist die Einheit einer Person, ihr innerer Zusammenhalt, ihre ➪ *Kongruenz.* Das ➪ *Teile*-Konzept des NLP legt demgegenüber den Fokus auf innere Widersprüche und widerstrebende Subsysteme in einer Person. Werden die Teile in einer Person betont, dann löst sich die Identität in verschiedene Teil-Identitäten auf, die in verschiedenen ➪ *Kontexten* ihre Wirkung entfalten. Im NLP ist man darauf aus, widersprüchliche Teile zu erkennen und auf einer übergeordneten Ebene zu integrieren.

Identität ist eine der ➪ *logischen Ebenen* des NLP. Als übergeordnete Ebene (so die Deutung von Robert Dilts) reguliert sie die untergeordneten Ebenen der (anderen) Beliefs, der ➪ *Fähigkeiten* und des ➪ *Verhaltens* von Menschen. Identität erscheint hier als Ausdruck einer inneren hierarchischen Organisation. Der Ebene der Identität kommt dabei die Aufgabe zu, die Einheit einer Person herzustellen (zu konstruieren). Ein geeignetes Selbst (ein Selbst, das sich als Einheit repräsentiert) ist fähig, innere Konflikte zu lösen und „nach außen", im sozialen Bereich, als abgegrenzte Person mit anderen Personen kongruent zu agieren. (Eine Kritik an dieser Deutung finden Sie unter dem Stichwort ➪ *logische Ebenen.*)

Im NLP gelten Identitäts-Konstrukte, wie alle anderen Konstrukte, als prinzipiell veränderbar. Manche Techniken des NLP, wie ➪ *Neuprägung* oder Prozesse, die mit der inneren ➪ *Zeit-Linie* arbeiten, können nachhaltigen Einfluß auf das Identitätskonzept einer Person haben. Weiterentwicklungen des NLP, wie ➪ *Core Transformation* und ➪ *Ur-Credo-Prozeß*, zielen auf die Erkundung des ➪ *Kerns der Persönlichkeit* und ihrer Veränderung. Diese Ansätze beziehen sich auf die logische Ebene der ➪ *Zugehörigkeit.* Hier kann auch das (wohlvertraute und tief verwurzelte) Konzept des Ichs als ➪ *Belief* bezeichnet werden. Menschen, die an dieser Ebene interessiert sind, können die Techniken des NLP dazu verwenden, die

Grenzen gegen die „Außen-Welt" „aufzuweichen", ihre Ich-Identität (die Vorstellung einer prinzipiellen Grenze nach „außen) teilweise oder vorübergehend aufzuheben und (langsam) ein Gespür für eine Verbindung mit anderen Menschen, mit der Menschheit insgesamt, mit der Natur, ... zu entwickeln.

Imperative Selbst-Analyse

Eine Anwendung von NLP auf den ➪ *„Kern der Persönlichkeit"*, entwickelt von Leslie Cameron-Bandler (*Cameron-Bandler und Lebeau 1993 [1988]*). Das imperative Selbst ist ein Selbst, das – meist auf verborgene Weise – die Motive und Absichten eines Menschen lenkt („imperativ" bedeutet „befehlend"). In der imperativen Selbst-Analyse, abgekürzt ISA, soll dieses Selbst erkundet werden. Damit soll eine erhöhte Wahlfreiheit erreicht werden, sich selbst über dieses Selbst und seine Zwänge hinausentwickeln zu können. Die imperative Selbst-Analyse ist die linguistische Beschreibung der Kernmuster der persönlichen Organisation eines Menschen, ein umfassendes ➪ *Modellieren* der ganzen Person. Die Erkundung des imperativen Selbst wird ermöglicht durch eine komplexe Sammlung von Informationen über die Gefühle/Stimmungen und die darin enthaltenen Lebensthemen eines Menschen. In der ISA geht es nicht um eine einzelne Emotion, sondern um ein ganzes Set von Emotionen.

Das imperative Selbst drückt sich auch in einer „Scheinfrage" oder „Scheinaussage" aus. Die Scheinfrage ist eine Zusammenfassung der grundlegenden ➪ *Beliefs*, der Grundüberzeugungen eines Menschen (core beliefs) in einem Satz oder einer Frage. So stellt sich jemand beispielsweise völlig automatisch und unbewußt in allen Situationen immer wieder die Frage: „Kann ich hier jemandem helfen?" Diese Frage wirkt als machtvoller ➪ *Wahrnehmungs-Filter*. Sie zwingt ihn dazu, in einer bestimmten Weise zu denken, zu fühlen und zu handeln. Ein anderes Beispiel: Wenn sich jemand fragt: „Weiß ich, wie ich es richtig tun kann?", so drückt sich in dieser Frage die Überzeugung aus, daß es einen richtigen Weg gibt, Dinge zu tun und daß die Aufgabe nur dann erledigt werden sollte, wenn man den richtigen Weg kennt, sie zu erledigen.

Schein-Aussagen und Schein-Fragen stehen nach der ISA im Dienste von „Grundmotiven" (Leitmotiven) einer Person. Diese Haupttriebkräfte werden häufig als eine Art innerer Zwang oder Druck erfahren. Die Erfüllung dieser Motive stellt das höchste Ziel, den höchsten ➪ *Wert* dar, für dessen Verwirklichung ein Mensch sich (oft erfolglos) einsetzt. Solche Triebfedern sind zum Beispiel Freiheit, Sicherheit, Macht, innerer Frieden, ein Gefühl von Zugehörigkeit, sich ganz lebendig zu fühlen. Ob diese dringenden Wünsche überhaupt erfüllbar sind und ob sie in einer konkreten Situation erfüllt werden, bestimmt darüber, ob die Person sich unglücklich und unzufrieden fühlt, oder ob sie ihr Leben als Blühen und Gedeihen empfindet.

Die ISA besteht aus drei Phasen:

(1) In der Erkundungs-Phase erzählt der Klient von verschiedenen Ereignissen, die in seinem Leben wichtig waren. Der Therapeut/Coach fragt immer nach den Motiven und versucht, ein allgemeines Muster, einen roten Faden hinter den Berichten zu erkennen. Der Klient soll die Erkundung seiner Persönlichkeit auf eine angenehme Weise erleben: Er bekommt einen Zugang zu dem, was für ihn im Leben eigentlich zählt. Er entdeckt Gedankengänge, Vorstellungen, Wünsche, die in seiner Seele gut bewahrt möglicherweise Jahrzehnte schlummerten, ohne daß sein Bewußtsein eine Ahnung davon hatte, daß genau diese Werte sein Handeln im Innersten die ganze Zeit über bestimmten. Die Entdeckung des imperativen Selbst ist in der Regel mit einem Gefühl der Erleichterung und einem tiefen Verständnis für die eigene Lebensgeschichte verbunden.

(2) Das Verständnis des inneren Lebenszusammenhanges bildet das Fundament für den Aufbau eines umfassenden neuen Selbstverständnisses (Selbstkonzept), das dem Leben des Klienten die Qualität des Blühens und Wachsens ermöglicht. Dazu gehört:

- Das Erleben des eigenen Wertes, des naturgemäß eigenen Einflusses und der Fähigkeit zu lernen – in allen Situationen und unabhängig von der Anwesenheit anderer Menschen, unabhängig auch von der Kompetenz, die der Mensch im Augenblick besitzt.
- Die Etablierung und Aufrechterhaltung von Kriterien und Verhaltensweisen, die dazu führen, daß sich jemand gut behandelt, und dazu, daß andere wissen, wie sie ihn gut behandeln können.

(3) Der dritte Schritt besteht im Aufbau eines neuen imperativen Selbsts, in dem die erfolgreichen Anteile des alten aufgehoben sind, und das dem Klienten auf ökologische Weise ermöglicht, mehr von dem zu leben, was er ist und was er werden kann. Das Ziel ist die Schaffung einer neuen Landkarte und einer neuen ➪ *personalen Identität.* (*Text unter Mitarbeit von Helmut Broichhagen.*)

Imprint

Ein anderer Ausdruck für ➪ *Prägung*. Für die Auflösung oder Milderung unerwünschter Prägungen werden im NLP die Methoden der ➪ *Neuprägung* (reimprint) eingesetzt.

Indirekte Suggestionen

Alle Methoden, mit denen innere Zustände anderer Personen beeinflußt werden sollen, ohne dies direkt anzusprechen. Indirekte Suggestionen können verbaler und nonverbaler Art sein. Der bewußte Einsatz des Körpers, z.B. um eine Person in ihrem Atem-Rhythmus zu ➪ *führen,* ist ein Beispiel für eine nonverbale indirekte Suggestion. Beispiele für verbale indirekte Suggestionen sind ➪ *eingebettete Befehle*, ➪ *eingebettete Fragen*, ➪ *Konversations-Postulate*, ➪ *negative Befehle* und ➪ *Zitate*. Im NLP werden verschiedene Formen von indirekten verbalen Suggestionen im ➪ *Milton-Modell* zusammengefaßt.

Individualisierter Swish

➪ *Swish-Design*

Induktion

➪ *Trance-Induktion*

Informations-Sammlung

Prozeß der Erkundung der inneren und äußeren Wirklichkeit anderer Menschen. Am Beginn einer NLP-Beratung (einer NLP-Therapie, eines NLP-Coachings, ...) steht immer eine ausführliche Informations-Sammlung unter Einsatz aller ➪ *Kommunikations-Techniken* des NLP. Aus diesen Informationen formt die Beraterin oder der Berater eine Hypothese über den Kern des Problems und mögliche Abhilfen. Erst dann ist es sinvoll, eine der ➪ *Änderungs-Techniken* des NLP anzuwenden. Im NLP wird (jedenfalls in der Theorie) der Phase der Informations-Sammlung große Bedeutung beigemessen. Die zeitliche Aufteilung in einer NLP-Beratung wird oft so beschrieben: „90 Prozent Information und 10 Prozent Intervention".

Inhalts-Reframing

Beim Inhalts-Reframing, meist Bedeutungs-Reframing genannt, wird die Bedeutung eines Problems im gleichen Kontext verändert. Mehr dazu unter ➪ *Reframing*.

Inkongruenz, inkongruent

Gegenteil von ➪ *Kongruenz*, kongruent. Inkongruent bedeutet „nicht-übereinstimmend". Eine Person kommuniziert inkongruent, wenn sie „Botschaften durch ihre Outputkanäle vermittelt, die nicht zusammenpassen oder nicht kompatibel sind" (*Bandler und Grinder 1994b [1976], 55*). Kongruenz bedeutet, daß „sich alle Teile hinsichtlich ihres Verhaltens in einem bestimmten Kontext in Übereinstimmung befinden" (*Dilts 1995 [1989], 220*).

Inkongruenz ist z.B. gegeben, wenn die verbalen und die nonverbalen Signale einer Person nicht übereinstimmen. Bei simultaner Inkongruenz geschieht die Nichtübereinstimmung gleichzeitig. Ein Bekannter sagt z.B.: „Ich freue mich, daß ich dich sehe" und geht dabei mit dem Körper etwas zurück. Bei sequentieller Inkongruenz geschieht die Nichtübereinstimmung hintereinander, z.B. wird eine verbale Aussage durch eine nachfolgende nonverbale Äußerung wieder aufgehoben. Jemand sagt: „Ich freue mich auf diese Aufgabe" und schüttelt anschließend den Kopf. Inkongruenzen können sich auch in der Stimme ausdrücken, wenn Inhalt und ⇨ *Untereigenschaften* (wie Klang, Betonung, Lautstärke) nicht miteinander übereinstimmen. (Inkongruenzen sind immer vor dem Hintergrund einer Kultur zu sehen. Inder z.B. schütteln den Kopf von einer Seite zur anderen, wenn sie Ja sagen.)

Menschliche Kommunikation umfaßt nach Bateson (*1983 [1972]*) immer zwei Aspekte: einen Inhalts-Aspekt und einen Beziehungs-Aspekt. Der Inhalts-Aspekt beschreibt den verbalen, digitalen Teil einer Botschaft, der Beziehungs-Aspekt den nonverbalen, ⇨ *analogen* Teil der Botschaft. Bateson ordnet diese Aspekte ⇨ *logischen Ebenen* zu: der Beziehungs-Aspekt ist ein Kommentar zum Inhalts-Aspekt, eine hierarchisch übergeordnete ⇨ *Meta-Botschaft* zum Inhalt der Botschaft. Bei Widersprüchen zwischen diesen Ebenen, d.h. bei inkongruenter Kommunikation, ist nach Bateson der analoge Teil (die Beziehungs-Informationen) „wahrer" und „aussagekräftiger" als der digitale Teil (die Inhalts-Informationen), weil er die „wahre Natur" der Gefühle und Intuitionen einer Person widerspiegelt (vgl. *Bandler und Grinder 1994b [1976], 43*).

Bandler und Grinder lehnen diese Sichtweise entschieden ab *(45ff.):*

(1) Anstelle des binären Systems von Bateson (zwei Unterteilungen) unterscheiden sie eine Fülle von Output-Kanälen. Auf jedem Output-Kanal ist eine gesonderte Botschaft möglich. Botschaften auf unterschiedlichen Output-Kanälen werden ⇨ *Para-Botschaften* genannt. Diese Klassifikation erlaubt es, multiple Inkongruenzen zu erkennen. (Inkongruenzen können z.B. rein nonverbaler Art sein: Eine Geste mit der rechten Hand „paßt nicht" zur linken Hand.)

(2) Para-Botschaften sind keine hierarchisch geordneten ⇨ *Meta-Botschaften*, sondern werden der gleichen logischen Ebene zugeordnet. Jede Para-Botschaft gibt einen Teil der ⇨ *Modelle* der Welt einer Person wider. Widersprüchliche Para-Botschaften weisen auf inkonsistente Welt-Modelle hin. Sie werden unterschiedlichen ⇨ *Teilen* im ⇨ *Unbewußten* zugeordnet. Jeder Teil wird prinzipiell als gleichberechtigt anerkannt und jeder drückt seine „Wahrheit" aus. Jeder Teil wird als ⇨ *Ressource* interpretiert und jedem Teil wird eine ⇨ *gute Absicht* unterstellt.

Die Begriffe „kongruent" und „inkongruent" können sich auf einzelne Verhaltens-Sequenzen oder auf eine Person als Ganzes beziehen. (Eine einfache Klassifikation von vier Arten inkongruenter Kommunikation findet sich in den ⇨ *Satir-Kategorien.*) Inkongruente Menschen wirken wenig glaubwürdig: sie werden als verwirrt, unentschieden, inkonsistent ... erlebt. Die ⇨ *Wahrnehmungs-Techniken* des NLP zielen auch darauf hinaus, inkongruentes Verhalten zu erkennen, um angemessen darauf reagieren zu können. Für die therapeutische Arbeit schlagen Bandler und Grinder (1) die Aufteilung inkongruenter Para-Botschaften in ⇨ *Polaritäten* vor, welche (2) dann, von einer ➪ *Meta-Position* aus, so koordiniert werden, daß diese Polaritäten als Ressource wirken können. Ein Ziel der ➪ *Veränderungs-* und ➪ *Selbststeuerungs-Techniken* des NLP ist die Integration widersprechender Teile in einer Person und die Herausbildung einer kongruenten Persönlichkeit.

Innerer Dialog

Viele Menschen reden unentwegt innerlich mit sich selbst: sie konstruieren eine ➪ *auditive* Repräsentation. Dem inneren Dialog kommt für die Konstruktion subjektiver Realitäten eine große Bedeutung zu. Im inneren Dialog erklären sich Menschen, was ihnen im Augenblick wichtig und bedeutsam ist.

Im ➪ *Augen-Muster-Modell* des NLP wird der innere Dialog an der Bewegung der Augen nach links unten wahrgenommen. Der innere Dialog tritt oft in Form eines Zwiegesprächs auf, in Form von Phantasie-Dialogen mit anderen Menschen, oft auch mit früher wichtigen Personen (z.B. Eltern). Ein belastender innerer Dialog kann ein Ausdruck eines „Kampfes" unterschiedlicher ➪ *Teile* in einer Person sein. Die Inhalte des inneren Dialogs drücken u.a. die ➪ *Beliefs* eines Menschen aus, was jemand für wahr, wichtig oder bedeutungsvoll hält. Der innere Dialog ist vielen Menschen unbewußt. Es lohnt sich, sich seines inneren Dialoges bewußt zu werden und zu üben, den inneren Dialog bewußt zu steuern.

NLP untersucht den inneren Dialog einer Person anhand seiner auditiven ➪ *Untereigenschaften*. Der innere Dialog kann durch eine Änderung dieser Untereigenschaften in seiner Wirksamkeit auf den ➪ *inneren Zustand* einer Person entscheidend verändert werden. Für die Konstruktion eines erwünschten inneren Dialoges sind alle auditiven ➪ *Assoziierungs-Techniken* geeignet. Erwünschte positive Inhalte werden im NLP durch geeignete ➪ *Affirmationen* und ➪ *Ziel-Sätze* geschaffen und geübt. Zur Milderung eines unerwünschten inneren Dialoges (z.B. von übermächtigen inneren Kritikern) sind alle auditiven ➪ *Dissoziierungs-Techniken* geeignet. Das Ziel der ➪ *Selbststeuerungs-Techniken* des NLP ist auch eine aktive und bewußte Kontrolle des eigenen inneren Dialoges im Alltag.

Innere (sinnesspezifische) Repräsentation, interne Repräsentation

Im NLP wird der sinnliche Zugang zur Welt betont. Alle inneren Repräsentationen (wie Wahrnehmung, Tagträume, Erinnerungen, Zukunftsvorstellungen, ...) sind sinnesspezifischer Art und laufen in einem oder mehreren Repräsentations-Systemen ab: in Form visueller Bilder, auditiver Ton- oder Klang-„Bilder", gefühlsmäßigen (kinästhetischen) Sensationen, Geruchs- oder Geschmacks-Eindrücken oder -Vorstellungen. (Mehr dazu unter ➪ *Repräsentations-Systeme.*) Im NLP werden die inneren (sinnesspezifischen) Repräsentationen in einzelne Qualitäten zerlegt, die ➪ *Untereigenschaften* genannt werden;

z.B. die Helligkeit des Lichts, die dominanten Farben etc. Viele ➪ *Änderungs-Techniken* des NLP laufen letztlich auf eine Veränderung von Untereigenschaften hinaus. Das Ziel der ➪ *Selbststeuerungs-Techniken* des NLP ist das Bewußtwerden innerer Repräsentationen (und ihrer Untereigenschaften) und ihre gezielte Beeinflussung im Alltag.

Innerer Zustand

Ein Sammel-Begriff für die innere Befindlichkeit, das innere Erleben, die Summe der gesamten Erfahrung in jedem beliebigen Augenblick, ob jemand z.B. motiviert, energievoll, ruhig oder deprimiert ist. Innere Zustände besitzen kognitive, emotionale und physiologische Merkmale. Sie sind immer zugleich körperliche und geistige (seelische) Zustände. NLP untersucht ein breites Spektrum innerer Zustände: von ➪ *stuck states* auf der einen Seite (das Erleben, in einem negativen, bedrückenden Zustand gefangen zu sein) bis zu ➪ *core states* (das Erleben intensiver Seinszustände, wie das Gefühl einer ➪ *Zugehörigkeit* zu allen Menschen). (Das intensive Erleben innerer Zustände kann auch als ➪ *Trance* bezeichnet werden.)

➪ *Körper* und Geist gelten im NLP (wie bei Bateson) als Teil der gleichen kybernetischen Struktur. Innere Zustände manifestieren sich (a) in körperlichen Zuständen, in körperlichem Erleben, in bestimmten ➪ *Gefühlen*, und (b) zugleich in kognitiven Prozessen, wie ➪ *„Denken“* oder dem ➪ *inneren Dialog*. NLP-geübte Personen erkennen durch ➪ *genaues Wahrnehmen* von ➪ *Zugangs-Hinweisen* innere Zustände bei anderen Menschen, auch ohne daß diese explizit darüber reden.

Einige Modelle des NLP beschreiben innere Zustände durch Klassifikation äußerer Verhaltensmuster (wie z.B. manche ➪ *Meta-Programme*). Innere Zustände können direkt mit Hilfe von ➪ *Untereigenschaften* beschrieben werden. Die meisten ➪ *Änderungs-Techniken* des NLP sind ein Set formaler Anweisungen zur Veränderung innerer Zustände mit Hilfe eines Beraters oder eines Coaches. Hier wird versucht, innere Zustände bei anderen zu erkennen, bewußt zu machen, nachzuvollziehen und zu verändern. Standard-Fragen zum Bewußmachen innerer Prozesse sind: „Wie machen Sie das?“, „Welche inneren Prozesse aktivieren Sie jetzt?“, „Was genau müßte ich machen, daß ich auch in diesem Zustand bin?“, „Was müßte ich tun, daß es mir genauso geht, daß ich genauso denke und genauso handle?“ Die Produktion innerer Zustände gilt im NLP als komplexes und faszinierendes Phänomen, das im Detail untersucht wird. NLPler richten ihr Augenmerk u.a. auf folgende Fragen: Welche inneren Prozesse laufen in welchen ➪ *Repräsentations-Systemen* ab?, Welche ➪ *Untereigenschaften* spielen eine wichtige Rolle?, Welche ➪ *Strategien* sind erkennbar?, Welche ➪ *Meta-Programme* werden aktiviert?, Welche ➪ *Wahrnehmungs-Filter* können erkannt werden?, Welche ➪ *Beliefs* werden für wahr gehalten?, Welches Selbst-Bild wird aktiviert?, usw.

Mit den Methoden des NLP untersuchen Menschen bei sich und bei anderen die Auslöser innerer Zustände: ob und wie sie durch innere oder äußere Ereignisse beeinflußt werden. Der Einfluß äußerer Ereignisse wird durch das ➪ *Anker-Konzept* erfaßt. Anker können ➪ *kalibrierte Schleifen* auslösen und erwünschte oder unerwünschte Regelkreise in Gang setzen.

Der innere Zustand ist eine entscheidende Schlüssel-Variable für die Beeinflussung von Verhalten im NLP. NLP betont die Zustandsabhängigkeit von Verhalten. Verhaltens-Training im NLP ist in vielen Fällen ein Training innerer Zustände, wie z.B. die Imagination von ➪ *Ziel-Bildern* und die Vorstellung, man könne (früher) belastend erlebte Situationen in einem ➪ *Ressourcen-Zustand* erleben. NLP wendet sich strikt gegen die Alltags-Theorie, der viele Menschen anhängen, innere Zustände seien letztlich von außen verursacht: durch die eigene Geschichte, andere Menschen, äußere Erfolge oder Mißerfolge, durch Glück, die Sterne, die Gene oder das Schicksal. NLP betont das Potential im Menschen, seine potentiellen Fähigkeiten, innere Zustände selbstbestimmt zu gestalten. Das Ziel der ➪ *Selbststeuerungs-Techniken* des NLP ist das Bewußtwerden innerer Zustände und die Schulung der Fähigkeit, innere Zustände immer mehr selbst zu gestalten.

Installieren

NLP-Techniken, durch die neues Verhalten oder neue Strategien leichter verfügbar gemacht werden sollen. ➪ *Strategien installlieren.*

Integration

Integratio bedeutet im Lateinischen „Wiedereingliederung". Der Begriff Integration wird im NLP:

(1) im Kontext des Begriffes ➪ *Dissoziation* gebraucht: etwas, das dissoziiert (oder separiert) ist (egal, ob vom Therapeuten so vorgefunden oder durch eigenes Handeln kreiert), wird integriert. Die Integration dissoziierter Physiologien hilft dem Klienten (wobei der Therapeut entsprechende ➪ *Anker* benutzt), Fähigkeiten und ➪ *Ressourcen* in Kontexte zu transferieren, in denen diese Fähigkeit und Ressourcen nicht verfügbar waren (wo er von ihnen dissoziiert war). (Die bekannteste Form dieser Technik ist das ➪ *History change.*)

(2) Gelegentlich spricht man im NLP, wie in der Gestalttherapie, von einer Integration abgespaltener (Persönlichkeits-) ➪ *Teile*. (*Text von Thies Stahl.*)

Intention

➪ *gute Absicht*

Interferenzen

➪ *Hindernisse*

Intervention

Überbegriff über alle Maßnahmen und Prozesse im NLP, die eine Person mit sich oder anderen bewußt macht, um innere oder äußere Wirkungen zu erzielen. Interventionen werden im NLP mittels formaler Modelle dargestellt: als Set formaler Anweisungen zur Durchführung bestimmter, abgegrenzter ➪ *Prozeß-Schritte* in einer mehr oder weniger vorgegebenen Reihenfolge. (Als Beispiel wird auf das ➪ *Sechs-Stufen-Reframing* verwiesen.) Interventionen können im NLP wenige Schritte umfassen (wie das ➪ *Ankern* einer Person mit einer Geste) oder bis zu mehreren Dutzend Schritte umfassen (wie eine komplizierte ➪ *Neuprägung*). Die Zahl der Schritte ist für die Zeitdauer von Interventionen nicht entscheidend. Interventionen mit vielen Schritten dauern in der Regel lange (bis zu einigen Stunden oder mehreren Beratungs-Einheiten). NLP kennt auch Interventionen über mehrere Schritte (wie z.B. die Installation von ➪ *Strategien*), die in sehr kurzer Zeit (manchmal innerhalb einer Minute) passieren können. NLP – in der Tradition als Kurzzeit-Therapie – ist auf zeitsparende Interventionen konzentriert (ein Standard-Beispiel ist die Technik des ➪ *Swish*).

Steve und Connirae Andreas (*1992, 17*) definieren NLP als eine Schachtel, in der drei andere Schachteln enthalten sind. Die Schachteln sind nacheinander zu öffnen. Die äußerste Schachtel ist der ➪ *Rapport*. Ohne Rapport ist NLP unwirksam. Ist Rapport hergestellt, kann man die nächste Schachtel öffnen und die ➪ *Ziele* klären. Die Ziele geben die Richtung für die Anwendung von NLP-Techniken an. Ohne ein Ziel weiß man nicht, was man ändern will und man hat keine Kriterien für die Überprüfung eines möglichen Erfolges. Die nächste Schachtel ist die ➪ *Ökologie*: Wie paßt das Ziel mit anderen Zielen in der Person und mit Zielen anderer Menschen zusammen, die als wichtig erachtet werden? Muß es modifiziert werden? In welcher Weise? Wenn das geklärt ist, kommt man zur letzten Schachtel, dem Kern des NLP: seine ➪ *Änderungs-Techniken*.

In-Zeit (In Time)

(1) Eine Variante der inneren ➪ *Zeit-Linie*: Vergangenheit, Gegenwart und Zukunft werden von einer Person innerlich so repräsentiert, als läge sie zum Teil außerhalb der Person hinter ihr. „Eine In-Time-Person kodiert ihre Erinnerungen vorzugsweise von vorn nach hinten, von oben nach unten oder in Form eines »V« oder einer anderen Anordnung, bei der ein Teil der Vergangenheit, Gegenwart oder Zukunft hinter oder in ihr ist" (*James und Woodsmall 1994 [1988], 37]*.

(2) In der Arbeit mit der äußeren Zeit-Linie (z.B. mit der ➪ *Boden-Zeit-Linie*): eine ➪ *dissoziierte* Position außerhalb der Zeit-Linie.

Isomorphie

Isos bedeutet im Griechischen gleich und Morphé ist die Form, die Struktur. Isomorphie bedeutet Strukturgleichheit. Eine Landkarte ist dann isomorph zu der Landschaft, die es abbildet, wenn die Strukturen der Landkarte (z.B. die räumlichen Abstände zwischen zwei Punkten A und B) die Strukturen der Landschaft (z.B. die räumlichen Abstände zwischen zwei Orten A und B) „richtig" wiedergeben. Isomorphe Modelle sind „wahre" Modelle: sie „spiegeln" die „Realität" „richtig" wieder. Nicht-isomorphe Modelle sind „falsche" Modelle: sie ➪ *verzerren* die „Realität". Isomorphe ➪ *Metapher*-Geschichten in Kommunikation „spiegeln" Strukturen eines Problems: die Personen und Ereignisse in der Geschichte (z.B. in einem Märchen) entsprechen Personen und Ereignissen eines „realen" Problems.

Johari-Fenster

Eine Klassifikation von Wissen, dargestellt in Form einer 2x2-Matrix, das in NLP-Trainings manchmal Anwendung findet. Dabei wird das, „was ich weiß", mit dem, „was die anderen wissen", kombiniert. Die vier Fenster sind: (1) „ich weiß/die anderen wissen", (2) „ich weiß nicht/die anderen wissen", (3) „ich weiß/die anderen wissen nicht", und (4) „ich weiß nicht/die anderen wissen nicht". In Feld 2 findet die größte Lernmöglichkeit statt. (Wir transportieren z.B. mit unserer ➪ *Körper-Sprache* eine riesige Menge an Informationen, die uns nicht bewußt sind. Andere Menschen wissen potentiell viel mehr über uns als wir selbst.)

Kalibrieren

Kalibrieren bedeutet feinabstimmen. Auf dem Bildschirm meines Computers erscheint von Zeit zu Zeit ein Insert, in dem mir mitgeteilt wird, daß der Bildschirm seit soundsoviel Tagen nicht „kalibriert" worden ist. Gebe ich den Befehl zum Kalibrieren ein, dann werden die Parameterwerte, die den Bildschirm regeln (wie Helligkeit, Farbauflösung, Kontraste), neu eingestellt.

Kalibrieren in der NLP-Sprache bezieht sich auf den Kommunikationsprozeß. Eine Person zu kalibrieren bedeutet, sich auf diese Person fein abzustimmen. Kalibrieren bezeichnet den „Prozeß, mit dem man sich auf die nonverbalen Signale einstimmt, die beim Gegenüber einen bestimmten Zustand anzeigen" (*Grinder und Bandler 1987 [1981], 266*). Kalibrieren verlangt die Fähigkeit, nonverbale Signale ➪ *genau wahrzunehmen* und die ➪ *Physiologie* innerer Zustände äußeren Anzeichen zuzuordnen. „Kalibrieren heißt zu wissen, was der Gesprächspartner intern gerade tut (z.B. welche Erfahrung er gerade erinnert) und dabei genau zu beobachten, wie er dabei extern aussieht (welche Physiognomie er zeigt) und sich das zu merken" (*Mohl 1996a [1988], 28*). Beim Kalibrieren konzentriert sich ein geschulter Beobachter auf exakte Details im beobachteten Verhalten einer Person (wie auf den Rhythmus von Körperbewegungen oder den Atem), macht sich ein inneres Bild vom inneren Zustand dieser Person und entwickelt eine gefühlsmäßige Beziehung dazu (z.B. durch Einnahme der zweiten ➪ *Wahrnehmungs-Position*): d.h. man stellt sich auf die beobachtete Person „fein ein".

Kalibrieren ist eine der Basis-Techniken des NLP. Kalibrieren ist die Voraussetzung für ➪ *Spiegeln* und für ➪ *Rapport.* Bei vielen NLP-Prozessen ist das Kalibrieren des ➪ *Problem-Zustands* ein wichtiger erster Schritt. Die NLP-geschulte Kommunikatorin erlangt dadurch exakte Kenntnis über die ➪ *Problem-Physiologie*, wie sich eine Person dabei bewegt, wohin sie schaut, wie sie atmet, usw. Diese Informationen bilden eine Art Standard, an welchem die Kommunikatorin den inneren Prozeß dieser Person fortlaufend testet. Kalibrieren wird auch als die Fähigkeit definiert, Änderungen im Hinblick auf einen Standard bewußt zu erkennen (vgl. *Bretto 1988, Glossary 1*). Kalibrieren verschafft die Möglichkeit, den Erfolg von Beratung oder Therapie unmittelbar zu testen. Wird z.B. am Ende der Intervention der Problem-Zustand noch einmal aktiviert, so muß die Kommunikatorin deutlich wahrnehmbare Unterschiede (im Hinblick auf den ursprünglichen „Problem-Standard") feststellen können, z.B. veränderte Bewegungen oder ein anderes Atem-Muster. Sind keine Unterschiede erkennbar oder gehen die Unterschiede nicht in die gewünschte Richtung, dann weiß die Kommunikatorin, daß die angewandte NLP-Intervention wenig Wirkung haben wird oder vielleicht sogar eine gegenteilige Wirkung haben kann.

Kalibrierte Schleifen, calibrated loops

Ein unbewußter Kommunikations-Prozeß, in dem eine Person auf Auslöser einer anderen Person gleichsam automatisch reagiert. Eine kalibrierte Schleife ist eine sich ständig wiederholende Sequenz, bei der der Kommunikationspartner A einen ➪ *Anker* setzt, worauf Partner B mit einer ➪ *Problem-Physiologie* reagiert. (In anderen Ansätzen wird dies manchmal auch Interaktions- oder Kommunikations-Stereotypien oder Interaktions- oder Kommunikations-Redundanzen genannt.) Kalibrierte Schleifen können bei A und B gleichzeitig auftreten. A setzt einen Anker für B, B reagiert mit einem bestimmten Verhalten, was für A zum Anker für genau das Verhalten wird, welches am Anfang der Schleife stand, usw.

Kalibrierte Schleifen bei sich selbst zu erkennen, ist eine der Vorausbedingungen, seinen inneren Zustand ➪ *selbst steuern* zu können. Hier geht es darum, automatisch ablaufende Prozesse (auf einen äußeren Reiz folgt eine unerwünschte Reaktion) zu unterbrechen. Eine Möglichkeit dazu ist das ➪ *Anker löschen.*

Kapazität

➪ *Fähigkeiten*

Kern der Persönlichkeit

Neuere Entwicklungen des NLP gehen von der Vorstellung aus, daß es ein „innerstes Wesen" einer Person gibt, einen „innersten Bereich", eine „eigentliche" ➪ *Identität.* Beispiele sind der ➪ *Core-Transformation-Prozeß* (*C. und T. Andreas 1995 [1994]*), die Arbeit mit „transzendentalen Meta-Zuständen" (*Hall 1995 und 1996*) und der ➪ *Ur-Credo-Prozeß* (*Bernard 1996 [1995]*). Sie alle zielen auf das Erleben von „Kern-Zuständen" (➪ *core states*) ab, in denen der „Kern der Persönlichkeit" erfahren wird. Diese Erfahrungen werden als Erlebnisse jenseits der Ebene des Ichs und der ➪ *personalen Identität* beschrieben. Im Modell der ➪ *logischen Ebenen* werden sie der Ebene der ➪ *Zugehörigkeit* zugeordnet: Es geht um die Erfahrung einer Verbindung, einer Gemeinsamkeit mit anderen Menschen, mit der Menschheit insgesamt, mit der Natur oder mit dem Göttlichen.

Ketten-Anker

Eine bewußt gesetzte Kette von Ankern (z.B. hintereinander auf den fünf Knöcheln einer Hand), die es erlauben, ein Spektrum innerer Zustände nach und nach zu durchwandern. Ein Beispiel ist folgende Kette: (1) ➪ *stuck state*, (2) Zweifel, (3) Erleichterung, (4) Freude, und (5) Selbstvertrauen. Ein wirkungsvoll gesetzter Ketten-Anker, der einige Male gesetzt ist, kann die Tendenz zu einer Automatik entwickeln – d.h. der Organismus hat gelernt, auf den ersten Reiz (in unserem Fall: den stuck state) gleichsam automatisch mit einem Prozeß zu reagieren, der schließlich zu einem Zustand von Selbstvertrauen führt. Der gesamte Prozeß kann sehr schnell ablaufen, vielleicht in 10 Sekunden.

Ketten-Anker können kinästhetischer (z.B. Berührung), visueller (z.B. Zeichen), auditiver Art (z.B. durch Abfolge unterschiedlicher Töne) usw. sein.

Kinästhetisch

bezieht sich auf Körper-Eindrükke, Körper-Sensationen, Körper-Empfindungen, Gefühle, innere körperliche Zustände. Im NLP wird der Ausdruck kinästhetisch in einem sehr weiten Sinn verwendet. Er umfaßt jede Art von Gefühlen und Emotionen, alle Arten von körperlichen Eindrücken – in der Regel auch inklusive der körperlichen Sensationen auf der Haut, wie Berühren. Kinästhetik im NLP bezeichnet den Gesamtbereich der Körperempfindungen. Kinästhetik ist eine der fünf (im NLP meist zu vier zusammengefaßten) ➪ *Sinnes-Kanäle* (auch Modalitäten genannt). Kinästhetische Eindrücke (und Vorstellungen) sind eines der ➪ *Repräsentations-Systeme* im NLP, untergliedert nach einzelnen ➪ *Untereigenschaften*. Typische kinästhetische Untereigenschaften sind der Ort von Gefühlen im Körper, ihr Rhythmus, ihre Intensität, Wärme-Empfindungen oder -Vorstellungen oder Eindrücke und Empfindungen von hart oder weich, glatt oder rauh, feucht oder trocken.

Der Oberbegriff Kinästhetik wird im NLP in manchen Fällen begrifflich weiter unterteilt (z.B. *Dilts u.a. 1994 [1980], 92*). Hier folgt man medizinischen Unterscheidungen und unterteilt nach ➪ *propriozeptiven* Empfindungen (von den Bewegungs-Organen), ➪ *viszeralen* Empfindungen (aus dem Körper-Inneren), ➪ *haptisch/taktilen* Empfindungen (von der Körper-Oberfläche), sowie nach Temperatur- und Schmerz-Empfindungen.

Kinästhetisches Selbst

Ein Gefühl im Bauch zum eigenen Selbst-Bild, als Ausdruck der ➪ *personalen Identität.*

Kognitive Psychologie

Anmerkungen zur kognitiven Psychologie finden Sie unter dem Stichwort ➪ *Computer-Metapher des Geistes.*

Kollaps-Anker

➪ *Anker verschmelzen*

Kommunikations-Techniken des NLP

NLP beschäftigt sich mit der Kommunikation mit anderen und mit sich selbst, d.h. alle Techniken des NLP sind definitionsgemäß Kommunikations-Techniken. Unter Kommunikations-Techniken im engeren Sinn sind alle Techniken gemeint, die unmittelbar der Verbesserung der Kommunikation mit anderen dienen. Beispiele sind: (1) ➪ *genaues Wahrnehmen*, (2) ➪ *kalibrieren*, (3) ➪ *spiegeln*, (4) ➪ *führen*, (5) die Herstellung von ➪ *Rapport*, der Wechsel in den Zuständen von (6) ➪ *assoziiert* und (7) ➪ *dissoziiert* sein, (8) das ➪ *Augenmuster-Modell*, (9) der Einsatz von ➪ *Ankern*, (10) die Anwendung wechselnder ➪ *Wahrnehmungs-Positionen*, sowie der Einsatz (11) des ➪ *Meta-Modells* und (12) des ➪ *Milton-Modells*. Das Kennenlernen und Trainieren der Kommunikations-Techniken ist Gegenstand der meisten Ausbildungen zum NLP-Practitioner. Der Einsatz der Kommunikations-Techniken des NLP im Alltag verlangt in der Regel ein längeres Training.

Komplexe Äquivalenz

Äquivalenz kommt vom Lateinischen aequi-valeo: gleich wert sein. Komplexe Äquivalenz liegt vor, wenn zwei verschiedene Aussagen in einer solchen Weise miteinander verbunden sind, daß man sie für gleichbedeutend hält: „**Wenn du nicht mit dem Lesen aufhörst, dann hast du mich nicht gern.**“ Komplexe Äquivalenzen sind eine Form von ➪ *Verallgemeinerungen*. Sie sind ➪ *Meta-Modell*-Verletzungen und weisen auf deskriptive ➪ *Beliefs* hin.

Literatur: *Bandler und Grinder 1994a [1975], 114ff.* und *Jochims 1995, 162f. und 149ff.*

Konfusion

➪ *Verwirrung*

Kongruenz, kongruent

Gegenteil von ➪ *Inkongruenz, inkongruent*

Konstruktivismus

Sammelbegriff für verschiedene Ansätze in unterschiedlichen Disziplinen:

(A) Konstruktivistische Ansätze teilen – mit abgestufter Intensität – u.a. folgende Ideen (vgl. *Fischer 1995, 28*):

(1) eine Abgrenzung gegen die naive realistische Position, es gäbe so etwas wie eine subjektunabhängige Wirklichkeit: „Die angenommene Objektivität der Außenwelt ist eine Illusion" (*Bateson 1984 [1979], 42*).

(2) eine Kritik der Abbildtheorie des Bewußtseins, die auf der Vorstellung einer „objektiven Realität" basiert. Etwas „Äußerliches" wahrzunehmen ist kein einfaches oder direktes „innerliches" Abbilden – so wie eine Kamera („innerlich") ein Bild von einer Landschaft „außen" macht (vgl. *Bandler und Grinder 1994a [1975], 37* – mit Verweis auf Vaihinger und Korzybski).

(3) die Betonung von ➪ *Wahrnehmungs-Filtern* beim Akt des Wahrnehmens. Im Konstruktivismus wird betont, daß wir die „Welt" nicht direkt (die gängige „sinnesphysiologische Perspektive"), sondern mit inneren Filtern (Brillen, Sortiermechanismen) wahrnehmen, die beim Wahrnehmen innerlich (automatisch) mitkonstruiert werden (vgl. *Bandler und Grinder 1994a [1975], 28ff.*). Wahrnehmen ist „keine bloße Widerspiegelung externer Ereignisse, sondern ein selektiver und kreativ ablaufender Prozeß, in dem frühere Erfahrung, Emotionen und Erwartungen in starkem Maße eingehen" (*Roth 1990c, 249*).

(4) die Betonung der Subjektivität von Erfahrungen: „alle Erfahrung ist subjektiv" (*Bateson 1984 [1979], 42*).

(5) den Verzicht auf einen Wahrheits-Begriff für menschliches Erkennen. Theoretische Begriffe, Aussagen, Modelle werden nicht als Entdeckungen, sondern als kreative Erfindungen verstanden. Es geht um „nützliche", nicht um „wahre" ➪ *Modelle* (*Bandler und Grinder 1994c [1979], 23*).

(6) eine Umdeutung von Wissenschaft und wissenschaftlichem Arbeiten. Wissenschaft definiert sich nicht im Verweis auf „wahre Fakten" oder „objektive" Methoden, sondern durch andere Kriterien, wie: ihre innere Kohärenz, ihre pragmatische Brauchbarkeit für vorgegebene Ziele, ihre Kommunizierbarkeit oder ihre Teilnahme an den Sprachspielen einer sozialen Gruppe.

(7) die Betonung der Wichtigkeit von „Konstrukten" für das Handeln. Ideen, Bilder, Deutungen, ➪ *Beliefs*, Vorstellungen, Reflexionen, ... , die Menschen individuell und kollektiv ➪ *repräsentieren*, sind in hohem Maße handlungsrelevant. Sie legen die „Welten" fest, in denen sich Menschen befinden. Verhalten ist nicht nur eine Reaktion auf „äußere Umstände", sondern hängt auch von „inneren" Modellen ab, z.B. von den Modellen, die Menschen sich über ihre eigene ➪ *Identität* machen.

(8) Die „Innen-Welten" und „Außen-Welten" von Individuen sind begrifflich zu trennen, aber die Grenzziehung ist plastisch, veränderbar und nicht eindeutig definiert.

(B) Es gibt viele Ansätze, die als konstruktivistische Ansätze bezeichnet werden können. Beispiele sind die Philosophien von Kuhn, Feyerabend und Rorty, die Erkenntnistheorie von Spencer Brown (*1969*), die Theorie autopoietischer Systeme von Maturana und Varela, die Theorie sozialer Systeme von Luhmann, die Theorie persönlicher Konstrukte von Kelly (*1986 [1955]*), der radikale Konstruktivismus von Glasersfeld und von Foerster (*Schmidt 1990, 1991* und *1992; Roth 1990a, b* und *c*, und *1991* und *Glasersfeld 1997*), die kognitionswissenschaftliche Variante von Varela und Thompson (*1992 [1991]*), der soziale Konstruktionismus von Gergen (*1996 [1991]*) und andere postmoderne Ansätze, wie Lyotard, Derrida, Foucault oder Welsch.

Gedanken dieser Autoren werden im therapeutischen Bereich heute oft unter den Bezeichnungen „Kybernetik zweiter Ordnung", „narrative Ansätze" oder „systemische Ansätze" diskutiert.

Literatur dazu: *Palazzoli u.a. 1981* (*1975*); *Minuchin 1981; Stierlin und Schmidt 1987; Simon 1990* und *1993 [1988]; Ludewig 1992; Stierlin 1994; Boscolo und Bertrando 1994; Schöppe 1995*. Überblicke finden sich in *Kriz 1994; Kolbeck und Nicolai 1996* und *Schlippe und Schweitzer 1996*.

(C) Der Zusammenhang all dieser Autoren und ihrer Gedanken mit der Theorie und Praxis des NLP ist umstritten. Mein eigenes Verständnis (W.Ö.) von NLP ist, daß NLP in seiner Praxis ein konstruktivistischer und postmoderner Ansatz ist, dessen theoretische Grundlagen noch unerforscht sind. Viele Verfahren und Ideen des NLP, wie der ➪ *Belief-Gedanke*, die Idee von ➪ *Wahrnehmungs-Filtern* und die Verfahren des ➪ *Reframings*, weisen in meinem Verständnis auf eine konstruktivistische „Welt-Sicht" hin. NLP hat sich aus verschiedenen, durchaus widersprüchlichen Traditionen entwickelt. Es basiert teilweise auf der ➪ *Computer-Metapher* des Geistes und auf einer ➪ *mechanistischen* Sichtweise der Welt. Im Gegensatz (und in Kritik dazu) schlage ich vor, die konstruktivistischen Aspekte des NLP zu betonen und eine explizit konstruktivistische Interpretation von NLP zu entwickeln, wo ➪ *Bewußtsein* als primäres und eigenständiges Phänomen betrachtet wird. Dies würde auch bedeuten, u.a. folgende „Wurzeln" des NLP vermehrt zu betonen: die Theorie des ➪ *„als ob"* von Vaihinger, die Theorie des Neurolinguistischen Trainings von Korzybski (*Jochims 1995* und *1996*, ➪ *Meta-Modell*), Theorien der Palo-Alto-Gruppe („Mental Research Institute", u.a. Jackson, Satir, Haley, Weakland und Watzlawick) und insbesondere die Arbeiten von Gregory Bateson (➪ *Bateson-Kategorien*).

Literatur zur Palo-Alto-Gruppe: *Watzlawick 1984, 1991a [1981]* und *1991b; Watzlawick u.a. 1984 [1971]*. Als Überblick vgl. *Kriz 1994* und *Schlippe und Schweitzer 1996*.

Einige Aspekte dieser Interpretation werden auch bei den Stichworten ➪ *Auswahl-Prozeß des Bewußtseins*, ➪ *Fokus der Aufmerksamkeit*, ➪ *Kulturelles NLP*, ➪ *Vergangenheit*, ➪ *Wahrnehmungsfilter* und ➪ *Zeit* angesprochen.

Kontext

Kontext bedeutet wörtlich: „das, was mit einem Text oder einer Geschichte verbunden ist" (*Gilligan 1991*

[1987], 16). Der Ausdruck Kontext wird im NLP in einem zweifachen Sinn verwendet: (1) als die Umstände, der Rahmen für ein bestimmtes Ereignis, und (2) als die Umstände oder der Rahmen, den eine Person um ein Ereignis herum mitdenkt oder mitkonstruiert.

(1) In der ersten Begriffs-Verwendung spricht man vom Kontext der Arbeit, der Partnerschaft, des NLP, usw. Kontexte kann man in vielen Sprachen beschreiben. Man kann u.a. biologische (z.B. Lebensgeschichte), soziologische (z.B. soziale Gruppen) oder ideologische Kontexte (z.B. Ideensysteme) unterscheiden. Kontexte sind Lebens-Umstände, Lebens-Bereiche. Alle Menschen leben in vielen Kontexten, mit vielen Rollen. NLP betont die Kontext-Abhängigkeit des Verhaltens: in dem einen Kontext sind Menschen vielleicht mutig oder liebevoll, in dem anderen Kontext ängstlich oder aggressiv. Menschen, die in einem Kontext einen ➪ *Pol* leben, leben vielleicht in einem anderen Kontext den anderen Pol. Alle Modelle des NLP, die Typen von Persönlichkeiten beschreiben (wie das ➪ *bevorzugte Repräsentations-System*, ➪ *Strategien* oder ➪ *Meta-Programme*), sind als kontextabhängige Modelle zu verstehen, die keine oder nur eingeschränkte Aussagen über eine Person als Ganzes erlauben.

(2) In der zweiten Bedeutung bezeichnet der Kontext einer Situation nicht die „objektiven" Umstände, sondern die subjektive Interpretation, den subjektiven Rahmen, in den ein Ereignis eingebettet ist. NLP betont die Wichtigkeit des „subjektiven Kontextes": „Der Kontext, auf den eure Klienten reagieren, ist in der Regel aus ungefähr neun Teilen internaler Erfahrungen und ungefähr einem Teil externaler Erfahrungen zusammengesetzt" (*Bandler und Grinder 1994c [1979], 167*). Wahrnehmen bedeutet, etwas Bedeutungsvolles für wahr zu nehmen, etwas Bedeutung zu geben, etwas in einen Kontext zu stellen. Die Konstruktion eines Kontextes ist ein alltäglicher Prozeß menschlicher Modell-Bildung (wie ihn auch das ➪ *Meta-Modell* beschreibt). Jeder Kontext, den Menschen für wahr erachten, ist auch ein konstruierter Kontext, eine Bedeutungs-Gebung, die – jedenfalls im Prinzip – auch anders sein könnte. NLP geht davon aus, daß das Verhalten jeder Person Sinn ergibt, wenn es im Kontext der Realität dieser Person interpretiert wird.

„Probleme" haben oft mit einem Kontext zu tun. Probleme können manchmal gelöst werden, wenn es gelingt, den Kontext zu wechseln oder einen neuen Kontext innerlich zu konstruieren. Kontext oder Rahmen heißt im Englischen frame, einen Kontext oder Rahmen zu schaffen framing. Methoden der Konstruktion eines neuen Rahmens, einer neuen Bedeutung, werden als ➪ *Reframing* bezeichnet.

Kontext-Reframing

Beim Kontext-Reframing wird ein Problem in einen neuen Rahmen gestellt, d.h. reframt. Mehr dazu unter ➪ *Reframing*.

Konversations-Postulate, konversationelle Postulate

Konversations-Postulate sind Befehle, die nicht wie Befehle klingen. Auf die Frage: „Können Sie mir sagen, wie spät es ist?" wird normalerweise nicht mit einer Ja/Nein-Antwort, sondern mit einer Handlung (Blick auf die Uhr, Nennen der Uhrzeit) reagiert. Nach Bandler und Grinder (*1996 [1975], 247*) gibt es zwei Arten konversationeller Postulate:

(1) in Form von Ja/Nein-Fragen: **„Können Sie im Lexikon weiterlesen?"**, **„Werden Sie uns gleich oder erst später ein Feedback geben?"**

(2) unter Verwendung von ➪ *Modaloperatoren* der Notwendigkeit: (a) negatives Postulat: **„Sie brauchen nicht weiterzulesen"**, (b) positives Postulat: **„Sie können das verstehen"** oder (c) Sätze, die ohne Modaloperatoren die gleiche Bedeutung haben: **„Ihr Unbewußtes versteht das alles."**

Konversations-Postulate sind Teil der Alltags-Sprache. Sie sind indirekte Suggestionen, versteckte Befehle, die (weil unerkannt) beim Hörer keinen offenen „Widerstand" erzeugen. Sie gelten im NLP als Teil des ➪ *Milton-Modells.*

Körper

Für NLP sind Körper und Geist (wie bei Bateson) Teil der gleichen kybernetischen Struktur. Körperliche Vorgänge haben Auswirkungen auf geistige Vorgänge und umgekehrt. ➪ *Innere Zustände* sind zugleich körperliche und geistige Zustände. Fast alle körperlichen Vorgänge werden vom ➪ *Unbewußten* reguliert. Die Gesamtheit der Körper-Empfindungen wird im NLP dem ➪ *kinästhetischen* Sinnes-System zugeordnet. ➪ *Genaues Wahrnehmen* bezieht sich auf die Körper-Signale anderer Menschen und ihre ➪ *Physiologie*. NLP-geschulte Personen achten auf die ➪ *Zugangs-Hinweise* des Körpers, wie auf die Bewegungen der ➪ *Augen*, um Informationen über innere Prozesse anderer Menschen zu bekommen. Sie äußern sich auch in einer bestimmten ➪ *Atmung* und einer bestimmten Art, den Körper zu bewegen. Diese Tatsache wird im Konzept der ➪ *Bewegungs-Anker* verwendet, um mit Bewegungen gezielt innere Zustände verfügbar zu machen, die damit verankert sind.

Körper-Sprache

Die Körper-Sprache anderer Menschen enthält erstaunlich viele Informationen, die Auskunft geben über ihre Befindlichkeit, ihren inneren Zustand und ihre inneren Prozesse. Die Menge an Informationen, die in Körper-Signalen enthalten ist, ist unvorstellbar groß. Nach Kupfmüller (*1971, 220*) senden wir in jeder Sekunde 10 Millionen Bit an die Umwelt (davon 32 Prozent über das Skelett, 26 Prozent über die Hände, 23 Prozent über die Sprechmuskeln und 19 Prozent über das Gesicht).

Die Menge an Informationen, die wir über verbale Sprache transportieren, ist demgegenüber verschwindend klein. Die verbale Informations-Vermittlung macht einen winzigen Teil der Informationen aus, die in Kommunikation zwischen Menschen ausgetauscht werden. Wir „reden" fast nur mit dem Körper und fast gar nicht mit der Sprache.

Kommunikation zwischen zwei Personen ist ein Informations-Austausch in folgenden Größen-Ordnungen: Jede Person sendet über ihren Körper 10 Millionen Bit pro Sekunde. Jede Person empfängt über ihre Sinne mindestens 10 (vielleicht sogar 100 oder 1000) Millionen Bit pro Sekunde. (Die genauen Zahlen sind umstritten, spielen aber für das Argument keine Rolle.) Dazwischen steht das Bewußtsein, das ungefähr 10 Bit pro Sekunde an Informationen enthält: Höchstens ein Millionstel der Informationen, die wir bekommen und die wir aussenden, ist uns bewußt. ➪ *Bewußtsein* bedeutet Auswahl: Der riesige Kosmos der Körpersignale wird auf wenige Informationen reduziert.

Daraus kann ein interessanter Schluß gezogen werden: Anderen Personen ist potentiell eine ungeheure Zahl von Informationen über uns zugänglich. „Andere Personen wissen mehr als wir selbst, da ihnen über unsere Körper-Sprache die Millionen Bit/Sekunde in unserem Gehirn zugänglich sind, die nicht in unser Bewußtsein gelangen" (*Norretranders 1994 [1991], 226*). Andere Personen wissen nicht quantitativ mehr (auch ihr Bewußtsein ist auf vielleicht zehn Bit pro Sekunde beschränkt), sie können aber ihr Bewußtsein (ihren speziellen Fokus) auf andere Informationen richten als wir selbst, d.h. sie „wissen" vielleicht qualitativ mehr. Möglicherweise liegen wesentliche Teile unserer Persönlichkeit jenseits unserer eigenen Aufmerksamkeit, sind aber für andere potentiell verfügbar. (Ist das ➪ *Johari-Fenster* 2 unvorstellbar groß?) (All dies hängt in jedem Fall von den spezifischen Fähigkeiten von „Sender" und „Empfänger" ab. Menschen, die sehr geübt sind, sich selbst, ihre inneren Vorstellungen und Repräsentationen bewußt wahrzunehmen, wissen in jedem Fall „mehr" von sich, als dies anderen möglich ist.)

Die meisten Menschen achten in Kommunikation wenig auf Körper-Sprache – vielleicht eine Auswirkung des ➪ *mechanistischen Welt-Bildes*. Hier spielt die Wahrnehmung des Körpers keine große Rolle, vgl. *Berman 1989*. Im NLP trainieren sich Menschen, Signale des Körpers wahrzunehmen, die im kulturellen Wahrnehmungs-Training nicht beachtet werden. (Eine spezielle Klasse körperlicher Signale wird im NLP ➪ *Zugangs-Hinweise* genannt.) Manche Personen, die dieses Training ernsthaft betreiben, haben den Eindruck, „eine neue Welt zu betreten", wo sie Informationen wahrnehmen und Informationen aussenden, die andere bewußt nicht erfassen.

Körpersprachliche Informationen gelten bei Bateson und Watzlawick als ➪ *Meta-Botschaften* über verbale Botschaften. Im NLP wird dies (teilweise) kritisiert. Stimmen verbale und nonverbale Informationen nicht miteinander überein (d.h. sie sind ➪ *inkongruente* Botschaften), dann sind die nonverbalen Botschaften nicht „wahrer" als die verbalen Botschaften. Sie sind keine (hierarchisch geordneten) Meta-Botschaften, sondern (gleichgeordnete) ➪ *Para-Botschaften*. (Vgl. damit auch die Technik des ➪ *Kurzschließens*.)

Körper-Wahrnehmung

Körper-Wahrnehmung bedeutet Körper-Bewußtsein zu haben, sich seines Körpers bewußt zu sein. ➪ *Bewußtsein* hat immer mit ➪ *Auswahl* zu tun: Es kann mehr oder weniger auf den Körper gerichtet sein. Körper-Bewußtsein bedeutet, ein Modell über den eigenen Körper, eine innere Landkarte präsent zu haben. Diese Landkarte ist nicht konstant, sondern ändert sich dauernd. Manchmal verfügen wir nur über ein reduziertes Körper-Modell, wir sind uns unseres Körpers nur wenig bewußt, weil das Bewußtsein auf andere Inhalte gerichtet ist. Das Modell des Körpers verfügt dann (um in der visuellen Metapher zu bleiben) über weiße Flecken – wie in den alten Landkarten, in denen das unbekannte Gebiet als weiße **TERRA INCOGNITA** eingetragen war. Körper-Bewußtsein ist die Fähigkeit, in den Körper „hineinzusehen" (visuell), in ihn „hineinzuhorchen" (auditiv), ihn „zu spüren" (kinästhetisch).

Menschen sind unterschiedlich trainiert, zu ihrem eigenen Körper Zugang zu haben und ihn wahr-zu-nehmen. Viele NLP-Techniken können nur dann wirksam durchgeführt werden, wenn Menschen in einer gewissen Intensität ihren Körper wahrnehmen können. (Ein Beispiel ist das „Horchen" auf Körper-Signale für Ja/Nein-Botschaften im ➪ *Sechs-Stufen-Reframing*.) Im NLP wird die Fähigkeit zur Körper-Wahrnehmung positiv interpretiert. Körper und ➪ *Unbewußtes* gehören zusammen. Der menschliche Organismus wird hier als komplexes (sich selbst organisierendes) System von ➪ *Teilen* und Subsystemen verstanden, die miteinander fortwährend in Wechselwirkung stehen. Körper-Wahrnehmung fördert sowohl den Zugang zum Unbewußten, zu seinen „Teilen" und ihren ➪ *guten Absichten*, als auch ein Verständnis, daß es fortwährend einen Informationsaustausch zwischen den verschiedenen „Teilen" und Subsystemen gibt. Im NLP geht es nicht darum, „im Körper zu versinken" oder „sich seinen Gefühlen hinzugeben". NLP betont das Moment der ➪ *Selbst-Steuerung*, eines produktiven Umgangs mit Gefühlen und körperlichen Zuständen. Erwünschte Gefühle können verstärkt werden, indem Menschen ihr Erleben ➪ *assoziierter* genießen (➪ *Assoziierungs-Techniken* des NLP). Unerwünschte Gefühle können abgeschwächt werden, indem Menschen sich von ihrem Erleben mehr ➪ *dissoziieren* (➪ *Dissoziierungs-Techniken* des NLP).

Viele NLP-Methoden sind geeignet, die Fähigkeit zur Körper-Wahrnehmung zu schulen und zu verbessern. Viele NLP-Techniken beinhalten einen schnellen Wechsel ➪ *innerer Zustände*, die immer auch körperliche Zustände sind. Je mehr und je öfter Menschen den Zugang zu ihren Ressourcen, wie ➪ *Moment of Excellence* oder ➪ *Quelle* schulen, desto leichter fällt es ihnen, ihren Körper wahrzunehmen, sensibel zu sein und auf seine Bedürfnisse zu achten.

Kraft-Quelle

➪ *Quelle.*

Kriterien

Der Wert oder Standard, nach dem eine Person Entscheidungen trifft oder Aussagen über sich selbst oder über andere, über Situationen, Probleme usw. tätigt. Kriterien zeigen an, was einem Menschen wichtig ist, was ihn motiviert. Von Werten spricht man im NLP eher, wenn übergeordnete Wichtigkeiten gemeint sind, wie etwa „Freude am Leben", „Selbstverwirklichung", „Wahrhaftigkeit" oder „Gerechtigkeit". Von Kriterien spricht man eher, wenn spezielle Wichtigkeiten in einem speziellen ➪ *Kontext* gemeint sind, wie etwa ein bestimmter Aspekt in der Arbeit. Näheres unter ➪ *Werten.*

Kritik

Kritik wird im NLP manchmal von Feedback unterschieden. Mit Kritik ist hier ein Kommunikations-Muster gemeint, das auf die Person als Ganzes abzielt: Eine Person wird als Person (Identitäts-Ebene) herabgesetzt, weil sie etwas „falsch" gemacht hat (Verhaltens-Ebene). Im NLP versucht man, die beiden Ebenen (so gut das geht) zu trennen. Feedback (in qualitätsvoller und effizienter Kommunikation) bezieht sich nur auf Verhalten, auf die Verhaltens-Ebene, und die Resultate, die ein bestimmtes Verhalten hervorbringen oder hervorbringen können. Auf der ➪ *Identitäts*-Ebene wird dabei von der ➪ *guten Absicht* einer Person ausgegangen.

Diese Gedanken kann man für die „Bewältigung" von Situationen anwenden, in welcher man von anderen stark kritisiert wurde. Eine typische Anleitung geht so:

(1) Kritik-Situation sich dissoziiert vorstellen.
(2) Ein Symbol für Eigen-Wert finden.

(3) Die Kritik-Situation zweifach dissozieren: Ich sehe mich, wie ich vor einer Glas-Wand stehe, und dahinter gibt es die Kritik-Situation zu sehen.
(4) Aus der zweifachen Dissoziierung die Kritik-Situation erkunden: Welche wichtigen Informationen sind in der Kritik enthalten?
(5) Das Symbol für den Eigen-Wert gedanklich der Person vor mir geben, die es dann mir in der Kritik-Situation gibt.
(6) Future Pace.

Kritiker(in)

Einer von drei Zuständen bei der ➪ *Walt-Disney-Strategie*. Der Kritiker ist dafür zuständig, dem Plan des Realisten ein Feedback aus einer Außen-Position zu geben.

Kritische Untereigenschaft

Kritische Untereigenschaften sind ➪ *Untereigenschaften*, deren Veränderungen Auswirkungen auf andere Untereigenschaften desselben ➪ *Repräsentations-Systems* und anderer Repräsentations-Systeme haben (*Bandler und MacDonald 1993 [1988], 72*). Die Veränderung der Entfernung einer visuellen Vorstellung (ihr Abstand im mentalen Raum, bezogen auf den eigenen Körper) kann z.B. ihre Helligkeit und Farbe (gleiches Repräsentations-System) und ihre Lautstärke und Tonalität (anderes Repräsentations-System) beeinflussen. Kleine Veränderungen in kritischen Untereigenschaften können eine große Wirkung auf das Erleben – und auf das Verhalten – haben. In der Arbeit mit Untereigenschaften ist es hilfreich, kritische Untereigenschaften in Erfahrung zu bringen und sie gezielt einzusetzen.

Kulturelles NLP

NLP ist traditionell auf das Individuum konzentriert, es dient in der Regel der Verbesserung individueller Lebens-Qualität. Die Übertragung von NLP auf soziale Gegebenheiten ist noch wenig erforscht. Kulturelles NLP beschreibt den Versuch, Grundannahmen, Ideen, Konzepte und Techniken des NLP auf Kulturen anzuwenden. Unter Kultur verstehen wir hier große soziale Gebilde, die über eine längere Zeit andauern, wie die Kultur des Mittelalters, der Neuzeit oder der Aborigines. Kulturelles NLP will zum Verständnis unterschiedlicher Kulturen beitragen und einige Aspekte der Dynamik und Weiterentwicklung von Kulturen erhellen. Dazu ist inbesondere der ➪ *Belief-Gedanke* geeignet. Er besagt, daß jede Art von Wahrheits- oder Wirklichkeits-Konstruktion nur eine ➪ *Modell-Bildung,* eine Konstruktion ist. Beliefs können auf verschiedenen Ebenen studiert werden, wie rein persönliche Beliefs oder die Beliefs einer Gruppe oder einer sozialen Schicht. Kulturelle Beliefs sind Beliefs, die die meisten Mitglieder einer Kultur teilen. Kulturelle Beliefs beinhalten die

„fundamentalen Wahrheiten“ einer Kultur – das, was die Menschen einer Kultur als letzte Wahrheit erachten, das, was als „eigentliche Wirklichkeit“ definiert ist. Im Mittelalter zum Beispiel glaubten die Menschen, daß sie in einer Welt aus hierarchisch geordneten Ebenen lebten, die Gott erschaffen hat. Ein Kleriker zum Beispiel wurde einer höheren Ebene zugeordnet als ein Bauer und man glaubte, daß diese Ebenen wirklich existieren und Unterschiede zwischen Menschen beschreiben würden, die so real sind wie die Unterschiede zwischen verschiedenen Arten von Tieren. Wenn viele Menschen eine solche Überzeugung teilen, dann wird sie „real“, weil die meisten ihr soziales Leben danach ausrichten. Kulturelle Beliefs sind Bestandteil jeder Kultur, auch der unseren. Kulturelle Beliefs geben die Orientierung für ein „normales“ Leben in einer Kultur vor. Sie beschreiben die „Selbstverständlichkeiten“ einer Kultur, ihre geheimen ⇨ *Vorannahmen* – das, worüber die meisten Menschen nicht nachdenken (über Selbstverständlichkeiten denkt man nicht nach).

Kulturelle Beliefs lenken die Wahrnehmung im Alltag: Ein Kleriker wurde im Mittelalter als „wertvoller“ wahrgenommen als ein Bauer. Wenn beide, Bauer und Kleriker, dieses Belief teilen, dann konstruieren sie gemeinsam eine soziale Realität, die ihnen selbstverständlich vorkommt. Aus unserer Perspektive, der Außen-Perspektive, erscheint die soziale Hierarchie des Mittelalters absurd und unverständlich: Warum sollte ein Kleriker Macht über Bauern ausüben dürfen? Aus der Innen-Perspektive, im ⇨ *Kontext* der Kultur, geht es nicht um „Herrschaft“, sondern um eine legitime Ordnung, die in Ordnung ist.

Kulturelle Beliefs definieren kulturelle Ziele. Das, was an „Realität“ wahrgenommen wird, bestimmt auch das, was als „richtig“ angesehen wird. Wenn Menschen gemeinsam etwas für real halten, an irgendeine Wirklichkeit glauben, dann konstruieren sie gemeinsam ein gewaltiges ⇨ *Ziel-Bild*, das ungeheure Energien freisetzen kann. Im Mittelalter glaubten die Menschen an Gott und die Seele. Die kulturellen Ziele lagen im Jenseits: im Himmel, bei den Heiligen, bei Gott. Die Menschen strebten danach, „edel“ zu werden, „fromm“ zu leben. Andere Kulturen definieren andere Realitäten, setzen andere Ziele. In der Neuzeit lernten die Menschen, an andere Realitäten zu glauben: den leeren Raum, die lineare Zeit, materielle Objekte, das isolierte Ich. In dieser „Realität“ werden andere Ziele interessant, z.B.: „reich“ zu werden, Macht über Dinge zu bekommen, Menschen zu beherrschen.

All diese Überlegungen sind auch für die Jetzt-Zeit relevant. Welche „Realitäten“ nehmen Menschen heute kollektiv und kulturell „wahr“? Was sind die geheimen Vorannahmen unserer Kultur? Welche kulturellen Ziele folgen daraus? Wie haben sich kulturelle Beliefs und kulturelle Ziele geschichtlich entwickelt und wie könnte das in der Zukunft sein? Welche Auswirkungen hat das auf den Alltag? Einige Gedanken dazu finden Sie unter dem Stichwort ⇨ *mechanistisches Welt-Bild*.

Literatur: *Grinder und DeLozier 1995 (1987); Gergen 1996 (1991); Ötsch 1996.*

Kurzschließen

Mit Kurzschließen bezeichnet man im NLP eine spezielle Art des ➪ *Spiegelns* (Pacing) als Reaktion auf das ➪ *inkongruente* Verhalten einer Person (Person A). Eine Person B wendet die Technik des Kurzschließens an, wenn sie den verbalen Teil der Inkongruenz von A in ihr nonverbales Verhalten und den nonverbalen Teil in ihr verbales Verhalten übernimmt (klingt komplizierter als es ist). Angenommen A sagt freundliche Worte und ballt dabei die Fäuste. B spiegelt die Inkongruenz von A, indem sie wütende Worte mit offenen Armen sagt. In vielen Fällen kann folgende Reaktion von A beobachtet werden:

(1) A drückt die eine Seite der Inkongruenz kongruent aus (A wird zum Beispiel verbal und nonverbal „freundlich"). A identifiziert sich sozusagen mit der einen Seite seiner ➪ *Polarität.*

(2) Danach wird A die andere Polarität kongruent ausdrücken (A wird zum Beispiel verbal und nonverbal „wütend"), identifiziert sich also mit der anderen Seite. Die gleichzeitige (simultane) Inkongruenz wird auf diese Weise von A in eine stufenweise (sequentielle) Inkongruenz überführt.

Das Kurzschließen als Technik ist Ausdruck der Tatsache, daß im NLP nonverbale Botschaften nicht als übergeordnete Meta-Botschaften zu inkongruenten verbalen Botschaften werden, sondern als gleichwertige ➪ *Para-Botschaften* gelten.

Die Technik des Kurzschließens leistet B auch wertvolle Dienste, um eigene ➪ *Wahrnehmungs-Filter* zu überprüfen. Kurzschließen anzuwenden bedeutet in gewissem Sinne, mit der Inkongruenz einer anderen Person zu spielen: B ist frei von dem Konflikt in A. Kann B den nonverbalen Teil von A nicht verbal spiegeln (oder umgekehrt den verbalen Teil nicht nonverbal), dann hat B nicht genug Abstand zum Problem von A (B ist in gewissem Sinn involviert). Zwei Möglichkeiten des Involviert-Seins: (1) Der Konflikt, der in dieser speziellen Inkongruenz von A deutlich wird, spiegelt direkt eine Inkongruenz von B wider. (2) B kann mit dem verbalen oder dem nonverbalen Teil der Inkongruenz noch nicht adäquat umgehen. (Wenn also jemand in seiner näheren Umgebung genau den Teil zeigt, mit dem B nicht umgehen kann, wird er meist zu starke Gefühle – als seine eigene Reaktion auf diese Inkongruenz – entwickeln.) Das Unvermögen „kurzzuschließen", kann B zum Anlaß nehmen, eigene unaufgelöste Themen als Projektionen zu erkennen. (*Text von Thies Stahl.*)

Laterale Augen-Bewegungen

Seitliche Bewegungen der Augen, ungefähr in Augenhöhe. Sie werden im NLP- ➪ *Augen-Modell* als ➪ *Zugangs-Hinweise* für das auditive System interpretiert.

Leading, leaden

Ein oft verwendeter Ausdruck für den NLP-Begriff ➪ *Führen.*

Leitsystem

Das Leitsystem (auch Führungs-System genannt) ist jenes ➪ *Repräsentations-System*, mit dessen Hilfe sich ein Mensch intern Informationen zugänglich macht. Das Leitsystem unterscheidet sich manchmal vom Repräsentations-System, das eine Person benutzt, um sich Informationen bewußt zugänglich zu machen (dieses System kann das ➪ *bevorzugte Repräsentations-System* sein). Ein Beispiel sind die Prozesse beim Erinnern. Fragt man eine Person nach einer vergangenen Erfahrung, dann kann es sein, daß eine Person zuerst ein visuelles Bild aktiviert und dann innerlich den Dialog hört, der damals gesprochen wurde. (Diese Sequenz nennt man im NLP Erinnerungs-Strategie.) Das visuelle System ist hier das Leitsystem, das auditive das bevorzugte System. Das visuelle Bild wird hier benötigt, um sich die Erinnerung überhaupt zugänglich zu machen, das weitere „Denken" erfolgt dann im auditiven System. Ein Leitsystem, das vom bevorzugten System abweicht, ist in der Regel ein unbewußtes System: Der Prozeß des Zugangs zu Informationen läuft auf einer unbewußten Ebene ab. Das Leitsystem anderer Menschen kann an der ➪ *Körperhaltung*, der Gestik, der ➪ *Atmung* und an den ➪ *Augen-Bewegungen* erkannt werden.

Literatur: *Grinder u.a. 1977, 39ff.*

Lern-Stadien

Ein Modell von Albert Bandura, das im NLP manchmal Anwendung findet (vgl. *Dilts 1993 [1990], 29ff.; O'Connor und Seymour 1996 [1990], 32ff.*). Es beschreibt die Aneignung gewohnheitsmäßiger Fähigkeiten und Eigenschaften in einem vierstufigen Prozeß: (1) unbewußte Inkompetenz, (2) bewußte Inkompetenz, (3) bewußte Kompetenz, und (4) unbewußte Kompetenz.

(1) Das erste Stadium bezeichnet eine Phase, wo wir (bewußt) nicht wissen, daß wir nichts wissen. Viele Menschen wissen z.B. nicht, daß es möglich wäre, ihr eigenes Verhalten in Gegenwart von Personen, die für sie problematisch sind (z.B. eine Person P, die sie einschüchtert), frei wählen zu können. Sie glauben, daß ihr eigenes Verhalten nur eine Reaktion auf das

Verhalten von P ist, d.h. P bestimmt letztlich ihr Verhalten. Würde P sich ändern (z.B. freundlicher sein), dann könnten sie ihm gegenüber freier agieren. Wenn Menschen in dieser Phase verharren, gibt es für sie nichts zu lernen. Der ➪ *Fokus des Bewußtseins* liegt auf dem „Problem" (das Verhalten der Person P), dem die „Ursache" für das eigene Verhalten zugeschrieben wird. Die eigene kommunikative Inkompetenz erscheint dabei nicht als „Problem".

(2) In der zweiten Phase wird das „Problem" umdefiniert: Der Fokus verlagert sich vom „außen" (von P) nach „innen", zu den eigenen Möglichkeiten. Eine Person „entdeckt" zum Beispiel, daß andere Kollegen überhaupt kein Problem mit P haben und ist neugierig zu lernen, was diese Kollegen tun: was ihre ➪ *Strategien* sind, welche inneren Prozesse dabei ablaufen, wie sie auf das unfreundliche Verhalten von P reagieren. In dieser Phase wächst das Bewußtsein, daß es etwas zu lernen gibt, es formulieren sich auch schon erste ➪ *Ziele*, es fehlen aber noch die Fähigkeiten, um diese Ziele in praktisches Verhalten umzusetzen.

(3) In der dritten Phase ist: (I) das Ziel klar (z.B. weniger Streit-Gespräche mit P), (II) die Person weiß, was ihr abgeht (z.B. die Fähigkeit, sich gegen P abgrenzen zu können), (III) es sind Methoden dazu bekannt, (IV) sie werden trainiert und (V) zu einem gewissen Grad beherrscht. Bewußte Kompetenz bedeutet, daß sich diese Person in ihrer Kommunikation mit P bewußt auf ihre neuen Fähigkeiten konzentriert und sie anwendet.

(4) Nach einiger Zeit kann das Kommunikations-Verhalten verändert sein. Die Person hat z.B. gelernt, Meinungsverschiedenheiten mit P ohne Streit auszutragen – und all dies geschieht automatisch und unbewußt (unbewußte Kompetenz).

Die vier Lern-Stadien bezeichnen einen natürlichen Prozeß, den wir schon oft erfahren haben. Ein Baby ist sich nicht bewußt, daß es nicht aufrecht gehen kann (Phase 1). Es merkt, daß andere Menschen gehen können und möchte sie nachahmen, verfügt aber noch nicht über die Fähigkeit, den eigenen Körper entsprechend zu koordinieren (Phase 2). Es übt sich oft im Aufstehen und Gehen und muß dabei sein ganzes Bewußtsein auf die ungewohnten Körper-Abläufe konzentrieren (Phase 3), bis es schließlich fröhlich herumläuft und dabei an etwas anderes denken kann (Phase 4).

Lern-Stile

Arten des Lernens. Im NLP gibt es unterschiedliche Modelle zur Erkundung individueller Lernstile. Beispiele sind das ➪ *bevorzugte Repräsentationssystem*, das ➪ *Leit-System*, das ➪ *Referenz-System*, Lern- ➪ *Strategien* (z.B. für Lernen, Erinnern, Buchstabieren, Motivieren) oder ➪ *Meta-Programme*.

Literatur zur Anwendung von NLP auf Lehren und Lernen: *Jensen 1988; Nagel u.a. 1989 [1985]; Andreas und Andreas 1994 (1989), 25ff.; Grinder,*

M. 1991 und *1993; Cleveland 1992; Mayer-Wamos 1993; Beaver 1996 (1994); Schmid-Oumard und Nahler 1994 (1993)* und *1996.*

Lern-Zyklus

➪ *Lern-Stadien*

Life Line

➪ *Zeit-Linie*

Logische Ebenen, neurologische Ebenen, Gestaltungs-Ebenen

(A) Allgemein: Einteilung in Kategorien und Subkategorien vom Abstrakten/Allgemeinen (höhere Ebenen) zum Konkreten/Spezifischen (niedere Ebenen) und umgekehrt. Eine Landkarte, ein ➪ *Modell* z.B., ist abstrakter und allgemeiner als das Gebiet, das es beschreibt. Höhere Ebenen werden oft auch mit dem Ausdruck ➪ *Meta* belegt. Eine Meta-Aussage z.B. kann als Aussage über eine Aussage verstanden werden, usw. Der Wechsel auf höhere logische Ebenen wird als ➪ *chunk up*, der Wechsel auf niedrigere logische Ebenen als chunk down bezeichnet.

(B) Ein anderer Ausdruck für die ➪ *Bateson-Lern-Kategorien* – eine Anwendung der Theorie der logischen Typen von Whitehead und Russell (*1910-1913*) auf Fragen menschlicher Kommunikation (vgl. *Bretto 1988, Introduction 22*).

(C) Der Ausdruck logische Ebenen bezeichnet im NLP heute meist ein Modell, welches Robert Dilts (mit Bezug auf die Lerntypen von Bateson) entworfen hat (*Dilts 1993 [1990], 219*). Im ursprünglichen Ansatz von Dilts handelt es sich um fünf Ebenen: (1) die Umwelt (environment and external constraints), (2) das Verhalten (behavior), (3) die Fähigkeiten (capability), (4) die Überzeugungen (belief systems) und (5) die Identität (identity).

(1) Jedes Ereignis findet in einer bestimmten Umwelt statt. Das ist die Umgebung, der zeitliche und räumliche ➪ *Kontext*, die äußeren Umstände, die äußeren Auslöser. Die Ebene der Umwelt enhält alle äußeren Bedingungen, die auf eine Person einwirken. Die Phänomene der Umwelt sind äußerlich mit den Sinnen erfahrbar. Umwelt ist sinnlich beschreibbar. Umwelt kann mit den Fragen „wo?“, „wann?“, „wer?“, „mit wem?“, „wer noch?“ in Erfahrung gebracht werden.

(2) Die Ebene des Verhaltens bezieht sich auf alle Aktionen und Reaktionen einer Person, die von außen, durch andere Menschen, wahrnehmbar sind: das Verhalten dieser Person, ihr Tun, ihr Handeln, ihre Worte, ihre Stimmwahl, ihre Gestik, ihre Bewegungen, ihre Motorik, ihre Atmung. Auch

Verhalten kann mit sinnes-spezifischen Begriffen beschrieben werden. Hier geht es um das Was: „Was wird getan?"

(3) Fähigkeiten sind kognitive und emotionale Prozesse, die eine Person durchläuft, damit ein bestimmtes Verhalten möglich wird. Es geht um das Können, Denken und Fühlen, auch um das Bewußtsein über diese Fähigkeiten. Fähigkeiten und Fertigkeiten werden im NLP auch mit den ➪ *Strategien* und ➪ *Meta-Programmen* beschrieben. Die Frage dazu ist das „Wie?": Wie führt jemand Tätigkeiten aus, welche inneren Prozesse und Programme laufen ab? Fähigkeiten sind innere Prozesse, die von außen nicht direkt wahrnehmbar sind. (Alle Aussagen über die Ebene der Fähigkeiten und über höhere Ebenen bei anderen Menschen sind Interpretationen äußerer Beobachter.)

(4) Die nächste Ebene sind die ➪ *Beliefs*, die Glaubenssätze, die Überzeugungen, die ➪ *Werte*, die inneren Kriterien, die dem Handeln (bewußt und unbewußt) zugrundeliegen, auch die höchsten Werte und eigentlichen Motive einer Person. Hier geht es um die Leit-Ideen, die Menschen für wahr halten, und die Menschen als Motive für den Einsatz ihrer Fähigkeiten anwenden. Menschen setzen Fähigkeiten, die sie besitzen, nur dann ein, wenn entsprechende Glaubenssätze und Kriterien vorhanden sind, die den Einsatz dieser Fähigkeiten erlauben. Glaubenssätze sind Interpretationen aus früheren Erfahrungen. Glaubenssätze sind individuelle Theorien, warum etwas so und nicht anders ist. Diese Ebene wird erfragt durch: „Warum?", „Wofür?", „Was ist wichtig?"

(5) Die fünfte Ebene ist die Ebene der ➪ *Identität*: das Selbst-Bild, die Vorstellungen, die Menschen von sich als ganze Person in ihrem Verhalten, in ihren Fähigkeiten und in ihren Überzeugungen meist unbewußt mitkonstruieren. Identität ist eine hohe Ebene von Interpretationen: die Interpretation zahlreicher Interpretationen vergangener Erfahrungen. Identität – mit den Polen der ➪ *personalen* und der ➪ *sozialen Identität* – kann auch als besonderes Belief gedacht werden: ein Belief, das Menschen auf sich selbst anwenden, das zentrale Modell über sich selbst. Die Frage dazu ist: „Wer bin ich (wenn ich diese Beliefs, Fähigkeiten, lebe)?"

(6) In vielen Ansätzen wird das Modell der logischen Ebenen um eine weitere Ebene erweitert (bei manchen auch unterteilt in mehrere Ebenen, z.B. bei *Wrycza 1996* und *1997*). Diese „letzte" (und wichtigste) Ebene ist eine „überindividuelle Ebene". Sie beinhaltet die Vorstellungen, Gedanken, Beliefs von Menschen über etwas, das mehr ist als sie als Person, das ihre Individualität überschreitet. Hier geht es um die ➪ *Zugehörigkeit* zu etwas Größerem oder Höherem – für manche: die spirituelle Ebene, umfassende Visionen, der Sinn des Lebens, Lebensaufgaben, eine Mission, das Erleben von ➪ *core states* oder der ➪ *Quelle*. Menschen, die ihr Bewußtsein auf die Inhalte dieser Ebene richten, fühlen sich anderen Menschen, der Menschheit insgesamt, der Natur, dem Leben, einer umfassenden Idee oder dem Göttlichen verbunden. Auf der Ebene der Zugehörigkeit geht es um die „großen Fragen" im Leben: „Warum leben wir?", „Warum sind wir hier?", „Was ist der Sinn des Lebens?"

Die genaue Zuordnung des Modells von Dilts zu den ➪ *Bateson-Lernkategorien* ist umstritten. Weerth schlägt folgende Zuordnung vor (*1994 [1992], 106ff.*):

(1) „Lernen 0, die bloße Reaktion, kennzeichnet die Beziehung zwischen *Umwelt-* und *Verhaltensebene*, wobei Verhalten dann das Ergebnis von Lernen 0 ist."

(2) „Lernen I, durch das Verhaltenskorrekturen »innerhalb einer Menge von Alternativen« (*Bateson 1983 [1972], 379*) möglich werden, kennzeichnet die Beziehung zwischen *Verhaltens-* und *Fähigkeits-Ebene*, wobei Fähigkeiten das Ergebnis von Lernen I sind."

(3) „Lernen II, durch das Kriterien für eine Auswahl aus »der Menge der Alternativen« (*Bateson 1983 [1972], 379*) bereitgestellt werden, bezeichnet die Beziehung zwischen *Fähigkeiten* und *Glaubens-Ebene*, wobei Glaubenssätze und Werte das Ergebnis von Lernen II sind."

(4) „Lernen III, durch das Korrekturen der Auswahlkriterien möglich werden, kennzeichnet die Beziehung zwischen *Glaubens-* und *Identitäts-Ebene*, wobei Identität – so wie Dilts sie definiert – das Ergebnis von Lernen III ist." (*Ende des Zitats*) (*Ardui und Wrycza 1994b, 7* ordnen Identität dem Lernen II, das Überschreiten von Identität dem Lernen III zu.)

Das Modell der logischen Ebenen findet im NLP heute weite Verbreitung. Es wird unterschiedlich interpretiert und dient unterschiedlichen Zwecken. Robert Dilts interpretiert sein Modell auch als Aussage über die Funktionsweise des Gehirns. Dilts behauptet, daß das Gehirn „wie praktisch jedes biologische oder soziale System in Form von Ebenen organisiert" ist (*1993 [1990], 15*). Er nennt dies auch „neurologische Ebenen": „Diese verschiedenen Ebenen setzen jeweils ein tieferes Engagement (commitment) der neurologischen »Schaltkreise« in Aktion" (*220*). So wird von Dilts z.B. die Ebene der Umwelt dem peripheren Nervensystem, die Ebene des Verhaltens dem motorischen System, usw. zugeordnet.

In dieser Deutung besitzt das Modell der logischen Ebenen eine strikt linear-hierarchische Struktur: „übergeordnete" Ebenen organisieren die Informationen auf den darunterliegenden Ebenen, und jede Änderung auf einer höheren Ebene verändert „notwendigerweise Dinge auf darunterliegenden Ebenen" (*219*). Personen, die z.B. ihre Beliefs oder ihre Identität verändern, verändern danach „automatisch" ihre Fähigkeiten und ihr Verhalten. Jede

Ebene in diesem Modell bestimmt, welche Veränderungen auf den Ebenen unter ihr möglich sind. Ein ➪ *Reframing*, angewandt auf Verhalten, kann an die Grenze der Beliefs stoßen und dadurch (wenn mächtige hindernde Beliefs dem neuen erwünschten Verhalten entgegenstehen) wenig oder nicht wirksam sein.

Daraus ergibt sich auch die Empfehlung, bei einer Veränderungs-Arbeit auf der höchsten logischen Ebene zu beginnen, die für das jeweilige Problem Sinn ergibt. (Wer unter einer Spinnen-Phobie leidet, braucht in der Regel seine Identität nicht zu verändern.) Die Frage, welche Ebene die richtige für Veränderungs-Arbeit ist, kann allgemein nicht beantwortet werden. Sie hängt von vielen Faktoren ab, die auch die Persönlicheit des Beraters oder der Beraterin und die Art der Beziehung und der Kommunikation mit dem Klienten, der Klientin betreffen (vgl. dazu *Weerth 1994, 108*).

Dilts eigene Interpretation seines Modells der logischen Ebenen ist nicht unumstritten. Dilts bezieht sich z.B. ausdrücklich auf Bateson. Bateson hat jedoch sein Modell der „logischen Kategorien von Lernen und Kommunikation" (*1983 [1972], 362ff.*) nicht als neurologisches Modell verstanden. Es gibt bei ihm auch nicht den Gedanken einer „Dominanz" der höheren auf niedere Ebenen. Bateson hat im Gegenteil am Schluß seines berühmten Aufsatzes eine „Anmerkung über Hierarchien" beigefügt, wo die Probleme eines Modells „in Form einer einfachen, unverzweigten Stufenleiter" angesprochen werden. Bateson sagt hier auch, daß sein Modell mehrdeutig sei und „die Welt des Handelns, der Erfahrung, der Organisation und des Lernens ... sich nicht vollständig auf ein Modell abbilden (läßt), das Aussagen über die Relation **zwischen** Mengen von verschiedenen logischen Typen ausschließt" (*397*). Bateson betont auch, daß es nicht seine Absicht war, „die Erklärungen der Erscheinungswelt, die in dem Modell gegeben werden, in **eine** Richtung gehen zu lassen" (*398*).

(Die Schwierigkeiten, die Bateson hier andeutet, können auch im Zusammenhang mit einer grundsätzlichen Kritik an der Theorie der logischen Typen von Russell und Whitehead gesehen werden. Es ist heute bekannt, daß dieser und alle anderen Versuche gescheitert sind, die Begriffe der klassischen Mathematik streng hierarchisch zu definieren [vgl. dazu die Literaturanmerkungen beim Stichwort ➪ *Computer-Metapher des Geistes*]. Man weiß heute, daß es prinzipiell unmöglich ist, ein inhaltliches System [wie „Lernen" oder „Kommunikation"] vollständig durch ein formales Modell [wie das Modell der logischen Ebenen] zu erfassen.)

Inke Jochims (*1995, 21ff.*) schlägt in diesem Zusammenhang vor, das Modell der logischen Ebenen nicht linear-hierarchisch, sondern zyklisch-hierarchisch zu interpretieren, d.h. die „kausale Einbahn-Straße" durch komplexere Wirkungen in beiden Richtungen zu ergänzen. „Hohe" Ebenen bilden sich nicht im luftleeren Raum, sondern basieren auf Erfahrungen und „Beweisen". Der Glaubenssatz „ich kann nicht schwimmen" (Ebene 4) wird in der Regel mit mangelnden Fähigkeiten (Ebene 3) zu tun haben. Schwimmen zu lernen (sich diese Fähigkeit anzueignen), verändert „automatisch" den Glaubenssatz, wie jemand hier über seine Fähigkeiten denkt. Inke Jochims schlägt eine pragmatische Unterscheidung nach „angemessenen" und „unangemessenen" Beliefs vor. Ein unangemessener Glaubenssatz wäre zum Beispiel: „Ich kann nicht schwimmen lernen", eine Konstruktion der Zukunft, die (vermutlich) auf unüberprüften ➪ *Vorannahmen* beruht. „Daher ist die Reihenfolge der Veränderungsarbeit, wenn man einen angemessenen Glaubenssatz verändern will: erst das Erlernen einer neuen Fähigkeit, dann verändert sich auch der Glaubensssatz ohne weitere Interventionen. Aber wenn man einen unangemessenen Glaubenssatz verändern will, dann gilt: erst die Veränderung des Glaubenssatzes, dann das Erlernen einer neuen Fähigkeit" (*211f.*).

Das Modell der logischen Ebenen wird häufig zur Klassifikation von Problemen und von NLP-Methoden verwendet. Beispiele für typische Zuordnungen sind:

(1) Ebene der Umwelt: die meisten Techniken der ➪ *Ziel-Arbeit*, wie Problem- und Zielbestimmung und der ➪ *Ziel-Rahmen*.
(2) Verhalten: die meisten ➪ *Anker-Techniken*, wie ➪ *Anker verschmelzen*, die Techniken des ➪ *Reframing*, wie das ➪ *Sechs-Stufen-Reframing* und das ➪ *Symptom-Reframing*.
(3) Fähigkeiten: die ➪ *Wahrnehmungs-Positionen*, die ➪ *Meta-Programme*, Techniken der Veränderung und Installation von ➪ *Strategien*.
(4) Beliefs: alle Techniken der Veränderung von ➪ *Beliefs*, für manche auch die ➪ *Walt-Disney-Strategie*.
(5) Identität: ➪ *History change*, ➪ *Neuprägung*, Übungen im Rahmen der ➪ *Imperativen Selbst-Analyse* und des ➪ *Sozialen-Panorama-Modells*, in manchen Fällen auch die Änderung der inneren ➪ *Zeit-Linie*.
(6) Zugehörigkeit: ➪ *Core transformation*, Installieren der ➪ *Quelle*, ➪ *Ur-Credo-Prozeß*.

Diese Zuordnungen dürfen nicht überinterpretiert werden. Manche Zuordnungen sind strittig und werden in der Literatur zu NLP auch anders vorgenommen. Im konkreten Fall kann oft nicht gesagt werden, welche der logischen Ebenen tatsächlich durch eine Intervention tangiert wird. Änderungs-Prozesse geschehen auf vielen Ebenen, und vieles davon bleibt unbewußt.

Das Modell der logischen Ebenen kann sowohl für den Vergleich von Problemen und Techniken als auch zur Beschreibung der Dimensionen eines Problems oder eines Ziels verwendet werden. In der ➪ *Ziel-Arbeit* kann es nützlich sein, die verschiedenen Ebenen explizit anzusprechen. Das Modell der logischen Ebenen ist gut geeignet, die Dimensionen bestehender Probleme und möglicher Ziele in einem umfassenden Sinn zu beschreiben. Darüberhinaus kann es bestehende Ziele zusätzlich anreichern und vertiefen. Robert Dilts hat dazu eine Intervention entwickelt (er nennt sie „logical level alignment", wir bezeichnen sie als „Integration der logischen Ebenen"). Dabei geht es darum, für ein bestimmtes Ziel die einzelnen Ebenen in folgender Reihenfolge anzusprechen (und ➪ *assoziiert* zu erleben): Umwelt

– Verhalten – Fähigkeiten – Beliefs – Identität – Zugehörigkeit – Identität – Beliefs – Fähigkeiten – Verhalten – Umwelt (in der Regel macht man das mit ➪ *Boden-Ankern*). Man durchläuft also eine Kette von außen – innen – außen und vom konkreten zum allgemeinen Kontext und zurück. Diese Intervention stellt konkrete Ziele, z.B. auf der Verhaltens-Ebene, in einen umfassenden Zusammenhang. Dadurch werden meist eine stärkere Motivation und zusätzliche Energie für das Ziel aktiviert. Diese Technik kann auch für Teams oder Partner angewandt werden, vor allem dann, wenn es um große und wichtige Entscheidungen geht (es kann ein tiefes Erlebnis sein, diese Übung für eine wichtige Frage gemeinsam mit seiner, ihrem PartnerIn zu machen). Hilfreich ist es, die Identität (Ebene 5) als ➪ *Metapher* auszudrücken (der Klient, die Klientin findet eine Metapher für sich selbst: „Ich bin wie ...") und sich für die Zugehörigkeit (Ebene 6) ein Symbol schenken zu lassen, das man in die Hand nimmt und auf der Reise zurück bis hin zur Ebene der Umwelt mitnimmt.

Lokaler Anker

➪ *Raum-Anker*

Loop

bedeutet Schleife ➪ *kalibrierte Schleife*

Manipulation I

NLP wird häufig der Vorwurf gemacht, es wäre manipulativ oder würde ein Werkzeug bereitstellen, daß manipulativ benutzt werden könnte.

Wenn man Manipulation wertfrei definiert als den „Prozeß der Beeinflussung von Verhalten“ (*Gilligan 1991 [1987], 90*), dann ist dies richtig. Nachdem Paul Watzlawick festgestellt hat, daß Menschen nicht nicht kommunizieren können, ist es nicht möglich, irgendein Verhalten zu zeigen, daß einen anderen Menschen nicht beeinflussen kann. Und NLP ist ein Werkzeug, mit dem man andere Menschen sehr stark beeinflussen kann.

Selbst wenn es nicht möglich ist, nicht zu beeinflussen, dann stellt sich die Frage, wie das geschieht. Kommunikation findet immer innerhalb einer Beziehung statt. Wenn jemand NLP und andere Methoden benutzt, um andere Menschen zu demütigen, zu betrügen, etc., ist dies eine Form von Beeinflussung, die nicht integer ist und dies stellt eine Beziehung her, die nicht langfristig halten wird.

Für den NLP-Anwender gilt, was Steven Gilligan über Manipulation und Hypnose geschrieben hat (*1991 [1987], 90f.*):

„*Dies ist kein triviales Thema, dem man ausweichen oder das man vernachlässigen könnte*. Als Ausbilder vieler Personen, die im Bereich der psychologisch-psychiatrischen Versorgung arbeiten, konnte ich feststellen, daß es zahlreiche Probleme schafft, wenn jemand sich diesen Fragen nicht stellt. Manche Ausbildungskandidaten haben große Mühe, sich einzugestehen, daß sie das Verhalten anderer Personen stark beeinflussen können und dies auch tun. (...) Andere dagegen sind überwältigt von einem fragwürdigen Bedürfnis nach Selbstbestätigung und machen daher auf bevormundende und unsensible Art und Weise von den Techniken Gebrauch. In beiden Extremen werden die Studierenden von ihrer Manipulationsfähigkeit beherrscht, die einen, indem sie versuchen, sie abzuspalten, die anderen, indem sie sie in unverantwortlicher Weise einsetzen; und beide berauben sich der Fähigkeit, durch therapeutische Kooperation ihre Erfahrung zu erweitern. Sobald Therapeuten sich der Intention und der Auswirkungen ihres Verhaltens bewußt werden, können sie sich kraftvoll ausdrücken. Doch man denke nur an einen Hitler oder einen Jim Jones, um zu erkennen, daß die Entwicklung dieser Fähigkeit noch nicht garantiert, daß alles gut geht. Noch einmal sei es gesagt, das Ergebnis einer Beziehung hängt letztlich von der Intention derer ab, die miteinander kooperieren (und es ist zugleich ein Spiegel dieser Intention): Dieselbe Technik (oder irgendein anderes Element aus diesem Bereich) kann zur gegenseitigen Unterstützung oder zur gegenseitigen Unterdrückung verwendet werden, wobei die letztgenannte Möglichkeit sich nicht immer durchführen läßt (...) In diesem Sinn ist Integrität in gleichem Maß sowohl ein pragmatisches als auch ein ethisches Problem. Einfach ausgedrückt, je mehr Integrität man entwickelt, desto wahrscheinlicher ist es, daß man Spaß und Erfolg erlebt."

Anders formuliert: Es gibt kein manipulatives NLP, aber es gibt Menschen, die mit NLP manipulieren. Da die Techniken erfunden, veröffentlicht und bekannt sind, gibt es auch kein Zurück mehr. Der Anwender kann nur in einem lebenslangen Prozeß das entwickeln, was Gilligan Integrität nennt, und wer kein NLP kann, kann sich vor Manipulationen schützen, indem er auf die Art der Beziehung achtet, die ihm angeboten wird. (*Text von Inke Jochims.*)

Manipulation II

In Anwendung von NLP-Gedanken auf den Manipulations-Vorwurf an NLP könnte man (ergänzend zum obigen Stichwort) sagen:

(1) NLP ist kein Ding, sondern ein Prozeß. Von NLP wie von einem Ding (mit gegebenen Eigenschaften) zu reden, impliziert eine ➪ *Nominalisierung*, d.h eine Verletzung des ➪ *Meta-Modells*. NLP ist kein Ding mit fixen Eigenschaften, sondern ein Prozeß, bei dem Menschen die Ideen, Techniken und Verfahrensweisen des NLP in Kommunikation mit anderen anwenden und entwickeln. Kein Kommunikations-Prozeß ist an sich manipulativ. Sprache z.B. ist ein Prozeß. Ob Sprache manipulativ ist oder nicht, hängt von vielen Faktoren ab, die nicht in der Sprache allein liegen.

(2) Über NLP zu reden, bedeutet, von ➪ *Beliefs* über NLP zu reden. Jede Person, die von NLP gehört hat, NLP anwendet, NLP weitergibt, macht dies in ihrem Deutungs-Zusammenhang, im ➪ *Kontext* ihrer Erfahrungen, die sie mit NLP gemacht hat. Im Kontext meiner Erfahrungen mit NLP (W.Ö.) teile ich folgende Überzeugung: Eine Minderheit von Personen, die NLP anwenden und dafür werben, macht dies in einer Art, die als manipulativ erscheint (manchmal nicht so sehr durch die Worte, sondern durch das Verhalten: die Art, wie NLP präsentiert wird). NLP erscheint hier als Bündel von Techniken, mit denen das Verhalten anderer Menschen effizient und unbemerkt gesteuert werden könne. Hier wird insbesondere an manchen ➪ *Kommunikations-Techniken* sowie am ➪ *Anker-Modell* des NLP angeknüpft, oft auch in Verbindung mit dem Menschen-Bild des ➪ *Behaviorismus*, welches Menschen als – von außen lenkbare – Reiz-Reaktions-Mechanismen beschreibt.

Die meisten Personen, die heute NLP praktizieren und lehren, verstehen (das ist mein Belief) NLP in einem ganz anderen Deutungs-Zusammenhang. „Effiziente" Kommunikation entsteht vor allem aus einer inneren Haltung, in der die Integrität und der Wert von Kommunikations-Partnern betont wird. Dies kann z.B. an der Interpretation der Sprach-Muster des ➪ *Milton-Modells* studiert werden. Sie dienen dazu, andere Menschen ganz gezielt in bestimmte ➪ *innere Zustände* zu führen, d.h. sie z.B. zu „manipulieren", in Kontakt mit ihren ➪ *Ressourcen* zu kommen. In der Ericksonschen Hypnotherapie (die Basis für das Milton-Modell) wird das Prinzip der Kooperation zwischen Klient und Therapeut betont (z.B.: *Gilligan 1991 [1987], 87ff.*). Elemente sind: die Integrität und ➪ *Kongruenz* des Therapeuten, die Konstruktion einer gemeinsamen „interpersonellen Trance" zusammen mit dem Klienten, die respektvolle Annahme der Welt des Klienten und die Suche nach Ressourcen in dieser Welt, so sonderbar sie sein mag. Die NLP-Strategien des ➪ *Spiegelns* (pacing) und ➪ *Führens* (leading) gelten in diesem Kontext ausdrücklich als Kooperations-Strategien, in strikter Abgrenzung zu Macht- und Kontroll-Interpretationen.

Die Macht-und Kontroll-Metapher ist ein Element des ➪ *mechanistischen Welt-Bildes*, das als kulturelles Grund-Belief den Alltag vieler Menschen beherrscht (vgl. *Bateson 1983 [1972], 624f.*). Die ➪ *Computer-Metapher* des NLP, welche auch im Wort „Programmieren" anklingt, kann dieses Welt-Bild fördern und unbewußt aktivieren. Im mechanistischen Welt-Bild sind „innen" und „außen" prinzipiell getrennte Bereiche. In einer solchen Welt zu handeln, bedeutet, auf etwas „außerhalb von mir" einzuwirken, auf etwas, was von mir prinzipiell getrennt ist. Handeln heißt hier, etwas „Äußerliches" zu verändern, es zu steuern, es zu manipulieren. Manipulation, Herrschaft und Macht sind systematische Elemente im Denken und Handeln dieses Welt-Bildes (z.B. „Wissen ist Macht", vgl. *Merchant 1987 [1980]*). Menschen, die in dieser (verbreiteten) Denkweise gefangen sind, unterliegen einer Macht-Illusion, für die (oberflächlich betrachtet) Teile von NLP brauchbar sind.

NLP kann als praktische Kritik des mechanistischen Welt-Bildes gedeutet werden (das ist meine Interpretation; W.Ö.). Je mehr und je öfter Menschen NLP-Techniken zur ➪ *Selbststeuerung* anwenden, desto mehr können sie „verstehen", in welcher Weise sie ihre Welt, die Wahrnehmung ihrer Welt durch ihre ➪ *Beliefs* und ihre ➪ *Wahrnehmungs-Filter* gestalten. In diesem Lern-Prozeß verschwinden nach und nach die strikten und prinzipiellen Grenzen zwischen „innen" und „außen". Dies ist ein langsamer Prozeß, in dem es für jede Person, die sich darin übt (das ist mein Belief), noch viel zu lernen gibt. Erfaßt er nach und nach größere Bereiche, sind seine gesellschaftlichen und kulturellen Auswirkungen noch nicht absehbar.

In dieser Interpretation erscheint NLP vor allem als Sammlung effizienter Verfahren zur Steuerung des eigenen Bewußtseins, was eine nicht-manipulative Einstellung zur „Welt" bedingt. Die eigentliche (und lohnendere) „Manipulation", um die es hier geht, ist die „Eigen-Manipulation", das

Einüben in der bewußten Steuerung der Innen-Welt, der Gedanken und Gefühle – sowie das Studium, welche Resultate und Auswirkungen damit auf andere erzielt werden. In diesem (lebenslangen) Lern-Prozeß üben sich Personen darin, Zugang zum ➪ *Kern ihrer Persönlichkeit* zu finden, zu ihren ➪ *core states*, zu ihrer ➪ *Quelle* – und all dies in ihrem Alltag mehr und mehr zu leben. In dieser Entwicklung ist (so die Hoffnung vieler Menschen, die NLP für nützlich halten) eine „ethische Kontrolle" eingebaut: das Einüben und Praktizieren (manchmal sehr) effizienter Kommunikations-Techniken im Kontext der eigenen ➪ *Werte* in ➪ *Rapport* und im Erleben von ➪ *Zugehörigkeit*.

Literatur: *Gilligan 1991 (1987), 90ff.* und *Weerth 1994 (1992), 230ff.*

Mapping

eine Sonderform des ➪ *Kalibrierens*, bei dem das ➪ *bevorzugte Repräsentations-System* und die ➪ *Augen-Muster* erkundet werden.

Mapping around

Der Prozeß des Erforschens der ➪ *logischen Ebenen*, eine Anwendung der Techniken der ➪ *Informations-Sammlung*.

Matchen, Matching

(1) Im Sinne von ➪ *Spiegeln*: sich anpassen an Teile des Verhaltens einer anderen Person, um ➪ *Rapport* zu bekommen. (2) Eines der ➪ *Meta-Programme:* Matching ist ein innerer Sortier-Mechanismus, bei dem die Aufmerksamkeit auf das gelenkt wird, was gleich oder ähnlich ist. Eine Person, die Matching als ➪ *Wahrnehmungs-Filter* verwendet, sortiert (meist unbewußt) innerlich nach den Kriterien von Gleichheit und Ähnlichkeit.

Mechanistisches Welt-Bild

NLP hat viele Modelle, die auf unterschiedlichen „Welt-Bildern" beruhen. Die primäre ➪ *Metapher* des NLP ist die Maschinen-Metapher: der Mensch als Maschine, sein Geist als Computer (*Ardui und Wrycza 1994a, 10*).

Die Maschinen-Metapher wird im NLP nur wenig diskutiert. Weil ich diesen Punkt für bedeutsam halte, stelle ich meine persönliche Meinung (W.Ö.) hier zur Diskussion:

Das mechanistische Welt-Bild ist das Welt-Bild der Neuzeit. Sie beherrscht das Denken der Menschen in unserer ➪ *Kultur* seit dem 17. Jahrhundert. Die

Grund-Aussage des mechanistischen Welt-Bildes ist einfach: Alles ist eine Maschine.

Was ist eine Maschine? Eine Maschine besteht (nach *Merchant 1987 [1980], 231ff.*):
(1) aus Einzelteilen,
(2) die miteinander kausal-funktional verbunden sind.
(3) Diese Verknüpfungen sind logisch beschreibbar: Es gibt einen Bauplan. Eine Maschine ist ein logisch geordnetes System. Sie verkörpert Ordnung und Regelmäßigkeit. Alles ist determiniert, alles kann berechnet werden.
(4) Eine Maschine ist ein „Ding", das von anderen „Dingen" getrennt ist. Sie kann von außen manipuliert werden und verleiht dem Manipulator Macht.
(5) Jeder Teil der Maschine kann getrennt analysiert werden. Die Summe der Informationen über die Einzelteile und ihre Verbindungen ergibt die Gesamtheit der Informationen über die Maschine.
(6) Eine Maschine kann durch (diskrete) Sinnes-Daten erforscht werden. Alles an der Maschine kann gemessen werden.

Im mechanistischen Welt-Bild werden dieses Aussagen auf **alles** übertragen. Danach gilt:
(1) Die Natur besteht aus diskreten Teilchen, wie Atome oder Elementar-Teilchen (atomistische Ontologie),
(2) die durch einen Kausal-Zusammenhang miteinander verknüpft sind.
(3) Diese Verbindungen können formal-logisch beschrieben werden. Es gibt einen Bauplan (Naturgesetze). Die Welt ist ein logisch geordnetes System. Sie verkörpert Ordnung und Regelmäßigkeit. Alles in der Natur kann mit den Mitteln der formalen Logik und der Mathematik beschrieben werden.
(4) Subjekt und Objekt sind radikal getrennt. Die Welt (die Objekte) kann von außen (von den Subjekten) manipuliert werden. Die Subjekte bekommen dadurch Macht über die Welt: über die Natur, über Dinge, über andere Subjekte (die wie Objekte behandelt werden). Wissen ist Macht.
(5) Die Natur kann in ihre kleinsten Einzelteile zerlegt werden. Jedes Einzelteil kann getrennt analysiert werden. Die Summe der Informationen über die Einzelteile und ihre Verbindungen ergibt die Gesamtheit der Informationen über die Natur (methodologischer Reduktionismus).
(6) Alle Aspekte der Natur sind quantitativer Art. Alles ist meßbar. Sinnes-Daten sind diskrete Meßdaten (erkenntnistheoretische Voraussetzung).

Das mechanistische Welt-Bild hat viele (durchaus widersprüchliche) Aspekte. Es ist ein philosophisches und wissenschaftliches Gedanken-Gebäude mit unzähligen Varianten – von Descartes (seinem Begründer) bis hin zur modernen kognitiven Psychologie (auf die sich viele Vertreter des NLP berufen), der künstlichen Intelligenz-Forschung (wo manche den menschlichen Geist als Maschine nachbauen wollen) und der ➪ *Computer-Metapher des Geistes*. Der wichtigste Einfluß des mechanistischen Welt-Bildes ist sein

Einfluß auf den Alltag, auf die Alltags-Wahrnehmung der meisten Menschen. Das mechanistische Welt-Bild ist (in meinem Verständnis) das grundlegende ➪ *Belief* unserer Kultur, die heimliche ➪ *Vorannahme* vieler Menschen, ihr wichtigster ➪ *Wahrnehmungs-Filter*. Die meisten Menschen unserer Kultur haben in einem langen und intensiven Lern-Prozeß über viele Jahre hinweg gelernt, die Welt genauso wahrzunehmen, wie es das mechanistische Welt-Bild beschreibt: für uns gibt es „Dinge", getrennt von uns, den leeren Raum, die lineare Zeit. Es gibt Kausalität und Naturgesetze (alles andere ist „Zufall"), und wir selbst sind so etwas wie „Dinge", isoliert und radikal getrennt von allem um uns herum. Das mechanistische Welt-Bild beschreibt die „eigentliche Realität", die „eigentliche Wirklichkeit". Das mechanistische Welt-Bild ist ein gewaltiges Belief, dessen Auswirkungen den meisten Menschen in unserer ➪ *Kultur* nicht bewußt sind.

Das mechanistische Welt-Bild beschreibt die Welt, „wie sie ist". Sie lenkt damit den ➪ *Fokus des Bewußtseins* auf bestimmte Aspekte der Welt und blendet andere Aspekte systematisch aus. ➪ *Bewußtsein* hat mit ➪ *Auswahl* zu tun, und in der Kultur der Maschine haben Menschen gelernt, die Welt so wahrzunehmen, wie es das mechanistische Welt-Bild beschreibt: „Als einheitliches Modell für die Wissenschaft wie für die Gesellschaft hat das Bild der Maschine das menschliche Bewußtsein so restlos durchdrungen und umgestaltet, daß wir heute kaum mehr an seiner Gültigkeit zweifeln" (*Merchant 1987 [1980], 192f.*). Ist das Bewußtsein von Menschen auf etwas Bestimmtes ausgerichtet, dann definieren sie sich selbst ein ➪ *Ziel*. Ist eine ganze Kultur auf bestimmte Aspekte der Welt ausgerichtet, dann definiert sie sich ein gewaltiges kulturelles Ziel, das die Energien vieler Menschen bündelt. Das mechanistische Welt-Bild ist ein gewaltiges ➪ *Ziel-Bild*. Seine Handlungs-Anleitung ist, „mehr" von der „Welt" zu bekommen: mehr Dinge, mehr Geld, mehr Macht. Die „offizielle" Lebens-Orientierung vieler Menschen folgt unmittelbar aus dem Welt-Bild, an das sie glauben.

Das mechanistische Welt-Bild ist heute widerlegt. Viele Wissenschaften haben schlüssig nachgewiesen, daß die Welt keine Maschine sein kann und nicht als Maschine gedacht werden darf. Bekannte Beispiele sind:

(1) Die Philosophie hat die philosophische Basis des mechanistischen Welt-Bildes zerstört. Ein Beispiel ist die Rolle der Vernunft in den rationalistischen Varianten dieses Bildes. Jede Theorie, die sich letztlich auf die Vernunft beruft, leidet darunter, daß die Vernunft selbst nicht begründet werden kann. Vernunft, die über sich selbst nachdenken will, wird selbstbezüglich und gerät in einen unauflösbaren Zirkel. Alle „Versuche, die Moderne in sich selbst zu begründen, sind gescheitert" (*Rehfus 1990, 206*).

(2) In der sogenannten „Grundlagenkrise der Mathematik" (Höhepunkt um 1930) wurde nachgewiesen, daß die formale Methode (die formal-axiomatische Methode) prinzipiell nicht geeignet ist, die Welt vollständig zu beschreiben. Jedes formale Modell ist ein unvollständiges Modell. Die Welt kann nicht (wie eine Maschine) formal vollständig beschrieben werden (vgl. die Literatur beim Stichwort ➪ *Computer-Metapher des Geistes*).

(3) In der Physik der „Elementar-Teilchen" (der Quanten-Mechanik) wurde nachgewiesen, daß die physikalische Realität keine Maschine ist. „Materie" hat paradoxe Eigenschaften (Welle-Teilchen-Dualismus), sie kann empirisch nicht vollständig erfaßt werden (Heisenbergsche Unschärferelation), sie ist nicht „objektiv" gegeben (Beobachter-Problem beim Kollaps der Wellenfunktion) und sie unterliegt keiner deterministischen Kausalität (Wahrscheinlichkeits-Interpretation der Wellenfunktion).

Literatur: *Zukav 1981 (1979); Gribbin 1987* (*1984*) und *1996 (1995); Wolf 1986 (1981); Bohm 1987; Herbert 1990* und *Nickel 1990.*

Diese drei großen Kritiken besitzen einen gemeinsamen Kern: Es geht um die prinzipielle Grenzziehung zwischen Subjekt (die „Innen-Welt") und Objekt (die „Außen-Welt"), die in jedem Fall fragwürdig geworden ist (vgl. *Ötsch 1996*). Die Grundlagen für eine „objektive" Deutung der Welt sind zerstört. Wir wissen heute nicht, was ein „Ding" ist. Das große Rätsel im mechanistischen Welt-Bild ist das ➪ *Bewußtsein.* Wir stehen heute vor der Aufgabe, ein neues Verständnis des Subjekts, des Bewußtseins, zu entwickeln.

All dies ist für NLP relevant. NLP fußt in gewisser Weise auf einem mechanistischen Bild von der Welt und transzendiert es gleichzeitig. NLP ist in meinem Verständnis (W.Ö.) eine praktische Kritik des mechanistischen Welt-Bildes. Es beschäftigt sich mit subjektiven Realitäten, mit dem Bewußtsein, mit der Innen-Welt – mit Phänomenen, die das mechanistische Welt-Bild nicht erklären kann und die es letztlich sprengen.

NLP widerspricht in seiner praktischen Arbeit wichtigen Aspekten einer mechanistischen Deutung der Welt:

(1) NLP arbeitet manchmal, wie in der ➪ *Ziel-Arbeit*, mit der Symbolik von „Dingen". „Dinge" im menschlichen Erleben sind mehr als nur ihre naturwissenschaftlichen Aspekte.

(2) Für NLP gibt es keinen „leeren Raum". Menschen „bevölkern" in ihrer Innen-Welt den Raum um sich herum die ganze Zeit mit inneren „Bildern", vor allem mit visuellen und auditiven „Bildern". (Das Modell der ➪ *Augen-Bewegungen* dient zur Erkundung dieser „Bilder". Im ➪ *Sozialen Panorama-Modell* wird die Konstruktion der sozialen Welt als Konstruktion einer fiktiven Landschaft, bevölkert mit Menschen, beschrieben.)

(3) Für NLP ist die Existenz der linearen ➪ *Zeit* kein „objektiver Tatbestand". NLP studiert die subjektive Konstruktion von Zeit in Form der inneren ➪ *Zeit-Linie*. Zeit ist für NLP nichts Fixes. Zeit ist variabel, sie kann ➪ *verzerrt* und bewußt gestaltet werden.

(4) Für NLP ist der menschliche Körper keine biochemische Maschine. Krankheiten gelten hier als Botschaften von ➪ *Teilen* aus dem ➪ *Unbewußten*, deren Bedeutung erkannt werden kann. Heilung wird möglich, wenn die Botschaft des Körpers und seine ➪ *gute Absicht* auf andere Weise gelebt werden können.

(5) Für NLP ist die ➪ *Identität* einer Person nichts Fixes, wie ein „Ding" mit vorgegebenen Eigenschaften. NLP hat einen plastischen Identitäts-Begriff, der Identitäts-Begriffen im Rahmen des mechanistischen Welt-Bildes widerspricht.

(6) NLP überschreitet im Modell der ➪ *logischen Ebenen* den rein individuellen Ich-Begriff. Menschen konstruieren eine Ebene der ➪ *Zugehörigkeit*, auf der sie ihr Bewußtsein auf etwas „Über-Individuelles" richten. Hier geht es um eine Verbindung, in der Menschen fähig sind, die behauptete radikale Trennung mit dem, „was um uns herum ist" (die Subjekt-Objekt-Trennung), manchmal und zeitweise aufzuheben. (Das Ich, das sich von der Welt getrennt erlebt, ist letztlich eine Illusion.)

(7) NLP hat einen ➪ *Werte*-Begriff, der der „offiziellen" (materialistischen) Lebens-Orientierung im mechanistischen Welt-Bild widerspricht. Menschen richten in ihrem Erleben ihre ➪ *Ziele* nicht ausschließlich auf „äußere" Erfolge (oder auf „äußere Macht"), sondern auf „innere" Erlebnis-Qualitäten, auf das Erleben bestimmter ➪ *innerer Zustände.*

Der wichtigste Gedanke des NLP, der das mechanistische Welt-Bild widerlegt, ist in meiner Interpretation (W.Ö.) der ➪ *Belief*-Gedanke. NLP identifiziert sich nicht mit religiösen, wissenschaftlichen oder sonstigen Glaubens-Systemen. NLP widerspricht auf der Inhalts-Ebene jedem Welt-Bild, weil es keinen Wahrheits-Begriff (im Sinne einer absoluten Wahrheit) und keinen Realitäts-Begriff (im Sinne einer objektiven Realität) kennt. NLP beschäftigt sich nicht mit der Ebene des Inhalts von Beliefs, sondern mit der ➪ *Meta-Ebene* von Beliefs: mit der Entdeckung von Beliefs, mit dem Studium der Wirkung von Beliefs, mit der Veränderung von Beliefs. Welt-Bilder sind Beliefs. NLP ist praktizierter ➪ *Konstruktivismus*, wo das mechanistische Welt-Bild auf eine praktische Weise überschritten wird.

Weil das mechanistische Welt-Bild (immer noch) das Welt-Bild unserer Kultur ist, leistet NLP damit seinen Betrag zu einer Transformation unserer Kultur. In diesem Prozeß wenden wir uns kollektiv langsam neuen Realitäts-Bildern zu. NLP ist (so verstehe ich das) Teil einer kulturellen Transformation, deren gesellschaftliche Auswirkungen nicht absehbar sind.

Mehrdeutigkeit, Ambiguität

Mehrdeutigkeit entsteht, wenn ein Satz, ein Satzteil oder ein Wort mehr als eine Bedeutung hat. Mehrdeutigkeit im ➪ *Meta-Modell* heißt, daß mehr als eine ➪ *Tiefenstruktur* mittels Transformationen mit der ➪ *Oberflächenstruktur* verknüpft ist (*Bandler und Grinder 1994a [1975], 60*). Der Gebrauch von Mehrdeutigkeit ist ein Mittel, um ➪ *Trancen* zu induzieren. Bandler und Grinder ordnen mehrdeutige Sprachmuster dem ➪ *Milton-Modell* zu (*1996 [1975], 236ff.; Grinder und Bandler 1987 [1981], 326ff.*). Sie unterscheiden dabei nach:

(1) phonologischer Mehrdeutigkeit, wenn ein Wort mehrere Bedeutungen hat („Ohne das Phänomen der Armlevitation kann man arm dran sein", *O'Hanlon 1995 [1987], 155*).
(2) syntaktische Mehrdeutigkeit: „Patienten, die die Therapeuten hypnotisieren, gibt es häufiger als Therapeuten, die die Patienten heilen" (*ebenda*. Wer hypnotisiert und heilt wen?).
(3) Mehrdeutigkeit des Bezugsbereiches: Es bleibt unklar, auf welchen Teil eines Satzes sich ein anderer Teil bezieht („**Ich sehe, daß Sie bequem sitzen ... und im Lexikon lesen ... kann eine interessante Erfahrung sein**").
(4) Mehrdeutigkeit der Interpunktion: Es bleibt unklar, wo ein Satz endet und der nächste beginnt: „**Und Sie lesen immer genauer verstehen Sie das.**"

Mehrfache Beschreibung

Die unterschiedliche Beschreibung des gleichen Tatbestandes, aus unterschiedlichen Perspektiven, mit unterschiedlichen Inhalten. Wenn alle Wahrnehmung durch ➩ *Wahrnehmungs-Filter* getrübt ist, dann gibt es keine „wahre" Beschreibung von etwas, sondern eine Vielzahl möglicher Beschreibungen, die alle eine gewisse Plausibilität haben können. Effiziente Kommunikation bedingt auch die Fähigkeit, sogenannte „Tatsachen" mehrfach beschreiben zu können, und einen Zugang zur Beschreibung anderer Menschen zu finden (vgl. *Grinder und DeLozier 1995 [1987], 56ff.*). NLP präsentiert eine Reihe von Modellen und Verfahren, die zur Mehrfach-Beschreibung geeignet sind. Beispiele sind der Unterschied zwischen einer ➩ *assoziierten* und einer ➩ *dissoziierten* Beschreibung, das Modell der ➩ *Wahrnehmungspositionen*, die ➩ *Meta-Programme* oder die Verfahren des ➩ *Reframings*.

Mentale Wahrnehmungs-Positionen

➩ *Wahrnehmungs-Positionen*

Mentoren-Technik

Ein Mentor ist ein Ratgeber, ein Berater, ein wohlwollender weiser Freund. Bei der Mentoren-Technik des NLP werden reale oder fiktive Mentoren als ➩ *Ressource* genutzt. Dies können Personen sein, die jemand kennt, von denen er/sie gehört oder gelesen hat, Personen aus Romanen oder Filmen, Märchen-Figuren, Tiere, Pflanzen, mystische Gestalten oder abstrakte Wesen (alles, was im ➩ *Belief*-System des Klienten/der Klientin Platz hat und Sinn macht). Im NLP nimmt man an, daß auch fiktive Wesen Ressourcen haben und geben können, indem man sich die Ressourcen dieser fiktiven Wesen vorstellt und dabei in die entsprechenden psycho-physiologischen Zustände hineinhypnotisiert. Da man im NLP annimmt, daß eine Ressource immer an einen bestimmten psycho-physiologischen Zustand gebunden ist (man muß in einem entsprechenden Zustand sein, um eine Fähigkeit aktualisieren zu können), kann auch eine fiktive Person oder ein fiktives Wesen Ressourcen geben – wenn derjenige, der die Ressource haben möchte, diese Ressource mit dem Wesen assoziieren kann. Dann nützt es ihm, wenn er sich das fiktive Wesen vorstellt und sich die Ressource (die natürlich eigentlich seine eigene ist) zugänglich macht. Diesen Vorgang kann man auf einer metaphorischen Ebene so beschreiben, daß man sagt: „Das fiktive Wesen gibt Ressourcen.“ (*Text von Inke Jochims.*)

Die Verwendung von Mentoren kann als Mentoren-Technik bezeichnet werden. Mentoren-Techniken eignen sich für ➪ *stuck states*, die mit neuen Ideen angereichert werden sollen. Ein Beispiel ist folgende Anleitung, meist mit Hilfe von ➪ *Boden-Ankern* durchgeführt:

(1) Das Problem ➪ *assoziiert* erleben,
(2) sich vom Problem ➪ *dissoziieren*,
(3) Mentoren bestimmen,
(4) dissoziiert befragen oder assoziiert aus einer zweiten ➪ *Wahrnehmungs-Position* erleben und durch die Mentoren neue Ideen für das Problem bekommen, und
(5) alle neuen Ressourcen ins Problem (an den Ort des Problems) hineinbringen (und das ➪ *Verschmelzen der Anker* genießen).

Meta

Das Wort Meta kommt aus dem Griechischen und wird meist in der Bedeutung von über-, ober- oder außerhalb verwendet. Eine Meta-Ebene ist eine übergeordnete ➪ *logische Ebene* in bezug auf eine Ebene. (Der Wechsel logischer Ebenen wird als ➪ *chunking* bezeichnet.) Das ➪ *Meta-Modell* des NLP ist ein Modell über menschliche Modell-Bildung generell. Eine ➪ *Meta-Position* ist eine Position außerhalb einer anderen Position, von der über sie reflektiert werden kann, usw. Die Fähigkeit, eine unendliche Zahl von Meta-Positionen und Meta-Ebenen entwerfen zu können, ist eine grundlegende Fähigkeit des ➪ *Bewußtseins*, das immer wieder über die Inhalte einer bestimmten Ebene von einer höheren Warte aus reflektieren kann. Effiziente Kommunikation bedeutet auch, auf Inhalte zu achten, und gleichzeitig eine Meta-Position zu aktivieren, d.h. ➪ *Prozesse* zu erkennen. Die Prozeß-Techniken des NLP aktivieren generell eine Meta-Position zum aktuellen Geschehen. Die ➪ *Selbststeuerungs-Techniken* des NLP fördern die Fähigkeit, zu sich selbst und seinen ➪ *inneren Zuständen* eine Meta-Position einzunehmen.

Meta-Aussage

➪ *Meta-Rahmen*

Meta-Botschaft

(1) Eine Meta-Botschaft ist eine Botschaft über eine Botschaft. Jede Information, die eine Person gibt, enthält vielfältige Informationen über die Botschaft selbst. Beispiele sind die Art der Botschaft (ob es sich z.B. um einen Liebes-Brief oder um einen Droh-Brief handelt), der Status (z.B. in einer sozialen Hierarchie) und der ➩ *innere Zustand* von Sender und Empfänger. Mit jeder Botschaft wird ein ➩ *Kontext* angesprochen oder neu festgelegt, in dem die Botschaft ausgetauscht wird. Die Meta-Botschaften von Botschaften werden in vielen Fällen durch non-verbale Signale, durch die ➩ *Körper-Sprache*, transportiert, z.B. durch den Tonfall, mit dem jemand etwas sagt, oder durch Körperhaltung und Gesten, die einen Satz begleiten.

(2) Für Bateson (*1983 [1972], 270ff.*) markiert der nonverbale Teil einer Botschaft eine Meta-Botschaft zu ihrem verbalen Teil. Er ordnet die Meta-Botschaft einer höheren ➩ *logischen Ebene* zu. Im Konfliktfalle gilt für Bateson die Meta-Botschaft als die wahrere Botschaft; d.h. er ordnet dieser Botschaft einen höheren Wahrheitswert zu als der niedrigeren. Bandler und Grinder lehnen diese Sichtweise ab (*1994b [1976], 45ff.*) und sprechen von ➩ *Para-Botschaften*, die gleichen logischen Ebenen zugeordnet werden. (Dies wird beim Stichwort ➩ *inkongruent* näher erklärt.) Der Ausdruck Meta-Botschaft wird von ihnen in Abgrenzung zu Bateson so definiert:

„Eine Botschaft A wird dann und nur dann als einer Botschaft B übergeordnet bezeichnet,

(a) wenn sowohl A als auch B Botschaften in demselben ➩ *Repräsentations-System* bzw. in demselben Outputkanal sind, und

(b) wenn A eine Botschaft über B ist (gleichbedeutend mit: A schließt B ein ...)" (*49*).

Ein Beispiel: Ein Klient gibt folgende Botschaften: (I) Er sagt: „Ich liebe meine Arbeit", (II) sagt dies mit weinerlicher Stimme, und (III) ballt dabei die Fäuste. Wenn ein Therapeut genau dies thematisiert (d.h. die drei Botschaften dem Klienten bewußt macht), dann gibt er eine Meta-Botschaft über die Botschaften des Klienten ab. (Dabei wird das nonverbale Verhalten des Klienten in Worte übersetzt und diese Worte werden kommentiert – Bedingung [a] ist erfüllt.)

Metakognition

Die Fähigkeit, eigene Fähigkeiten, bei denen unbewußte Kompetenz (Phase 4 der ➩ *Lern-Stadien*) erreicht wurde, explizit zu machen, d.h. sich selbst und anderen zu erklären, was man selbst tut oder getan hat (*O'Connor und Seymour 1996a [1990], 299*).

Meta mirror

➩ *Meta-Spiegel*

Meta-Modell der Sprache

(1) Was ist ein „Meta-Modell“?
Ein Modell beschreibt Daten oder Eindrücke. Eine Landkarte beschreibt einen Ausschnitt aus dem Gebiet. Meta-Modelle beschreiben nicht Daten oder Eindrücke, sondern Strukturen der Modelle dieser Daten. Sie beschreiben nicht das Gebiet, sondern die Landkarte oder die „Landkarte der Landkarte“. Mit einem Meta-Modell wird die Form eines Modells beschrieben. Ein Meta-Modell ist eine zweite Beschreibungsebene, die sich auf die erste bezieht.

(2) Wenn man davon ausgeht, daß eine Sprache, die einen Ausschnitt der Welt beschreibt, ein Modell dieser Welt ist, ist das Modell eines Modelles ein „Meta-Modell“. Ein Beispiel: Eine Landkarte beschreibt die Strecke zwischen Dresden und Warschau. Ein Modell der Landkarte wäre die Legende, die z.B. angibt, wievielen Kilometern in der Realität ein Zentimeter auf der gemalten Landkarte entspricht. Gleiches gilt für die Linguistik: Linguistik ist eine Wissenschaft, die die Strukturen der Sprache beschreibt. D.h. sie formuliert ein Set von Strukturelementen und Regeln, welche die Strukturen der Sprache, die zu beschreiben ist, möglichst genau erfaßt und abbildet.

Es gibt verschiedene Modelle, mit deren Hilfe die Wissenschaft namens Linguistik sich dieser Aufgabe widmet. Eines davon ist die ➪ *Transformationsgrammatik.*

(3) Das Meta-Modell des NLP entstand, als man sich bemühte, die von Therapeuten verwendeten Sprachformen zu identifizieren und zu beschreiben. Es ist Ausdruck einer bestimmten Sprachphilosophie und benutzte die von Noam Chomsky in der frühen Transformationsgrammatik entwickelten Unterscheidungen.

Die Sprachphilosophie des Meta-Modells wurde nicht von Noam Chomsky, sondern von Alfred Korzybski und anderen Sprachphilosophen entwickelt. Die Sprachphilosophie besagt im wesentlichen folgendes: Ein Symbol ist nicht das, was es symbolisiert. Ein Wort ist nicht identisch mit dem, was es bezeichnet. Ein Wort bezeichnet ein Set von Erfahrungen, Sinneseindrücken und ihrer emotionalen Bewertung. Ein Symbol entsteht, wenn von Details dieser Erfahrung abstrahiert und die Erfahrung einem Konzept zugeordnet wird, nämlich einem Wort. Wenn jemand ein Wort benutzt, wie z.B. „Sicherheit“, hat er viele Sinneseindrücke und emotionale Erlebnisse gehabt, die er mit diesem Wort assoziiert. Weder sind diese Eindrücke identisch mit dem, was er in der Welt erlebt hat, noch ist das Wort „Sicherheit“ identisch mit den Eindrücken. Wenn Eindruck und Wort nicht miteinander identisch sind, ist es möglich, für einen Eindruck viele Worte zu verwenden und mit einem Wort verschiedene Erfahrungen zu assoziieren.

Wie ein Wort verwendet wird, lernt ein Kind zuerst in seinem Elternhaus. In der Zeit, in der es seine angeborene Fähigkeit nutzt, eine Muttersprache zu lernen, lernt es, Erfahrungen mit den Wörtern dieser Sprache zu verbinden. Entsprechend den Strukturen dieser Sprache lernt es, die Wörter zu Sätzen miteinander zu verbinden. Es lernt sozusagen eine Regel: Verbinde diese Reize mit jenem Wort und benutze das Wort auf eine Weise, daß andere dich verstehen. Während also die Erfahrungen, die mit einem Wort verbunden werden, immer individuell, einzigartig und unwiederholbar sind, sind die Regeln, welche Erfahrung mit welchem Wort verbunden werden soll und wie Wörter verwendet werden sollen, kulturell bestimmt.

Wenn zwischen einer Erfahrung und einem Wort, bzw. einem geäußerten Satz eine Differenz besteht, fragt sich, wie das eine in das andere überführt wird. Wie und durch welche Regeln sind Erfahrung und Symbol miteinander verbunden? Wenn die Erfahrungen individuell und einzigartig sind, wie kann man dann damit rechnen, daß der andere im Gespräch etwas ähnliches meint, wie ich, wenn er ein Wort äußert?

Die Antwort Korzybskis: Man kann nicht damit rechnen, daß der andere auf dieselben Erfahrungen referiert wie ich, wenn er das gleiche Wort benutzt. Was ein Wort bedeutet, basiert:
(a) auf der individuellen Erfahrung mit dem Wort,
(b) auf der kulturell erlernten (oder der kulturell geteilten) Erfahrung mit dem Wort, und
(c) auf dem Kontext, in dem das Wort verwendet wird.

Ein Wort hat nie nur eine Definition, unabhängig vom ➪ *Kontext*. Um sich zu verständigen, muß man sich allerdings einigen und daher gelten natürlich kontextabhängige Definitionen.

Wichtig ist zudem, daß ein Symbol immer auf eine bestimmte Erfahrung referiert, es ist nicht unabhängig von ihr. Wer ein Symbol verwendet, zwingt den anderen, sich die Erfahrungen, die er mit dem Wort verbindet, zugänglich zu machen. Verständigung wird besser, wenn wir nicht damit rechnen, daß der andere uns automatisch versteht, und daher nachfragen, welche Erfahrungen er mit einem Wort oder einem Satz verbindet – und wenn wir damit rechnen, daß die Erfahrungen, die wir mit einem Wort gemacht haben, geteilt werden. Womit wir allerdings rechnen müssen (sonst wäre jede Verständigung unmöglich) ist, daß jemand anderer doch auch Erfahrungen mit uns teilen kann und daß Regeln, wie Worte, verwendet werden, die er mit uns teilt.

(4) Die Leistung Noam Chomskys (*Chomsky 1973 [1957]*): Die Linguistik vor Chomsky war weitgehend eine beschreibende Wissenschaft. Man beschrieb also Daten, Beobachtungen zur Sprache. Chomskys wesentlicher Beitrag zur Linguistik war der, Sprache mit Hilfe eines komplexen Regelsystems zu erklären. Die im menschlichen Geist verankerten Repräsentationen wurden als Konstituenten der Sprachfähigkeit des Menschen analysiert und beschrieben. Kurzum: Chomsky formulierte ein Set von Regeln, die beschreiben, wie die Repräsentation einer Erfahrung über mehrere Stufen zu einem Satz wird, den ein Mensch ausspricht. Ebenso formulierte er ein Set von Regeln, nach denen ein Mensch einen gehörten Satz mit einer Bedeutung versieht.

Nach Chomsky stand nicht mehr so sehr das sprachliche Verhalten eines Sprechers im Mittelpunkt der Untersuchung, sondern das Kenntnissystem, oder seine *Kompetenz*. Davon ist auch der NLP-Gedanke abgeleitet, therapeutische Kompetenz als ein Set von Regeln zu beschreiben. Chomsky wollte die Regeln beschreiben, die ein kompetenter Sprecher anwendet, wenn er Sätze produziert, und das NLP wollte die Regeln beschreiben, die ein kompetenter Therapeut anwendet, wenn er Erfolge produziert.

(5) Chomsky erkannte nun, daß die Sätze einer Sprache verschiedene Strukturen haben: Oberflächen- und Tiefenstruktur. Die ➪ *Oberflächenstruktur* eines Satzes vermittelt seine *Form*, die ➪ *Tiefenstruktur* seine *Bedeutung*. Wir hören also einen Satz und geben ihm eine Bedeutung, indem wir ihn mit einer Tiefenstruktur verbinden. Die Bedeutung eines Satzes ist in der Oberflächenstruktur häufig nicht explizit vorhanden. Die Tiefenstruktur eines Satzes gibt dessen Bedeutung an, weil die Tiefenstruktur all die Informationen enthält, die zur Bestimmung der Satzbedeutung erforderlich sind. Die Oberflächenstruktur eines Satzes bestimmt dessen Form, so wie er in der Kommunikation gebraucht wird. Die Oberflächenstruktur legt die syntaktischen Strukturen fest, die für die tatsächlich gesprochene oder geschriebene Kommunikation notwendig sind. Die Tiefenstruktur ist eine Struktur, die man aufgrund der Bedeutung eines Satzes und seiner Syntax annimmt. Die Tiefenstruktur ist daher eine Abstraktion, die Oberflächenstruktur liegt der Sprachwirklichkeit näher.

Eine Oberflächenstruktur kann mehrere Tiefenstrukturen haben, d.h. ein Satz kann mehrere Bedeutungen haben (➪ *Mehrdeutigkeit*), und eine Tiefenstruktur kann zu ganz verschiedenen Oberflächenstrukturen transformiert werden, die alle die gleichen Bedeutungen haben (➪ *Synonymität*).

(6) Tiefenstruktur und Oberflächenstruktur sind durch Transformationen aufeinander bezogen.

Alle Sprachen enthalten Transformationen, die Tiefenstrukturen zu Oberflächenstrukturen transformieren. Diese Transformationen sind Regeln, wie eine Tiefenstruktur in eine Oberflächenstruktur zu überführen sei und umgekehrt. Transformationen sind also Operationen, die auf Elemente der Tiefenstruktur angewendet werden. Diese Transformationen sind die drei Modellbildungsprozesse: Generalisierung (➪ *Verallgemeinerung*), ➪ *Tilgung* und ➪ *Verzerrung*. Die Tiefenstruktur ist nun nicht mit der Erfahrung identisch, von der sie abgeleitet ist: Um die sprachliche Struktur einer Bedeutung der einmal gemachten Erfahrung zuzuordnen, muß Erfahrung aktualisiert werden. Daher sind bei der Transformation der ursprünglichen Erfahrung zur Tiefenstruktur eines Satzes die gleichen drei Modellbildungsschritte zu beobachten. Diese Modellbildungsprozesse können mehrfach angewendet werden und werden in der Regel auch mehrfach über mehrere Zwischenschritte angewendet, so daß manchmal Oberflächenstrukturen geäußert werden, die mit der ursprünglich einmal gemachten Erfahrung fast nichts mehr zu tun haben. Sehr wichtig ist jedoch die Erkenntnis: (a) daß es eine Verbindung gibt und (b) daß sie mit Hilfe des Werkzeuges der Transformationsgrammatik auch herstellbar ist.

(7) Die Unterscheidungen des Meta-Modells beschreiben die Form der Oberflächenstruktur, bzw. der Tiefenstruktur. Wir haben es also mit einer weiteren Beschreibungsebene zu tun. Die Oberflächenstruktur eines Satzes bestimmt dessen Form, und die Meta-Modell-Unterscheidungen beschreiben diese Form. Wenn wir feststellen, daß ein ➪ *Modaloperator* verwendet wurde in einer Oberflächenstruktur, wie z.B.: „Du mußt jetzt aufstehen", dann beschreiben wir die Form einer Form oder die Strukur eines Satzes mit Hilfe einer weiteren Struktur.

Wichtig ist also, daß die Meta-Modell-Unterscheidungen Beschreibungen der Form der Oberflächenstruktur bzw. teilweise der Form der Tiefenstruktur sind. Diese Form wird so beschrieben, daß die Regeln dargestellt werden, die angewendet wurden. Wenn man sagt: „Du mußt jetzt aufstehen", dann wissen wir, durch die Art der Beschreibung, daß hier eine Tilgung der Konsequenzen stattgefunden hat, die eintreten, wenn der Sprecher nicht aufsteht.

Die Feststellung, es gäbe in einem beliebigen Satz einen Modaloperator der Notwendigkeit, hilft einem dann weiter, wenn man zugleich die Regel kennt, daß ein solcher Modaloperator auf eine Tilgung verweist. Man kann dann sinnvoll schließen, daß Elemente der Erfahrung des Sprechers getilgt wurden, und man kann auch schließen, welche Elemente getilgt wurden. Es ist durchaus möglich, daß eine Meta-Modell-Verletzung auf mehrere Transformationen hinweist. Beispielsweise muß man, um von einem Prozeßwort wie „lieben" zur Nominalisierung „Liebe" zu kommen:

(a) eine Tilgung anwenden („Wer liebt wen?") und
(b) eine Verzerrung (ein Prozeß wird zum Objekt verzerrt).

Meta-Modell-Unterscheidungen sind nicht Tilgungen, Verzerrungen und Generalisierungen, sondern beschreiben das Resultat von Tilgungen, Verzerrungen und Generalisierungen.

(8) Wenn man die Regeln kennt, nach denen die verschiedenen Strukturebenen miteinander verbunden wurden, kann man von der Oberflächenstruktur zurückgehen zur ursprünglichen Erfahrung.

Es ist ein therapeutisch wichtiges Ziel, daß ein Klient das, was er sagt (die Sätze, die er ausspricht), mit dem in Zusammenhang bringt, was er tatsächlich erlebt hat. Die Sätze, die jemand im Gespräch äußert, sind häufig eine Deutung dessen, was er erlebt hat. Wenn dem Klienten die ursprüngliche Erfahrung zugänglich gemacht wurde, ist es möglich, diese ursprüngliche Erfahrung neu zu deuten. Da es mit Hilfe des Meta-Modelles sehr leicht möglich ist, dazu Hilfestellung zu leisten, ist das Meta-Modell ein für die therapeutische Arbeit entscheidend neues Werkzeug.

Ebenso wichtig ist es jedoch für die alltägliche Kommunikation: Eben weil man sich darauf trainiert zu hören, welche Form eine Oberflächenstruktur hat, macht man sich immer wieder bewußt, daß diese Oberflächenstruktur nicht mit der eigenen Bedeutung, die man ihr gibt, identisch ist, und nicht mit der Erfahrung des Sprechers, der sie äußert.

(9) Die Unterscheidungen:

(I) Resultat von ➪ *Tilgungen*:

Wenn ein Mensch tilgt, löscht er Teile seiner ursprünglichen Erfahrung. Er tilgt Teile der Bedeutung der ursprünglichen Erfahrung. D.h. er spricht in Sätzen, in Oberflächenstrukturen, die darauf verweisen, daß Elemente der Tiefenstruktur (der Bedeutung der Erfahrung) im Transformationsprozeß ausgelassen oder gelöscht wurden.

Die wichtigsten Tilgungen beziehen sich auf folgende Elemente:
- ➤ Person: Wer tat etwas?
- ➤ Objekt: Wem oder was wurde etwas getan?
- ➤ Raum: Wo geschah etwas?
- ➤ Zeit: Wann geschah etwas?
- ➤ Methode: Wie wurde etwas getan?
- ➤ Optionen: Welche Möglichkeiten gab es?
- ➤ Anzahl: Wie oft? Wieviel?

Syntaktische Konstruktionen, die auf getilgtes Material hinweisen, sind:
- ➤ Verben
- ➤ Adjektive
- ➤ Komparative und Superlative (Vergleiche)
- ➤ Modal-Operatoren

(II) ➪ *Verzerrungen*

Verzerrt ist eine Abbildung, bei der die Landkarte oder das Modell das, was abgebildet werden soll, in einer anderen Form, anderen Größenverhältnissen etc. abbildet.

(a) ➪ *Nominalisierungen* (Verzerrungen und Tilgungen)
(b) Präsuppositionen (➪ *Vorannahmen*)

(III) Generalisierungen (➪ *Verallgemeinerungen*)

Eine Generalisierung ist das Ergebnis oder der Akt (die Handlung), bei der ein Konzept unterschieden wurde, das umfassender ist als ein anderes. Eine Generalisierung ist keine Abstraktion, sie unterscheidet zwischen Abstraktionen. Die Fähigkeit zu generalisieren befähigt uns zu sagen, daß alle Elemente eines spezifischen Konzeptes auch Elemente des umfassenderen Konzeptes sind, aber nicht umgekehrt. Beispiel: Alle Schuhe und Schlipse sind Kleidung, aber nicht alle Kleidungsstücke sind Schuhe oder Schlipse.

Sprachliche Ausdrücke können das Resultat solcher Unterscheidungen sein, d.h. es wurde ein umfassenderer Ausdruck anstelle eines konkreteren gewählt.

(a) Fehlender Bezugsindex
(b) Universalquantoren
(c) Unspezifische Verben
(d) Komplexe Generalisierung: Äquivalenz (kann aber auch unter Semantische Fehlgeformtheit eingeordnet werden, da die Aussagen grammatikalisch wohlgeformt sind, wie z.B. die Aussagen beim Gedankenlesen, die sprachliche Landkarte entspricht aber dem Gebiet nicht; s.u.).

(IV) Semantische Fehlgeformtheiten

Der Begriff „Semantisch fehlgeformt“ besagt, daß etwas syntaktisch richtig ausgesagt wurde, daß aber die „Landkarte“ strukturell völlig anders ist als das „Gebiet“. Die Landkarte ordnet einzelne Elemente in einer Weise zueinander, die es in der Realität nicht gibt. Die entsprechend fehlgeformte Landkarte führt zu fehlgeformten Handlungen.

Die wichtigsten Unterscheidungen:
(a) Komplexe Äquivalenz
(b) Ursache-Wirkung
(c) Gedankenlesen
(d) Verlorener Performativ

(10) Meine (Inke Jochims) persönliche Metapher für die Bedeutung des Meta-Modells: Ich glaube, daß das Meta-Modell für die Psychotherapie und Kommunikation das ist, was die Entdeckung der Hygiene für die Medizin war. Hygiene ist nicht alles, aber ohne Hygiene ist alles nichts. Man muß eine therapeutische Ausbildung außerhalb des Einflußbereiches des NLP gemacht haben, um zu wissen, was es bedeutet, wenn Menschen anfangen Therapie zu machen, ohne das Meta-Modell zu kennen.

Wer diese Unterscheidungen aus den Sätzen seiner Gesprächspartner heraushören kann, hat folgende Vorteile:
(a) Er lernt zu wissen und mit seinen ganzen Reaktionen zu fühlen, wann er Informationen hat und wann nicht.
(b) Er hat jederzeit die Möglichkeit, alle wichtigen Informationen zu erfragen.
(c) Er kann zwischen den individuellen Erfahrungen unterscheiden, die er mit einem Wort oder Satz verbindet, und denen, die sein Gesprächspartner damit verbindet. Er hört auf, sein Modell auf andere zu projizieren.

Es wird häufig gesagt, wenn man die Meta-Modell-Verletzungen eines Menschen kennt, kennt man sein Modell von Welt. Das wiederum halte ich persönlich für Unsinn. Man kennt seine typischen Meta-Modell-Verletzungen und damit seine Methode Landkarten zu erstellen, mehr aber auch nicht. Das Modell von Welt jedes Einzelnen ist unwiderruflich und unentrinnbar individuell. (*Text [1] bis [10] von Inke Jochims.*)

(11) Zusammenfassung: Das Meta-Modell kann u.a. für folgende Zwecke angewandt werden:
(a) zum Sammeln von Informationen, z.B. darüber, worin ein behauptetes Problem nun wirklich besteht. Die Informationen, die wir mit Sprache

austauschen, sind oft vage und mehrdeutig. Das Meta-Modell schärft die Sinne für die Gefahren einer vagen Sprache und gibt Anleitungen für eine präzise Sprache.

Das Meta-Modell wird im NLP in der ➪ *Ziel-Arbeit* immer angewandt, um Problem und Ziel genau zu erkunden, und um konkrete Ziele und präzise ➪ *Ziel-Sätze* zu formulieren.

(b) zum Klären von Bedeutungen. Sprache, die sich auf ➪ *innere Zustände* bezieht, ist oft eine persönliche Sprache (z.B.: Was versteht jemand unter „glücklich sein"?). Mit dem Fragen-Katalog des Meta-Modells können personenspezifische Bedeutungen erkundet und für sich selbst und für andere „übersetzt" werden.

(c) zum Vermeiden von „Gedankenlesen", d.h. von vorschnellen Interpretationen auf dem Hintergrund der eigenen Erfahrungen und Beliefs. Mit dem Meta-Modell wird die Einstellung geschult: „Das, was andere sagen, ist nur ein Modell und dieses Modell ist anders als mein Modell."

(d) zum Erkunden von Einschränkungen und hinderlichen Beliefs, d.h. von verdeckten ➪ *Vorannahmen*. Dies kann z.B. im Beratungs-Kontext von großem Nutzen sein, weil viele Probleme durch Beliefs verursacht sind, die nicht als Beliefs erkannt werden.

(e) zur exakten Kenntnis eigener Tilgungen, Verzerrungen und Verallgemeinerungen und damit zum Studium eigener Modellbildungs-Muster.

(f) um ein Gespräch am „Köcheln" zu halten, ohne das Thema zu wechseln. Das kann in einer Beratung nützlich sein, wenn der/die BeraterIn noch keine Hypothese über das Problem gefunden hat. Mit dem Fragen-Katalog des Meta-Modells wird der Ball immer wieder an den/die KlientIn zurückgespielt. Das Meta-Modell ist auch ein Instrument, um andere Menschen im Gespräch wirkungsvoll zu ➪ *führen*.

(g) zum Entschärfen von Provokationen. Das Hinterfragen der Tiefen-Struktur entzieht Provokationen die Wirkung. Mit dem Meta-Modell kann man auch das ➪ *Punch-Reframing* (Sleight-of-Mouth Pattern) unterlaufen.

(h) zum Gewinnen neuer Wahlmöglichkeiten, d.h. neuer ➪ *Ressourcen*. Das Bewußtwerden der Tiefen-Struktur von Sätzen und Gedanken aktiviert in vielen Fällen einen Ressourcen-Fokus.

Das Meta-Model ist damit mehr als ein nützliches Instrumentarium, um gezielt Informationen zu sammeln. Die Anwendung des Meta-Modells und seiner Frage-Techniken ist in vielen Fällen bereits eine Intervention, die den inneren Zustand von Menschen verändern kann. Simples Nachfragen ist manchmal schon eine massive Intervention.

Eine Kenntnis des Meta-Modells begünstigt die innere Haltung des Neugierigseins und des Nachfragens und der Einstellung, den anderen für ihre Gedanken und ihre persönlichen Welten Raum zu geben. Was uns andere in ihren Worten erzählen, gibt für sie sicherlich Sinn, aber wir wissen nicht, wie weit wir sie wirklich verstanden haben. Mit dem Meta-Modell schulen sich Menschen, nicht vorschnell auf Worte zu reagieren, sondern zu tun, als ob sie nichts wüßten, und oft und gezielt nachzufragen (➪ *Columbo-Tech-*

nik). Dies eröffnet sowohl die Möglichkeit für wirksamen ⇨ *Rapport,* als auch die Chance, sich von anderen und ihren ⇨ *Beliefs* wirkungsvoll abzugrenzen.

Literatur: *Bandler und Grinder 1994a (1975), 1996 (1975); Cameron-Bandler 1992 (1978)* und *Jochims 1995.*

Zur Diskussion um das Meta-Modell vgl. auch: *Bachmann 1993 (1991), 156ff.; Schauer 1995, 61ff.*

Meta-Person

⇨ *Beobachter*

Metapher

Sammelbegriff für Analogien, Vergleiche, Geschichten, Märchen, Parablen, Mythen, ... Das Wort Metapher kommt aus dem Griechischen. Pherein bedeutet tragen und meta bedeutet jenseits oder hinüber. „Die Funktion der Metapher besteht darin, unser Wissen von einem ⇨ *Kontext* in den anderen zu übertragen, über den ursprünglichen Kontext hinaus in einen neuen" (*O'Hanlon 1995 [1987], 83*). Bei Metaphern werden ähnliche oder analoge Eigenschaften benutzt, um ein unbekanntes Ding durch ein bekanntes zu erklären.

Der Begriff Metapher wird im NLP mit unterschiedlicher Reichweite verwendet:

(1) Sprachliche Metaphern sind Sprach-Muster, bei denen eine Erfahrung in Form einer Analogie, einer Ähnlichkeit, mit Verweis auf etwas anderes, ... repräsentiert wird. Sprachliche Metaphern sind Teil unserer Alltagssprache. „Metaphern sind Möglichkeiten über Erfahrungen zu reden" (*18*): „**Dieses Lexikon ist spannend wie ein Krimi**", „Mein Arm fühlt sich an wie Blei", „Ich habe Hunger wie ein Wolf."

(2) Für Gordon (und Grinder) ist Sprache selbst eine Metapher. Sprache bezieht sich auf innere Erfahrungen, die nur der Person zugänglich sind, die sie hat (*Gordon 1995 [1978], 18*). Worte sind Repräsentationen von Erfahrungen, und somit Metaphern (*36*). Dies bedeutet, „daß jede verbale Verständigung auf einer metaphorischen (und damit unvollständigen) Repräsentation einer tatsächlichen Erfahrung beruht" (*18*).

(3) Die weiteste Deutung von Metaphern findet sich bei Lakoff und Johnson (*1980;* auf dieses Buch wird in NLP-Texten manchmal Bezug genommen). Lakoff und Johnson argumentieren, daß jede Art der Wahrnehmung metaphernhaft erfolgt. Menschliches Denken und Handeln sei grundlegend von Metaphern geprägt. Jedes Denk-System, jedes Begriffs-System, jedes ⇨ *Modell* sei seinem Wesen nach eine Metapher oder eine Sammlung von Metaphern. Lakoff und Johnson unterscheiden u.a. nach:

(a) strukturellen Metaphern, bei denen ein Begriff metaphorisch durch einen anderen Begriff strukturiert wird („Zeit ist Geld", „Es ist schwer,

Gedanken in Worte zu fassen" – als ob Gedanken so etwas wie Objekte wären; *1980, 10ff.*).

(b) Orientierungs-Metaphern, z.B. die Verwendung räumlicher Vorstellungen für abstrakte Dinge („Dies ist eine hochqualifizierte Arbeit" – als ob die Arbeit hoch oben in der Luft hängen würde; *14ff.*).

(c) ontologischen Metaphern, zur Erklärung von Realität („Der Geist funktioniert wie ein Computer" ➪ *Computer-Metapher des Geistes*) – manchmal auch in Form von Personifizierungen („Ich habe von NLP gelernt, daß ich ..."; *25ff.*). Menschen können nach Lakoff und Johnson Realitäten nur in Form von Metaphern wahrnehmen (ähnlich bei *Lankton 1980*). Metaphern spielen eine zentrale Rolle bei der Konstruktion sozialer und politischer Realitäten (➪ *Soziales-Panorama-Modell*). Jede ➪ *Kultur* basiert grundlegend auf einer Metapher. (Die Kultur der Neuzeit basiert auf der Maschinen-Metapher, ➪ *mechanistisches Welt-Bild.*)

Sprachliche Metaphern haben mit zwei Bereichen zu tun (*Derks 1995b, 144f.*). Jemand erzählt eine Geschichte über eine Rose (Bereich B) und meint „eigentlich" einen Menschen (Bereich A). A ist der Bereich, auf den sich die Metapher bezieht, aber über den nicht gesprochen wird. B ist der Bereich, auf den sich die Metapher nicht bezieht, über den aber gesprochen wird. Metaphorische Kommunikation ist ein Prozeß, bei dem (bewußt oder unbewußt) Elemente von A in Elemente von B übersetzt werden, und von da wieder rückübersetzt werden.

Metaphern finden im NLP weite Verbreitung. Metaphern sind ein hervorragendes Instrumentarium, um ➪ *innere Zustände* bei anderen zu verändern und um ➪ *Ressourcen* zu aktivieren. Metaphern lösen beim Zuhörer einen Prozeß der ➪ *transderivationalen Suche* (Ableitungssuche) aus, um dem Gehörten Sinn zu geben. Metaphern können eine ➪ *Dissoziierung* von einem Problem bewirken, wenn das Problem in einen anderen (weniger belastenden) ➪ *Kontext* (Bereich B) gestellt wird.

Metaphern erlauben es, auf indirekte und oft sehr wirksame Art, eine Vielzahl von Kommunikations-Zielen zu erreichen, z.B. (vgl. *Derks 1995b, 152f.*): (a) um die Aufmerksamkeit anderer zu erringen (z.B. am Anfang einer Rede eine Geschichte erzählen), (b) um komplizierte Sachverhalte zu illustrieren, (c) um ➪ *Trancen* zu induzieren, (d) um kreative Prozesse in Gang zu setzen, oder (e) um elegant Feedback zu geben. Metaphern wirken auf Zuhörer und Metaphern kann man sich selbst erzählen (autosuggestive Metaphern, z.B. in Form von ➪ *Affirmationen*). Metaphern sind gut geeignet, ➪ *Identitäts*-Vorstellungen bei sich und anderen zu beeinflussen („Ich bin wie eine Sonne, die andere erwärmt"). Intensiv erlebte Metaphern („Ich bin wie ein Löwe") können das Denken und Verhalten in früher als problematisch erlebten Kontexten verändern (und Menschen veranlassen zu handeln, ➪ *als ob* sie so wären).

Hammond beschreibt drei Grundtypen von Metaphern im therapeutischen Kontext (*1990, 37*):

(1) Metaphorische Geschichten über Hintergründe und Erfahrungen des Therapeuten (z.B. Geschichten über frühere Klienten),

(2) Wahrheits-Metaphern: Geschichten von so allgemeiner Bedeutung, daß ein Klient nur zustimmen kann (z.B. eine Geschichte von der Sonne, die jeden Tag auf- und untergeht),

(3) Metaphern, die eine strukturelle Ähnlichkeit zu Problemen von Klienten haben. Diese Kategorie wird auch als isomorphe Metapher-Geschichten bezeichnet. ➪ *Isomorphie* bedeutet Strukturgleichheit. Eine isomorphe Metapher-Geschichte handelt von Personen/Tieren/Märchenwesen/ ... , die in einer Beziehungs-Struktur stehen, die gleich oder ähnlich der Beziehungs-Struktur der reale Personen im Problem ist. Ein Mann hadert z.B. mit seiner Frau und mit seinem Sohn, weil der Sohn Dinge tut, die der Mann nicht billigt, und die Frau sich dabei schützend vor den Sohn stellt. Eine dazu isomorphe Metapher-Geschichte könnte von einer Schiffsmannschaft handeln, wo der Schiffsjunge (Repräsentant für den Sohn) die falschen Segel setzt, worauf der Steuermann (für die Mutter) versucht, die Segel neu zu setzen, bevor der Kapitän (für den Vater) davon Wind bekommt usw. (*O'Hanlon 1995 [1987], 84ff.* nennt dieses Konstruktions-Prinzip das „Modell der Klasse von Problemen/Klasse von Lösungen").

Literatur: Beispiele für die Konstruktion isomorpher Metapher-Geschichten finden sich bei *Gordon 1995 (1978), 39ff.*; *Cameron-Bandler 1992 (1978), 134ff.* und *Mohl 1996a (1993), 231ff.*

Metaphern sind Teil der Arbeitsweise von Milton Erickson (➪ *Milton-Modell*). Erickson kommunizierte oft in Metaphern. Er sprach über ein Thema und bezog sich indirekt auf ein ganz anderes Thema. Erickson bevorzugte eine indirekte, metaphorische Vorgehensweise, die es Leuten gestattete, ihre eigenen Interpretationen vorzunehmen. Metaphorische Kommunikation, wie sie Erickson praktizierte, wird auch „parallele Kommunikation" genannt. Sie handelt gleichzeitig von zwei Bereichen (A und B), z.B. von einer Geschichte und dem Problem in einer isomorphen Metapher-Geschichte. Andere Beispiele paralleler Kommunikation sind nach O'Hanlon (*1995 [1987], 81ff.*):

(a) Witze (zur humoristischen Klarstellung eines wichtigen Aspektes im Problem),
(b) Rätsel, um ein Problem zu ➩ *reframen*, d.h. aus einer neuen Perspektive zu betrachten,
(c) Wortspiele über das Problem,
(d) symbolische Aufträge an den Klienten (z.B. den geplanten Rausschmiß eines untreuen Ehemannes aus dem gemeinsamen Haus zu spielen, indem ein vollgepackter Koffer mehrmals in den Vorgarten geworfen wird),
(e) symbolische Handlungen durch den Therapeuten (ein Finger in den Mund gesteckt symbolisiert Geschlechtsverkehr) und
(f) Reden mit einer Person, während eine andere gemeint ist.

Weitere Literatur: *Gilligan 1991 (1987); Erickson und Rossi 1994 (1989); Haley 1996 (1993)* und *Zeig 1988 (1980)*. Eine Sammlung von unzähligen Metaphern für therapeutische Zwecke findet sich in *Hammond 1990*.

Meta-Position

(1) Eine Position, die in bezug auf eine andere Position oder andere Positionen logisch übergeordnet ist, die einer höheren ➩ *logischen Ebene* zugeordnet wird. Ein Beispiel ist eine Meta-Position in bezug auf zwei ➩ *Teile*, die miteinander in Konflikt stehen (z.B. in der Arbeit mit ➩ *Polaritäten*).

(2) Bezeichnung für verschiedene ➩ *Wahrnehmungs-Positionen*, die einen „Außenstandpunkt" bilden. Beispiele:
(a) Eine Person nimmt eine Meta-Position ein, wenn sie in der dritten Person ➩ *assoziiert* ist, aber mit den ➩ *Beliefs* und ➩ *Vorannahmen* einer der anderen Wahrnehmungs-Positionen (*Dilts und Epstein 1992a, 5*);
(b) Positionen im Rahmen des ➩ *Meta-Spiegels*;
(c) eine Position in der Arbeit mit der ➩ *Zeit-Linie*. Die Meta-Position ist eine Position außerhalb der Zeit-Linie, von der das eigene Leben aus einem „Außenstandpunkt" betrachtet werden kann.

Meta-Programme, Sorting Styles

Meta-Programme sind personenspezifische ➩ *Wahrnehmungs-Filter*, Muster personenspezifischer Wahrnehmung. Bandler und Grinder haben im ➩ *Meta-Modell* Chomskys Ideen von ➩ *Tilgung*, ➩ *Verzerrung* und ➩ *Verallgemeinerung* verwendet, um die Art der Wahrnehmung und die Art der Selbstinterpretation von Wahrnehmung von Menschen zu erkunden und zu beeinflussen. Leslie Cameron-Bandler (*1993 [1988]*) hat diese Gedanken weiterentwickelt. Sie postuliert die Existenz personenspezifischer Tilgungen, Verzerrungen und Verallgemeinerungen, die im Verhalten einer Person sichtbar werden. Cameron-Bandler erkundete (in ihrer Arbeit im therapeutischen Kontext) mehr als 60 verschiedene Muster, die sie Meta-Programme nannte.

Meta-Programme sind die spezifischen Filter, die wir anwenden, wenn wir mit der Welt interagieren. Sie bearbeiten, formen und gestalten jene Informationen aus der Außen-Welt, denen wir es gestatten, nach innen zu gelangen. Meta-Programme bearbeiten, formen und gestalten gleichzeitig jene Informationen, die beim Kommunizieren, im Handeln und Tun, von innen nach außen gelangen. Meta-Programme sind wie eine Tür, durch die wir mit der Welt draußen agieren. Diese Tür hat die Macht, nur bestimmte Dinge passieren zu lassen. Es scheint so, als ob sie Teil unserer individuellen Natur wäre, permanent und dauerhaft. Tatsächlich kann man sie verändern, ausgelöst durch innere oder äußere Einflüsse.

Rodger Bailey, ein Student von Cameron-Bandler, adoptierte dieses Konzept für den Bereich der Wirtschaft. Sein „Language and Behavior-Profile“ erlaubt es zu verstehen, was Menschen über ihre Realität kommunizieren, wenn sie reden. Für ihn sind die Meta-Programme der Status-Report, wie eine Person auf eine gegebene Situation reagiert.

Die meisten Menschen stimmen darin überein, daß wir uns mit unterschiedlichen Menschen unterschiedlich verhalten, z.B. in der Arbeit oder zu Hause mit der Familie. Meta-Programme sind deshalb keine fixen Persönlichkeits-Merkmale, sondern eher wie ein Bild, wie wir in unterschiedlichen Umwelten oder Kontexten interagieren. Sie beschreiben die Form der Tür, was wir genau in einer bestimmten Situation rein- und rauslassen. (*Text von Shelle Rose Charvet.*)

Meta-Programme beschreiben grundlegende Organisations-Prinzipien, wie eine Person wahrnimmt und wie eine Person denkt. Meta-Programme sind Programme über Programme. Sie existieren auf einer Meta-Ebene, d.h. sie werden nicht inhaltlich, sondern prozessoral beschrieben. Typische Meta-Programme sind (nach *O'Connor und Seymour 1996 [1990], 241f;* vgl. damit die Liste bei *Dilts 1993 [1990], 215f.*):

(1) proaktiv – reaktiv. Proaktive Menschen setzen Handlungen und initiieren Neues. Reaktive Menschen warten, daß andere etwas tun. Sie lassen die Dinge mehr geschehen und wollen zuerst verstehen und analysieren, bevor sie handeln.

(2) hin zu – weg von. Hin-zu-Menschen werden durch positive ➪ *Ziele* motiviert. Weg-von-Menschen gehen von Problemen weg. Sie wollen eher Probleme vermeiden als Ziele erreichen.

(3) Innenorientierung – Außenorientierung bzw. Innen-Referenz – Außen-Referenz. Menschen mit innerer ➪ *Referenz* entscheiden nach ihren eigenen Maßstäben, außenorientierte Menschen eher nach den Maßstäben anderer.

(4) Option – Verfahren. Optionsorientierte Menschen wollen Wahlmöglichkeiten haben und können gut Alternativen entwickeln. Verfahrensorientierte Menschen können gut vorgegebenen Verfahrens-Richtlinien folgen.

(5) allgemein – spezifisch. Allgemein orientierte Menschen fühlen sich im großen ➪ *Chunk* mehr wohl. Spezifisch orientierte Menschen sind darauf geschult, auf Details zu achten.

(6) Gemeinsamkeiten – Unterschiede. Menschen, die ➪ *matchen*, achten bei Vergleichen auf Gemeinsames und Ähnliches. Menschen, die mismatchen, achten bei Vergleichen auf Unterschiede.
(7) Überzeugungs-Muster
(7a) Überzeugungs-Kanal: Durch welches ➪ *Repräsentations-System* wird jemand von der Wahrheit oder Existenz von etwas eher überzeugt – ob eine Person einen Beweis eher sehen, hören, lesen oder tun muß?
(7b) Modalität: In welcher Art wird jemand überzeugt – wie oft müssen Informationen kommen, damit jemand überzeugt ist, mit welcher Konsequenz oder in welchem Zeitraum?

Tad James und Wyatt Woodsmall *(1994 [1988], 192ff.*) bezeichnen diese Kategorie von Meta-Programmen als „komplexe Meta-Programme". „Einfache Meta-Programme" hingegen sind Meta-Programme, die sich an die „psychologischen Typen" von C.G. Jung (*1978*) anlehnen, die später als „Myers-Briggs-Typen" weiterentwickelt wurden. Sie umfassen vier Kern-Programme, unterteilt nach weiteren Meta-Programmen (*111ff.*; vgl. *Weerth 1994 [1992], 116ff.*):
(1) äußeres Verhalten: introvertierter vs. extravertierter Typus;
(2) innere Prozesse: intuitiver vs. Empfindungs-Typus;
(3) innere Zustände: Denktypus (dissoziiert) vs. Fühl-Typus (assoziiert);
(4) adaptive Reaktion: Beurteiler vs. Wahrnehmer.

(James und Woodsmall haben das Konzept der Meta-Programme zu einem umfangreichen Fragebogen, dem MPVI – Meta-Program and Values Inventory – weiterentwickelt, welches – nach ihren Aussagen – „von allen Rentabilitäts-Beratungsbüros in den ganzen USA benutzt wird"; *1994 [1988], 107*).

Meta-Rahmen, Meta-Aussage, meta frame

Eines der „Sleight-of-Mouth-Patterns" beim ➪ *Punch-Reframing*. Ein beschränkendes ➪ *Belief* wird in den ➪ *Kontext* des momentanen, persönlichen Erlebens gestellt. Die Aussage „A macht mich unglücklich" wird z.B. reframt als: „Das sagst du nur deshalb, weil du im Augenblick keine gute Stimmung hast." Letztlich wird dabei ein Belief über das Belief aufgebaut (*Dilts und Epstein 1992b, 22; Jochims 1995, 203*).

Meta-Spiegel, meta mirror

Eine Technik, die Robert Dilts für schwierige Kommunikations-Situationen vorgeschlagen hat (*1993 [1990], 200ff.]*. Dabei finden vier ➪ *Wahrnehmungs-Positionen* Verwendung (meist als ➪ *Boden-Anker* definiert): (1) das „äußere Selbst" (1. Position), (2) der „andere" (2. Position), (3) der „innere Beobachter" (eine ➪ *Meta-Position*), und (4) die „vierte Position" (eine weitere Meta-Position). Bei dieser Technik wird u.a. (a) das

„äußere Selbst" von der Meta-Position des „inneren Beobachters" beschrieben, und (b) von der 4. Position die Beziehung zwischen (1) und (3) erkundet: die Art, wie (3) mit (1) umgeht. Die Beziehung zwischen den beiden Selbst kann nach Dilts ein „Spiegel dessen sein, was der andere Mensch tut" (*209*).

Weitere Literatur: *Mohl 1996b, 313ff.*

Meta state

➪ *Meta-Zustand*

Meta-Strategie

Eine ➪ *Strategie* über eine Strategie. Meta-Strategien beschreiben, „wie Strategien wahrnehmbar gemacht, identifiziert, benutzt, entworfen und installiert werden können. ... NLP ist eine explizite Meta-Strategie ... zur Schaffung neuer Wahlmöglichkeiten" (*Dilts u.a. 1994 [1980], 42*).

Meta-Taktiken

Bandler und Grinder stellten 1976 drei therapeutische Strategien vor, die sie Meta-Taktiken nannten: (1) die Angleichung in den ➪ *Prädikaten*, (2) den Wechsel und (3) das Hinzufügen von ➪ *Repräsentations-Systemen* (*1994b [1976], 24ff.*).

Meta-Ziele, meta outcomes

„Jedes spezifische Ziel, jede spezifische Aufgabe ist in den ➪ *Kontext* eines Resultates höherer" (➪ *logischer*) „Ordnung eingebettet, welches ein Organisationsprinzip oder »Meta-Ziel« für das System (d.h. einen Menschen oder eine Organisation) darstellt. Ein Meta-Ziel organisiert das Verhalten des Systems unter dem Gesichtspunkt allgemeiner Ziele, wie Erhaltung und Überleben, Wachstum und Evolution, Schutz, Besserung, Anpassung, usw." (*Dilts u.a. 1994 [1980], 226*). Die Berücksichtigung von Meta-Zielen ist Teil des ➪ *Öko-Checks* bei der ➪ *Ziel-Arbeit.*

Meta-Zustand, meta state

Ein Begriff, den Hall (*1995* und *1996*) eingeführt hat. Ein Meta-Zustand ist ein Zustand über einen Zustand. Jemand ärgert sich über ein Mißgeschick (ein primärer Zustand), akzeptiert diesen Ärger (Meta-Zustand 1, ein Meta-Zustand in bezug auf den primären Zustand), freut sich über seine Reaktion (Meta-Zustand 2, ein Meta-Zustand in bezug auf Meta-Zustand 1), was sein Selbstwertgefühl bestärkt (Meta-Zustand 3) usw. Das Konzept der Meta-Zustände will ➪ *innere Zustände* nach dem Prinzip des ➪ *Chunkens* nach ➪ *logischen Ebenen* ordnen. Die

„höchsten“ Meta-Zustände sind „transzendentale Meta-Zustände“, auch als ➪ *core states* bezeichnet.

Milton-Modell

Ein Modell hypnotischer Sprachformen, das Bandler und Grinder aus dem Studium der Arbeit von Milton Erickson entwickelt haben (*Bandler und Grinder 1996 [1975]; Grinder und Bandler 1987 [1981]; Grinder, DeLozier und Bandler 1977*). Das Milton-Modell besteht aus zwei großen Teilen (*Grinder und Bandler 1987 [1981]; 316ff.*):

(A) aus der Umkehrung der Sprachmuster des Meta-Modells und (B) aus zusätzlichen Elementen hypnotischer Sprache.

(A) Das Milton-Modell ist die Umkehrung der Sprachmuster des ➪ *Meta-Modells* (es wird auch inverses Meta-Modell genannt). Bandler und Grinder entdeckten, daß die Sprachmuster von Erickson zu einem großen Teil aus Verletzungen des Meta-Modells bestanden. Ericksons Sprache war „kunstvoll vage“, unspezifisch und weitgehend inhaltsfrei. Sie enthielt eine Fülle von ➪ *Tilgungen*, ➪ *Verallgemeinerungen* und ➪ *Verzerrungen*.

Im Meta-Modell will man vage Aussagen präziser machen. Es geht um die sinnesspezifische Beschreibung einer konkreten Situation. Die Sprachmuster des Meta-Modells ermöglichen es, klarer zu machen, worüber ein Gesprächspartner inhaltlich spricht, was er „wirklich“ meint. „Das Ziel liegt in der *Erweiterung der bewußten Wahlmöglichkeiten*, die einer Person für die Bewältigung einer *bestimmten Situation* zur Verfügung stehen. Es ist deshalb auch ein wichtiges Instrument jeder Form von Therapie, die auf die bewußte Einsicht des Klienten abzielt“ (*Walker 1996, 257*).

Im Milton-Modell hingegen wird eine Situation, ein Verhalten, ein Problem „kunstvoll vage“ beschrieben. Solche Begriffe lösen in einem Menschen einen ➪ *transderivationalen* Suchprozeß aus (dabei kann der ➪ *Fokus der Aufmerksamkeit* nach innen gelenkt werden: der Zuhörer geht in ➪ *Trance*). „Auf der Ebene der unbewußten Sprachverarbeitungsprozesse werden hier Assoziationsketten geformt, die es ihm erlauben, *individuelle und vielschichtige Sinnbezüge* zu den Worten des Therapeuten zu konstruieren. Das angestrebte Ziel ist hier die *Schaffung neuer, unbewußter Wahlmöglichkeiten* für den Umgang mit *einer ganzen Klasse strukturell identischer Situationen*“ (*ebenda*).

Mit anderen Worten: Der Zuhörer, der hypnotische Sprache hört, versucht das, was er gehört hat, mit seiner eigenen Erfahrung zu verbinden. Weil der andere diese Erfahrung aber nicht direkt, sondern eben nur vage angesprochen hat, löst er keine oder weniger Abwehrreaktionen aus. Ein Beispiel: Man kann seinem Klienten direkt sagen: „Ihre Mutter hat Sie emotional mißbraucht und deshalb mißbrauchen Sie heute Ihre Kinder“ – eine Formulierung, die höchstwahrscheinlich das auslösen würde, was man Widerstand nennt („Aber nein, meine Mutter war immer sehr nett zu mir und ganz liebevoll, eigentlich gab es keine Probleme, und bei mir zu Hause gibt es mit meinen Kindern auch keine. Ich sorge sehr gut für sie, sie haben alles was sie brauchen; ich wundere mich bloß, daß sie Drogen nehmen, nie zu Hause sind und so häufig die Schule schwänzen."). Mit Hilfe des Milton-Modells könnte man sagen: „Also, ich kannte mal eine Mutter, die hat ihren Kindern wenig Sicherheit und Unterstützung geboten. Ich frage mich natürlich, wie ihre Kinder das empfunden haben mögen. Und ich frage mich, wie diese Kinder später mit ihren Kindern umgegangen sind, denn schließlich, manchmal lernt man etwas und ist sich nicht bewußt, was man gelernt hat und wendet es an ... und es könnte sein, daß dann nicht die Ergebnisse eintreffen, die man sich gewünscht hat ..." Die Wahrscheinlichkeit ist höher als im ersten Falle, daß der Klient sagt: „Bei mir zu Hause war das auch so und jetzt wird mir klar, warum meine Kinder Drogen nehmen. Ich habe immer darauf gesehen, was ich für die Kinder wollte, statt die Kinder zu fragen, was sie wollten, und eigentlich wollte ich das, was ich meinen Kindern gegeben habe, mehr für mich als für sie, weil ich es nie bekommen habe."

Grinder und Bandler haben hypnotische Sprachmuster mit Hilfe linguistischer Modelle formalisiert und auf diese Weise Milton Ericksons Art der Sprachverwendung lernbar gemacht. Die Sprachmuster des Milton-Modells, die als Umkehrung des Meta-Modells definiert werden, sind (*1987 [1981], 316ff.*):

Informationen weglassen, durch:
(1) ➪ *Nominalisierungen* (Worte wie: Neugierde, Wissen, Lernen),
(2) unbestimmte Verben (Worte wie: bewegen, lösen, geschehen, erleben),
(3) unbestimmten Inhaltsbezug (man, Umstände, Bedürfnisse) und
(4) ➪ *Tilgungen* („**Ich weiß, daß Sie neugierig sind!**").

Semantische Fehlgeformtheit:
(1) Kausales Modellieren oder kausales Verknüpfen, (a) indem Dinge, die sonst miteinander nicht zusammenhängen, miteinander verbunden sind, (b) durch zeitliche Verbindungen (während, indem, wenn), (c) durch explizite Kausal-Konstruktionen („**Während Sie dieses Wörterbuch lesen, werden Sie immer klüger**"),
(2) Gedankenlesen („**Sie fragen sich, was Sie jetzt gleich lesen werden**"),
(3) verlorener Performativ („**Es ist gut, daß Sie diese vielen Fremdwörter so schnell verstehen**").

Einengung der Vorstellung des Zuhöres durch:
(1) Universalquantoren (alle, jeder, immer, niemals), und
(2) ➪ *Modaloperatoren* (müssen, können, sollen).

Ein Beispiel: „**Jeder**" (Universalquantor) „**kann**" (Modaloperator der Möglichkeit) „**und jeder muß**" (Modaloperator der Notwendigkeit) „**diesen Sätzen Bedeutung geben. Und indem Sie das tun, haben Sie gerade etwas sehr Wichtiges erfahren**" (komplexe Äquivalenz). „**Und genau das macht es Ihnen leicht**" (Ursache-Wirkungs-Konstrukt) „**zu verstehen,**" (gewagte Vorannahme!, gleichzeitig Gedankenlesen) „**wie all das natür-**

lich in Ihr Unbewußtes eingefügt werden kann, ohne daß Sie wissen, wie dies geschieht."

(B) Der zweite Teil des Milton-Modells umfaßt eine Vielzahl weiterer hypnotischer Sprachmuster, die Bandler und Grinder an Milton Erickson beobachten konnten. Bandler und Grinder (*1987 [1981], 321ff.*) zählen hier 15 Muster auf, u.a.: ➪ *eingebettete Befehle*, ➪ *eingebettete Fragen*, ➪ *negative Befehle*, ➪ *Konversations-Postulate*, ➪ *Vorannahmen*, ➪ *Zitate*, ➪ *analoges Markieren*, ➪ *Mehrdeutigkeit* und ➪ *Metaphern*.

Die Sprachmuster des Milton-Modells kann man im Alltag oft beobachten. Im NLP geht es darum, (1) die Sprachmuster des Milton-Modells zu kennen, (2) die Sprachmuster des Milton-Modells bei anderen zu entdecken, (3) die Sprachmuster des Milton-Modells gezielt einzusetzen.

Weitere Literatur: *Zeig 1988 (1980); Gilligan 1991 [1987]; O'Hanlon 1995 (1987); Erickson und Rossi 1994 (1989); Hammond 1990* und *Haley 1996 (1993).*

Mirroring

➪ *Spiegeln*

Misch-Physiologie

Physiologie, die eine Person bei einer erfolgreichen ➪ *Änderungs-Technik* zeigt. Eine Misch-Physiologie tritt in dem Augenblick auf, in dem sich Problem- und ➪ *Ressourcen-Zustand* mischen, z.B. bei der Technik des ➪ *Anker-Verschmelzens*. Wenn jemand in seiner Vorstellung eine problematische Situation mit Ressourcen anreichert, dann „vermischen" sich beide Zustände und eine eigene ➪ *Physiologie* als Mixtur von Problem- und Ressourcen-Physiologie wird sichtbar. Das Auftreten einer Misch-Physiologie ist ein Zeichen dafür, daß eine innere Umorientierung stattfindet.

Mismatchen, Mismatching

Gegenteil von ➪ *matching*, in beiden Bedeutungen:

(1) Das Verhalten einer Person bewußt nicht ➪ *spiegeln*, um ➪ *Rapport* zu brechen oder zu beenden;

(2) eines der (komplexen) ➪ *Meta-Programme*. Beim Mismatching wird die Aufmerksamkeit auf das gelenkt, was ungleich oder unähnlich ist.

Mitgehen

Wörtliche Übersetzung des Englischen pacing. ➪ *Spiegeln.*

Modalverben

Modalverben sind Verben wie: wollen, sollen, müssen, dürfen, können und mögen. Im NLP wird dafür meist der Ausdruck Modaloperator verwendet.

Modaloperatoren

Modaloperatoren (im Englischen modal operators) modifizieren den Inhalt eines anderen Verbes: „**Sie können sich das merken.**" Modaloperatoren werden meist in zwei Gruppen unterteilt: in Modaloperatoren der Notwendigkeit (müssen, sollen, ...) und in Modaloperatoren der Möglichkeit (dürfen, können, ...). Modaloperatoren sind ein Hinweis für verinnerlichte präskriptive Regeln, und damit oft für einschränkende ➪ *Beliefs*. Sätze mit Modaloperatoren gelten als Verletzungen des ➪ *Meta-Modells* und werden im inversen Meta-Modell, dem ➪ *Milton-Modell*, bewußt eingesetzt.

Modalitäten

Mit Modalitäten meint man im NLP die fünf (meist zu viert zusammengefaßten) ➪ *Sinnes-Kanäle* (die Sinnes-Modalitäten). Die Submodalitäten sind die ➪ *Untereigenschaften.*

Modell

Der Ausdruck Modell findet sich im NLP in unterschiedlichen Bedeutungen:

(1) Im NLP wird der Unterschied zwischen Landkarte und Territorium, zwischen Modell und Realität betont. Wir sind nicht fähig, die Welt so wahrzunehmen, „wie sie ist", sondern wir können die Welt nur in Form innerer Landkarten, innerer Modelle erfahren. Eine Landkarte ist nicht das Territorium. Wir erfahren das Territorium unserer Welt nur in Form unserer Landkarten der Welt. Landkarten wählen aus: Sie betonen bestimmte Aspekte und blenden andere aus. Wie Menschen Modelle generell bilden, beschreibt NLP im ➪ *Meta-Modell.*

(2) Die Begründer von NLP wollten keine „Theorien", sondern „Modelle" entwerfen: „Ein Modell ist einfach eine Beschreibung, wie etwas funktioniert, ohne Festlegung, warum es so sein mag. Eine Theorie hat die Aufgabe, eine Rechtfertigung dafür zu liefern, warum verschiedene Modelle anscheinend mit der Realität übereinstimmen. Wir sind Modellbauer und bitten Sie, diese Arbeit als ein Modell zu beurteilen, unabhängig davon, ob es wahr oder falsch, richtig oder unrichtig, ästhetisch oder unästhetisch ist. Sie

sollten herausfinden, ob es etwas nützt oder unnütz ist" (*Dilts u.a. 1994 [1980], 18*, ähnlich *Bandler und Grinder 1994c [1979], 23*). Die Autoren folgen damit der Tradition des amerikanischen Pragmatismus, der Hauptströmung der Philosophie in den USA in diesem Jahrhundert. Hier werden alle Begriffe und Theorien (auch wissenschaftliche Begriffe und Theorien) nicht als Abbilder einer „äußeren Realität" verstanden, sondern als Modelle, die sich durch soziale Konventionen gebildet haben. Es geht um Beschreibungen, die „nützlich" sind, nicht um Beschreibungen, die „wahr" sind (*Bandler und Grinder 1994c [1979], 23*).

(3) Ein Modell ist die Person, die von einer NLP-erfahrenen Person modelliert wird (siehe unten).

Modell der Welt

➪ *Welt-Bild*

Modellieren, Modell-Bildung, Modellier-Prozeß, modeling

„Modellieren ist der Prozeß des Ab- und Nachbildens menschlicher Höchstleistungen" (*O'Connor und Seymour 1996 [1990], 276*). Das NLP begann 1972, als John Grinder und Richard Bandler anfingen, sich gegenseitig zu modellieren und dann andere erfolgreiche Therapeuten modellierten. Dabei ging es nicht um eine Erklärung der „Ursachen" hervorragender Leistungen (im NLP oft Exzellenz genannt), sondern um das „Wie": Was sind die Muster erfolgreicher Menschen? Welche inneren Prozesse laufen dabei ab? Was genau müßte jemand denken und tun, um die gleichen Resultate zu erzielen?

Modellieren bezieht sich auf eine Person, auf ein Modell. Modellieren kann mit unterschiedlichem Abstraktionsgrad und mit unterschiedlicher Komplexität erfolgen. Letztlich kann alles an einer Person modelliert werden, womit NLP das ➪ *Verhalten* von Menschen (in einem umfassenden Sinn) beschreibt. Beispiele sind das Modellieren der ➪ *Physiologie*, von ➪ *Beliefs* und ➪ *Werten*, von ➪ *inneren Zuständen*, von ➪ *Strategien* und ➪ *Meta-Programmen*.

Je nach Aufgabe, Zielsetzung und Komplexität können Modellierungsprozesse sehr unterschiedlich sein. Mögliche Schritte sind (vgl. *O'Connor und Seymour 1996 [1990], 276f.*; *Weerth 1994 [1992], 121f.* – mit Verweis auf *Dilts und Hollander 1990* – und *Walker 1996, 29f.*):

(1) Festlegung der Ziele des Modellierungs-Prozesses (davon hängt auch die Genauigkeit ab, mit der Informationen gesammelt werden sollen).
(2) Auswahl des Modells (Modelle können auch fiktive Personen sein).
(3) Informations-Sammlung beim Modell. Die Methoden dazu können sein: (a) ein Modell befragen, (b) es veranlassen, exzellente Tätigkeiten zu tun oder davon zu sprechen, (c) das Nachspielen/Nachahmen eines

Modells aus der zweiten ➪ *Wahrnehmungs-Position* – mit unterschiedlichen Graden von Identifikation.

(4) Aus der Position eines externen Beobachters/einer externen Beobachterin: Festlegung der (für das Ziel) relevanten Elemente des Modells. Dabei wird versucht, das komplexe (äußere und innere) Verhalten des Modells auf seine Kern-Elemente zu reduzieren. Dies kann dadurch erreicht werden, daß gewisse Elemente weggestrichen werden, um herauszufinden, was wesentlich ist und was nicht.

(5) Entwurf einer formalen Struktur, in welchem die Kern-Elemente kohärent angeordnet sind, d.h. Bildung eines (formalen) Modells über das (persönliche) Modell. (Die formale Struktur des Modells kann eine ➪ *Strategie* sein oder eine Strategie enthalten, ➪ *Strategien erkunden*.)

(6) Unter Nutzung unterschiedlicher Wahrnehmungs-Positionen: Übertragung, Erprobung und Anpassung des formalen Modells auf die Ziel-Personen: auf den Modellierer selbst, auf Klienten, auf Schüler, ... (➪ *Strategien installieren*).

Zusammenfassend: „Beim Modellieren wird versucht, einen Prozeß begrifflich *so* abzubilden, daß es Dritten möglich ist, diesen Prozeß einzuüben" (*Walker 1996, 29*).

Modellieren kann auf viele Arten durchgeführt werden. Das Spektrum reicht vom unbewußten und informellen Modellieren (das wir ständig mit anderen machen) bis hin zu anspruchsvollen, komplexen Modellierungs-Strategien von Höchstleistungen in verschiedenen Bereichen (z.B. das High-Quality-Project im Bereich der Wirtschaft, das *O'Connor und Seymour 1996 [1990], 302f.* erwähnen). Modellieren ist ein natürlicher Prozeß. Kinder modellieren intuitiv ihre Eltern und andere Personen, und lernen so auf unbewußte Weise komplexe Verhaltensweisen, Einstellungen, Sichtweisen, ... (*Albert Bandura 1962* beschreibt diese Phänomene als „Modellernen"). Im NLP versucht man, Prozesse dieser Art rational nachzuvollziehen: (a) in einfache Zusammenhänge zu übersetzen, die man sich selbst und anderen erklären kann, und (b) in einfachen ➪ *Prozeß-Schritten* festzuhalten, die man sich selbst und anderen lehren kann. NLP geht davon aus, daß Exzellenz erlernt und trainiert werden kann.

Moment of Excellence

(1) Bezeichnung für eine Technik, durch die ein Moment of Excellence (in der zweiten Bedeutung) erreicht werden soll.

(2) Bezeichnung für einen Top-Zustand, eine Situation, in der viele ➪ *Ressourcen* vorhanden sind, „wo der oder die Betreffenden in hervorragender Verfassung, im Vollbesitz ihrer Kräfte oder einfach »gut drauf« war" (*Mohl 1996a [1993], 169*). Beispiele sind Erlebnisse von Freude, Kreativität, Energie oder Zustände, in denen eine Person sich kraftvoll, mutig, erfolgreich, ... gefühlt hat. Ein Moment of Excellence ist immer mit einem

positiven Selbst-Wert, mit einer positiven Vorstellung über die eigene ➪ *Identität* verbunden. Im NLP wird der Zugang zu Moments of Excellence trainiert. Das Ziel ist, im Alltag genau jene Ressourcen zur Verfügung zu haben, die unseren persönlichen Moments of Excellence entsprechen.

Kurzanleitung, um einen Moment of Excellence zu nutzen:
(1) sich an eine Ressource erinnern („Denk an eine Situation, in der du dich sehr wohl und angenehm gefühlt hast, und/oder sehr erfolgreich warst, und/oder all deine Ressourcen zur Verfügung gehabt hast.“);
(2) mit allen Sinnen erleben („Du schaust dir diese Situation mit deinem inneren Auge an, siehst, was es dort zu sehen gibt, die Menschen, die Dinge, die Farben, den Ort. Du hörst hin, was es dort zu hören gibt, die Stimmen von anderen, deine Stimme, Geräusche, Töne. Du riechst hin, was es dort zu riechen gibt. Du spürst hin, wie angenehm das war, wie du dich fühlst“);
(3) in eine Bewegung umsetzen („Und dann kreierst du aus all dem eine Bewegungsfolge, die zu diesem Erlebnis natürlich dazupaßt und die das Erlebte für dich wiedergibt“), d.h. einen ➪ *Bewegungs-Anker* setzen.
(4) eine Bezeichnung finden („ ... und wählst dir ein Kennwort oder einen Satz, der dich an diesen Moment of Excellence erinnert“);
(5) Future pace („In welcher Situation kannst du diesen inneren Zustand brauchen?“).

(Eine andere Möglichkeit wird unter dem Stichwort ➪ *Circle of Excellence* beschrieben.)

Weitere Literatur: *Baumeler 1994, 47.*

Moment of Importance

Ein Moment of Excellence, bei dem der ➪ *innere Zustand* von Wichtig- und Wertvoll-Sein aktiviert wird. Der Moment of Importance soll helfen, ein positives Selbstwert-Gefühl im Alltag verfügbar zu haben (*Mohl 1996a [1993], 175f.*). ➪ *personale Identität.*

Multiple Beschreibung

➪ *mehrfache Beschreibung*

Muskelspannungen

Wahrnehmbare Spannungen im Körper sind ein Indiz für inneres Erleben. Einige Muskelspannungen können als ➪ *Zugangs-Hinweise* im klassischen Sinn des Begriffes interpretiert werden; andere Muskelspannungen sind Hinweise auf emotionale Zustände. NLP-geübte Personen achten genau auf Muskel-Spannungen bei Kommunikations-Partnern und auf Veränderungen im Verlaufe eines Gesprächs. Spannungen in Schultern, im Hals und manchmal im Bauch sind ein Indiz für visuelle Prozesse – ebenso, wenn Schultern und Hals nach vorne gestreckt sind. Entspannte Muskeln und fallende Schultern deuten oft auf kinästhetische Aufmerksamkeit hin. Auditive Prozesse sind oft durch gleichmäßige Muskelspannungen gekennzeichnet, oft ist der Kopf zur Seite geneigt. (*Text von Thies Stahl und Inke Jochims.*)

Negative Befehle

Eine Botschaft wird durch ➪ *analoges Markieren* in einem Satz vermittelt, der scheinbar das Gegenteil besagt: „Sie brauchen **sich selbst** nicht **gernzuhaben**, um den Wert von NLP zu erkennen." Indirekt negative Auträge können wie positive Aufträge wirken. NLP geht davon aus, daß das ➪ *Unbewußte* keine Negationen „denken" kann (dies findet sich auch in der Forderung, Ziel-Sätze ausschließlich positiv zu formulieren). Im ➪ *Milton-Modell* werden negative Befehle verwendet, um Ziele indirekt anzusprechen. „Bitte nicht **im Wörterbuch weiterblättern**, bevor Sie nicht diesen Satz zu Ende gelesen haben!"

Neues Verhalten erzeugen, Neues Verhalten generieren, New Behavio(u)r Generator

Ein Prozeß, bei dem eine Person eine Situation erkundet, bei dem sie sich nicht so verhält, wie es ihren ➪ *Zielen* entspricht, und sie dann mit ➪ *Ressourcen* anreichert. Neues Verhalten erzeugen ist eine der Standard-Techniken des NLP mit vielen Varianten. Beispiele:

(1) die Aktivierung einer Erinnerung, bei der ein leichter Zugang zu dieser Ressource möglich war,
(2) so tun ➪ *als ob* diese Ressource jetzt vorhanden wäre,
(3) eine andere Person finden, die für diese Situation als „Modell" dienen könnte. Dazu sind viele Varianten möglich:
(a) das Verhalten einer (realen) erfolgreichen Person erkunden und sie ➪ *modellieren*,
(b) sich ein Modell gedanklich vorstellen, mit ihm in Dialog treten, und es nach konkreten Tips befragen,
(c) sich neben diese Vorstellung stellen, alle Einzelheiten von dem Modell auf sich übertragen und mit den Ressourcen des Modells die problematische Situation von außen kommentieren oder von innen erleben,
(d) sich ➪ *assoziiert* als dieses Modell erleben, d.h. eine zweite ➪ *Wahrnehmungs-Position* aktivieren und als diese Person die Situation von außen oder von innen erleben.

Neuprägung, Wieder-Prägung, Re-Imprinting

Ein Interventions-Muster, das Robert Dilts entwickelt hat *(1993 [1990], 109ff.; 1995 [1989], 79ff.)*. Sein Ziel ist es, negative Prägungs-Situationen (wie traumatische Erlebnisse) aus der Vergangenheit (meist Kindheit oder Pubertät) zu erkunden und ihrer weiteren Wirkung zu berauben. ➪ *Prägungen* (imprints) sind nach Dilts bedeutsame Erfahrungen aus der Vergangenheit eines Menschen, die zu einem festen ➪ *Belief* von sich selbst geführt haben. Prägungen sind eingeprägte und prägende Erfahrungen, die die ➪ *Identität* einer Person nachhaltig beeinflußt haben und immer noch beeinflussen. Eine negative (traumatische) Prägung bewirkt, daß eine Person in ganz bestimmten ➪ *Kontexten* (meist unbewußt) selbst genau jenes Verhalten zeigt, unter dem sie in der entsprechenden Szene ihrer Vergangenheit gelitten hat. Das Prägungs-Erlebnis hat sich als inneres „Bild" (in allen ➪ *Repräsentations-Systemen*) so intensiv eingeprägt, daß es durch entsprechende ➪ *Anker* in der Gegenwart immer wieder aktiviert werden kann.

Bei einer Neuprägung wird die Prägungs-Situation (A) in Erfahrung gebracht, (B) näher erkundet, (C) mit Ressourcen angereichert und (D) mit der Gegenwart verbunden.

(A) Ausgangspunkt einer Neuprägung ist ein einschränkendes Belief, ein ➪ *stuck state*, ein ➪ *Hindernis* für ein Ziel usw., das vom Klienten/der Klientin K ➪ *assoziiert* erlebt wird. Dieses Gefühl, begleitet von der entsprechenden ➪ *Physiologie*, wird durch den Coach/Therapeuten/die Therapeutin T geankert. Während T den Anker hält, stellt sich K vor, immer jünger und jünger zu werden. K aktiviert dabei Erinnerungen, die zu diesem Zustand passen, bleibt bei jeder Erinnerung nur kurz und geht innerlich weiter (wird diese Suche mit Hilfe einer ➪ *Boden-Zeitlinie* unternommen, dann geht A auch physisch weiter). Das Ziel ist die Erkundung jener Situation, in der dieses Gefühl zum ersten Mal im Leben aufgetreten ist. (Dies gilt als Prägungs-Situation. Die Suche nach der Prägungs-Situation kann u.U. einige Zeit dauern.) In vielen Fällen werden hier Erinnerungen aktiviert, die dem ➪ *Gedächtnis* verborgen waren und die mit intensiven negativen Gefühlen (z.B. Scham-Gefühlen) verbunden sind. Die Kunst von T besteht darin, darauf zu achten, daß K im Prozeß bleibt (daß er/sie mit dem ursprünglichen Gefühl verbunden bleibt), und gleichzeitig dafür zu sorgen, daß K nicht voll assoziiert in eines dieser Erlebnisse „hineingeht" (bei Menschen, die die meiste Zeit dissoziiert sind, ist das Gegenteil notwendig). Die erste Szene kann getestet werden, indem K in der Erinnerung noch weiter zurückgeht und in Erfahrung bringt, ob dieses Gefühl (dieser Körper-Zustand) in noch früheren Erinnerungen zu finden ist. (In manchen Fällen werden dabei „Erinnerungen" an die ganz frühe Kindheit oder sogar an die Zeit im Mutterleib aktiviert.) Das Ziel ist es, eine konkrete Szene zu finden, in der das ursprüngliche Gefühl aufgetreten ist. Auf diese Szene beziehen sich die Schritte (B) und (C).

(B) Im nächsten Schritt wird die Prägungs-Situation genau erkundet. Dies kann auf unterschiedliche Weise geschehen. Wichtig ist, auf jeden Fall zu verhindern, daß K vollends und so tief in die Szene regrediert, daß sie mit ihren unangenehmen und schmerzhaften Gefühlen einfach nur wiedererlebt wird. Dazu ist es notwendig, gleich nach der Erkundung der Szene, oder etwas später, einen wirksamen ➪ *Unterbrecher* zu setzen und eine ➪ *Dissoziation* aufzubauen, die eine gewisse Zeit stabil gehalten werden kann. Die Erkundung der Szene, der näheren Umstände, welche Personen hier beteiligt waren, kann aus dieser dissoziierten Perspektive oder auch assoziiert (mit der Möglichkeit, sich jederzeit dissoziieren zu können) erfolgen. Aus der Außen-Position können auch die Folgen der Prägungs-Situation für das weitere Leben befragt werden. In vielen Fällen wird durch die Regression in die Kindheit ein „roter Faden“ im Leben erkennbar: wie all diese schmerzlichen Erfahrungen zusammenhängen und um ein einziges Thema kreisen.

Ein wichtiger Teil der Erkundungs-Phase ist die Erkundung der Innen-Perspektive aller beteiligten Personen, auch der Täter. In der Regel geschieht dies durch das Einnehmen der ersten (für das jüngere Selbst) und der zweiten (für alle anderen Personen) ➪ *Wahrnehmungs-Position*. Wiederum geht es darum, diese Positionen nur zur Informations-Gewinnung zu nutzen, nicht aber „in die Hölle“ hineinzugehen und dort zu bleiben. K geht also als erwachsener, ressourcenvoller Mensch in die Szene der Vergangenheit hinein, und nimmt ➪ *Rapport* zu allen Beteiligten auf. (Kann K dabei diese Ressourcen des Erwachsenen-Selbst nicht halten, muß T Hilfe dafür anbieten, die notwendigen Ressourcen für diesen Schritt zu organisieren.)

Die Erkundungs-Phase wird solange unternommen, bis K ein gewisses Verständnis über das Verhalten und die Reaktionen aller Beteiligten entwikkelt hat. Dieses Verständnis kann unmittelbar aus dem Einnehmen der Innen-Positionen kommen, z.B. zu erleben, aus welchen Zwängen ein Täter als Person gehandelt hat. Meist wird hier auch die eigentliche Intention, die verborgene positive Absicht der Beteiligten erkundet. (K fragt so lange nach, bis alle Schichten von Absichten durchdrungen sind und die ➪ *gute Absicht* zum Vorschein kommt.)

Diese positive Intention bezieht sich auch auf K selbst, auf seine Reaktion, das Tun und das Denken in dieser Szene. Hier wird angenommen, daß das jüngere Selbst (egal, was passiert ist) eine gewisse Wahl-Freiheit gehabt hat. Es hat z.B. mit Rückzug, mit Schweigen, mit Körper-Symptomen oder mit einer bestimmten Interpretation reagiert, woraus dann das prägende Belief entstanden ist. In dieser Phase findet das ➪ *Reframing* im Prozeß der Neuprägung statt, d.h. das Verhalten aller Beteiligten in der Szene, einschließlich des jüngeren Selbsts, „erscheint in einem anderen Licht“, es bekommt eine neue Bedeutung (K zeigt dabei T mit einer ➪ *Versöhnungs-Physiologie* an, daß er/sie diesen Schritt einer Umstrukturierung von Bedeutungen innerlich durchlaufen hat).

(C) Im nächsten Schritt wird die Prägungs-Situation weiter positiv verändert, indem von außen in alle Beteiligten, sofern dies nötig ist, ➪ *Ressourcen* hineingebracht werden. Dies kann direkt geschehen („Was hätte diese Person damals gebraucht, um anders reagieren zu können?“) und/oder auf die positive Absicht Bezug nehmen („Wie hätte diese Person ihre eigentliche Absicht besser umsetzen können?“). Diese Ressourcen werden aktiviert (z.B. durch Einnehmen eines passenden Ortes auf der Boden-Zeitlinie) und den Beteiligten (assoziiert) „gegeben“. (Dabei verschmelzen jeweils zwei Anker, ➪ *Anker verschmelzen.*)

Dieser Prozeß geht über mehrere Stufen. K überprüft (unter Umständen mehrmals), ob die Beteiligten mit ihrem neuen Verhalten und mit den neuen Verhaltensweisen der anderen Beteiligten zufrieden sind. Dies gilt auch, und vor allem, für das jüngere Selbst. Ist das der Fall, erlebt K die nunmehr

veränderte Szene nochmals ➪ *assoziiert* in allen ➪ *Repräsentations-Systemen*, zuerst in den Wahrnehmungspositionen der Beteiligten und zuletzt in der Wahrnehmungsposition des jüngeren Selbst. (Hierbei achtet T darauf, ob K ➪ *kongruent* in allen Positionen eine Ressourcen-Physiologie zeigt. Wenn nein, werden aus der dissoziierten Position heraus zusätzliche Ressourcen in die Szene hineingebracht, solange, bis von außen betrachtet und von innen erlebt alle Beteiligten mit dem, was in der Szene passiert und wie sie sich verhalten können, zufrieden sind.)

(D) In der letzten Phase wird die veränderte Prägungs-Situation mit der Gegenwart (oder auch mit der Zukunft) verbunden. K geht dabei assoziiert in die neue Situation hinein, aktiviert und erlebt alle Ressourcen, die jetzt in der Szene enthalten sind, und unternimmt mit diesem Gefühl den Weg zurück in die Gegenwart (Science-Fiction-Fans nennen diesen Prozeß „back to the future"). In vielen Fällen werden jene Erinnerungen wieder aktiviert, die auf der Reise von der Gegenwart in die Vergangenheit erlebt wurden: das Leben wird „neu geschrieben", der „rote Faden" wird neu aufgerollt. (Dieser Prozeß kann einige Zeit dauern.) Wurde die Neuprägung für ein Hindernis zu einem Ziel gemacht, so ist es hilfreich, mit diesem Gefühl bis zu jenem Zeitpunkt in der Zukunft zu gehen, wo das Ziel erreicht ist, und den Weg ins Ziel zu genießen.

Die Technik der Neuprägung gilt für viele als eine der wichtigsten Techniken des NLP. (Eine Sonderform ist die sogenannte „Neuprägung der Eltern". Dabei geht es darum, Vorstellungen über die verinnerlichten [introjizierten] Eltern und ihr Leben zu verändern. ➪ *Zeit-Linie der Eltern*.) Neuprägung ist eine Erweiterung und Kombination der Techniken ➪ *History change*, ➪ *Phobie-Technik*, ➪ *Neues Verhalten erzeugen* (New behavior generator) und ➪ *Reframing*. Sie verlangt die Beherrschung aller NLP-Methoden und soll nur von NLP-erfahrenen Personen durchgeführt werden. Sie ist in der Regel ein tiefgehendes Erlebnis und kann oft nachhaltige Auswirkungen auf das Verhalten und die ➪ *Identität* einer Person ausüben.

Neurologie

Die Lehre vom Aufbau und von der Funktion des Nervensystems, insbesondere des Gehirns.

Neurologische Ebenen

Bezeichnung für eine spezielle Interpretation der ➪ *logischen Ebenen*.

New Behavio(u)r Generator

➪ *Neues Verhalten generieren*

Nominalisierung

Nominalisierungen repräsentieren einen Prozeß in einer sprachlichen Form, die der Form ähnelt, mit der Objekte bezeichnet werden. „Nominalisierung ist der sprachliche Prozeß, in dem ein Prozeßwort oder Verb durch einen komplexen Transformationsprozeß in ein Ereignis oder einen Gegenstand verwandelt wird" (*Bandler und Grinder 1996 [1975], 171*; vgl. *Bandler und Grinder 1994c [1979], 30*). Beispiele für Nominalisierungen: Verwirrung, Beziehung, Hoffnung, Ablehnung, Mißerfolg, Treue. Nominalisierungen kommen wie ein Ding daher, sind aber keines. Der Ausdruck „Beziehung" suggeriert, daß es ein Ding namens Beziehung gibt, die man: „haben" kann (wie ein Auto), an der man „arbeiten" muß (wie ein Bildhauer an einer Statue), die man „aufnehmen" kann (wie einen Gegenstand vom Boden) und die man „abbrechen" kann (wie einen Ast). Tatsächlich gibt es überhaupt keine „Beziehung". Es gibt lediglich einen Prozeß zwischen Menschen, die sich aufeinander in einer besonderen Weise beziehen. Ein Prozeß ist etwas Dynamisches, wie ein Fluß, der immer in Bewegung ist. In jedem Augenblick kann dieser Fluß eine andere Windung nehmen, dahin oder dorthin fließen. Wie unsere „Beziehung" aussieht, wie wir sie erleben, hängt vom aktuellen Prozeß ab, von den Interaktionen, die (innerlich oder äußerlich) genau jetzt ablaufen.

Nominalisierungen suggerieren etwa Fixes, etwas Statisches, und je mehr dies jemand für bare Münze nimmt, desto weniger Handlungs-Möglichkeiten existieren. Nominalisierungen fördern die Haltung, Prozesse als statische Objekte – mit fixen Eigenschaften – zu betrachten. „Von diesen Eigenschaften wird angenommen, daß sie statisch, zeit- und raumunabhängig sind, aber ein Prozeß verläuft immer in einem Raum, zu einer bestimmten Zeit und verändert sich ständig. Das bedeutet, er kann keine »festen« oder »endgültigen« Eigenschaften haben wie ein Objekt" (*Jochims 1995, 153*).

Nominalisierungen sind Resultate von ➪ *Tilgungen* und ➪ *Verzerrungen*: In einem Satz, in dem das Wort „Verwirrung" vorkommt, könnte z.B. getilgt sein, wer verwirrt ist und worüber jemand verwirrt ist. Gleichzeitig wird der Prozeß jedoch verzerrt, weil er in seiner Struktur inadäquat sprachlich abgebildet wird. Nominalisierungen sind Verletzungen des ➪ *Meta-Modells*. („Nominalisierung erfolgt, wenn Prozeßworte der ➪ *Tiefenstruktur* in Substantive der ➪ *Oberflächenstruktur* verwandelt werden"; *Bandler und Grinder 1996 [1975], 171.*) Sie werden hinterfragt, indem die Prozeß-Komponente explizit gemacht wird. Im ➪ *Milton-Modell* werden Nominalisierungen bewußt eingesetzt, um ➪ *transderivationale Suchprozesse* auszulösen und so andere Menschen gezielt in ➪ *innere Zustände* zu führen.

Nonverbale Kommunikation

➪ *Körper-Sprache*

Notation des NLP

NLP hat eine eigene Schreibweise entwickelt, um konkrete Strukturen und Prozesse auf der Ebene der ➪ *Repräsentations-Systeme* festzuhalten. Bei dieser Schreibweise wird für jeden der fünf Sinne eine Variable verwendet:

V – für das visuelle Repräsentations-System (Sehen)
A – für das auditive Repräsentations-System (Hören)
K – für das kinästhetische Repräsentations-System (taktile und innere Körper-Empfindungen)
O – für das olfaktorische Repräsentations-System (Riechen)
G – für das gustatorische Repräsentations-System (Schmecken)

Um zu markieren, ob jemand externe oder interne Informationen verarbeitet, werden die Variablen mit hochgestellten Indizes versehen:
e – für externe Signale,
i – für intern erzeugte Signale, z.B. Erinnerungen oder konstruierte Bilder und Geräusche.

Erinnerungen und Konstruktionen werden mit tiefgestellten Indizes markiert:
r – für erinnerte Signale,
c – für konstruierte Signale.

Auditive Signale werden durch tiefgestellte Indizes gekennzeichnet:
d – für digitales auditives Erleben (Worte),
t – für rein tonales auditives Erleben.

A, gefolgt von einem hochgestellten **i** und einem tiefgestellten **t** (A^i_t) bedeutet z.B., daß jemand in sich hineinhört (er erinnert sich z.B. an seine Lieblings-Musik). Die Notation des NLP findet vor allem in der Darstellung von ➪ *Strategien* Anwendung.

Oberflächen-Struktur der Sprache

Chomsky (*1973 [1957]*) unterschied nach einer Tiefen-Struktur und einer Oberflächen-Struktur der Sprache. „Die Tiefenstruktur stellt die vollständige sprachliche Repräsentation der ursprünglichen Erfahrung dar. Die Oberflächenstruktur ist der von einem Sprecher tatsächlich geäußerte Satz. Die Oberflächenstruktur ist aus der Tiefenstruktur hervorgegangen, indem der Sprecher unbewußt Transformationsregeln anwandte, um die eine Struktur in die andere überzuführen" (*Jochims 1995, 115*). Diese Einteilung ist einer der zentralen Gedanken des ➪ *Meta-Modells.*

Olfaktorisch

bezieht sich auf Riechen oder den Geruch, eines der ➪ *Sinnes-* bzw. ➪ *Repräsentations-Systeme.*

Onkel-John-Geschichten

Wenn irgendwo zu lesen ist: „Onkel John hat gesagt: »**Sie dürfen ruhig weiterlesen!**«", so ist das eine Onkel-John-Geschichte, weil hier eine Aufforderung in ein ➪ *Zitat* gekleidet war. Zitate gelten als Teil des ➪ *Milton-Modells.*

Ökologie

Den Begriff Ökologie hat NLP aus der systemischen Familientherapie und der Systemtheorie übernommen. Er bezeichnet hier wie dort die Unversehrtheit, die Integrität eines Systems als Ganzes. Im NLP spricht man von:

(1) der Ökologie einer Person. Hier gilt eine Person mit ihren vielen ➪ *Teilen* als System. Es geht um die persönliche Ökologie.
(2) der Ökologie eines interpersonellen Systemes. Hier gilt eine Familie, eine Organisation, eine Institution als System.
(3) der Ökologie einer Situation (eigentlich als Teilbereich der persönlichen Ökologie): die Ökologie einer beruflichen Situation, die Ökologie der finanziellen Situation etc.

Ökologie ist ein wichtiges Prinzip im NLP. Änderungen in einem Lebensbereich können Auswirkungen auf alle Lebensbereiche haben.

Ökologischer Check, Ökologie-Check, Öko-Check

Die Überprüfung individueller ➪ *Ziele* und individuellen Verhaltens auf ihre Auswirkungen auf andere ➪ *Kontexte* und größere Systeme, wie auf die Familie, auf Kollegen in der Arbeit, auf die Politik oder die Umwelt. NLP kennt – im Gegensatz zu ihren Vorläufern (Gestalttherapie, Familientherapie, Hypnosetherapie etc.) – explizite Handlungsanweisungen, bzw. auch ➪ *Wahrnehmungs-Filter* (Organisationsprinzipien, Begriffe, Konzepte), mit denen der Kommunikator/Coach/Therapeut überprüfen kann, ob die Auswirkungen seines eigenen Tuns für seinen Klienten ökologisch sind. Diese Überprüfung nennt man im NLP den Öko-Check.

Ein Öko-Check kann durch verschiedene Methoden erreicht werden. Eine wichtige Methode ist, bei einer ➪ *Änderungs-Technik* auf ➪ *Inkongruenz-Phänomene* zu achten. Inkongruenzen können als innere Einwände (bzw. innere Botschaften von einwanderhebenden ➪ *Teilen* des Unbewußten) interpretiert werden. Ein ökologischer Check verfolgt das Ziel, diese Einwände in Erfahrung zu bringen, zu würdigen und zu nutzen. Das Prinzip solcher Instruktionen kann im ➪ *Sechs-Stufen-Reframing* studiert werden.

Ein ökologischer Check ist ein systematischer Bestandteil jeder ➪ *Ziel-Arbeit* im NLP. Dabei geht es auch um die Erkundung der Konsequenzen eines Zieles aus unterschiedlichen ➪ *Wahrnehmungs-Positionen*: z.B. aus der zweiten Position (auf andere Personen) und aus der dritten Position (auf ein System). Ein Öko-Check soll auch klären, ob andere Personen ➪ *Ressourcen* für ein angestrebtes Ziel sind oder ob sie das Ziel eher behindern werden. Tauchen im Ökologie-Check Bedenken auf, dann muß das Ziel so lange verändert werden, bis die Bedenken angemessene Berücksichtigung finden. (*Text von Thies Stahl.*)

Outcome

➪ *Ziel*

Overlapping

➪ *Überlappen*

Pacing, Pacen

Im Englischen bedeutet to pace im gleichen Schritt gehen. Im NLP beschreibt Pacing den Prozeß des sich Angleichens, des Spiegelns von Kommunikations-Partnern. Eine Person A, die eine Person B spiegelt, gibt B in ihrem Verhalten jenes ➪ *Verhalten* „zurück“, das A an B vorher hatte beobachten können (vgl. *Bretto 1988, Strategies 11*). ➪ *Spiegeln* umfaßt verbale und nonverbale Elemente. Sein Zweck ist es, „die Welt des anderen zu betreten“, dieser Person „ähnlich zu werden“ und damit ➪ *Rapport* zu erreichen.

Para-Botschaften

Bandler und Grinder (*1994b [1976], 45*) bezeichnen unterschiedliche Botschaften in unterschiedlichen Outputkanälen als Para-Botschaften. Sie grenzen sich damit von Batesons Sichtweise ab, nonverbale Teile in der Kommunikation als logisch übergeordnete ➪ *Meta-Botschaften* zu verstehen. Para-Botschaften werden gleichen ➪ *logischen Ebenen* zugeordnet: sie beinhalten keine Hierarchie. Para-Botschaften sind Ausdruck von ➪ *Teilen* in einer Persönlichkeit. Jede Para-Botschaft drückt einen Teil des Welt-Modells (der Welt-Modelle) einer Person aus. Eine Person, die widersprüchliche Para-Botschaften anbietet, kommuniziert ➪ *inkongruent*.

Parallele Kommunikation

Ausdruck für metaphernhafte Kommunikation. ➪ *Metaphern* beziehen sich gleichzeitig und parallel auf zwei Ebenen. Ein Märchen handelt vom Blühen einer Rose und meint (parallel dazu) die Entwicklung eines Menschen.

Parental Time-Line

➪ *Zeit-Linie der Eltern*

Person

➪ *Identität*

Personale Identität

Die Summe der ➪ *Repräsentationen* und ➪ *Beliefs* einer Person über ihre Einzigartigkeit als einmaliges Individuum. Auf der sprachlichen Ebene kann die personale Identität nach Lucas Derks auf sechs verschiedene Arten ausgedrückt werden (*1995b, 43*):

(1) „Ich bin X“ (wobei X ein Synonym ist), z.B. „Ich bin ich“,
(2) „Ich bin Y“ (Y = mein Name), z.B. „Ich bin Walter“,
(3) „Ich bin wie Z“ (Z = eine Metapher), z.B. „Ich bin wie ein Eichhörnchen“,

(4) „Ich bin U" (U = eine persönliche Eigenschaft), z.B. „Ich bin kreativ",
(5) „Ich bin ein V" (V = ein Name für eine soziale Kategorie), z.B. „Ich bin ein NLP-Trainer",
(6) „Ich bin ein wW" (wobei w eine bewertete Eigenschaft in einer sozialen Kategorie W ist), z.B. „Ich bin ein guter NLP-Trainer".

(1-6 beschreiben auch ein Spektrum von der personalen zur ➪ *sozialen Identität.*)

Im ➪ *Sozialen Panorama-Modell* wird die personale Identität durch zwei gleichzeitige Repräsentationen definiert: durch ein Selbst-Bild und durch das kinästhetische Selbst. Das Selbst-Bild ist eine visuelle Vorstellung von sich selbst, d.h. ein ➪ *dissoziiertes* Bild der eigenen Person (begleitet von Elementen in anderen Repräsentations-Systemen, wie einem ➪ *inneren Dialog*). Im Unterschied zu anderen dissoziierten Bildern über die eigene Person (wie bei der Erinnerung an ein vergangenes Ereignis) kommt dem hier definierten Selbst-Bild ein genereller, allgemeiner Status zu. Es gilt nur dann als (relativ kontextfreies) Identitäts-Bild, wenn es zugleich von einem Körper-Gefühl im kinästhetischen Selbst begleitet ist. Das kinästhetische Selbst ist ein Gefühl, das auf einem kleinen (meist eng abgegrenzten) Bereich des Körpers konzentriert ist. Gewöhnlich tritt es im Bauch auf: der Ki-Punkt im Aikido, etwas unterhalb des Nabels. Starke oder schwache personale Identitäten unterscheiden sich nach der Intensität, mit der eine ➪ *Synästhesie* zwischen dem Gefühl (dem kinästhetischen Selbst) und dem Selbst-Bild auftritt. Diese Synästhesie gilt als die entscheidende kritische Variable.

Das Gefühl (K) bezieht sich auf das visuelle Selbst-Bild (V) und wird von einem inneren Dialog (A) begleitet.

Wollen Sie Ihr Selbst-Bild verbessern? Probieren Sie folgendes:
(1) Aktivieren Sie Ihr Selbst-Bild. Denken Sie an sich selbst und stellen Sie sich selbst visuell außerhalb von Ihnen vor. Halten Sie die Distanz und die Größe dieses Bildes fest.
(2) Machen Sie Ihr Selbst-Bild größer und lassen Sie es näherkommen. Nehmen Sie dabei Ihr Gefühl im kinästhetischen Selbst wahr. In welcher Weise verändert sich dabei Ihr Selbstwertgefühl? Welche Gedanken

über Sie selbst kommen Ihnen dabei spontan in den Sinn? Experimentieren Sie damit, die Distanz und die Größe dieses Bildes so zu verändern, daß ein positives Gefühl im kinästhetischen Selbst auftritt. (Manche Personen beschreiben es als interessante [und intensive] Erfahrung, das Selbst-Bild näher und näher kommen zu lassen und es schließlich ➪ *assoziiert* zu erleben.)

Phobie, Phobie-Technik, Phobie-Modelle

Eine Phobie ist eine „unvernünftige" Angst vor bestimmten Situationen, Menschen, Tieren, Gegenständen. Phobien sind z.B. Angst vor dunklen oder überfüllten Räumen oder vor Schlangen oder Spinnen. Phobien sind automatisch und schnell ablaufende Reaktionen mit unangenehmen, manchmal sehr intensiven Empfindungen: „Immer, wenn ich eine Spinne sehe, ekelt es mich!"

Zur Beeinflussung (und Auflösung) phobischer Reaktionen hat NLP spezielle Vorgehensweisen entwickelt, die Phobie-Techniken oder Phobie-Modelle genannt werden (daneben finden für Phobien viele andere NLP-Techniken Verwendung). Es handelt sich dabei um (meist) sehr kurze Interventionen (auch Ultrakurzzeit-Therapie genannt), die manchmal andauernde positive Wirkungen zeigen. Diese Modelle basieren auf folgenden Annahmen:

(1) Das Problem einer phobischen Reaktion ist die zu starke ➪ *Assoziation*. In der phobischen Reaktion sind Menschen in ihrem Erleben gefangen und unfähig, sich zu distanzieren (und z.B. darüber nachzudenken, welche Bedrohungen denn von einer Spinne wirklich ausgehen).
(2) Die Auflösung einer Phobie bedarf einer intensiven Dissoziierung, in der Regel einer (mindestens) zweifachen ➪ *Dissoziation* (d.h. der Klient sieht sich von außen, wie er eine Situation betrachtet, in der er eine phobische Reaktion erlebt).
(3) Die phobische Reaktion läuft so ab: „Ein äußerer ... Reiz löst Gefühle aus, die mit einem früheren oder einem zukünftigen traumatischen Erlebnis zusammenhängen ... Oft ist der frühere Vorfall dem bewußten Erleben des Klienten nicht zugänglich ... Bei phobischen Reaktionen erleben die Betreffenden tatsächlich die Gefühle wieder, die während des Traumas vorhanden waren" (*Cameron-Bandler 1992 [1978], 110f.*).

Als Abhilfe wird demnach empfohlen:
(1) sich das ursprüngliche Erlebnis (die früheste Erinnerung, bei der eine Person entsprechend phobisch reagiert hat) bewußt zu machen,
(2) es dissoziiert zu erleben und
(3) mit ➪ *Ressourcen* anzureichern.

Die Standard-Modelle dazu sind (vgl. *Weerth 1994 [1992], 175ff.*):
(1) die V/K-Dissoziations-Technik (*Bandler und Grinder 1994c [1979], 35ff.*; *Cameron-Bandler 1992 [1978], 109ff.*),
(2) die Kino- oder Theater-Technik (*Bandler 1995b [1985], 57ff.; Bandler und McDonald 1993 [1988], 28ff.*).

(1) Bei der ersten Variante geht es um die visuelle Dissoziierung von den kinästhetischen Anteilen der phobischen Situation (deshalb der Name V/K-Dissoziations-Technik). Mögliche ➪ *Prozeß-Schritte* sind:
(a) Eine Person stellt sich dissoziiert das ursprüngliche Erleben (die früheste Phobie-Reaktion) vor,
(b) geht zur letzten Szene vor Beginn dieser Reaktion zurück, die als unproblematisch erlebt wurde,
(c) dissoziiert sich ein zweites Mal,
(d) läßt den Film (die phobische Reaktion) ablaufen,
(e) geht in die erste Dissoziation zurück,
(f) schickt sich selbst in der phobischen Situation Ressourcen, und
(g) geht schließlich assoziiert in die veränderte Szene hinein.

(2) Bei der Kino- oder Theater-Technik stellt sich eine Person vor, in einem Kino oder Theater zu sitzen, wo die phobische Situation auf der Leinwand oder der Bühne zu sehen ist. Bei dieser Variante gibt es viele Möglichkeiten, Inhalte und ➪ *Untereigenschaften* des Films/des Stücks positiv zu verändern. Beispiele für die Kino-Metapher: mit lauter Zirkusmusik unterlegen, in einen Schwarz-Weiß-Film verwandeln, den Film rückwärts laufen lassen, sehr schnell oder sehr langsam (in Zeitlupe) ablaufen lassen, in den Film assoziiert „hineinspringen" und das Geschehen schnell (in ein bis zwei Sekunden) in Farbe rückwärts erleben, der Person (sich selbst) im Film eine Ressource geben, wie: einen Schutzschirm, ein hilfreiches Symbol, mit Farbe oder Licht umhüllen, usw.

Physiologie

Die Medizin unterscheidet nach Physiologie und Pathologie. Physiologie ist die Lehre von den normalen (gesunden) Lebensvorgängen, Pathologie die Lehre von den Krankheiten. Im NLP wird der Ausdruck Physiologie zweifach verwendet:

(1) Physiologie bezeichnet alles, was mit dem physischen Körper (im Unterschied zum psychischen Geschehen) zu tun hat. Die Physiologie einer Person umfaßt alles, was durch ➪ *genaues Wahrnehmen* von außen beobachtet werden kann, d.h. alle ➪ *Zugangs-Hinweise*, wie Körperhaltung, ➪ *Atmung*, Lippengröße, Gesichtsfarbe, ➪ *Muskelspannungen*, ➪ *Augen-Bewegungen*, alle auditiven ➪ *Untereigenschaften* der Stimme, die gesamte ➪ *Körper-Sprache*. NLP geht von einer engen Verbindung von Körper und Geist aus. Die Physiologie eines Menschen hat einen direkten Einfluß auf seine kognitiven Prozesse und auf seinen ➪ *inneren Zustand*. Kleine Veränderungen in der Physiologie (z.B. den Kopf ein klein bißchen höher halten) können einen großen Einfluß auf die innere Befindlichkeit ausüben.

(2) Physiologie ist der körperliche Gesamt-Eindruck, der sich auf einen bestimmten inneren Zustand bezieht. Thies Stahl (*1995 [1988]*) unterscheidet nach ➪ *Problem-Physiologie*, ➪ *Ziel-Physiologie*, ➪ *Ressourcen-Physiologie*, ➪ *Versöhnungs-Physiologie* und ➪ *Misch-Physiologie*.

Placebo-Effekt

Das Wort „placebo“ kommt aus dem Lateinischen und bedeutet „ich werde gefallen“. Ein Placebo ist ein Heilverfahren (eine Pille, eine Spritze, ein chirurgischer Eingriff, ein psychotherapeutisches Verfahren), das keine „wirklichen“ Wirkungen hat (z.B. eine Pille, in der nur Traubenzucker enthalten ist). Ein Placebo-Effekt entsteht, wenn ein Placebo nachweisbare Wirkungen hervorruft (z.B. Schmerzen lindert), ohne daß ein genauer Wirkungs-Mechanismus bekannt ist. Placebo-Effekte werden vor allem durch psychische Faktoren „erklärt“: von den Erwartungen der Patienten, dem Ruf einer Behandlungsmethode, oder dem Glauben des Arztes an seine eigene Diagnose.

Placebo-Effekte sind in Hunderten Untersuchungen genau erforscht. Man weiß z.B., daß die Größe, Form oder Farbe einer Pille einen systematischen Einfluß auf ihre Wirksamkeit haben kann. Fast jedes Verfahren kann – im entsprechenden Setting verabreicht – bei gut 30-40 Prozent der Patienten (je nach Suggestion) toxische (giftige) oder heilende Wirkungen hervorrufen. Vermutlich handelt es sich um ein generelles Problem jeder „Behandlungsmethode“ (inklusive NLP!). In der Gedanken-Welt des NLP sind Placebo-Effekte ein Indiz für die Wirksamkeit mentaler Repräsentationen, im besonderen von ➪ *Beliefs*, von ➪ *Framings* und von hypnotischer Sprache (z.B. verkörpert durch die Autorität des Arztes, der unverständliche Fremdworte mit hohem Prestige-Gehalt verwendet).

Literatur: *Dilts 1993 (1990), 27ff.* Eine Zusammenfassung vieler Studien zu Placebo-Effekten findet sich bei *Murphy 1994 (1992), 262ff.*

Polaritäten

(1) Das Fremdwörter-Lexikon definiert Polaritäten als „Gegensätzlichkeiten bei wesensmäßiger Zusammengehörigkeit“. Ein duales Denken konstruiert „Gegensätze“ als „entweder – oder“. Ein polares Denken konstruiert „Gegensätze“ als „sowohl – als auch“. „Gegensätze“ sind hier keine „Widersprüche“, sondern Pole, die wie der Nord- und der Südpol grundsätzlich zusammengehören und nicht für sich alleine existieren können. Viele Begriffs-Paare der NLP-Begriffe sind

sinnvoll als polare Begriffe zu verstehen. Beispiele sind die „Gegensätze“ von ➪ *assoziiert* und ➪ *dissoziiert*, von ➪ *up-time* und ➪ *down-time*, der unterschiedlichen ➪ *Wahrnehmungs-Positionen*, der drei Zustände im ➪ *Walt-Disney-Modell* und vieler ➪ *Meta-Programme*. NLP versteht diese „Gegensätze“ als ➪ *Teile*, die sich nur oberflächlich widersprechen, aber „wesensmäßig“ zusammengehören. Jeder Teil ist auch in seiner Beziehung zu anderen Teilen definiert und kann nicht isoliert für sich bestehen. Bei behaupteten „Gegensätzen“ können immer Elemente des scheinbaren Gegenteils entdeckt werden. Das polare Denken basiert auf einer grundsätzlichen UND-Haltung. Niemand kann (nicht einmal für einen genau definierten ➪ *Kontext*) in seinem Verhalten und Denken ausschließlich einem Pol zugeordnet werden. NLP betont die Kontext-Abhängigkeit von Personen. Menschen, die in bestimmten Kontexten mehr den einen Pol aktivieren (z.B. bei Konflikten oft assoziiert sind), leben in einem anderen Kontext den anderen Pol (d.h. sind hier bei Konflikten meist dissoziiert). Das Wissen um die Automatik eines Poles (d.h.: in einem bestimmten Kontext, mit bestimmten ➪ *Ankern* wird automatisch ein Pol aktiviert) birgt die Lernchance, auch in diesem Kontext einen leichten Zugang zum anderen Pol zu finden. NLP will niemals den einen Pol durch den anderen ersetzen (das wäre eine ODER-Haltung). Das Ziel ist eine Person, die fähig ist, jeden Pol frei wählen zu können. Jeder Pol ist eine ➪ *Ressource*, dessen Wert immer betont wird. Das polare Denken ist die Grundlage der Teile-Arbeit im NLP, insbesondere in den Techniken des ➪ *Reframings*.

(2) Ein Begriff in der Arbeit mit ➪ *Inkongruenzen*. Bandler und Grinder schlagen in „Metasprache und Kommunikation“ (*1994b [1976], 72ff.*) vor, multiple inkongruente ➪ *Para-Botschaften* in zwei Gruppen aufzuteilen, die Polaritäten genannt werden. (Die Gruppe von Para-Botschaften, die mit der ursprünglichen Polarität „am meisten ... in Konflikt stehen“, wird „gegenläufige Polarität“ genannt; *107.*) Polaritäten sind ➪ *Teile*. Sie sollen – jeder für sich und getrennt voneinander – erlebt und ausgedrückt werden. Das Ziel ist es, sie abschließend – von der Warte einer übergeordneten ➪ *Meta-Position* – zu integrieren (z.B. sie zu einer Kooperation zu verpflichten).

Polare Reaktionen, polarity response

(1) Menschen reagieren polar, wenn sie auf das logische Gegenteil von dem, was durch die Kommunikation eines anderen intendiert wurde, reagieren. Polarity-Responser reagieren gegenteilig. A sagt: „Ich mag dein neues Haar“, und B reagiert polar mit: „Na, du bist heute sarkastisch.“ Eine Person mit diesem Muster kann oft dadurch motiviert werden, indem das Gegenteil angesprochen wird (*Dilts u.a. 1994 [1980], 172* nennen dies eine „negative Motivations-Strategie“). Das Interesse eines Polarity-Responsers kann geweckt werden, wenn er etwa hört: „Ein NLP-Lexikon wird Sie sicher nicht interessieren.“ Im ➪ *Milton-Modell* werden für Personen mit polaren Reaktionen ➪ *eingebettete Befehle* vorgeschlagen, wobei der Befehl mit der

Stimme ➪ *analog* markiert werden soll: „Ein NLP-Lexikon **wird Sie sicher** nicht **interessieren**."

(2) Eine besondere Beziehung zwischen den Repräsentations-Komponenten einer ➪ *Strategie*: „Eine *polare Reaktion* ist im wesentlichen eine *inhaltliche Umkehrung* des vorhergehenden Schrittes" (*Dilts u.a. 1994 [1980], 105*). Jemand steht z.B. vor der Entscheidung, ob er schwimmen gehen soll oder nicht. Er stellt sich visuell vor, wie er das letzte Mal beim Schwimmen aussah. „Eine *kongruente Reaktion* auf dieses Bild im kinästhetischen System wäre das Erleben der Körpergefühle im Wasser. ... Hätte die Person ... Angst- oder Übelkeitsgefühle erfahren, dann würden wir von einer *polaren Reaktion* in der kinästhetischen Modalität sprechen." (*ebenda*)

Positive Absicht

➪ *gute Absicht*

Positiver History Change

Beim ➪ *History Change* geht es um das Kennenlernen und Auflösen einer belastenden Situation aus der Vergangenheit. Ausgangspunkt ist meist ein negatives Gefühl, das in seine Ursprünge in der Jugend oder in der Kindheit zurückverfolgt wird. Beim Positiven History Change wird diese Technik mit einem positiven Inhalt eingesetzt. Ausgangspunkt ist eine ➪ *Ressource* (die z.B. für ein ➪ *Ziel* benötigt wird), wie das Gefühl von Freiheit. Mit diesem Gefühl geht man in der Erinnerung zurück und man sammelt alle Ereignisse, die zu diesem Gefühl passen. (Es wird also ein bestimmter „roter Faden" im Leben aufgerollt.)

Der Positive History Change ist ein Gegenpol zu den Techniken des History Change und der ➪ *Neuprägung*. History Change und Neuprägung aktivieren die „Hölle der Kindheit", der Positive History Change das „Paradies der Kindheit". Kinder können intensiv genießen, ganz im Hier und Jetzt leben und vollkommen glücklich sein. Ein Positiver History Change ist geeignet, das Bild über die eigene ➪ *Vergangenheit* positiv zu verändern.

Prädikate

(1) Die traditionelle Grammatik unterscheidet u.a. nach Subjekt, Objekt und Prädikat. Durch das Prädikat werden auf das Subjekt bezogene Handlungen, Vorgänge und Zustände bezeichnet – z.B. das Wort lesen im Satz: **„Sie lesen gerade im Lexikon.“**

(2) „Im NLP wird der Begriff »Prädikat« so gebraucht wie in der Logik. Hier sind Prädikate alle sprachlichen Ausdrücke, die zur näheren Bestimmung eines Gegenstandes gebraucht werden können. Sogenannte einstellige Prädikate bezeichnen die Eigenschaften eines Gegenstandes“ (z.B. „ist interessant“ im Satz „Logik ist interessant“), „sogenannte mehrstellige Prädikate stellen Beziehungen zwischen mehreren Gegenständen her, wie z.B. in dem Satz »Max ist kleiner als Helene«. Das Prädikat ist hier »ist kleiner« und beschreibt eine Beziehung zwischen Max und Helene, nicht eine persönliche Eigenschaft von Max oder Helene“ (*Jochims 1995, 105f.*).

(3) NLP konzentriert sich auf eine Klasse von Prädikaten, die „sinnesspezifische Prädikate“ genannt werden (in vielen NLP-Texten ist verkürzt nur von „Prädikaten“ die Rede). Sinnesspezifische Prädikate sind Prädikate, die sich auf eine bestimmte Klasse von Sinnes-Wahrnehmungen beziehen, z.B. auf etwas Sehbares, etwas Hörbares oder etwas Fühlbares. Visuelle Prädikate sind z.B.: „deutlich“, „Einsicht gewinnen“, „Absicht“. Auditive Prädikate sind: „harmonisch“, „Ausrede“, „stimmig“. Kinästhetische Prädikate sind: „warm“, „Kontakt suchen“, „schwerfällig“.

Die Bedeutung sinnesspezifischer Prädikate für Kommunikation entdeckten Bandler und Grinder beim Studium von Mitschriften (Transkripten) von Therapie-Sitzungen von Perls, Satir und Erickson. Drei wichtige Befunde waren (vgl. *Walker 1996, 259ff.*):

(1) Die Prädikate, die eine Person unbewußt beim Sprechen wählt, sind nicht willkürlich, sondern spiegeln das ➪ *Repräsentations-System* wider, das diese Person gerade bewußt erlebt. Prädikate liefern einen Hinweis darauf, welches Repräsentations-System eine Person eben verwendet.

(2) Menschen neigen dazu, in bestimmten ➪ *Kontexten* ihr inneres Erleben bevorzugt in bestimmten Repräsentations-Systemen zu organisieren. Man spricht hier vom ➪ *bevorzugten Repräsentations-System*.

(3) Der bewußte Einsatz von Prädikaten in der Kommunikation hat Einfluß auf die Kommunikation. Um sich einer Person anzugleichen, sie zu ➪ *spiegeln*, ist es günstig, Prädikate ihres bevorzugten Repräsentations-Systems zu verwenden. Beim Sprechen vor Publikum oder im Unterricht ist es günstig, eine ausgewogene Mischung von Prädikaten zu benutzen.

Sinnesspezifische Prädikate lenken die bewußte Aufmerksamkeit anderer auf bestimmte Anteile ihrer inneren und äußeren Erfahrung. Sie sind eine Möglichkeit, andere Menschen in Kommunikation zu ➪ *führen*. Viele Techniken des NLP basieren auf der Fähigkeit, Prädikate bei anderen zu erkennen und Prädikate bewußt beim Sprechen einzusetzen.

Literatur: Eine Übersicht über empirische Studien zur Bedeutung von Prädikaten für Rapport findet sich bei *Weerth 1994 (1992), 236*.

Pragmagrafisches Swish-Design, Pragmagraphic Swish Design Pattern

Eine komplexe Variante einer ➪ *Swish-Technik*, entwickelt von Robert Dilts und Todd Epstein. Im Unterschied zum ➪ *Standard-Swish* und zum ➪ *Swish-Design* ist das Ziel-Bild kein direktes (positives) Selbst-Bild, sondern eine Situation, in der der Klient in der Lage ist, frei und kreativ beliebige andere Verhaltensweisen wählen zu können. Beim Problem-Bild geht es in dieser Variante nicht um das „wahre“ Auslöser-Bild (das durch Befragen ermittelt wird), sondern um eine innere Repräsentation, die im ursprünglichen Ablauf der problematischen Strategie eine auslösende Funktion gehabt haben könnte. Anders als beim einfachen Swish-Design, bei dem der Coach versucht, diejenigen inneren Repräsentationen herauszufinden, die direkt als Auslöser angesehen werden können, macht man beim Pragmagraphic Swish Design Pattern einen „Umweg“ über die Gefühle. Die automatische zwanghafte Reaktion wird dabei als Abfolge (Strategie) von gefühlsmäßigen (kinästhetischen) Reaktionen gedacht: ein Gefühl K1 „verursacht“ ein anderes Gefühl K2 usw. Die ➪ *Prozeß-Schritte* dieser Technik sind:

(1) Im ersten Schritt versucht man, das Gefühl K1 zu erkunden, das bei dem zwanghaften Verhalten auftritt: jenes Gefühl, das eine Person erlebt, wenn sie dieses Verhalten tun „muß“.

(2) Im zweiten Schritt wird eine zeitliche Kette in die Vergangenheit konstruiert: Was macht diese Person unmittelbar bevor K1 auftritt, und welches Gefühl K2 ist damit verbunden? Danach soll der Klient seine Reaktion erkunden, die unmittelbar vor K2 kommt, und das Gefühl K3, das damit verbunden ist. Die Konstruktion dieser Gefühls-Kette enthüllt meist einen Ablauf, der in der Regel außerhalb der bewußten Wahrnehmung stattfindet. (Klienten stoßen manchmal auf Gefühle, die sie bewußt noch niemals mit dem zwanghaften Verhalten in Verbindung gebracht haben.)

(3) Im nächsten Schritt wird das Ziel konstruiert: ein Zustand von Wahlmöglichkeiten und Kreativität und die speziellen Gefühle K4, die mit diesem Zustand einhergehen.

(4) Dann werden die ➪ *kritischen Untereigenschaften* der visuellen Repräsentationen zu K3 und K4 erkundet, die beide gemeinsam haben.

(5) Mit Hilfe dieser kritischen Untereigenschaften und einer gemeinsamen, nicht-kritischen Untereigenschaft erfolgt dann der Swish. Dabei wird das visuelle Bild, das zu K3 paßt, durch das visuelle Bild ersetzt, das zu K4 paßt – frei nach dem Bandler'schen Motto „Durchsage an's Gehirn: Nicht da geht es längs (nach K2 und K1), sondern da längs (nach K4)!“

Diese Technik orientiert sich – im Unterschied zu anderen Swish-Techniken, die vor allem mit visuellen Bildern arbeiten – an den Gefühlen. Dabei scheint es unerheblich zu sein, ob die visuellen Untereigenschaften des Bildes zu K3 dem „wahren“ Auslöser-Bild (das bei dieser Technik nicht in Erfahrung gebracht wird) entsprechen (und ein Teil der ➩ *Strategie* sind, die das zwanghafte Verhalten hervorgebracht hat), oder ob sie erst im Prozeß der Befragung aus dem Gefühl K3 entstanden sind bzw. vom Coach induziert wurden. Der „Autopilot“ (die automatische Reaktion, die zu dem unerwünschten Zwangs-Verhalten führt) wird dabei in jedem Fall verändert. Möglicherweise hat diese Veränderung damit zu tun, daß in der Befragung erst eine Assoziation zwischen der Kinästhetik K3 und der dazugehörenden visuellen Repräsentation konstruiert wird (ebenso für K4).

Das pragmagrafische Swish-Design ist gut geeignet, die sekundären Gewinne zu erkunden, die mit dem ursprünglichen Zwangs-Verhalten verbunden sind. (K3 gibt meist einen deutlichen Hinweis darauf.) (*Text von Thies Stahl.*)

Prägung, Imprint

Ein Prozeß, bei dem ein Verhalten in einen Organismus „eingebrannt“ oder eingeprägt wird. Entdeckt wurde dieses Phänomen von dem Verhaltensforscher Konrad Lorenz. Lorenz fand heraus, daß Graugänse während einer kritischen Phase in den ersten Tagen ihres Lebens „geprägt“ werden: Sie machen sich ein „inneres Bild“ von ihrer Mutter und ihrer Spezies. Was immer die junge Gans in dieser Phase sieht, erhält, wenn es sich bewegt, die Bedeutung „Mutter“, ob es nun die wirkliche Gänsemutter ist, ein Ball oder Konrad Lorenz selbst. Viele der von Lorenz aufgezogenen Gänse hielten ihn für die Mutter und glaubten, sie gehörten der gleichen Spezies an wie er. Dieses Konzept wurde auch auf die Psychologie übertragen. Prägungserfahrungen sind intensive Erlebnisse, oft in der frühen Kindheit, die eine Person nachhaltig formen. Robert Dilts bezeichnet damit Erfahrungen, die das Verhalten und die ➩ *Beliefs* eines Menschen nachhaltig und intensiv beeinflussen: „Prägungen können signifikante »positive« Erfahrungen sein, die zu nützlichen Glaubenssätzen führen oder sie können traumatische oder problematische Erfahrungen sein, die einschränkende Glaubenssätze zur Folge haben“ (*Dilts 1995 [1989], 82*). Negative Prägungen (die oft unbewußt wirken und „vergessen“ wurden) werden im NLP mit der Technik der ➩ *Neuprägung* erkundet und in ihrem Erinnerungs-Bild verändert. Dies kann eine intensive Erfahrung sein, mit oft dramatischen Resultaten und bleibendem Wert.

Präskriptive Regeln

Präskriptive oder normative Regeln sind Vorschriften, Gebote. Im sozialen Kontext werden präskriptive Regeln meist nicht explizit, sondern implizit nonverbal vermittelt. Präskriptive Regeln sind ➩ *Beliefs*.

Präsuppositionen

⇨ *Voranahmen*

Primäres Repräsentations-System

⇨ *Bevorzugtes Repräsentations-System*

Problem-Fokus, Problem-Physiologie, Problem-Zustand

Das Erleben eines Problems, das sich in einer entsprechenden Physiologie ausdrückt. Eine Person zeigt ihre Problem-Physiologie, wenn sie von ihrem Problem spricht, sich an eine Situation erinnert (oder sich eine Situation in der Zukunft vorstellt), die nicht zu ihrer Zufriedenheit abgelaufen ist (ablaufen wird). Problem-Physiologien können ⇨ *genau wahrgenommen* werden, sind jedoch bei jedem Menschen unterschiedlich. Problem-Physiologien zeigen Problem-Zustände an. Bei der Durchführung von NLP-Techniken dienen Problem-Zustände unterschiedlichen Zwecken. In manchen Fällen kann das ⇨ *assoziierte Erleben* von Problem-Zuständen hilfreich sein, z.B. um den „emotionalen Hintergrund" einer Erfahrung zu erkunden (z.B. zu entdecken, daß „hinter" einer Depression Wut und „dahinter" Schmerz über nicht erfüllte Bedürfnisse steckt). In den meisten Fällen dient das Erleben von Problem-Zuständen (bei NLP-Techniken) nur der Informations-Gewinnung. Dies kann ein längerer Prozeß sein (wie bei der ⇨ *Neuprägung*, um die Kette rückwärts zum ursprünglichen Erlebnis zu finden) oder nur kurz dauern. Im Anschluß daran versucht man in der Regel, Menschen aktiv aus dem Problem-Zustand herauszuführen, sie von ihrem Problem zu ⇨ *dissoziieren* und so die ⇨ *Ziel-* und ⇨ *Ressourcen-Arbeit* durchzuführen.

Propriozeptive Empfindungen, propriozeptives Feedback

Die propriozeptiven Empfindungen werden in der Medizin, neben den ⇨ *viszeralen*, den ⇨ *haptischen*, bzw. taktilen Empfindungen und den Temperatur- und Schmerzempfindungen zu den Bereichen der Gesamtkörper-Empfindungen gerechnet. (Im NLP wird all das unter dem Begriff der ⇨ *Kinästhetik* zusammengefaßt.) Das propriozeptive Feedback besteht aus den Impulsen der Propriorezeptoren (das sind Nerven, die in einem ausführenden Organ enden und dessen Eigenreflexe auslösen). Sie vermitteln uns Informationen über die Körperhaltung, über Bewegungen des Körpers oder einzelner Körperbereiche: Wir fühlen, in welcher Körperhaltung wir sind, oder welche Bewegungen wir machen, ohne daß wir dazu gezwungen wären, uns selbst dabei zuzuschauen (visuell) oder uns von anderen Leuten erzählen (auditiv) zu lassen, was wir tun. Wir fühlen es (kinästhetisch) dank des propriozeptiven Feedbacks. (*Text von Thies Stahl.*)

Prozeß-Ebene, Prozeß-Perspektive, Prozeß und Inhalt

Der Inhalt ist, „was" getan wird – der Prozeß das „Wie". *Was* jemand sagt, ist der Inhalt, sind die Wörter – *wie* jemand etwas sagt, der Prozeß. Mit NLP will man innere und äußere Kommunikations-Prozesse verstehen. Einer der großen Vorteile von NLP ist die Orientierung auf die Prozeß-Ebene. Es ist z.B. möglich, eine NLP-Beratung durchzuführen, ohne die Inhalte eines Problems im Detail zu kennen. (Dies wird manchmal verdecktes Arbeiten genannt.) Überspitzt formuliert: Wenn eine Person K (der Klient, die Klientin) einer Person B (dem Berater, der Beraterin) erzählt: „Ich habe ein Problem mit der Person C im Kontext X", so kann B (ein entsprechendes Können vorausgesetzt) K durchaus wirksam helfen, ohne viel mehr von dem Problem zu wissen (dies steht durchaus in Widerspruch zu der gängigen NLP-Ideologie einer langen ➪ *Informations-Sammlung*). B konzentriert sich dabei ausschließlich auf Prozeß-Elemente: Welche ➪ *Physiologie* zeigt K im Reden über das Problem? Welche ➪ *Zugangs-Hinweise* sind im ➪ *stuck state* zu beobachten? Welche ➪ *Ressource* könnte fehlen? Wie reagiert K auf vorgeschlagene ➪ *Ziele* und Ressourcen? Welche ➪ *Hindernisse* sind erkennbar? usw. B könnte schließlich eine ➪ *Änderungs-Technik* anbieten und bei all dem strikt auf der Prozeß-Ebene bleiben.

Die Konzentration auf die Prozeß-Ebene von Kommunikation hat viele Vorteile im Beratungs-Prozeß (*vgl. auch Grinder und Bandler 1987 [1981, 136]*:

(1) B kann sich ganz auf den Prozeß konzentrieren und wird durch Inhalte nicht abgelenkt.

(2) Die Prozeß-Ebene erlaubt den Schutz der Integrität und Intimität von K. K kann über belastende, intime und peinliche Probleme „arbeiten", ohne genau sagen zu müssen, um was es „wirklich" geht. (Ein Teilnehmer in einem Seminar hat einmal gesagt: „NLP ist wie Striptease ohne sich auszuziehen.")

(3) Dies kann für B zusätzlich hilfreich sein, weil es die Abgrenzung zu den Problemen von K erleichtert – eine Vorbedingung für eine effiziente Beratung.

(4) Prozeß-Instruktionen fördern die Mitarbeit von K, weil K aktiv den Inhalt, der nicht vorgegeben wird, selbst konstruieren muß.

Die Wahrnehmung der Prozeß-Elemente von Kommunikation erfordert die Schulung eines ➪ *Meta*-Standpunktes, unabhängig von und zusätzlich zu den Inhalten von Kommunikation. Die Konzentration auf Prozeß-Aspekte von Kommunikation bedingt eine spezielle Denkweise, die im Umgang mit NLP-Techniken erworben werden kann. Anleitungen zu NLP-Übungen (wie sie auch in diesem Lexikon zu finden sind) sind Prozeß-Anleitungen. Sie beschreiben Prozeß-Schritte, die eine erfahrene Person machen kann.

Die meisten Änderungs-Techniken des NLP können bei jedem Prozeß-Schritt unterbrochen und zu einem späteren Zeitpunkt bei diesem Schritt fortgeführt werden (dabei muß B immer auf den ➪ *inneren Zustand* von K achten).

Prozeß-Filter

(1) Ausdruck für ➪ *Wahrnehmungs-Filter*.

(2) Bezeichnung für die Kriterien, nach denen Menschen ➪ *Verallgemeinerungen*, ➪ *Tilgungen* und ➪ *Verzerrungen* machen. NLP unterscheidet (nach *Weerth 1994 [1992], 22*) im wesentlichen vier Prozeß-Filter: (1) ➪ *Beliefs*, (2) ➪ *Werte*, (3) Erinnerungen und Zukunftsvorstellungen, und (4) ➪ *Meta-Programme*.

Prozeß-Sprache

Ausdruck für die Sprachformen des ➪ *Milton-Modells*. Prozeß-Sprache ist (im Gegensatz zu Inhalts-Sprache) „kunstvoll vage" und enthält viele ➪ *Verallgemeinerungen*, ➪ *Tilgungen* und ➪ *Verzerrungen*. Prozeß-Sprache ruft meist weniger „Widerstand" hervor. Prozeß-Sprache ist geeignet, ➪ *Trancen* zu induzieren.

Punch-Reframing, Sleight-of-Mouth-Patterns

Eine Liste von Sprachmustern, um schnell eine Aussage zu ➪ *reframen*. Diese Muster wurden Anfang der 80er Jahre von Robert Dilts beschrieben. Dilts beobachtete, daß Richard Bandler im Gespräch wiederkehrende Strukturen benutzte, um fehlgeformte Glaubenssätze von Gesprächspartnern zu verändern.

Punch-Reframing ist eine Möglichkeit, im Gespräch Veränderungsarbeit machen zu können. Die Sprachmuster des Punch-Reframings sind rhetorische oder formale Mittel, um mit bereits identifizierten ➪ *Beliefs* zu arbeiten. Sie verändern die Beziehung zwischen einzelnen Elementen des Glaubenssatzes. Sleight-of-Mouth-Patterns sind Vorschläge, wie man das, was man mitteilen möchte, in eine nützliche Form bringen kann.

Die Wirkungsweise der einzelnen Sprach-Muster orientiert sich an den Arbeiten des Mathematikers Polya, der herausfand, unter welchen Bedingungen Menschen bereit sind, ihre Glaubenssätze aufzugeben oder zu modifizieren. Er argumentierte, daß Menschen, wenn sie sich entscheiden, etwas zu glauben oder nicht zu glauben, sich vor allem an Wahrscheinlichkeiten orientieren. Wenn etwas nach ihrer Einschätzung wahrscheinlich ist, wird es eher für wahr gehalten, als wenn es eher unwahrscheinlich ist. Durch bestimmte formale Interventionsformen wird, unabhängig vom Inhalt, suggeriert, daß ein Glaubenssatz weniger wahrscheinlich ist als angenommen.

Da Glaubenssätze nicht an der aktuellen Erfahrung überprüft werden, und da es nicht möglich ist, einen Glaubenssatz zu ändern, indem man ihn logisch widerlegt, sind Sleight-of-Mouth-Patterns eine Möglichkeit, Glaubenssätze zu ändern, indem man für wahr Gehaltenes unwahrscheinlich erscheinen läßt. Die Muster des Punch-Reframings werden vor allem bei Beliefs eingesetzt, die das ➪ *Meta-Modell* in bezug auf Ursache-Wirkung und auf ➪ *komplexe Äquivalenz* verletzen. (*Text von Inke Jochims.*)

Literatur: *Dilts und Epstein 1992b, 22 ff.; Jochims 1995, 197ff.*

Quelle

Bezeichnung für eine innere Vorstellung, die in besonderem Maße eine Person in einen ➪ *Ressourcen-Zustand* führt. Die Quelle ist oft die Vorstellung einer (realen oder fiktiven) Landschaft, ein Platz in der Natur, ein besonderer Ort. Die Quelle ist wie eine Tankstelle. Sich diesen Ort vorzustellen, „sich in die Quelle zu begeben", d.h. diese Vorstellung ➪ *assoziiert* zu erleben, hat die Wirkung, sich energievoll und voller Kraft zu fühlen.

Die Quelle beschreibt einen ➪ *core state*, die Erfahrung von ➪ *Zugehörigkeit*. Sie hat mit der höchsten der ➪ *logischen Ebenen* zu tun. Die markanten ➪ *Untereigenschaften* der Quelle (z.B. ein bestimmtes Licht, eine Musik oder ein Geruch) verfügen über besondere Wirkungen auf eine Person. Sie sind hervorragend als ➪ *Ressource* für viele ➪ *Interventionen* geeignet. Personen, die die markanten Untereigenschaftem ihrer Quelle kennen, können in der Regel ihre ➪ *Ziele* deutlich verbessern (in jedem wichtigen Ziel sollten die markanten Untereigenschaften der Quelle zu finden sein). Ein Ziel der ➪ *Selbststeuerungs-Techniken* des NLP könnte es sein, den raschen Zugang zur Quelle im Alltag sicherzustellen.

Rahmen, frame

Die Bedeutung, der ➪ *Kontext*, die Interpretation, der Rahmen, in den jemand etwas stellt. Etwas aus einem Rahmen zu lösen heißt ➪ *deframing*, etwas in einen neuen Rahmen zu stellen ➪ *Reframing*.

Rapport

Ein Ausdruck, den NLP aus der Hypnose übernommen hat. „Rapport ist eine positive Beziehung zwischen Individuen. Sie basiert auf Verständnis und Vertrauen. Rapport mit einem Klienten ist dann erreicht, wenn er/sie das Gefühl hat, verstanden zu werden und wenn er/sie fühlt, daß die Bedeutung und Komplexität seiner/ihrer persönlichen Erfahrung wertgeschätzt wird" (*Yapko 1995, 52*). In der Arbeit mit Hypnose oder ➪ *Trance* ist Rapport die Vorbedingung, damit jemand in Trance gehen kann.

NLP verwendet den Ausdruck für jede Art von Kommunikation. Rapport bezeichnet einen „unmittelbaren Kontakt zwischen zwei Personen" (*Mohl 1996a [1993], 55*). Rapport beschreibt eine intensive Beziehung in der Kommunikation, das Erleben einer Verbindung, eines Gleichklangs, manchmal auch Resonanz genannt. Das Ziel der ➪ *Kommunikations-Techniken* von NLP ist die Herstellung von Rapport in Kommunikation.

Rapport basiert auf der inneren Einstellung von Respekt für den anderen. Im Alltag kann man oft beobachten, daß Menschen, die sich in dieser Haltung begegnen, ganz automatisch die „Techniken" des ➪ *Spiegelns* (pacing) anwenden, die NLP zur Herstellung von Rapport empfiehlt. Spiegeln (pacing) bedeutet, dem anderen ähnlich zu werden, sich ihm anzugleichen, seine Welt zu betreten. Je tiefer der Rapport zwischen zwei Menschen, desto mehr gleichen sich ihre Körper und Stimmen „wie von selbst" einander an: sie „schwingen auf der gleichen Welle", sie sind in Kontakt, in Resonanz.

Im NLP wird die Fähigkeit, mit anderen in Rapport zu treten, systematisch geschult. Dabei übt man u.a. die konzentrierte Wahrnehmung nach außen (➪ *up-time*), die ➪ *genaue Wahrnehmung* minimaler ➪ *Zugangs-Hinweise* und das ➪ *Kalibrieren* der ➪ *Physiologie* anderer Personen. Die Standard-Technik ist das ➪ *Spiegeln*. Eine subtile und wirkungsvolle Art, den Grad von Rapport in Kommunikation zu testen, ist, den Körper oder die Stimme zu verändern, und zu beobachten, ob und in welchem Ausmaß die andere Person diese Veränderung mitmacht (➪ *Führen* als Rapport-Check).

Darüber hinaus wird die Fähigkeit zu Rapport im NLP durch ein Verständnis von Ideen gefördert, die manchen NLP-Techniken zugrundeliegen. Beispiele sind:

(1) der ➪ *Belief*-Gedanke: allen Meinungen einen Glaubens- und keinen Wahrheits-Charakter zuzuschreiben. Dies kann die Fähigkeit fördern, „unverständliche" Beliefs anderer Menschen mehr zu respektieren.

(2) der ➪ *Reframing-Gedanke*, Verhalten und Absicht zu trennen. Dies kann die Fähigkeit fördern, mit unerwünschtem Verhalten anderer konstruktiver umzugehen.
(3) der Gedanke der ➪ *Tiefen-Struktur* der Sprache, der dem ➪ *Meta-Modell* zugrundeliegt. Dies kann die Fähigkeit fördern, fremde Innen-Welten zu erforschen (und sie weniger kritisch zu bewerten).

Räumlicher Anker, Raum-Anker, lokaler Anker

Die Verwendung räumlicher Elemente, wie bestimmter Plätze am Boden, bestimmter Räume, Gesten in eine bestimmte Richtung, usw. als ➪ *Anker*. Räumliche Anker kommen in Form von ➪ *Boden-Ankern* bei vielen NLP-Techniken zum Einsatz. Beispiele sind Interventionen mit den ➪ *Wahrnehmungs-Positionen*, mit der ➪ *Walt-Disney-Strategie,* ➪ *Neuprägung* und die Technik der ➪ *Belief*-Veränderung mit lokalen Ankern. Das bekannteste Beispiel räumlicher Anker ist das Konzept der ➪ *Boden-Zeit-Linie* mit vielen Anwendungen.

Realist

Einer von drei Zuständen bei der ➪ *Walt-Disney-Strategie*. Im realistischen Zustand sollen die Ideen, Visionen und Ziele aus der Phase des Träumens in einen konkreten Plan gegossen werden.

Referenz

(1) Referenz bezeichnet in der Linguistik das, worauf sich ein Begriff bezieht (mit dem Wort „lesen" referiert man auf den Prozeß des Lesens). (2) Innere und äußere Referenz gelten im NLP als eines der (komplexen) ➪ *Meta-Programme*. Bei innerer oder interner Referenz entscheiden Menschen nach eigenen Maßstäben. Bei äußerer oder externer Referenz richten sich Menschen nach den Maßstäben anderer. Menschen, die sich stark nach anderen ausrichten, repräsentieren in der Regel diese Personen in ihrem ➪ *sozialen Panorama* als sehr groß.

Referenz-Erfahrung

Eine Erfahrung aus der Vergangenheit, die als „Beleg" oder als „Beweis" für einen ➪ *inneren Zustand*, eine ➪ *Fähigkeit* oder ein ➪ *Belief* dient. Wenn ich zu mir sage: „**Ich bin eine interessante Person**" und ich aktiviere das Gefühl dazu, dann erinnere ich mich (meist schnell) an Ereignisse, wo ich genau dieses Gefühl und das dazupassende Belief hatte. Diese Erinnerungen sind meine Referenz-Erfahrungen, die mir „beweisen", daß mein Belief „richtig" ist (analog für negative Referenz-Erfahrungen und hinderliche Beliefs). Erinnerungen an positive Referenz-Erfahrungen dienen in vielen NLP-Techniken dazu, ➪ *Ressourcen* zu aktivieren. In NLP-Trainings wird die Fähigkeit geschult, schnellen Zugang zu positiven Referenz-Erfahrungen zu bekommen und den ➪ *Fokus des Bewußtseins* im Alltag vermehrt darauf zu richten.

Referenz-System

Das ➪ *Repräsentations-System*, mit dem intern die Richtigkeit einer Erfahrung, die Wahrheit abgerufener Informationen überprüft wird. Eine Person reagiert z.B. auf die Frage nach einem Ereignis aus ihrer Vergangenheit mit folgender Erinnerungs- ➪ *Strategie*: (1) zuerst wird die Frage innerlich kommentiert (auditives ➪ *Leit-System*), (2) dann visuell repräsentiert (visuelles ➪ *bevorzugtes System*) und (3) das Ergebnis gefühlsmäßig überprüft. Diese Person verfügt also über ein kinästhetisches Referenz-System. In vielen Fällen ist das Referenz-System unbewußt. Es kann u.a. durch ➪ *genaues Wahrnehmen* der ➪ *Augenmuster* erkundet werden.

Reframing, reframen, umdeuten

Die Bedeutung, die ein Ereignis, eine Aussage, ein Verhalten, ein Glaubenssatz, ein Auslöser, ein Reiz hat, hängt vom ➪ *Kontext*, vom Rahmen ab, in den wir es hineinstellen, den wir ihm geben. Frame ist der Rahmen. Reframing bedeutet, einen neuen Rahmen zu konstruieren, eine neue Bedeutung zu geben. Ein Bild kann in einem neuen Rahmen ganz anders aussehen und anders wirken. Wird ein Problem reframt, dann bekommt dasselbe Ereignis eine neue Bedeutung: Neue Reaktionen und neues Verhalten werden möglich. Reframing bezeichnet den Prozeß des Umdeutens, des Einnehmens einer neuen Perspektive, einer neuen Art der Wahrnehmung, einer neuen Interpretation.

Häufig wird im NLP nach (1) Kontext-, (2) Bedeutungs- und (3) Inhalts-Reframing unterschieden (vgl. *Bandler und Grinder 1995 [1982], 21ff.*).

(1) Das Kontext-Reframing ist eine Form des Reframings, bei der eine Eigenschaft, die jemand bei sich oder bei anderen als negativ empfindet, in einen Kontext gestellt wird, wo diese Eigenschaft nützlich ist. Ein Beispiel: Ein Vater bezeichnet seine Tochter als stur. Der Therapeut meint: „Stellen Sie sich vor, Ihre Tochter würde von einem Mann belästigt. Wäre es nicht sehr nützlich, wenn sie dann stur wäre?“

Der therapeutische Zweck dieser Intervention ist es, dem Vater zu helfen, ein positives Gefühl für die abgelehnte Eigenschaft zu entwickeln.

Kontext-Reframings sind angezeigt, wenn in der sprachlichen Darstellung des Problems durch den Klienten ein Vergleich auftaucht, der die Form hat: „Ich bin zu X“ oder „Er/sie ist zu X“. In diesem Falle liegt eine ➪ *Verallgemeinerung* (Generalisierung) vor, denn die abgelehnte Eigenschaft wird in allen denkbaren Kontexten für falsch angesehen. Indem der Therapeut einen Kontext findet, in dem die Eigenschaft angebracht und nützlich ist, nimmt er die Generalisierung zurück und ersetzt sie durch eine kontext-bezogene Äußerung.

(2) Beim Bedeutungs-Reframing (auch Inhalts-Reframing genannt) bleiben Kontext und Situation erhalten, aber die emotionale Bedeutung eines Ereignisses wird neu interpretiert. Ein Beispiel: Eine Mutter ärgert sich über die Fußabdrücke ihrer Kinder am Teppich. „Fußabdrücke auf dem Teppich“ haben für sie die Bedeutung: „Niemand respektiert mich.“ Eine neue Bedeutung könnte sein: „Fußabdrücke auf dem Teppich“ haben die Bedeutung: „Liebe Menschen sind im Haus“.

Bedeutungs-Reframing wird eingesetzt, wenn im sprachlichen Modell des Klienten eine Äußerung auftaucht, die die Form einer ➪ *komplexen Äquivalenz* hat: „Ich fühle mich x, wenn y passiert“ – läßt sich abbilden auf: „x bedeutet, daß ich mich y fühlen muß.“

(3) Der Ausdruck Inhalts-Reframing wird im NLP unterschiedlich verwendet. Manche AutorInnen setzen diesen Ausdruck mit Bedeutungs-Reframing gleich: Es geht um die inhaltliche Bedeutung einer Aussage und die Veränderung des Bedeutungs-Inhaltes. (Dies ist m.E. die angemessene Interpretation, weil sich Reframing-Typen formal eindeutig bestimmen lassen.) Für andere ist der Ausdruck Inhalts-Reframing ein Überbegriff mit dem Kontext- und dem Bedeutungs-Reframing als Sonderfälle. Beide Reframings können nämlich nur dann durchgeführt werden, wenn der Coach den Inhalt (den Wortlaut) der problematischen Aussage kennt. D.h., im Unterschied zu anderen NLP-Interventionen kann der Coach nicht alleine auf der ➪ *Prozeß-Ebene* agieren, sondern muß auch gewisse Inhalte des Problems kennen (*Bandler und Grinder 1995 [1982],17).*

NLP hat eine Vielzahl von Reframing-Techniken entwickelt, z.T. von anderen Richtungen übernommen, und sie in einfache Prozeß-Anleitungen übersetzt. Beispiele sind:
(1) das ➪ *Punch-Reframing* (Sleight-of-Mouth-Patterns), eine Liste von Sprach-Mustern zum schnellen Uminterpretieren von Aussagen,
(2) das ➪ *Verhandlungs-Reframing*, dessen Struktur sowohl für innere Konflikte („Zwei Seelen wohnen ach in meiner Brust“) als auch für Verhandlungen mit anderen Menschen hilfreich sein kann,
(3) das ➪ *Symptom-Reframing*, geeignet für den Umgang mit Körper-Symptomen, wie Krankheit,
(4) das Paar-Reframing, angewandt für Konflikte bei Partnern, oder
(5) Techniken, die sich gut zur ➪ *Selbststeuerung* eignen, wie die Übung „Aus Fehlern lernen“ (➪ *Kritik*).

Die meisten Reframing-Techniken des NLP beinhalten zwei Konzepte:
(1) das Konzept der ➪ *Teile*: Unerwünschtes Verhalten nach außen (wie z.B. Aggressivität) oder nach innen (z.B. Krankheit) wird einem „Teil“ im ➪ *Unbewußten* zugeordnet. Dieser Teil wird vom „restlichen Ich“

abgetrennt und mit ihm (wie mit einer fremden Person) Kontakt aufgenommen.

(2) das Konzept der ➪ *guten Absicht*: Unerwünschten, störenden und unverständlichen „Teilen" wird – als grundlegende ➪ *Vorannahme* – eine positive Intention unterstellt, auch wenn dies auf den ersten Blick nicht erkennbar sein mag. Das Umdeuten besteht darin, diese positive Absicht herauszufinden, bewußt zu machen und in neues Verhalten umzusetzen (*Cameron-Bandler 1992 [1978], 121ff.*).

Ein bekanntes Verfahren des Reframings ist das sogenannte Sechs-Stufen-Reframing. Die sechs Stufen sind:

(1) Das, was stört, identifizieren (ein Verhalten, ein Symptom, innere Stimmen, ...),
(2) Kontakt mit dem dafür verantwortlichen „Teil" herstellen,
(3) die gute Absicht dieses „Teils" herausfinden,
(4) Kontakt mit dem kreativen „Teil" herstellen und neue Verhaltensweisen für das ursprünglich Störende finden,
(5) ➪ *Ökologie-Check*, ob alle anderen „Teile" im Unbewußten einverstanden sind,
(6) ➪ *Future Pace*.

(Die Reihenfolge von Schritt 5 und 6 wird auch manchmal vertauscht.) Eine ausführliche Erklärung finden Sie im Stichwort ➪ *Sechs-Stufen-Reframing*.

Weitere Literatur: *Cameron-Bandler 1992 (1978), 119ff.; Gordon 1995 (1978), 46ff.; Bandler und Grinder 1994c (1979), 167ff.; Grinder und Bandler 1987 (1981), 182ff.; Stahl 1995 (1988), 245ff.; Mohl 1996a (1993), 191ff.* und *1996b, 119ff.*

Regeln

Regeln sind Anleitungen, Vorschriften. Präskriptive Regeln sind Regeln über Verhaltensweisen, die besagen, was sozial richtig ist. Deskriptive Regeln beschreiben Zusammenhänge, z.B. Ursache-Wirkungs-Konstruktionen. Es ist sinnvoll und hilfreich, ➪ *Beliefs* als Regeln zu verstehen.

Re-imprint, Reimprint

➪ *Neuprägung*

Reorientierung

➪ *Trance-Beendigung*

Repräsentation

Repraesentare bedeutet im Lateinischen sich vergegenwärtigen oder vertreten. (1) Repräsentation bezeichnet in der Psychologie den psychischen Akt des Sichvergegenwärtigens von Vorstellungen oder Erinnerungen. (2) Repräsentation bezeichnet in der Erkenntnistheorie alle Arten von Abbildungen. Repräsentationen sind ➪ *Modelle*.

NLP verwendet den Ausdruck Repräsentation in beiden Bedeutungen (vgl. *Bachmann 1993 [1991], 136*).

Repräsentations-Systeme

„Die Modalitäten, wie wir Informationen aufnehmen, abspeichern und in unseren Gehirnen kodieren" (*O'Connor und Seymour 1996 [1990], 58*). Die Repräsentations-Systeme werden auch als die Wahrnehmungs-Systeme oder Wahrnehmungs-Ebenen bezeichnet, mit denen wir die Umwelt wahrnehmen. (*Dilts u.a. 1994 [1980], 39* sprechen von „senso-motorischen Komplexen".) Es sind die Modi der fünf Sinne: das Sehen (das visuelle System, visuell), das Hören (auditiv), das Fühlen (kinästhetisch), das Riechen (olfaktorisch) und das Schmecken (gustatorisch) – abgekürzt: VAKOG oder VAKO. Der Tast-Sinn (taktil, haptisch) wird meist nicht als eigener Sinn behandelt, sondern dem Fühlen, den Körper-Empfindungen, zugeordnet.

Das Modell der Repräsentations-Systeme basiert auf zwei Annahmen:
(1) Wir nehmen über unsere Sinne an der Umwelt teil. Wahrnehmen bedeutet, daß wir innerlich sinnliche „Bilder" (Seh-, Hör-, Fühl- usw. „Bilder") konstruieren. Jedes Erleben in der Welt setzt sich aus Informationen zusammen, die über qualitativ vollkommen unterschiedliche Sinnessysteme aufgenommen werden.

(2) Diese „Bilder" beschreiben die grundlegende Ebene des ➪ *Bewußtseins*. Sie gilt im NLP als Basis, als Form aller mentalen Operationen. Alle mentalen Operationen können auf Repräsentations-Systeme reduziert werden und alle mentalen Operationen bauen auf Repräsentations-Systemen auf. Die Ebene der Repräsentations-Systeme ist die Basis-Ebene für alles, was wir uns bewußt machen können. „Denken" bedeutet nach NLP, „die Sinne innerlich zu nutzen". NLP geht davon aus, daß jede mentale Operation, der wir uns bewußt werden können, sinnlicher Natur ist und durch sinnliche Elemente gestaltet und zusammengesetzt ist. ➪ *„Denken"* ist im NLP immer sinnliches Denken.

Das Modell der Repräsentations-Systeme ist damit auch ein Modell der vorsprachlichen Ebene, auf der alle anderen Verarbeitungs-Schritte aufbauen. Alle weiteren Ebenen basieren auf dieser Ebene und sind von ihr abhängig. Die vorsprachliche Ebene (die „primäre Repräsentation" nach *Bandler und Grinder 1994c [1979], 33*) ist unendlich reichhaltiger als die sprachliche Ebene, die „sekundäre Repräsentation": „Aus der unbegrenzten Menge möglicher Erfahrungen haben wir ganz bestimmten einen Namen gegeben, sie sind mit Worten gekennzeichnet und binden, auf diese Weise hervorgehoben, unsere Aufmerksamkeit" (*ebenda*).

Das NLP-Modell der Repräsentations-Systeme ist ein „logisches Modell, das hochkomplexe kognitive und präkognitive Vorgänge so vereinfacht darstellt, daß sie im therapeutischen Alltag nützlich angewandt werden können" (*Jochims 1995, 103*). Die Repräsentations-Systeme beschreiben ein mentales Modell des Bewußtseins. Dieses Modell ist ein Erfahrungs-Modell, das jede Person erfährt, die NLP-Techniken auf sich selbst anwendet. Ob und in welcher Weise es als wissenschaftliches ➪ *Modell* anzusehen ist, ist weitgehend ungeklärt. (Dies hat auch damit zu tun, was jemand unter „wissenschaftlichen Modellen" versteht – nachdem im 20. Jahrhundert das ➪ *mechanistische Welt-Bild* zerstört worden ist.) Von Bedeutung ist auch, daß der Zusammenhang des Modells der Repräsentations-Systeme mit neurologischen Modellen des Gehirns weitgehend unerforscht ist.

Die Repräsentations-Systeme werden im NLP in weitere Qualitäten unterteilt, die Submodalitäten oder ➪ *Untereigenschaften* genannt werden. Beispiele für visuelle Untereigenschaften sind die dominanten Farben, die Art des Lichtes, für auditive das Tempo oder der Rhythmus usw. Repräsentations-Systeme und Untereigenschaften gelten im NLP als die allgemeinen Prozeß-Elemente für jedes innerliche Konstrukt.

NLP verfügt damit über eine vereinheitlichte Prozeß-Sprache (➪ *Notation des NLP)*. Bei vielen NLP-Methoden, die innere Vorgänge miteinbeziehen, geht es um das Bewußtwerden und Bewußtmachen von Repräsentations-Systemen und Untereigenschaften – bei anderen und bei sich selbst. Die Wahrnehmungs-Techniken des NLP dienen auch dazu, die Repräsentations-Systeme bei anderen zu erkennen, und so einen schnellen Zugang zur inneren Welt anderer zu bekommen. NLP-geschulte Personen sind geübt, durch ➪ *genaues Wahrnehmen* der ➪ *Physiologie* anderer Personen eine Vielzahl von ➪ *Zugangs-Hinweisen* zu erfassen, die exakte Informationen über die Repräsentations-Systeme und die ➪ *inneren Zustände* anderer Personen enthalten. Bekannte Beispiele sind die Repräsentations-Systeme der Sprache (siehe unten) und das ➪ *Augen-Muster-Modell* des NLP. Sie erlauben es beispielsweise, die ➪ *Problem-*, ➪ *Ziel-*, ➪ *Ressourcen-* oder ➪ *Versöhnungs-Physiologie* anderer Personen exakt zu erkunden.

Die ➪ *Änderungs-Techniken* des NLP beschreiben Veränderungen von Repräsentations-Systemen und Untereigenschaften. In den ➪ *Selbst-Steuerungs-Techniken* geht es um das Bewußtwerden der Repräsentations-Systeme und der Untereigenschaften eigener Konstruktionen und um die Freiheit, sie gezielt zu verändern.

Repräsentations-Systeme der Sprache

Viele Worte in unserer Sprache spiegeln sinnliche Elemente wider. Wenn jemand von einer „glänzenden Idee" spricht, dann beschreibt er ein inneres visuelles Bild. „Diese Idee ist für mich stimmig", sagt eine andere Person und drückt damit etwa Auditives aus. NLP basiert auf der Annahme, daß solche Aussagen keine reinen ➪ *Metaphern* sind, sondern reale innere Prozesse widerspiegeln. Sprache (die Repräsentations-Systeme der Sprache) und inneres Erleben (die Repräsentations-Systeme) korrespondieren miteinander: Grinder u.a. sprechen hier von der (vorsprachlichen) „Primär-Erfahrung“ und der (sprachlichen) „Sekundär-Erfahrung“ (*1977, 11ff.*). Die Repräsentations-Systeme der Sprache drücken sich in sinnes-spezifischen ➪ *Prädikaten* aus. Sie liefern einen Aufschluß darüber, welches Repräsentations-System eine Person eben verwendet.

Ressourcen

sind im NLP alles, was der Erreichung gewünschter Ziele dient. Ressourcen können äußerer oder innerer Natur sein. Äußere Ressourcen sind z.B. andere Menschen oder finanzielle Mittel. Innere Ressourcen sind „alles, was in einer Person an Eigenschaften, Stärken, Fähigkeiten, Neigungen und Talenten vorhanden ist“ (*Bachmann 1993 [1991], 105*). Ressourcen sind Qualitäten, die jemand als Teil seines Potentials besitzt, z.B. ➪ *Verhaltensweisen*, Kenntnisse, ➪ *Fähigkeiten*, Einstellungen, ➪ *Beliefs* über andere Menschen oder über die Aufgabe, Selbst-Bilder (➪ *Identität*), ➪ *Strategien*, ➪ *Meta-Programme* usw. NLP ist ressourcen-orientiert. Eine der ➪ *Grundannahmen* des NLP ist, daß jede Person alle Ressourcen in sich hat, um ein befriedigendes und erfolgreiches Leben zu führen. NLP lenkt damit den Fokus auf das Potential von Menschen: das, was an positiven Entwicklungsmöglichkeiten in jedem Menschen vorhanden ist, aber in bestimmten Situationen und ➪ *Kontexten* nicht automatisch oder selbstverständlich zur Verfügung steht.

NLP kennt viele Techniken, um nicht-ressourcevolle Situationen (➪ *stuck states*) in ressourcevolle Situationen zu verwandeln. Das Erleben von nicht-ressoucevollen Zuständen („Problemen“) dient im NLP (im Unterschied zu anderen psychologischen oder therapeutischen Richtungen) meist nur der Informationsgewinnung und erfolgt im Regelfall kurz (außer, Menschen haben Schwierigkeiten, Probleme assoziiert zu erleben). In den ➪ *Änderungs-Techniken des NLP* geht es auch darum, sich (oder andere) wirksam vom Erleben nicht-ressourcevoller Zustände zu ➪ *dissoziieren*. Das Ziel ist hier, das Bewußtsein vom ➪ *Problem-Fokus* auf einen ➪ *Ressourcen-Fokus* zu lenken. In vielen Fällen werden Ressourcen dadurch aktiviert, daß der ➪ *Fokus des Bewußtseins* auf Erinnerungen gelenkt wird, bei denen genau die gewünschte Ressource erlebt wurde. Weil jede Person ➪ *Referenz-Erfahrungen* über gewünschte Ressourcen hat (jeder und jede war schon einmal in seinem/ihrem Leben selbstbewußt, überzeugend, energievoll, ruhig, ... usw.), deshalb kann jede Person – so die Überzeugung von NLP – lernen, diese Ressourcen in Situationen einzusetzen, in denen sie scheinbar nicht verfügbar sind.

Ressourcen-Fokus, -Physiologie, -Zustand

➪ *Bewußtsein* hat mit ➪ *Auswahl* zu tun. In jeder Sekunde können wir unseren Geist auf viele unterschiedliche Phänomene richten. Im Ressourcen-Fokus wird die innere Aufmerksamkeit auf Ressourcen ausgerichtet. Ein starker Ressourcen-Fokus bedingt einen Ressourcen-Zustand, außen erkennbar durch eine Ressourcen-Physiologie.

Ressourcen können überall gefunden werden: in unserer Vergangenheit (➪ *Positiver History change*), in der Gegenwart und in der Zukunft. Ressourcen können wir in uns und außerhalb von uns entdecken. Ressourcen können auf jeder ➪ *logischen Ebene* aktiviert werden. Starke Ressourcen sind mit hohen ➪ *Werten*, mit einem guten Selbst-Bild (➪ *personale Identität*) und mit dem Zugang zur Ebene der ➪ *Zugehörigkeit*, aktiviert in der ➪ *Quelle* und in ➪ *core states*, verbunden.

ROLE-Modell, R.O.L.E. Model

Ein Modell, das die wesentlichen Elemente des Denkens und des Verhaltens einer Person beschreiben soll, welches sie verwendet, um eine bestimmte Reaktion zu erhalten oder ein bestimmtes Ziel zu erreichen (*Dilts und Epstein 1992a, 10*). Die Buchstaben stehen: R für ➪ *Repräsentations-Systeme*, O für Orientierung (wie extern oder intern), L für Links, d.h. Verbindungen zu Repräsentationen in Form von ➪ *Ankern* oder ➪ *Synästhesien*, und E für Effekte, Resultate oder Zwecke einzelner Schritte im Denk-Prozeß, z.B. einzelne Schritte im ➪ *TOTE-Modell*.

Satir-Kategorien

Ein von Virginia Satir entwickeltes Kommunikations-Modell, das Grinder und Bandler in der Anfangsphase des NLP untersucht haben (*Bandler u.a. 1983 [1976]; Gordon 1995 [1978], 57ff.*). Die Satir-Kategorien sind eine Typologie kongruenter und ➪ *inkongruenter* Kommunikationsformen. Es umfaßt: (a) vier Formen inkongruenter Kommunikation. Sie werden als Formen gedeutet, die beschreiben, wie Menschen in Kommunikation mit anderen ihr Selbstwertgefühl schützen, wenn es bedroht ist – und (b) ein ➪ *kongruentes* Muster (bei dem Menschen auf allen Kommunikationskanälen übereinstimmende Botschaften senden). Jede dieser Formen ist gekennzeichnet durch eine besondere Körperhaltung, eine spezifische Gestik, begleitende Körpergefühle und eine besondere Sprache.

Die vier ersten Kategorien sind:

(1) Das beschwichtigende Muster: Ich bitte um Zustimmung, innerlich fühle ich mich wertlos.

(2) Das anklagende Muster: Ich mache Vorwürfe, innerlich fühle ich mich unverstanden.

(3) Das rationalisierende Muster: Ich spiele den kühlen Experten, innerlich fühle ich mich verletzlich.

(4) Das ablenkende Muster: Ich spiele den Clown, innerlich fühle ich mich alleine.

Mit den Satir-Kategorien lassen sich sowohl Individuen als auch soziale Systeme beschreiben. Es handelt sich dabei nach Satir nicht um invariante Charakterstrukturen, sondern eher um Muster, wie Menschen unter Streß reagieren. Die Kenntnis der Satir-Kategorien erlaubt oftmals eine schnelle Orientierung in streßhafter Kommunikation und erste Vermutungen über die Gefühlslage von Menschen, die diese Streß-Muster anwenden.

Nach Satir bilden die vier Streß-Muster ein gemeinsames Subsystem. Sie faßt es so zusammen:

„Selbstwert: gering. Kommunikation: indirekt, unklar, unspezifisch, inkongruent, beschwichtigend, anklagend, rationalisierend, ablenkend (entwicklungshemmend). Regeln: versteckt, unpassend, unmenschliche Regeln bleiben starr, Veränderungen haben sich bestehenden Regeln anzupassen und zu unterwerfen, Einschränkungen der Meinungsäußerungen. Ergebnis: unglücklich, chaotisch, unangemessen, zerstörerisch. Der Selbstwert wird immer mehr in Frage gestellt und ist immer stärker auf die Unterstützung durch die Außenwelt angewiesen“ (*Satir 1987 [1972], 145f.*).

Das kongruente Muster definiert Satir so: „Selbstwert: hoch. Kommunikation: direkt, klar, spezifisch, übereinstimmend, kongruent (entwicklungsfördernd). Regeln: offen, entsprechend, menschlich, die Regeln werden geändert, wenn es erforderlich ist, volle Freiheit zur Meinungsäußerung. Ergebnis: Bezug zur Realität, angemessen, konstruktiv. Der Selbstwert wird ständig zuverlässiger und zuversichtlicher, er erhält immer mehr Basis für die Persönlichkeit“ (*146*).

Weitere Literatur: *Satir 1988 (1978), 1996 (1988), 1994 (1990), 1995 (1991); Andreas 1994 (1991).*

Scheinfrage

➪ *Imperative Selbst-Analyse*

S.C.O.R.E-Modell

Eine Klassifikation, die Robert Dilts vorgeschlagen hat (*Dilts und Epstein 1992b, 16*). Die Buchstaben stehen für: (1) Symptome, (2) Causes (Ursachen des Symptoms), (3) Outcome (Ziel, wünschenswerter Zustand), (4) Ressourcen und (5) Effekte und Auswirkungen des Ziels. Diese Klassifikation kann genutzt werden, um einen einfachen Überblick über einige ➪ *Änderungs-Techniken* des NLP zu bekommen.

Sechs-Stufen-Reframing

Ein bekanntes Verfahren des ➪ *Reframings*, ursprünglich in sechs Schritten entwickelt (*Cameron-Bandler 1992 [1978], 119ff.; Bandler und Grinder 1994c [1979], 167ff.* und *1995 [1982], 129ff.*) (mittlerweile wird es in bis zu neun Schritte aufgeteilt). Die sechs Schritte sind:

(1) Das störende Verhalten, die störende Reaktion identifizieren. Reframing ist für Symptome auf der Verhaltensebene geeignet. Beispiele: ein Verhalten, das jemand aufgeben will (wie Schüchternheit oder zuviel essen), eine Gewohnheit, Körpersymptome (wie Beklemmungszustände in Gegenwart bestimmter Menschen), innere Stimmen (die z.B. in bestimmten Situationen jemanden übermäßig kritisieren). Dabei ist es günstig, das Verhalten möglichst exakt und spezifisch zu benennen. (Es ist allerdings auch möglich, das Sechs-Stufen-Reframing ausschließlich auf der ➪ *Prozeß-Ebene* durchzuführen, d.h. der Coach leitet die einzelnen Schritte an, ohne eine Kenntnis vom Inhalt zu haben.) Vage Wünsche, wie „Ich möchte glücklich sein!", sind für das Sechs-Stufen-Reframing nicht geeignet. Reframing ist geeignet für Verhalten, das eine Person aufgeben oder verändern will. (D.h. – wie immer im NLP – es müssen vorher die ➪ *Ziele* geklärt sein.)

Schon in dieser ersten Phase erfolgt ein erstes Reframing: Es wird ein fiktiver ➪ *„Teil"* konstruiert, dem die Verantwortung für das störende Verhalten zugeschrieben wird. D.h. meine Schüchternheit oder meine Kopfschmerzen, unter denen ich leide (die ich weghaben will), werden einem Teil, der im ➪ *Unbewußten* agiert, zugeschoben, der sie ohne mein bewußtes Einverständnis produziert hat. Dies wird vom Berater/von der Beraterin durch die Wortwahl unterstützt: „Der Teil, der Sie schüchtern werden läßt", „Der Schüchti-Teil" usw.

(2) Mit dem Symptom-Teil wird Kontakt aufgenommen. Da der Symptom-Teil als Teil des Unbewußten gilt, wird er gefragt, ob er bereit ist, mit dem Bewußten zu kommunizieren. Implizit wird damit erreicht, daß der Klient/die Klientin irgendeine Vorstellung von dem Teil entwirft (meist irgendwo innerhalb des Körpers), die jedoch in der Regel nicht direkt angesprochen wird. Der Kontakt mit dem Symptom-Teil kann auf verschiedene Arten geschehen. In den meisten Anleitungen zum Sechs-Stufen-Reframing wird ein Ja/Nein-Signal vorgeschlagen. Dies kann ein Körpergefühl sein (eine Empfindung an einer Körperstelle hat die Bedeutung von „Ja", eine andere von „Nein"), ein Bild, ein Wort, ein Klang usw. Es ist auch möglich, sich den Symptom-Teil visuell außerhalb des Körpers vorzustellen (als Symbol, als Person, als Tier, ...) und mit dieser Vorstellung direkt – wie mit einer Person – zu kommunizieren (all dies hängt stark von den Suggestionen des Coach ab).

Für Ja/Nein-Signale hat Alexa Mohl folgende Klassifikation entwickelt (*1996a [1993], 216ff.;* vgl. auch *Bandler und Grinder 1995 [1982], 194ff.*):

(a) Kommt auf die Frage nach der Bereitschaft zur Kommunikation mit dem Bewußten kein Signal, wird die Frage wiederholt, ein Bedeutungs- ➪ *Reframing* gemacht und der Prozeß beendet.

(b) Kommt ein Nein-Signal, wird die Frageform und die innere Haltung zu diesem „Teil" überprüft. Kommt wieder ein Nein, wie (a).

(c) Kommt ein unklares oder mehrdeutiges Signal, wird nochmals gefragt.

(d) Kommen mehrere Signale, werden sie als unterschiedliche „Teile" reframt und gebeten, mit einer Stimme zu sprechen.

(e) Meldet sich das Körper-Symptom, wird der Symptom-Teil gefragt, welche Absicht er damit verfolge und gebeten, dieses Signal abzuschwächen.

(f) Kommt ein Ja-Signal, geht der Prozeß weiter.

(3) Der Symptom-Teil wird im nächsten Schritt nach seiner ➪ *guten Absicht* befragt. Dazu ist es notwendig, das Verhalten von der Intention zu trennen. Dies kann direkt angesprochen werden („Du bist verantwortlich für X"). Im Anschluß daran wird nach der „guten Absicht", „dem positiven Sinn in meinem Gesamtsystem", usw. gefragt. Fragen und Antworten können in mehreren Runden ablaufen. Unverständliche Antworten werden mit dem ➪ *Meta-Modell* hinterfragt. Nein-Signale werden in dieser Phase reframt („Das Unbewußte hat seine Gründe, die positive Absicht dem Bewußten nicht mitzuteilen") und nicht weiter beachtet.

Bei all dem empfiehlt sich eine respektvolle Einstellung zum Symptom-Teil, eine Haltung von: „Ich würdige das, auch wenn ich es nicht verstehe." Im Anschluß an diesen Schritt wird der Symptom-Teil gefragt, ob er neugierig sei, neue Verhaltensweisen für seine positive Absicht kennenzulernen.

(4) Der vierte Schritt ist der Kontakt mit einem weiteren „Teil", dem „kreativen Teil". Als Zwischenschritt muß manchmal ein kreativer Teil erst etabliert werden (manche Menschen glauben, sie seien nicht kreativ). Möglichkeiten dazu sind, (a) sich an fünf kreative Situationen zu erinnern und

das zu ➪ *ankern*, (b) einen kreativen Teil autoritativ zu behaupten („Kein Mensch verhält sich immer wie ein Automat"), oder (c) das ➪ *Modellieren* einer kreativen Person.

Der Kontakt mit dem kreativen Teil kann auf unterschiedliche Weise erfolgen:

(a) ➪ *assoziiert*, d.h. man geht in den ➪ *inneren Zustand* von Kreativität und denkt hier („läßt man sich vom Unbewußten schenken") an neue Möglichkeiten, an neue Verhaltensweisen für die positive Absicht des Symptom-Teils.

(b) Viele Varianten des Sechs-Stufen-Reframings schlagen eine ➪ *dissoziierte* Kontaktaufnahme mit dem kreativen Teil vor. Man kann hier (ba) das „Ich" bitten, mit dem kreativen Teil Kontakt aufzunehmen oder (bb) den Symptom-Teil direkt mit dem kreativen Teil Kontakt aufnehmen lassen. Letzteres kann als bewußter (man „sieht" zu, man erlebt bewußt, wie die beiden Teile miteinander in Kontakt treten) oder als unbewußter Vorgang ablaufen (der Symptom-Teil wird gebeten wegzugehen, mit dem kreativen Teil Kontakt aufzunehmen und wiederzukommen). All dies kann auf einer sprachlichen oder auf einer nicht-sprachlichen Ebene geschehen, die beiden Teile werden z.B. durch Licht verbunden, und mit dem Licht fließen die guten Ideen vom kreativen zum Symptom-Teil.

Nachdem dieser Kontakt stattgefunden hat, wird der Symptom-Teil gefragt,

(a) ob er die neuen Verhaltensweisen dem Bewußten mitteilen will (das ist nicht immer notwendig und sinnvoll) und

(b) ob er in Zukunft bereit ist, die Verantwortung dafür zu übernehmen.

(5) Der nächste Schritt ist der traditionelle ➪ *Öko-Check* des NLP, hier angewandt auf alle anderen „Teile" im Unbewußten. Die Kontaktaufnahme mit diesen Teilen kann in all den Varianten erfolgen, die in (4) genannt wurden. Das Ziel ist das Einverständnis aller anderen Teile bzw. das Überprüfen möglicher Einwände. Bei Signalen wird nachgefragt, ob es sich um einen Einwand handelt. Gibt es Einwände, wird jeder „Teil", der einen Einwand erhebt, wie ein Symptom-Teil behandelt und die Schritte (3) bis (5) werden auf ihn angewandt.

(6) Der letzte Schritt ist das übliche ➪ *Future pace*. (Die Reihenfolge von Schritt 5 und 6 wird in manchen Anleitungen auch vertauscht.) Hier wird meist dem unbewußten Teil direkt die Verantwortung für die praktische Umsetzung des neuen Verhaltens übertragen. Weigert sich der Teil, dies zu tun, können (a) neue Ideen in Wiederholung von Schritt (4) erkundet werden, (b) eine Unterstützung anderer Teile versucht werden, (c) gefragt werden, ob eine Unterstützung durch das Bewußte gewünscht wird, usw. Am Schluß des Prozesses kann der Symptom-Teil verabschiedet und eventuell eine neuerliche Kontakt-Aufnahme in der Zukunft vereinbart werden.

Selbst-Anker

Ein ➪ *Anker*, den sich eine Person selbst setzt, meist in Form eines kinästhetischen Ankers: eine Körper-

Haltung, eine Bewegung, eine Berührung. Als Beispiel wird auf einen ➪ *Glücks-Anker* verwiesen.

Selbst-Bild

Vorstellung über sich selbst als eigene Person, das innere Modell der ➪ *Identität* und der ➪ *personalen Identität.*

Selbststeuerung

Die Fähigkeit, seinen eigenen ➪ *inneren Zustand* frei wählen zu können, in „seinem Haus" der „eigene Chef", die „eigene Chefin" zu sein. Selbststeuerung, selbstbestimmtes und eigenverantwortliches Handeln, beinhaltet viele Fähigkeiten, z.B.:

(1) sich vieler innerer Prozesse bewußt zu sein, z.B. innere „Bilder" und den ➪ *Körper wahrzunehmen* oder eigene ➪ *Beliefs* als Beliefs zu erkennen,
(2) sich von schlechten Zuständen ➪ *dissoziieren* zu können,
(3) sich gegen unerwünschte ➪ *Anker* wirkungsvoll abgrenzen zu können,
(4) den ➪ *inneren Dialog* zu kontrollieren,
(5) in vielen Kontexten gezielt ➪ *Ressourcen* aktivieren zu können,

(6) frei zu sein, mit den ➪ *Polaritäten* in sich zu spielen,
(7) seinen ➪ *Körper wahrzunehmen,*
(8) die Überzeugungen anderer als ➪ *Beliefs* zu erkennen,
(9) seine ➪ *persönliche Identität* aus sich heraus, unabhängig von äußeren Leistungen und Erfolgen, zu definieren,
(10) schnellen Zugang zur ➪ *Quelle* oder zu anderen ➪ *Core-Zuständen* zu haben.

Die ➪ *Änderungs-Techniken* des NLP, die eine Person auf sich selbst anwendet, sind geeignet, eine oder mehrere dieser Fähigkeiten zu schulen. Sich in Selbststeuerung zu üben, kann nur ein langfristiges Ziel sein. Es erfordert dauernde Aufmerksamkeit und ein geduldiges Üben im Alltag.

Selbststeuerung basiert auf Selbst-Wahrnehmung, auf Selbst-Beobachtung. Viele Menschen verändern die ganze Zeit ihren inneren Zustand, ohne dies bewußt zu merken. ➪ *Bewußtsein* ist immer ➪ *Auswahl*: Der Fokus des Bewußtseins ist auf einen kleinen Ausschnitt von dem gerichtet, was möglich wäre. Ein selbst-bewußtes Bewußtsein ist ein Bewußtsein, das sich der momentanen Auswahl bewußt ist. Es kennt den momentanen inneren Zustand und beobachtet, wie er sich verändert (man spricht auch von „Explorer-Fähigkeiten"). In der Selbst-Beobachtung richtet sich der ➪ *Fokus des Bewußtseins* auf einen ➪ *Meta*-Standpunkt, auf einen Prozeß-Standpunkt in bezug auf die Inhalte des Bewußtseins. Viele ➪ *Prozeß-Techniken* des NLP sind geeignet, diese Fähigkeit zu schulen. In vielen Prozeß-Anweisungen zu NLP-Techniken ist stillschweigend ein Meta-Standpunkt zu allen anderen inneren Zuständen, die Gegenstand der Technik sind, enthalten. Dieser Standpunkt wird, ohne daß davon gesprochen wird, bei vielen NLP-Interventionen geschult. Je mehr sich Menschen in ihrer Selbst-Beobachtung schulen, desto mehr werden sie fähig (nach und nach in einem langsamen Lern-Prozeß), sich selbst und ihre Zustände zu steuern. NLP – richtig verstanden und richtig praktiziert – kann ein hervorragendes Mittel sein, um schrittweise Selbststeuerung zu lernen.

Der Gedanke der Selbststeuerung wirft viele Fragen auf. Beispiele sind: die Frage nach dem Ich (wer steuert wen?), die philosophische Frage nach der Willensfreiheit, die Frage nach der Angemessenheit und den Grenzen der Kontroll- und Steuerungs- ➪ *Metapher* oder die Frage nach den (heimlichen) ➪ *Vorannahmen*, auf denen dieser Gedanke beruht. (Eine Kritik an einer sehr spezifischen Deutung der Selbststeuerungs-Idee findet sich unter dem Stichwort ➪ *Computer-Metapher des Geistes*.)

Selbstwert

Die Wertschätzung, das Gefühl, die Bedeutung, die Wichtigkeit, die jemand sich selbst entgegenbringt. Selbstwert im Sinne von Satir entsteht durch die Akzeptanz der verschiedenen ➪ *Teile* in uns und all der Gefühle, die dazugehören. Selbstwert ist Ausdruck innerer Kommunikations-Prozesse, z.B. der Art, wie der ➪ *innere Dialog* eingesetzt wird. Der Selbstwert einer Person manifestiert sich in ihrem Selbst-Bild. Das Selbst-Bild ist ein Modell, und als Modell kann es verändert werden (➪ *personale Identität*). Menschen mit hohem Selbstwert haben viele Teile in sich integriert und leben ➪ *kongruent*. Der Kontakt zur Ebene der ➪ *Zugehörigkeit*, der höchsten der ➪ *logischen Ebenen* des NLP, ist geeignet, Selbstwert zu erhöhen. Dazu kann es hilfreich sein, den Zugang zur ➪ *Quelle* und zu ➪ *core states* im Alltag zu üben. Das Ziel der ➪ *Selbststeuerungs-Techniken* von NLP ist eine Person mit hohem Selbstwert.

Sensorische Systeme

➪ *Sinnes-Systeme*

Separator, Separator-state

⇨ *Unterbrecher*

Sinnes-Kanäle, Sinnes-Systeme, Modalitäten, Sinnes-Modalitäten

Mit Modalitäten meint man im NLP die fünf (meist zu vier zusammengefaßten) Sinnes-Kanäle (die Sinnes-Modalitäten), also die Unterscheidung, ob es sich um visuelle (den Sehsinn betreffende), um auditive (den Hörsinn betreffende), um kinästhetische (den Körpersinn, die Körperempfindungen betreffende), um olfaktorische (den Riechsinn betreffende) oder um gustatorische (den Geschmackssinn betreffende) Wahrnehmungen handelt. Abgekürzt und zusammengefaßt werden die Sinnes-Kanäle in der ⇨ *Notation des NLP* oft mit [V,A,K,O]. (Hier werden die ⇨ *olfaktorischen* und ⇨ *gustatorischen* Wahrnehmungen unter O zusammengefaßt [was aufgrund der anatomischen, physiologischen und neurologischen Nähe beider Wahrnehmungsmodalitäten für den Beratungs- und Therapie-Kontext sinnvoll erscheint].)

Die intensive Beschäftigung mit und die deutliche formale Unterscheidung nach Sinnes-Modalitäten im System des NLP geht auf seine Vorbilder Perls, Satir und Erickson zurück. Fritz Perls sprach von „Löchern in der Person", und meinte damit, daß es Menschen gibt, die ganze Wahrnehmungs-Bereiche, bzw. sämtliche Wahrnehmungen eines Sinnesorganes in bestimmten ⇨ *Kontexten* oder bei bestimmten Themen vollständig ausblenden – ein Umstand, der aufs engste mit der speziellen Problem-Konstruktion zusammenhängt. Auch Virginia Satir hat besonders darauf geachtet, wie die Menschen ihre Sinnesorgane einsetzen, wen sie z.B. in einer Familienskulptur sehen oder hören können, wen sie gefühlsmäßig wahrnehmen und evtl. sogar auch, wen sie „gut riechen" können. Milton H. Erickson hat die Sinnes-Systeme seiner Klienten in hohem Maße beachtet und sie für den therapeutischen Prozeß effektiv eingesetzt. (Dies kann an vielen Transkripten von Tranceinduktionen und von psychotherapeutischen Interventionen gezeigt werden.)

Die Aufteilung der Sinneswahrnehmungen in Sinnes-Kanäle entspricht im NLP der Aufteilung der Gesamt-Repräsentationen, die sich ein Mensch von der Welt macht (wie er seine innere ⇨ *Landkarte*, sein ⇨ *Modell* der Welt gestaltet), in die ⇨ *Repräsentations-Systeme*. Die Aufteilung in Sinnes- bzw. Repräsentations-Systeme wird von einigen Vertretern (wie hier unter dem Stichwort ⇨ *Denken*) so weit durchgehalten, daß die Existenz von „sinnesunspezifischen Kognitionen", wie Gedanken, Denkinhalte, Erinnerungen oder Antizipationen, bestritten wird. Sagt z.B. jemand: „Ich denke mir das und das so und so", so werden seine ⇨ *Zugangs-Hinweise* Hypothesen darüber zulassen, in welcher der fünf Sinnes-Modalitäten er „gedacht" hat. (*Text von Thies Stahl.*)

Six-Step-Reframing

➪ *Sechs-Stufen-Reframing*

Sleight-of-Mouth-Patterns

Sleight-of-Hand ist ein Taschenspieler-Trick. Sleight-of-Mouth-Patterns sind kurze, pointierte Redewendungen. Sie werden vor allem eingesetzt, um ➪ *Beliefs* kraftvoll zu ➪ *reframen*. Sie werden hier unter dem Stichwort ➪ *Punch-Reframing* erklärt.

Sorting Styles, Sortier-Programme

Gemeint sind die ➪ *Wahrnehmungs-Filter*. Eine Klassifikation dazu findet sich in den ➪ *Meta-Programmen* (die Ausdrücke Sorting Styles und Meta-Programme werden oft gleichbedeutend verwendet).

Soziale Identität

Die Gesamtheit der ➪ *Repräsentationen* und ➪ *Beliefs* einer Person über ihre Stellung in sozialen Systemen: die Konstruktion von Zugehörigkeit oder Nicht-Zugehörigkeit, von Rollen, Gruppen, Geschlecht usw. Soziale Identitäten können im NLP durch Anwendung der ➪ *Meta-Programme* auf soziale Gegebenheiten erkundet werden: ob jemand z.B. ➪ *matching* oder ➪ *mismatching* mit bestimmten Gruppen praktiziert, sich mit anderen vergleicht, sich ➪ *polarisierend* wahrnimmt usw. Im ➪ *Sozialen Panorama-Modell* wird die soziale Identität vor allem durch den Abstand und die Größe des Selbst-Bildes im Vergleich zu anderen Personen, Gruppen und Systemen im sozialen Panorama erkundet. Auf diese Weise kann direkt in Erfahrung gebracht werden, welcher Gruppe sich eine Person zugehörig fühlt und wo sie sich als nicht zugehörig sieht (In-Group- und Out-Group-Konstruktionen). Als zentrale kritische Variable für die Autoritäts-Konstruktion von Menschen gilt dabei die horizontale Ebene in Augenhöhe. Personen, die oberhalb dieser Ebene repräsentiert werden, werden als Autorität erlebt (unterhalb das Gegenteil). Im Extremfall werden andere Personen als überragend groß konstruiert: Das Gefühl für das eigene Selbst (und seine Wichtigkeit) schwindet und Menschen reagieren „schüchtern“, „überwältigt“, „unterwürfig“ usw. (Vermutlich identifiziert sich das Gehirn mit dem größten Bild einer Person, die es repräsentiert.)

Die soziale Identität kann wie alle anderen ➪ *Beliefs* mit den Belief-Änderungs-Techniken des NLP gezielt verändert werden. Im Sozialen Panorama-Modell (siehe unten) wird vorgeschlagen, den Ort, die Größe und andere ➪ *Untereigenschaften* von Personen, Gruppen und Systemen im Sozialen Panorama zu verändern.

Soziales Panorama-Modell

Ein Modell, das Lucas Derks entwickelt hat (*Derks 1995a* und *b*). Das Soziale Panorama-Modell (SPM) beschreibt die soziale Repräsentation von Menschen, wie wir uns die soziale Welt, alle sozialen Systeme innerlich vorstellen. Das SPM ist ein Werkzeug, um die sozialen Modelle von Menschen zu erkunden und zu verändern. Das Soziale-Panorama-Modell geht von der Hypothese aus, daß sich die meisten Menschen ihre Beziehungen zu anderen Menschen in Form einer inneren Landschaft vorstellen. Diese Landschaft wird „soziales Panorama" genannt. Das Selbst (das Selbst-Bild) steht dabei in der Mitte, umgeben von allen anderen Personen und Gruppen, die im Leben eine Rolle spielen.

Eine NLP-erfahrene Person kann das Soziale Panorama-Modell einer anderen Person auf einfache Weise so erkunden:

(1) Bitten Sie die Person, die Augen zu schließen.
(2) Fordern Sie die Person auf, an „alle Menschen auf der Welt" zu denken.
(3) Fordern Sie die Person anschließend auf, an eine einzelne Person oder an eine bestimmte Gruppe zu denken (z.B.: Familie, Arbeitskollegen, alle Männer oder alle Frauen).
(4) Fragen Sie die Person, wo sie sich innerlich diese Person oder diese Gruppe vorstellt: vorne, hinten, links, rechts, oben, unten?
(5) Erkunden Sie den genauen Ort (Richtung, Entfernung) dieser Vorstellung.
(6) Erfragen Sie anschließend weitere ➪ *Untereigenschaften*, wie Helligkeit, Farben, Körpergröße oder Gefühle.

Das Soziale Panorama-Modell basiert auf zwei Grund-Ideen:
(1) „Ort = Beziehung" („location equals relation"). Die räumliche Positionierung anderer Menschen im sozialen Panorama entscheidet über die Art der Beziehung, die wir mit ihnen konstruieren.
(2) Das soziale Panorama ist die primäre oder Basis-Repräsentation sozialer Beziehungen. Sie ist die Vorlage, das Layout für unser soziales Handeln. Es gibt keine tiefere Struktur dahinter.

Nach dem SPM sind die Richtung und Distanz (in der wir uns andere Menschen vorstellen) die wichtigsten sozialen Untereigenschaften. Wir repräsentieren vermutlich unsere sozialen Beziehungen ganz fundamental in einer räumlichen Ordnung: wir sehen, hören und fühlen Personen innerlich in und aus einer bestimmten Richtung und in und aus einer bestimmten Distanz. Die vertikale Positionierung (die Körpergröße anderer Personen verglichen mit dem Selbst) ist meist direkt mit Status und Selbstwert-Gefühlen verbunden. Wer sich andere Personen in seinem Sozialen Panorama-Modell größer als sich selbst vorstellt, fühlt sich meist diesen Personen unterlegen, weniger wertvoll und ordnet sich selbst einen geringeren Status zu.

Das SPM beschreibt soziale Konstruktionen von Menschen, ihre soziale Identität – ausgedrückt in Nähe und Distanz, Zugehörigkeit und Nicht-Zugehörigkeit , ... zu sozialen Gruppen. Menschen, die in spirituellen Begriffen denken oder in einer magischen oder mystischen Welt leben, repräsentieren sich diese Vorstellungen in der Regel in einem ➪ *spirituellen Panorama*: ein Panorama, das meist oberhalb des sozialen Panoramas („im Himmel") angeordnet ist. (In dieser inneren Welt befinden sich nicht-menschliche Wesenheiten, wie „Energien" oder „Götter".)

Die räumlichen Repräsentationen sozialer Beziehungen dürften für die Konstruktion der Wirklichkeit ähnlich bedeutsam sein, wie die Repräsentation der Zeit in Form der inneren ➪ *Zeit-Linie*. Dies könnte auch den Erfolg von Techniken und Therapien erklären, die direkt mit der lokalen Repräsentation von Personen arbeiten, wie Sculpturing, Familienbrett, Psychodrama, Familienrekonstruktion oder Familienaufstellungen. Das Soziale Panorama-Modell könnte damit auch für die Verbindung und wechselseitige Integration von NLP und systemischen Ansätzen bedeutsam sein. (*Text unter Mitwirkung von Lucas Derks.*)

Spiegeln, pacing, pacen, mitgehen, angleichen

Spiegeln ist die NLP-Methode, um raschen ➪ *Rapport* mit einer Person zu bekommen. Beim Spiegeln paßt sich ein Kommunikator (eine Kommunikatorin) an Teile des beobachteten Verhaltens einer Person an. Spiegeln kann sprachlich oder nichtsprachlich geschehen. Nonverbales Spiegeln bedeutet, die ➪ *Physiologie* des anderen nachzumachen, z.B. die Körperhaltung, Bewegungen der Hände, den Gesichtausdruck oder den Rhythmus des Lidschlages. Sehr wirkungsvoll ist es, im gleichen Rhythmus zu ➪ *atmen*: Beide Körper „schwingen auf einer Wellenlänge" und ein tiefer Rapport kann entstehen. Nonverbales Spiegeln (das tatsächlich oder auch nur in Gedanken geschieht) ist eine gute Anleitung, die Innen-Welt anderer Menschen zu erfahren, um z.B. die zweite ➪ *Wahrnehmungs-Position* zu aktivieren.

Nonverbales Spiegeln kann direkt oder indirekt, partiell oder (fast) vollständig sein (*Gilligan 1991 [1987], 142ff.; Mohl 1996a [1993], 57ff.*). Direktes

Spiegeln erfolgt auf dem gleichen Kanal (A spiegelt das Atemmuster von B, indem A im gleichen Rhythmus wie B atmet). Indirektes Spiegeln wird auch ➪ *Überkreuz-Spiegeln* genannt: das Feedback erfolgt auf einem anderen Kanal (z.B.: A spiegelt das Atemmuster von B, indem A seine rechte Hand in diesem Rhythmus bewegt). Partielles Spiegeln ist ein Spiegeln von einem oder zwei Merkmalen. Vollständiges Spiegeln wäre eine gänzliche Übereinstimmung in vielen Äußerungen.

Verbales Spiegeln bedeutet, die verbal konstruierte Welt des anderen zu betreten und dort zu verweilen. Verbales Pacing war dann erfolgreich, wenn ein Gesprächs-Partner/eine Gesprächs-Partnerin die Äußerungen einer anderen Person als zutreffende Beschreibung seines/ihres aktuellen Erlebens akzeptiert (*Bandler und Grinder 1996 [1975], 24*).

Ein NLP-geschulter Kommunikator ist fähig, die sinnesspezifischen ➪ *Prädikate* des anderen zu erkennen und seine Sprache dem ➪ *bevorzugten Repräsentations-System* des Gegenüber anzupassen. Spiegeln in der Sprache bedeutet auch:

(1) eine Anpassung der ➪ *Untereigenschaften* der Sprache, wie der Tonhöhe, der Lautstärke, des Sprech-Tempos und der Klangfarbe,
(2) sprachlich das zu würdigen, was ein anderer sagt (d.h. z.B., das Wort „aber" durch das Wort „und" zu ersetzen),
(3) die Verwendung gleicher Phrasen, z.B. im ➪ *Back-track*,
(4) die Übernahme ganzer Sprach-Sequenzen, die z.B. die Motivations- oder Entscheidungs- ➪ *Strategie* ausdrücken.

Bandler und Grinder haben die Prinzipien des Spiegelns erstmals anhand ihrer Beobachtungen von Milton Erickson beschrieben: „Erickson achtet insbesondere auf die Tonalität, Syntax und Sprechgeschwindigkeit des Klienten und paßt seine Körperhaltung, seine Atmung und Gestik der des Klienten an. ... Erickson dehnt diese Prinzipien auf jede nur denkbare Weise aus. Er ... paßt auch seine Sprechgeschwindigkeit der Atmung oder dem Puls des Klienten an, indem er beobachtet, wie sich die Adern des Klienten ausdehnen und zusammenziehen. Er wird Worte und Ausdrücke verwenden, die er von dem Klienten gehört hat, und auch den gleichen Tonfall verwenden wie der Klient. Er macht alle seine Output-Kanäle zu einem Feedback-Mechanismus, der der subjektiven Erfahrung des Klienten sowohl auf bewußter wie unbewußter Ebene entspricht. Die Klienten sind sich nur selten der komplexen Art und Weise bewußt, in der Erickson sie pacet" (*1996 [1975], 25*).

Spiegeln ist ein natürlicher Prozeß, der im Alltag oft beobachtet werden kann. Wir spiegeln die ganze Zeit, und je sympathischer oder interessanter uns andere sind, desto mehr spiegeln wir sie. Spiegeln ist die Begleit-Erscheinung von Rapport. Spiegeln unterstützt das Prinzip der ⇨ *Utilisation*, alle Informationen, die vom Kommunikations-Partner kommen, für die Ziele der Kommunikation zu nutzen. Spiegeln eröffnet die Möglichkeit, ein Gespräch aktiv zu steuern, d.h. vom Spiegeln zum ⇨ *Führen* überzugehen. Das NLP-Prinzip von Spiegeln und Führen (pacing und leading) ist die Grundlage der ⇨ *Änderungs-Techniken des NLP*: Zuerst ist es notwendig, den anderen zu spiegeln, seine Welt zu betreten, mit ihm in Rapport zu kommen – erst dann kann der andere in eine bestimmte Richtung, z.B. in einen anderen ⇨ *inneren Zustand,* geführt werden. Führen bedeutet auch, das eigene Verhalten so zu verändern, daß die andere Person folgt, z.B. langsamer zu atmen und zu beobachten, ob die andere Person auch beginnt, langsamer zu atmen. Diese Sequenz gilt im NLP als Indiz für tiefen Rapport und wird von NLP-erfahrenen Personen eingesetzt, um die Tiefe des Rapports auf sinnlich wahrnehmbare Art zu testen.

Spiritualität

(1) Sammelbegriff für Phänomene, die im Erleben und Interpretieren die personale ⇨ *Identität* überschreiten/transzendieren. In manchen Richtungen des NLP wird dieser Bereich betont (vgl. die Literaturangaben beim Stichwort ⇨ *Bewußtsein*). Lübeck verwendet den Ausdruck „spirituelles NLP" für NLP, welches – auf einer spirituellen Basis – insbesondere die Liebesfähigkeit und die Eigenverantwortung fördern will (*1994, 14*).

(2) Bezeichnung für die ⇨ *logische Ebene* der ⇨ *Zugehörigkeit.*

Spirituelles Panorama

Begriff im Zusammenhang mit dem ⇨ *Sozialen Panorama*. Im spirituellen Panorama werden – in Analogie zum sozialen Panorama – alle Arten von nicht-materiellen/überpersönlichen/transzendenten ... Wesenheiten/Kräften/Energien ... repräsentiert, die im Denken einer Person eine Rolle spielen. Gewöhnlich und spontan wird das spirituelle Panorama weit oberhalb einer Person („im Himmel") angesiedelt.

Literatur: *Derks und Hollander 1996a, 531ff.* und *1996b; Hollander u.a. 1996.*

Standard-Swish

Die Haupt-Variante der ➩ *Swish-Techniken.* Beim Standard-Swish wird ein visuelles Problem-Bild schnell durch ein visuelles Ziel-Bild ersetzt. Das Problem-Bild zeigt das, was der Klient/die Klientin K sieht, wie er/sie mit dem unerwünschten Verhalten beginnt, z.B. anfängt, Nägel zu beißen oder nach einer Zigarette zu greifen. Das Ziel-Bild ist ein Bild von K, in dem er/sie frei von dem Zwang ist. Das Bild soll einen Zustand zeigen, in dem die gewünschte Verhaltens-Änderung bereits geschehen ist.

Der Klient sieht zunächst das Problem-Bild (Bild Nr. 1) in normaler Größe und Helligkeit. K soll genau das sehen, was es zu sehen gibt, wenn er/sie auf „Autopilot" schaltet, d.h. wenn der Zwangs-Automatismus zu laufen beginnt. In die untere linke oder rechte Ecke dieses Bildes wird dann das positive Selbst-Bild verkleinert und verdunkelt eingesetzt. (Richard Bandler hat in bezug auf die Ecken im Laufe der Jahre unterschiedliche Vorlieben bei seinen Demonstrationen entwickelt.) Der eigentliche Swish ist eine blitzschnelle Veränderung der beiden Bilder, gleichzeitig und in gleichem Tempo: Das Bild Nr. 1 wird kleiner und dunkler, das Bild Nr. 2 größer und heller. Durch die simultane Veränderung zweier ➩ *Untereigenschaften* wird die innere Aufmerksamkeit vom Bild Nr. 1 abgezogen und im gleichen Tempo auf das Bild Nr. 2 hingelenkt. Die ursprüngliche Reaktion (der Autopilot, die Zwangs-Automatik) verliert an Intensität, während die positive Reaktion auf das Selbstbild zunimmt. Der Zwang zu der unerwünschten Handlung soll durch einen „Sog" zum positiven Selbst-Bild ersetzt werden. Nach Richard Bandler bekommt das Gehirn dabei die Meta-Botschaft: „Hier nicht, da entlang!"

Die Verbindung zwischen den beiden Bildern entsteht durch die zwei gleichzeitig ablaufenden Untereigenschafts-Veränderungen. Die Nutzung der beiden visuellen Untereigenschaften Größe und Helligkeit des Bildes beim Standard-Swish ist nach Connirae und Steve Andreas bei ungefähr 70% der Klienten erfolgreich (*1993 [1987], 91*). (Für die restlichen Fälle wird eine andere ➩ *Swish-Technik* empfohlen.) (*Text von Thies Stahl.*)

Weitere Literatur: *Bandler 1995b [1985], 151ff.; Andreas 1993 (1987), 73ff.*

Stapel-Anker

Mehrere Ereignisse, mehrere ➪ *innere Zustände* werden mit demselben Anker versehen, werden auf gleiche Art geankert. Auf ein- und denselben Anker werden also verschiedene Erfahrungen, Erinnerungen, Zustände, ... „übereinandergestapelt". Eine Person kann z.B. im Alltag, immer wenn sie etwas mit „Freude" erfährt (ein schönes Ereignis, ein Lob, eine freudige Überraschung, ein positiver Gedanke, ...), eine bestimmte Handbewegung machen. Viele Erfahrungen von „Freude" sind dann mit dieser Handbewegung gekoppelt (➪ *Glücks-Anker*). Stapel-Anker aktivieren verdichtete Information aus einer Vielzahl von Erlebnissen und ➪ *Referenz-Erfahrungen*. Stapel-Anker können sehr wirkungsvolle Instrumente sein, um einen schnellen Zugang zu ➪ *Ressourcen*, auch in belastenden Situationen, zu erlangen.

State of Excellence

Ein Top-Zustand. ➪ *Moment of Excellence*.

Stimme

Die ➪ *Untereigenschaften* der Stimme sind eines der ➪ *Zugangs-Hinweise*, mit denen auf ➪ *innere Prozesse* rückgeschlossen werden kann. Visuelle Menschen reden oft sehr schnell, meist in einer hohen Tonlage, manchmal auch nasal oder mehr gepreßt. Langsames Sprechen mit Pausen deutet auf kinästhetische Prozesse hin. Stimme in Mittellage, mit gleichmäßigem, rhythmischen Tempo und einer klaren Aussprache können auditive ➪ *Repräsentationen* begleiten.

Strategie

Eine zeitliche Abfolge von ➪ *Repräsentations-Systemen*, die „formalen Muster ... (von) Sequenzen von Repräsentationen" (*Dilts u.a. 1994 [1991], 40*). „Das Wort »Strategie« wird im NLP benutzt, um zu beschreiben, wie Menschen ihre inneren und äußeren Bilder, Geräusche, Gefühle, den Geruch und den Geschmack in eine bestimmte Reihenfolge bringen, um einen Glaubenssatz, ein Verhalten oder ein Gedankenmuster zu produzieren" (*Dilts 1995 [1989], 27f.*).

Das Strategie-Modell des NLP basiert auf dem ➪ *TOTE-Modell*, einem allgemeinen kybernetischen Modell, das kybernetische Prozesse als Abfolge von vier Phasen (Test – Operate – Test – Exit) beschreibt. Als Beispiel führen Dilts u.a. die Rechtschreib-Strategie einer Person an (*1994 [1980], 54ff.; Weerth 1994 [1992], 60ff.*):

(1) (Test) Eine Person hört ein Wort (auditiver externer Reiz),
(2) (Operate) konstruiert daraus ein visuelles Bild des Wortes,

(3) (Test) vergleicht dieses Bild mit der Erinnerung an das Bild eines Wortes, das sie schon einmal irgendwo gelesen hat (visuell konstruiert versus visuell erinnert) – und (Entscheidungspunkt) entwickelt für die Kongruenz oder Inkongruenz dieser beiden Bilder ein Gefühl (kinästhetisch).
(4) (weitere Schleife, weitere Schleifen) Fällt der Test negativ aus [-], beginnt der Prozeß von vorne (ein anderes visuelles Bild wird konstruiert, ...). Fällt der Test positiv aus [+], wird:
(5) (Exit) das Wort hingeschrieben.

Dieser Prozeß kann in der ➪ *Notation* des NLP so dargestellt werden:

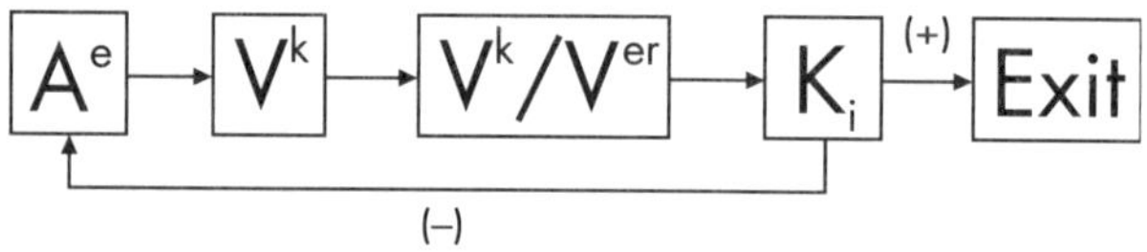

Der gesamte Prozeß kann sehr schnell ablaufen, manchmal in Bruchteilen von Sekunden.

NLP beschreibt viele innere und äußere Prozesse nach diesem Schema. Typische und wichtige Strategien sind die Sequenzen, die ablaufen, wenn wir uns entscheiden, uns motivieren, etwas Neues lernen, uns erinnern, etwas für wahr halten, ... (man spricht hier von Entscheidungs-, Motivations-, ... Strategie). Dabei wird der Begriff Strategie in einem sehr weiten Sinn verwendet. Strategien können schnell ablaufende Sequenzen sein, und Strategien können Prozesse bezeichnen, die lange Zeit andauern (z.B. die Durchführung eines mehrjährigen Projektes). Die einzelnen Schritte einer Strategie können sich nur auf Repräsentations-Systeme beziehen oder auf einzelne ➪ *Untereigenschaften* (im letzten Fall spricht man auch von Sub-Strategien). Strategien können einfache Sequenzen von Repräsentations-Systemen und Untereigenschaften oder komplexe Verhaltensmuster oder Handlungs-Sequenzen bezeichnen, die viele einzelne Strategien enthalten. Man spricht z.B. von der ➪ *Walt-Disney-Kreativitäts-Strategie* oder der ➪ *Bateson-Lernstrategie.*

NLP konzentriert sich bei all dem auf die formalen Aspekte einer Strategie: „Strategien sind rein formale Strukturen, die völlig unabhängig von den Inhalten sind“ (*Dilts u.a. 1994 [1980], 74*). Die formalen Strukturen sind wichtiger als der Inhalt, denn „in den meisten Fällen bestimmt der *Inhalt* spezieller Repräsentationen innerhalb einer Strategie lediglich die Eigenschaften des Resultats, die *Form* der Strategie bestimmt, welches Resultat erreicht wird und wie effizient und effektiv es erreicht wird“ (*ebenda*).

In der Arbeit mit Strategien geht NLP weiterhin davon aus (vgl. *Weerth 1994 [1992], 58):*

(1) daß es möglich ist, individuelle mentale Strategien zu erkunden (siehe unten),
(2) daß sich ein- und dieselbe Strategie in unterschiedlichen Kontexten anwenden läßt: „Da Strategien rein formal sind, kann ein Individuum mit derselben Entscheidungsstrategie eine Vorspeise aus einer Speisenkarte auswählen, eine Entscheidung über einen Hauskauf treffen, Schritte zur Disziplinierung seines Kindes und seine nächste Bundestagswahl festlegen. Der Mensch kann also dieselbe Sequenz von Repräsentationssystemen für Test- und Handlungsprozeduren für jede Art von Entscheidung benutzen, nur die Inhalte ändern sich" (*Dilts u.a. 1994 [1980], 74*).
(3) daß es möglich ist, bestehende Strategien zu adaptieren oder neue Strategien zu entwerfen (siehe unten), welche
(4) – indem man sie installiert – einer Person unbewußt zugänglich gemacht werden können (siehe unten), und:
(5) daß gewünschte (inhaltliche) Veränderungen oftmals durch eine Veränderung von (formalen) Strategien erreicht werden können.

Strategien entwerfen, Strategien designen

In manchen Fällen ist es angebracht, für ein bestimmtes Ziel eine neue Strategie zu entwerfen, z.B. wenn (vgl. *Bretto 1988, Strategies 15f.*):
(a) keine Strategie unmittelbar verfügbar ist, oder
(b) nur ineffiziente, schwerfällige Strategien verfügbar sind.

Möglichkeiten dazu sind (*Bretto 1988, Strategies 15ff.; Mohl 1996a [1993], 275ff.*):
(1) eine Strategie zu „begradigen", d.h. überflüssige Schritte wegzugeben.
(2) Entscheidungspunkte in eine Strategie einzubauen, so daß die Person „heraussteigen" und bewußt prüfen kann, ob die Strategie weiterlaufen soll oder nicht;
(3) Strategien von Modellen zu übernehmen (indem diese ➪ *modelliert* werden);
(4) Strategien „künstlich" (wie am Reißbrett) neu zu entwerfen.

Für das Design von Strategien haben Dilts u.a. vier Bedingungen formuliert („Kriterien der ➪ *Wohlgeformtheit* beim Neuentwurf"; *1994 [1980], 219ff.*):
(1) In der Strategie muß explizit eine Repräsentation des gewünschten ➪ *Ziels* enthalten sein; ansonsten bleibt die Veränderungs-Arbeit vage, unspezifisch und unüberprüfbar.
(2) In der Strategie müssen die drei wichtigsten ➪ *Repräsentations-Systeme* (visuell, auditiv, kinästhetisch) enthalten sein: die ➪ *Ressourcen* jedes Systems sollen genutzt werden.
(3) Die Strategie soll auch eine Aktivität nach außen, in die Umwelt enthalten – um Feedback zu garantieren.
(4) In der Strategie soll es keine Schleifen um zwei Elemente geben: diese können zu Endlosschleifen werden.

Strategien erkunden, Strategien auspacken, Strategien elizitieren, Strategien evozieren, Evokation von Strategien

„Unter *Evokation* verstehen wir den Prozeß der Informationssammlung, ... um die geordnete Reihenfolge der Aktivität von Repräsentationssystemen explizit zu machen, die eine bestimmte Strategie ausmacht“ (*Dilts u.a. 1994 [1980], 77*).

Methoden dazu sind:

(1) auf die Sprache und ihre ➪ *Prädikate* achten. Eine Person, die z.B. eine Entscheidung so begründet: „Ich habe mir Ihren Bericht angesehen und mich dabei gefragt, was darin Neues enthalten ist. Ich habe das Gefühl, daß Sie hier gute Arbeit geleistet haben“, enthüllt (vermutlich) folgende Entscheidungs-Strategie: Visuell erinnert ➔ Innerer Dialog ➔ Gefühl.

(2) auf die ➪ *Augen-Bewegungen* achten. Es ist wahrscheinlich, daß der eben erwähnte Satz von den Augen-Bewegungen begleitet wird, wie sie im NLP-Augenbewegungs-Modell zu finden sind;

(3) auf andere ➪ *Zugangs-Hinweise* achten, wie auf Gesten, Veränderungen des Atems und der Körperhaltung;

(4) gezielt nachfragen. Eine Strategie kann auch dadurch erkundet werden, daß eine Person angeleitet wird, diesen Prozeß (z.B. bei einer Entscheidung) langsam (zeitverzögert) zu wiederholen und zu beschreiben. (In der Regel wird durch die Wiederholung und das langsame Erleben dieser schnell ablaufenden Vorgänge die Strategie nicht verändert. Personen, die auf ➪ *genaues Wahrnehmen* trainiert sind, können meist jedesmal dieselbe Strategie erkennen.)

Weitere Literatur: *Weerth 1994 (1992), 64ff.; Mohl 1996a (1993), 251ff.*

Strategie installieren

Eine Strategie zu installieren, bedeutet, einer Person eine Strategie (die sie noch nicht in ihrem Repertoire hat) so verfügbar zu machen, daß diese Strategie in Zukunft „automatisch“ ablaufen kann. Möglichkeiten dazu sind:

(1) der Einsatz eines ➪ *Ketten-Ankers* (bei dem die einzelnen Glieder der „Kette“ einzelnen Schritten der neuen Strategie entsprechen),

(2) das bewußte Einüben in die Strategie-Sequenz. Hier wird z.B. eine Person angehalten, ihren Körper in Einklang mit den ➪ *Zugangs-Hinweisen* der neuen Strategie zu verändern (z.B. mit den ➪ *Augen* genau die „richtigen“ Bewegungen zu machen),

(3) das Unterbrechen bestehender, stark eingeschliffener Strategien, z.B.

(a) durch Überladen mit (zu) vielen (neuen) sinnlichen Eindrücken, oder
(b) durch Ablenkung (➪ *Verwirrung*).

Literatur: *Bretto 1988, Strategies, 22ff.; Dilts u.a. 1994 (1980), 235ff.; Mohl 1996a (1993), 280ff.*

Strategie-Swish

Eine ➪ *Strategie* ist eine Abfolge von Repräsentationen. Jeder Übergang von einer Repräsentation zu einer anderen (z.B. von einer visuellen zu einer kinästhetischen Repräsentation) kann als „natürlicher Swish" aufgefaßt werden, weil die Aufmerksamkeit blitzschnell (wie bei den Techniken des ➪ *Swish*) von einer Repräsentation zu einer anderen wechselt. Für einen Strategie-Swish muß man ein „kritisches" Strategie-Element in der Strategie, die zu einem unerwünschten Verhalten führt, kennen. (Ein „kritisches" Element tritt notwendigerweise und immer in der unerwünschten Strategie auf.) Ist ein solches Element bekannt, so kann man von diesem Element aus den Klienten aus der betreffenden Strategie „heraus-swishen", indem man es so behandelt, wie das Auslöser-Bild bei den Swish-Varianten ➪ *Standard-Swish* oder ➪ *Swish-Design* – und von ihm aus eine Verknüpfung von ➪ *Submodalitäten* zu einem positiven Selbst-Bild installiert. (*Text von Thies Stahl.*)

Stuck State

Bedeutet wörtlich übersetzt: festgefahrener oder festgezurrter Zustand. Ein ➪ *Problem-Zustand*, in dem eine Person feststeckt, der für sie ein „Problem" darstellt. Probleme sind oft durch bestimmte Auslöser, bestimmte ➪ *Anker* gekennzeichnet. Immer wenn dieser Anker aktiviert wird (z.B.: jemand spricht laut mit mir), tritt ein bestimmter unerwünschter Zustand ein (z.B. fühle ich mich klein). Ein stuck state weist eine spezifische ➪ *Physiologie* auf (➪ *Problem-Physiologie*). Er ist meist auch körperlich von einem Gefühl von Starre begleitet: Ich fühle mich starr und wenig flexibel. Die ➪ *Änderungs-Techniken* des NLP zielen darauf ab, stuck states positiv zu verändern.

Submodalitäten

Mit Modalitäten bezeichnet man im NLP die Untereigenschaften **zwischen** den Sinneskanälen – VAKOG. Mit Submodalitäten sind die Unterscheidungen **innerhalb** der einzelnen Sinneskanäle gemeint. Sie werden im deutschsprachigen NLP auch ➪ *Untereigenschaften* genannt.

Swish

Swish ist eine Interventions-Technik, die Richard Bandler erfunden hat. (Er hat sie einmal als die wirkungsvollste NLP-Technik bezeichnet.) Bei einem Swish werden zwei innere Bilder (zwei visuelle Repräsentationen) sehr schnell ausgetauscht. Swish ist im Englischen ein lautmalendes Phantasiewort (to swish), das sich ins Deutsche am besten mit „zischen“ übersetzen läßt. Ein zischendes Geräusch entsteht, wenn sich zwei Dinge schnell aneinander vorbeibewegen. Genau diese Vorstellung wird bei der Technik des Swish aktiviert: Ein Bild bewegt sich schnell von einem Ort weg, und ein anderes Bild zischt an diesen Ort. (Das Ganze dauert vielleicht zwei Sekunden.) Diese Bewegung wird oft durch den Coach, der diese Technik anleitet oder die Person, die dies in einer Selbst-Anleitung macht, mit Gestensprache oder Zisch-Lauten unterstützt. (Richard Bandler zischte mit seinem Mund, um dem Klienten zu signalisieren, wie schnell er diese Technik innerlich ausführen sollte.)

Die Technik des Swish basiert auf zwei Bildern:
(1) ein Bild, das das Problem beinhaltet (ich sehe ➪ *assoziiert* das, was es beim Beginn des Problems zu sehen gibt, z.B. meinen Griff zu der Zigarette, oder ich sehe ➪ *dissoziiert* mich selbst, wie ich rauche) und
(2) ein Bild, das das Ziel enthält (ich sehe mich selbst, wie ich etwas anderes mache, das mir gefällt) – wobei sich das Ziel-Bild inhaltlich immer auf das Problem-Bild bezieht: es soll es ja ersetzen.

Swishen bedeutet, daß die Aufmerksamkeit schnell vom Problem-Bild zum Ziel-Bild gelenkt wird. Im ➪ *Standard-Swish* wird:
(1) das Problem-Bild als großes und helles Bild entwickelt,
(2) das Ziel-Bild als kleines dunkles Bild in eine Ecke des Problem-Bildes plaziert und
(3) mit Husch und Swish das kleine dunkle Ziel-Bild größer gemacht, so daß es das Problem-Bild bedeckt, welches gleichzeitig verblaßt und verschwindet.

Die Grund-Idee dieser Technik wurde in vielen Varianten abgewandelt. Beispiele:
(1) Beide Bilder stehen in einer gewissen Entfernung nebeneinander. Das Problem-Bild entschwindet nach hinten, das Ziel-Bild kommt blitzschnell nach vorne und nimmt das Gesichtsfeld ein.
(2) Das Problem-Bild steht unten, das Ziel-Bild oben. Das Problem-Bild stürzt in einem Augenblick in das Ziel-Bild, das gleichzeitig als Panorama-Bild die obere Hälfte des Gesichtsfeldes ausfüllt.

(3) Beide Bilder stehen nebeneinander. Die Augen wandern blitzschnell hin und her, dazwischen wird geblinzelt und der innere Bildschirm geleert.

(4) Das Problem-Bild wird in die linke Handfläche projiziert, das Ziel-Bild in die rechte. Die linke Hand wird ausgestreckt vor das Gesicht gehalten, die rechte hinter den Kopf. Mit einer raschen und powervollen Handbewegung (die linke Hand geht nach hinten, die rechte nach vorne) schießt das Problem-Bild durch den Kopf und das Ziel-Bild wird gleichzeitig nach vorne gerückt („Handflächen-Swish").
(5) Das (kleine) Ziel-Bild rast aus der Zukunft nach vorne und steht groß in der Gegenwart, während das (große) Problem-Bild klein wird und in die Vergangenheit abzischt. (Dabei aktiviert man das Bild der inneren ➪ *Zeit-Linie*.)
(6) Das Problem-Bild hat in der Mitte ein Loch, durch das das Ziel-Bild zuerst durchschimmert und dann ins Ziel-Bild explodiert (die Schweizer nennen das „Löchli-Swish").
(7) Ebenso, aber jetzt geht es um eine Aufgabe, die man zu Ende bringen will, aber im Augenblick keine rechte Lust hat (Problem-Bild). Das Ziel-Bild zeigt etwas, auf das man Heißhunger hat (eine „Obsession", wie Schokolade für manche Menschen. Bandler hat diese Variante auch Godiva chocolate-pattern genannt). Das Ziel-Bild scheint durch das Loch im Problem-Bild so stark durch, daß das Problem-Bild (die Aufgabe) attraktiv wird. Das Loch wird schnell geschlossen, aber nur so schnell, daß die Anziehung erhalten bleibt.

Bei all diesen Varianten wird der Swish in der Regel meist mehrmals hintereinander durchgeführt, vielleicht dreimal oder fünf- oder zehnmal.

Die Swish-Techniken eignen sich für zwanghaftes Verhalten, wie Nägelkauen, rauchen oder zuviel essen oder für ➪ *Beliefs*, die Zwänge beinhalten. Zwanghaftes Verhalten kommt nach NLP dadurch zustande, daß automatisch ein inneres Bild produziert wird, von dem eine große suggestive Kraft ausgeht. Bilder mit diesen Wirkungen sind – in ihrer visuellen Repräsentation – große, helle und nahe Bilder. Beim Swish wird ein großes, helles und nahes Zwangs-Bild blitzschnell durch ein großes, helles und nahes Ziel-Bild ersetzt. Durch diesen Vorgang soll, so die Theorie, der alte unerwünschte Zwangs-Automatismus durch einen neuen erwünschten Zwangs-Automatismus ersetzt werden.

In bezug auf die verwendeten Bilder kann man (1) den Standard-Swish, (2) das Swish-Design, (3) das pragmagrafische Swish-Design und (4) den Strategie-Swish unterscheiden.

(1) Beim ➪ *Standard-Swish* wird ein innerlich oder äußerlich (durch den Coach) erzeugtes Problem-Bild genommen, das beim Zwangs-Verhalten zu sehen ist oder zu diesem Verhalten paßt.

(2) Beim ➪ *Swish-Design* oder individualisierten Swish geht es um jene visuelle Repräsentation, die unmittelbar vor dem zwanghaften Verhalten vorhanden ist, d.h. um das „Auslöser-Bild", das den Zwang „verursacht". Man will dabei die ➪ *Strategie* zum zwanghaften Verhalten unterbrechen.

Beide Varianten verwenden als Ziel-Bild ein positives „Selbstbild": ein Bild, das den Klienten als eine Person zeigt, für die das unerwünschte Verhalten kein Problem mehr ist. Dieses Selbstbild soll eine „Sog"-Wirkung erzeugen, gleichsam ein neuer Zwang, genau dieses Selbst zu werden.

(3) Im ➪ *pragmagrafischen Swish-Design* wird eine Gefühls-Kette erkundet, die unbewußt vor dem zwanghaften Verhalten abläuft. Das „auslösende Gefühl" wird in ein (konstruiertes) visuelles Bild übersetzt und mit einer Vorstellung geswisht, in der der Klient/die Klientin in der Lage ist, frei und kreativ beliebige andere Verhaltensweisen wählen zu können (es geht also nicht direkt um ein positives Selbst-Bild).

(4) Beim ➪ *Strategie-Swish* wird der Übergang von einer Repräsentation zu einer anderen in einer Strategie (Strategien sind Abfolgen von Repräsentationen) als „natürlicher Swish" interpretiert und durch einen „konstruierten Swish" ersetzt.

Die Swish-Techniken des NLP sind in vielen Fällen trotz oder wegen ihrer kurzen Dauer äußerst wirkungsvoll. Bei allen Swish-Arten wird eine unerwünschte innere Repräsentation so mit einer erwünschten Repräsentation verbunden, daß ein neuer „Zwang" entstehen soll: Immer, wenn später die unerwünschte Repräsentation auftaucht, soll quasi automatisch die erwünschte Repräsentation in das ➪ *Unbewußte* „hineingeswischt" werden. In den Ablauf der alten, zwanghaften Handlung wird eine neue nützliche Automatik eingebaut: Ich sehe z.B., wie sich meine Hand meinem Gesicht nähert, z.B. zum Nägelbeißen oder zum Rauchen, und „denke" automatisch und intensiv an das Ziel-Bild (wie ich sein werde, wenn ich das entsprechende Problem überwunden habe). Die Erfolge dieser Technik sind manchmal erstaunlich. In manchen Fällen ist eine einzige kurze Swish-Intervention geeignet, langbestehendes zwanghaftes Verhalten abzulegen.

Man kann die Swish-Techniken sowohl als Variante einer Arbeit mit ➪ *Submodalitäten* als auch einer ➪ *Strategie*-Arbeit auffassen. Ein erfolgreicher Swish verbindet zwei vorher nicht verbundene Repräsentationen mit Hilfe von Untereigenschaften, d.h. es wird eine neue Strategie bzw. ein neues Strategie-Element installiert.

Für den Erfolg dieser Technik sind neben dem Einüben (vorher) und der Nacharbeit (nachher) vor allem drei Bedingungen wichtig: (1) die Auswahl des Problem-Bildes, (2) die Art der Verknüpfung der beiden Bilder und (3) der Aufbau des positiven Selbst-Bildes.

(1) Die Auswahl des Problem-Bildes beim Swish. Das Problem-Bild (das Bild Nr. 1, auch Auslöser-Bild genannt) oder allgemein die auslösende Repräsentation soll ein ➪ *assoziiertes* visuelles Bild (oder ein assoziiertes Erleben in einem anderen ➪ *Repräsentations-System*) sein. Es soll genau zeigen, was dem inneren Erleben unmittelbar vor Einsetzen des „Autopiloten" (die Zwangs-Automatik wird eingeschaltet) entspricht. Wichtig ist dabei die Wahl des richtigen Repräsentations-Systems. Der „Autopilot" kann nicht nur durch einen visuellen Eindruck ausgelöst werden (man sieht,

wie eine Hand eine Zigarette zum Mund führt), sondern auch durch einen kinästhetischen Eindruck (man fühlt die Zigarette oder die Zigarettenpakkung). Möglich ist auch ein olfaktorischer Auslöser (der Geruch der noch nicht angezündeten Zigarette) oder ein auditiver Auslöser (das Geräusch, das durch das Öffnen und Manipulieren mit der Zigarettenschachtel entsteht). (Bei multiplen Auslösern ist es manchmal wichtig, den Swish mit den verschiedenen Auslösern in den unterschiedlichen Sinnes-Systemen zu wiederholen.)

(2) Die Art der Verknüpfung der beiden Bilder. Für die Verknüpfung der Repräsentationen im Swish kann der Therapeut/Coach die Größe/Helligkeits-Verknüpfung des ➪ *Standard-Swishes* anwenden, oder er kann genaue Informationen darüber sammeln, welche der unzähligen möglichen Verknüpfungen sich bei seinem Klienten anbieten. Er kann ein Design machen für den geplanten Swish (➪ *Swish-Design*), indem er entweder

(a) den Klienten direkt fragt, wie er Repräsentation 1 und Repräsentation 2 verbinden könnte, oder
(b) sich selbst Möglichkeiten ausdenkt und prüft, ob der Klient sie – möglichst mit Vergnügen, Neugierde oder Interesse – ausführen kann, oder
(c) in anderen ➪ *Strategien* des Klienten nachforscht, ob dieser Vorlieben hat in bezug auf bestimmte submodale Verknüpfungsweisen. (Er würde dann das tun, was Richard Bandler beim Informationssammeln über die Besonderheit einer Strategie gemacht hat: „Bei einer Strategie, die man notiert hat, wie z.B. »V→A→K«, interessiert mich am meisten, was in den Pfeilen passiert!") ➪ *Strategie-Swish*.

(3) Der Aufbau des Selbstbildes beim Swish. Beim Aufbau des Selbstbildes für einen Swish sind neben den Hinweisen zur Wohlgeformtheit des Selbstbildes (wie sie *St. und C. Andreas 1993 [1987, 76ff.]* geben) nach meiner Erfahrung (Thies Stahl) noch zwei weitere wichtig: Es soll (a) „physiologisch reflektieren" und (b) „symbolisierungsflexibel-redundant" sein.

(a) „physiologisch reflektieren". Damit ist folgendes gemeint: wenn der Klient oder die Klientin sich das Selbst-Bild innerlich ansieht, muß von außen eine ➪ *Ressourcen-Physiologie* zu beobachten sein und die Frage „Ist er/sie anziehend?" muß ➪ *kongruent* bejaht werden. Ist dies nicht der Fall, ist folgende Hypothese angebracht: Es gibt einen oder mehrere ➪ *Teile*, die wichtige sekundäre Gewinne des alten Verhaltens vertreten. Diese Gewinne sind im neuen Selbst-Bild nicht oder zu schwach vertreten, worauf mit einem (nonverbalen) Einwand reagiert wird. Um diese Einwände zu würdigen und um eine volle Ressourcen-Physiologie zu erreichen, kann der Coach C u.a. folgende Phänomene des Klienten/der Klientin K nutzen oder auch einbauen:
(aa) Asymmetrie, z.B. der Beinhaltung: „Während du weiterhin das Bild anschaust, schlage mal deine Beine andersherum übereinander und laß dich überraschen, wie es sich verändert, in seinen Submodalitäten und in seinem Inhalt."

(ab) Ideomotorik: „Während du das hier (z.B. rechter Finger streichelt linken Handrücken) weitermachst, achte genau darauf, wie sich dein Bild verändert, wenn du es mehr (weniger, bzw. gar nicht mehr) machst."
(ac) ➪ *Inkongruenzen*, z.B. eine auditive oder kinästhetische Kritik zu dem visuellen Bild (Einwände in Form von „meta-auditiven oder meta-kinästhetischen-Repräsentationen"): „Diese Stimme, mit der du dein Selbstbild kommentierst (bzw. dieses Gefühl zum Selbstbild), tue einmal so, als enthielte sie/es wertvolle Information und Energie, die, je mehr du sie für die Anreicherung deines Selbstbildes nutzt, ... JETZT, desto mehr wieder in den Hintergrund treten kann, während du dir erlaubst, die überraschenden Veränderungen in deinem Selbstbild einfach so zu genießen, ohne verstehen zu müssen, was sie bedeuten."
(ad) Symptome (z.B. Nackenverspannung): „Vielleicht gestattest du mir, während du das Bild weiterhin anschaust, hierdurch (C berührt K oder massiert den Nacken von K) dein Bild etwas zu verändern. Wird es noch anziehender so?"
(ae) Die Haltung, und damit auch die Physiologie, verändern lassen, in der K das Selbstbild zu visualisieren versucht (z.B. hinstellen, hinsetzen, hinlegen lassen). Ein Beispiel für eine Variation der Haltung ist ein Klient, der beim unbefriedigenden Versuch, sein Selbstbild zu visualisieren, in der Haltung eines zum Duell bereiten Cowboys dastand, und der auf die Aufforderung hin, so zu tun, als ziehe er plötzlich, sein Selbstbild plastischer, beweglicher und vitaler sah. Bei Brillenträgern kann C deshalb K sowohl in die „Brille auf"- als auch in die „Brille ab"-Physiologie hineinhypnotisieren und die dabei auftretenden Phänomene nutzen (utilisieren). Zwischen Kurz-Sichtigkeit und Selbstbild-Wahrnehmung besteht oft ein enger Zusammenhang: Man will oder kann sich „nicht sehen". So sagte ein Klient z.B. als er die Brille abnahm, das Selbstbild sei näher und attraktiver – was er auch physiologisch zeigte. Diese Veränderungen in den Submodalitäten konnten dann systematisch genutzt werden, um das Selbst-Bild zu stabilisieren und um noch fehlende Sekundär-Gewinne zu berücksichtigen.
(af) Interaktionsphänomene, z.B. Äußerungen von Unbehagen, Ärger, aber auch Komplimente oder Flirtangebote: „Vielleicht kannst du (das, was hier zwischen uns eben passiert ist – C benennt es) nehmen, als Produkt und Botschaft deines/unseres Unbewußten, um dein Selbstbild damit noch in bezug auf deine Möglichkeiten zu bereichern, mit einer solchen Situation hier umzugehen, insofern sie interessant sind für das, was du in der Zukunft können willst, wenn (das unerwünschte Verhalten – C benennt es) kein Problem mehr für dich ist." (oder ein alternatives hypnotisches Sprachmuster)
(ag) Kontexteinbeziehung: K versucht (meist unbewußt, manchmal in einer ritualisierten Weise) während der Visualisierung des Selbstbildes den ➪ *Kontext*, die Hier-und-Jetzt-Umgebung, einzubeziehen. Versucht K z.B., sein Selbstbild an einer Stelle im Raume mit offenen Augen zu visualisieren, an der sich seine reale, gegenwärtige Gestalt spiegelt, so kann ihm C etwa folgende Prozeßinstruktionen geben: „Und während du weiterhin vor deinem geistigen Auge das ansiehst, das du bald sein wirst, möchte ich, daß du ganz einfach, ohne es zu verändern, registrierst, in welcher Weise du dein

Spiegelbild dort wahrnimmst. Nimm (wenn K durch leichtes Nicken etc. anzeigt, daß das angesprochene Phänomen nunmehr bewußt verarbeitet wird) diese, dir im Moment verfügbare Information, Energie, Erkenntnis etc., laß das Spiegelbild im Kontext hier Hintergrund werden und erlaube deinem Selbstbild, in der Art, wie es schaut, sich bewegt, die Gesten, die es benutzt, die Mimik, die es zeigt, dieses Wissen oder diese Information auszudrücken (Physiologiewechsel abwarten)."

(b) „symbolisierungsflexibel-redundant". Hier geht es um Flexibilität bezüglich der Möglichkeiten, die sekundären Gewinne des alten Zwanges auszudrücken. Wenn K einen Weg gefunden hat, die sekundären Gewinne im Selbstbild symbolisch (durch Gesten, Bewegungen etc.) abzubilden, dann soll ihm/ihr geholfen werden, aus diesem einen Weg mehrere andere Wege zu entwickeln. Diese Alternativen sollen nebeneinander existieren (sie sind redundante Abbildungsweisen). Das Selbstbild soll variabel sein bzw. variabler werden. Dies bezieht sich u.a. auf folgende Bereiche (vgl. damit auch die entsprechenden ➪ *Meta-Programme*. Es geht auch um eine Flexibilität in bezug auf Meta-Programme):
(ba) Selbst, Andere und Kontext: „In der Weise, wie du jetzt erkennst, daß der/die es kann, also daran, daß in deinem Bild dieser Kontext bzw. diese anderen Person(en) wichtig sind ... (C wartet ein Nicken ab!), kannst du diese Art und Weise es zu erkennen umändern, umformatieren, so daß du es auch an ihm/ihr selbst, an seinem/ihrem Gesicht (an seinen/ihren Bewegungen etc.) erkennen kannst, daß er/sie es gut kann?" Ein wohlgeformtes Selbstbild beim Swish ist kontextunabhängig, es darf für die Demonstration der Fähigkeiten, die für das neue Verhalten notwendig sind, an keinen spezifischen Kontext gebunden sein.
(bb) Haltung, Mimik, Gestik, ideomotorische und ganzkörperliche Bewegungen, Gesichtsausdruck, Körperausdruck: „So wie du jetzt in der Haltung erkennen kannst, daß er/sie das gut kann, kannst du das auch sehen, wenn du ihn/sie in Bewegung siehst ... Gibt es eine spezielle Bewegung, oder irgendein anderes gewisses Etwas, an dem du es auch sehen kannst?"
(bc) Repräsentationssysteme: „Bringe all die Informationen, die jetzt in dem Bild sind, in eine Darstellung deiner Stimme, bzw. in eine kinästhetische Darstellung!" (Eventuell kritische Submodalitäten mitübersetzen.)
(bd) Assoziiert-Dissoziiert-Flexibilität: „Wenn du es assoziiert hast, mache es jetzt bitte dissoziiert!" (*Text von Thies Stahl.*)

Literatur: *Bandler 1995b (1985), 151ff.; Andreas und Andreas 1993 (1987), 73ff.*

Swish-Design, individualisierter Swish

Eine bekannte Variante einer ➪ *Swish-Technik*. Im Unterschied zum Standard-Swish ist das Problem-Bild nicht irgendeine visuelle Repräsentation, die das zwanghafte Verhalten oder das dahinterliegende ➪ *Belief* ausdrückt, sondern genau jene visuelle Repräsentation, die ein Teil der ➪

Strategie ist, die zu dem zwanghaften Verhalten führt. Man erkundet dazu das innere Bild, das dem unerwünschten Verhaltens-Ablauf zeitlich unmittelbar vorausgeht. Es geht also um die Erkundung eines „Auslöser-Bildes“, das zu der Strategie führt, die es zu ändern gilt. Dieses Auslöser-Bild wird einem positiven Selbst-Bild (eine Person, die frei von diesem Zwang ist) gegenübergestellt und geswisht. Das Ziel dieser Technik ist es, die automatische Konstruktion des inneren Bildes, das zum zwanghaften Verhalten führt, zu unterbrechen und durch ein positives Selbst-Bild zu ersetzen. (Details zu dieser Technik sind auch im Stichwort ➪ *Standard-Swish* zu finden.) (*Text von Thies Stahl.*)

Literatur: *Andreas und Andreas 1993 (1987), 91ff.*

Symptom-Reframing

Eine Sonderform des ➪ *Reframing*, meist in der Variante des ➪ *Sechs-Stufen-Reframings* angewandt auf Körper-Symptome.

Synästhesie

Synästhesie bedeutet im Griechischen Mitempfinden. In der Medizin wird damit ein Sinnes-Eindruck bezeichnet, der durch einen nichtspezifischen Reiz ausgelöst wurde (z.B.: Ich reibe mir die Augen und „sehe“ Sterne). Im NLP spricht man von Synästhesie, wenn eine Gruppe von ➪ *Repräsentations-Systemen* gleichzeitig oder nacheinander erlebt wird (simultane oder sequentielle Synästhesie). Dilts erklärt dies anhand einer ➪ *Metapher* aus der Chemie: So wie sich unterschiedliche Atome zu einem Molekül verbinden, so verbinden sich unterschiedliche Repräsentationen zu einem „Synästhesie-Molekül“ (*1993 [1990], 42ff.*). Dilts u.a. definieren Synästhesien als „Kreuzverbindungen zwischen Repräsentationskomplexen in dem Sinne, daß die Aktivität in einem Repräsentationssystem die Aktivität in einem anderen System initiiert. ... Wenn man einen strengen Tonfall vernimmt und sich dabei unbehaglich fühlt, dann ist das ein Beispiel für eine auditiv-kinästhetische Synästhesie. ... Wenn man Musik hört und sich eine schöne Landschaft vorstellt, dann liegt eine auditiv-visuelle Synästhesie vor“ (*Dilts u.a. 1994 [1980], 43*; ähnlich bei *Gordon 1995 [1978], 102*). Synästhesien sind von ➪ *Strategien* zu unterscheiden: „Eine Strategie ist eine Sequenz von Repräsentationssystemen, doch in einer Synästhesie werden sie alle zu einer Gruppe zusammengefaßt“ (*Dilts 1993 [1990], 42*).

Synästhetische Muster und synästhetische Prozesse sind nach NLP überaus bedeutsam:

(1) Wahrnehmen ist meist synästhetisches Wahrnehmen: „Die meisten (wenn nicht alle) unserer perzeptiven Erfahrungen“ sind synästhetische Erfahrungen (*Gordon 1995 [1978], 111*).

(2) Die Art der Synästhesie bei einem Wahrnehmungsakt bestimmt in hohem Maße die Deutung, die Interpretation dessen, was wahrgenommen wird. „Synästhesie-Muster konstituieren weitgehend den menschlichen Sinngebungsprozeß" (*Dilts u.a. 1994 [1980], 43*; ähnlich bei *Gordon 1995 [1978], 200*).

(3) Synästhesie-Muster sind in vielen Fällen erlernte Muster, die unbewußt und automatisch ablaufen (*Bandler und Grinder 1994b [1976], 112ff.*). Viele Synästhesie-Muster sind stabile Muster. Unterschiede zwischen Individuen, Personengruppen und Kulturen können als Unterschiede in den (relativ) stabilen Synästhesie-Mustern beschrieben werden (*Gordon 1995 [1978], 110; Dilts u.a. 1994 [1980], 43f.*).

(4) Synästhesie-Muster können bewußt gemacht und verändert werden. Ihre Veränderung ist in hohem Maße geeignet, Verhalten zu verändern (*Dilts u.a. 1994 [1980], 44*).

Viele NLP-Konzepte und -Methoden können in Zusammenhang mit dem Synästhesie-Konzept diskutiert werden. Beispiele:

(1) Synästhesien können für die Intensität des Erlebens bedeutsam sein. In vielen Fällen wirken Synästhesien verstärkend: „Die einzelnen Bausteine des (Synästhesie-)Moleküls sind allesamt miteinander verbunden, deshalb ist es machtvoller" (*Dilts 1993 [1990], 43*). Synästhesien aufzulösen kann eine wirkungsvolle ➪ *Dissoziations-Technik* sein. Synästhesien zu konstruieren kann eine wirkungsvolle ➪ *Assoziations-Technik* sein.

Dilts empfiehlt für die Veränderung hinderlicher ➪ *Beliefs*: (a) die Identifikation der Synästhesie, die mit dem Erleben des Beliefs einhergeht, (b) die Trennung der Synästhesie, indem jede sensorische Repräsentation im inneren Raum in die „richtige" Augenposition (nach dem Modell der ➪ *Augenbewegungsmuster*) gebracht wird, und (c) die Konstruktion einer neuen Synästhesie für ein förderndes Belief (*ebenda*).

(2) Ein Übergang von einer ➪ *Untereigenschaft* 1 in einem Repräsentations-System A zu einer anderen Untereigenschaft 2 in einem anderen Repräsentationsystem B im Rahmen einer Synästhesie kann als „Synästhesie-Wechsel" definiert werden (*Gordon 1995 [1978], 110*). Jemand hat z.B. Angst (A: kinästhetisch), die sich in einem Spannungsgefühl im Magen (Untereigenschaft 1) äußert und wird angeleitet, dieses Gefühl zu aktivieren und in ein visuelles Bild (System B) zu fassen. Spontan entsteht das Bild eines grünen Ballons (Untereigenschaft 2: grün). Eine Veränderung von Untereigenschaft 2 (z.B. den Ballon schwarzweiß zu machen) verändert in der Regel Untereigenschaft 1 (z.B. die Spannung schwindet und die Angst geht weg).

Synästhesie-Wechsel sind damit eine Möglichkeit, Untereigenschaften zu verändern. Ihr Einsatz empfiehlt sich nach Gordon (*115ff.*):

(a) um Erfahrungen breiter zu repräsentieren (wie im Beispiel mit der Angst und dem Ballon). Das Bewußtwerden ➪ *unbewußter* Synästhesien (das Bild von dem Ballon) kann Wahlmöglichkeiten eröffnen: Angst-Erlebnisse können z.B. von inneren visuellen Bildern verursacht sein, die Menschen nicht bewußt sind.

(b) um Erfahrungen angemessener zu repräsentieren. Bestimmte Fähigkeiten bedürfen bestimmter Repräsentations-Systeme. Eine kinästhetisch orientierte Person, der es schwerfällt, Menschen zu zeichnen, kann z.B. lernen, ihr Gespür für Körperbewegungen in visuelle Bilder umzusetzen.
(c) um verschiedene Erfahrungen im gleichen System zu repräsentieren. Ein ➪ *stuck state* kann z.B. durch zwei gleichzeitige Repräsentationen gekennzeichnet sein (z.B. kinästhetisch: „Ich will mich entspannen" – visuell: „Aber ich sehe so viel, was getan werden muß"). Ein Überwechseln in das gleiche System kann den ➪ *inneren Zustand* verändern (z.B. „Ich sehe mich entspannt in einem Berg Arbeit liegen").

(3) Bandler und Grinder (*1994b [1976], 112ff.*) diskutieren Synästhesien im Rahmen des ➪ *Meta-Modells*. (Synästhesien werden hier als „unscharfe Funktionen" definiert.) Jemand sagt: „Mein Nachbar ärgert mich" und drückt damit eine „Sehen-Fühlen-Synästhesie" aus: Immer, wenn er seinen Nachbarn sieht, ärgert er sich. („Unscharfen Funktionen" liegen die semantischen Fehlgeformtheiten „Ursache/Wirkung" und „Gedankenlesen" zugrunde): **Ganz klar, all das ist leicht für Sie zu verstehen!**

Synonymität

Das Wort „synonym" kommt aus dem Griechischen und bedeutet „gleicher Name". Synonyme sind gleichbedeutende Wörter. Synonymität im ➪ *Meta-Modell* heißt, daß eine ➪ *Tiefenstruktur* mit mehr als einer ➪ *Oberflächenstruktur* verknüpft ist (*Bandler und Grinder 1994a, [1975] 60*). Synonymität ist das Gegenteil von ➪ *Mehrdeutigkeit*.

System-Matrix des NLP

Eine einfache Klassifikation von Dimensionen des NLP als Zusammenfassung des Persönlichkeits-Modells von Dilts und Epstein (*1991, 1992b*). Die Matrix besteht aus drei Dimensionen:

(1) den fünf ➪ *logischen Ebenen*,
(2) den drei Zeit-Ebenen (Vergangenheit, Gegenwart und Zukunft) und
(3) den drei ➪ *Wahrnehmungs-Positionen* (erste, zweite und dritte Position).

Damit erhält man in der visuellen Vorstellung einen Würfel mit 45 (3 mal 5 mal 3) Elementen. Die Matrix dient u.a. als diagnostisches Werkzeug zur Problem-Analyse, z.B. in folgender Form: Es besteht ein Problem in der Gegenwart auf der Umweltebene, welches in assoziierter Form und in Wahrnehmungs-Position 1 mit intensiven negativen Emotionen begleitet ist. Die Ursache dafür liegt in einer traumatischen Erfahrung der Vergangenheit, in welcher sich ein bestimmter ➪ *Wert* in Identifikation mit einer Bezugsperson (Position 2) entwickelt hat (*Schauer 1995, 126f.*).

Taktil

bezieht sich auf Berühren und Tasten und auf den Tast-Sinn. Taktile oder haptische Empfindungen entstehen aus dem Ertasten von Oberflächen-Strukturen von dem, was berührt wird. Im NLP wird der Tast-Sinn nicht als eigener ➪ *Sinnes-Kanal* aufgefaßt, sondern dem Fühlen, dem ➪ *kinästhetischen System*, untergeordnet.

Teile

Im NLP oft verwendete Metapher für Einheiten im ➪ *Unbewußten*, um über abgegrenzte, scheinbar unabhängige Programme, ➪ *Strategien* und Verhalten einer Person zu sprechen. Teile sind im NLP immer „unbewußte Teile" bzw. „Teile des Unbewußten". (Man spricht auch von „Teilen der Person auf der unbewußten Ebene" oder von „unbewußten Persönlichkeitsanteilen".)

John Grinder und Richard Bandler weisen ausdrücklich darauf hin, daß nahezu alle Psychotherapien die Person des Klienten in Teile oder Anteile aufteilen. (Beispiele sind die Transaktionsanalyse, die Psychoanalyse, die Gestalttherapie und die Familientherapie nach Virginia Satir.) Im NLP werden „Teile" immer eindeutig in einen größeren Verstehens-Zusammenhang eingeordnet. Teile führen eine Art von Eigenleben und sind gleichzeitig immer in ein System mit anderen Teilen eingebunden. Teile haben eine genau definierte Aufgabe, eine Funktion im System-Ganzen einer Person. Diese Aufgabe, diese Funktion wird im NLP immer positiv interpretiert.

Teile werden im NLP oft wie Personen bezeichnet und wie Personen behandelt. Man spricht auch von der ➪ *„guten Absicht"* eines Teiles, als ob es sich um eine Person mit eigenem Willen handeln würde. Daneben gibt es auch ein eher klinisches Teile-Konzept. Der klinisch-psychoanalytischen Tradition folgend spricht man auch von einem sekundären Gewinn (oder auch sekundärem Krankheitsgewinn). Beide Aspekte des Konzeptes „Teil" (der anthropomorphisierende und der eher klinische) können im ➪ *Sechs-Stufen-Reframing* und im Verhandlungs-Reframing studiert werden. (*Text von Thies Stahl.*)

Through time (Durch-Zeit)

Eine Variante der inneren ➪ *Zeit-Linie*: „Wer vorzugsweise seine Zeit in Form von Through Time kodiert, wird seine Erinnerungen von links nach rechts oder sonstwie kodieren, jedenfalls so, daß die gesamte Zeit sich vor ihm befindet" (*James und Woodsmall 1994 [1988], 35*).

Tiefenstruktur der Sprache

Begriff im Rahmen der ➪ *Transformations-Grammatik* von Chomsky, die Bandler und Grinder für das ➪ *Meta-Modell* verwendet haben. Die

Tiefenstruktur ist die Bedeutung einer Äußerung: „Jeder Satz einer natürlichen Sprache hat zwei verschiedene Repräsentationen: die Repräsentation der Art und Weise, wie er tatsächlich klingt (oder geschrieben erscheint), die *Oberflächenstruktur* genannt wird, und die Repräsentation seiner Bedeutung, die *Tiefenstruktur* genannt wird. Wenn z.B. jemand sagt:

»Das Fenster wurde zerbrochen.«

besteht die Oberflächenstruktur aus der Repräsentation der tatsächlichen Laute, die der Sprecher von sich gibt, oder, im Fall einer schriftlichen Repräsentation, aus den Worten, so wie sie oben gedruckt sind. In diesem besonderen Fall kann die Tiefenstruktur auf folgende Weise repräsentiert werden:

VERGANGENHEIT (ZERBRECHEN [jemand, Fenster, mit was])

Diese Repräsentationen sollen die Intuitionen widergeben, die jeder Muttersprachler hat“ (*Bandler und Grinder 1996 [1975], 223*).

Die Fragetechniken des Meta-Modells dienen dazu, die Bedeutung des Gesagten, die Tiefenstruktur der Sprache zu erkunden. Die Anwendungen der hypnotischen Sprachmuster des ➪ *Milton-Modells* sollen im Zuhörer eine ➪ *transderivationale* Suche nach einer Tiefenstruktur aktivieren, die für sein Leben relevant ist.

Tilgung

Eine der fundamentalen Prinzipien menschlicher Modell-Bildung. Tilgung bezeichnet den Prozeß, durch den bestimmte Teile der Welt aus dem ➪ *Modell* der Welt einer Person ausgeschlossen werden (*Bandler und Grinder 1994a [1975], 211*). „Tilgungen innerhalb eines Sprachsystems sind elementare syntaktische Operationen, bei denen auf dem Weg von der ➪ *Tiefenstruktur* zur Oberflächenstruktur einzelne Elemente getilgt werden. Die getilgten Elemente sind grundsätzlich wiederauffindbar. Tilgungen entstehen auf jeder Stufe des Verarbeitungsprozesses vom Sinneseindruck zur Repräsentation der Welt“ (*Jochims 1995, 118*). Tilgungen bewirken unvollständige innere Landkarten: Informationen, die möglich sind, fehlen im Modell, in der Repräsentation. Sie scheinen im Bewußtsein nicht auf. Im ➪ *Meta-Modell* der Sprache werden Sätze, bei denen sich Tilgungen befinden oder die auf Tilgungen hinweisen, spezifisch hinterfragt. Das ➪ *Milton-Modell* beschreibt Sprachmuster, bei denen viele Tilgungen vorkommen.

Folgende Sprachmuster weisen auf Tilgungen hin: (1) unspezifische Subjekte, unbestimmter Inhaltsbezug, unbestimmte Substantive, (2) unspezifische Verben, (3) Vergleiche, (4) Bewertungen und (5) Nominalisierungen.

(1) Zur ersten Gruppe gehören Sätze wie: „**Man kann sich beim Lesen entspannen**“, „**Herumblättern ist ganz in Ordnung**“, „**Den Lesern**

gefällt das Wörterbuch.“ Im Meta-Modell wird empfohlen, solche Sätze zu hinterfragen, mit: „Wer genau?“, „Was genau?“, „Welche?“ usw.

(2) Bei Sätzen mit unspezifischen Verben fehlt das ‚Wie‘. Beispiele: „**Er veränderte sich beim Lesen**“, „**Sie zwang sich weiterzulesen.**“ Klärende Fragen sind: „Wie genau geschieht das?“, „Wie?“, „Wodurch?“, „Auf welche Weise?“, „Wann?“

(3) Bei Vergleichen fehlt der Bezug: „**Dieses Wörterbuch ist gut**“, „**Hier finden sich die besseren Leser.**“ Nützliche Fragen sind: „Verglichen womit?“, „Besser als wer?“, „Gemessen woran?“, „In bezug worauf?“

(4) Bewertungen sind ähnlicher Natur (und treten oft als Vergleiche auf): „**Offensichtlich sind diese Seiten nützlich**“, „**Sie sind wißbegierig.**“ Bewertungen werden geklärt, indem man fragt: „Für wen offensichtlich?“, „Nach welchem Standard?“, „Worauf?“

(5) ➩ *Nominalisierungen* schließlich sind Hauptwörter, die von Prozeßwörtern abgeleitet sind. Ein Prozeß erscheint wie ein statisches Ding: die Liebe, die Beziehung, das Gedächtnis, das Wissen: „**In der Beziehung zum Leser wird Wissen transportiert und das Gedächtnis geschult.**“ Klärung kann erfolgen, indem die fehlende Information nachgefragt wird: „Wer behauptet das?“, „Wie denn?“, „Wer genau?“, „Was genau?“

Weitere Informationen unter dem Stichwort ➩ *Meta-Modell.*

Time Frame, Zeit-Rahmen

Gefühle können einen unterschiedlichen Zeit-Rahmen, eine anderen Zeit-Bezug haben. „Bedauern“ bezieht sich meist auf die Vergangenheit, „unruhig“ oft auf die Gegenwart, „erwartungsvoll“ meist auf die Zukunft.

Time-Line

➩ *Zeit-Linie*

TOTE-Modell

Ein Modell aus der Kybernetik, das Miller, Galanter und Pribram entwickelt haben (*Miller u.a. 1973*). Die Buchstaben bedeuten: Test – Operate – Test – Exit. Sie bezeichnen eine abgegrenzte Verhaltens-Sequenz, einen Prozeß über vier Phasen. Ein Beispiel: Jemand möchte ein Bild an die Wand hängen.

(1) Er stellt fest, daß kein Nagel in der Wand ist (Vergleich des gegenwärtigen mit dem gewünschten Zustand, erste Testphase),
(2) nimmt Hammer und Nagel und hämmert den Nagel in die Wand (Operate-Phase),
(3) überprüft dabei immer wieder, wie weit der Nagel noch aus der Wand ragt (mehrere Feedbackschleifen von Test – Operate – Test),
(4) bis es paßt und er mit dem Nageln aufhört (Exit).

Das TOTE-Modell ist eine Erweiterung des Reiz-Reaktions-Konzepts der ➪ *Behavioristen*: Zwischen Reiz und Reaktion wird/werden eine oder mehrere Rückkopplungs-Schleifen eingefügt. Dilts u.a. haben dieses Konzept für NLP adaptiert. Jeder Schritt in einem TOTE wird als ➪ *Repräsentations-System* oder als Kombination von Repräsentations-Systemen aufgefaßt (*1994, 50*). Ein TOTE ist jetzt eine „Reihenfolge von Aktivitäten in unseren sinnlichen Repräsentationssystemen, die sich so zu einer funktionalen Verhaltenseinheit konsolidiert hat, daß sie typischerweise unterhalb der Schwelle der Bewußtheit ausgeübt wird" (*46*).

Das TOTE-Modell ist das Grundschema zur Darstellung von ➪ *Strategien*. Dabei wird ein komplexes Netzwerk vielfältiger Rückkopplungs-Schleifen vorausgesetzt, der komplexe Prozeß wird „begradigt" und die wichtigsten Komponenten werden in einer (meist linearen) Sequenz angeordnet.

Weitere Literatur: *Bretto 1988, Strategies, 1ff.*

Trance, Hypnose, hypnotische Trance

Sammelbegriff über eine Klasse „veränderter" Bewußtseins-Zustände (passive Perspektive) bzw. über einen Kommunikations-Prozeß, bei dem eine Person A (z.B. ein Therapeut) eine Person B (z.B. einen Klienten) so beeinflußt, daß B von A suggerierte Erfahrungen erlebt (Kommunikations-Perspektive; vgl. *Yapko 1995, 8*). Es gibt keine allgemein akzeptierte Definition von Trance (vgl. die Überblicke bei *Gilligan 1991 [1987], 51ff.* und *Yapko 1995, 24ff.*). NLP bezieht sich in seinem Trance-Verständnis auf Milton Erickson, der von Bandler und Grinder intensiv ➪ *modelliert* wurde. (Als Zusammenfassung ihrer Arbeit publizierten sie das ➪ *Milton-Modell*: *Bandler und Grinder 1996 [1975]; Grinder, Delozier und Bandler 1977; Grinder und Bandler 1987 [1981].*) Erickson war ein konsequenter Pragmatiker. Er vertrat einen „nicht-theoretischen" Standpunkt und hat auch keine „Theorie" der Trance entwickelt (*Erickson u.a. 1991 [1976], 333; Walker 1996, 219ff.*). Trance wird von ihm gelegentlich so definiert: „Eine tiefe Hypnose ist jene Hypnosestufe, die es dem Patienten erlaubt, auf einer ➪ *unbewußten* Verarbeitungsebene angemessen und direkt zu funktionieren, ohne daß der bewußte Verstand sich einmischt." „Therapeutische Trance ist eine Periode, bei der es einem Patienten gelingt, aus seinem gewöhnlichen Bezugsrahmen und seinen Überzeugungen auszubrechen, so daß er innerlich andere Funktionsmuster und Assoziationen erleben kann, welche die Problemlösungsfähigkeit fördern" (Zit. nach *Gilligan 1991 [1987], 61*).

Als Charakteristika des Trances-Begriffes von Erickson werden genannt (*Erickson u.a. 1991 [1976], 333ff.*):

(1) Trance ist ein Zustand hochfokussierter, nach innen gerichteter Aufmerksamkeit: Der ➪ *Fokus des Bewußtseins* ist auf ein einziges Thema, eine Geschichte, einen Gegenstand, ... gerichtet.

(2) Diese Fokussierung wird durch eine hohe Motivation der Person entwikkelt, die „in Trance geht".
(3) Trance ist ein aktives Lernen auf einer unbewußten Ebene.
(4) Im Zustand der Trance „funktioniert" der Geist „auf eine andere Weise".
(5) In Trance „scheinen die Dinge wie von selbst zu geschehen". (Meist gibt es ein „Beobachtungs-Ich", das den „automatisch" ablaufenden „Innen-Prozeß" beobachtet.)

Trance definiert sich in Abgrenzung zu gewöhnlichen Zuständen (oft „Wachbewußtsein" genannt). Der Begriff Trance bezieht sich auf ein Kontinuum von Zuständen unterschiedlicher Intensität. An einem Ende des Kontinuums befinden sich „Tief-Trance-Phänomene", wo eine Person sich „völlig in unbewußter Verarbeitung vertieft" (*Gilligan 1991 [1987], 62ff.*). Am anderen Ende des Spektrums befinden sich Zustände, die sich nur graduell vom Wach-Bewußtsein unterscheiden bzw. sogar Varianten davon sind. Manche Autoren definieren Trance als Alltagsphänomen. Trance ist hier nur ein anderes Wort für ➪ *innerer Zustand* (vgl. *Grinder und Bandler 1987 [1981], 22*): Menschen gehen die ganze Zeit von einer Trance in die nächste, ohne sich dessen bewußt zu sein (*Wolinksy 1995 [1993]*). (Die Wahrnehmungs-Prozesse der meisten Menschen in einer ➪ *Kultur* laufen so ab, daß sie das wahrnehmen, was diese Kultur als „Realität" definiert: Die Menschen einer Kultur konstruieren gemeinsam eine kulturelle Trance.)

In der Hypno-Therapie ist Trance vor allem durch unwillkürliche, d.h. ideosensorische und ideomotorische, teilweise bewußtseins-ferne innere Prozesse charakterisiert, die ein breites Spektrum klinischer Interventionen ermöglichen. Als typische Trance-Phänomene gelten hier:

(1) Veränderungen des körperlichen Zustandes,
(2) Verschiebung des Wahrnehmungs- und Aufmerksamkeitsfokus,
(3) ➪ *Dissoziation*/Assoziation,
(4) Katalepsie (körperliche Starre)/Hyperaktivität
(5) ideomotorische Reaktionen/automatische Bewegungsabläufe
(6) Zeitverzerrung
(7) Altersregression (eine Person fühlt sich jünger)/Altersprogression
(8) Amnesie (Erinnerungsverlust)/Hypermnesie (gesteigertes Erinnerungsvermögen)
(9) Analgesie (Schmerzunempfindlichkeit)/Anästhesie (Empfindungslosigkeit)
(10) negative Halluzinationen („Dinge" werden nicht gesehen/gehört/gefühlt ...)/positive Halluzinationen („Dinge" werden gesehen, die nicht da sind).

Trance wird im NLP in all diesen Varianten verwendet. Die meisten, wenn nicht alle NLP-Interventionen beeinhalten als integrale Bestandteile ➪ *Trance-Induktionen* und ➪ *Trance-Utilisationen*. Jede Sprache enthält nach NLP hypnotische Elemente. NLP-erfahrene Menschen sind im Erkennen und in der Anwendung der hypnotischen Sprachmuster des ➪ *Milton-Modells* geübt. Mit den Verfahren und Methoden des NLP werden Menschen angeleitet, ➪ *innere Zustände* gezielt zu erleben. Das intensive Erlebnis eines Zustandes induziert eine Trance, einen mehr oder weniger starken hypnotischen Zustand. Das gilt sowohl für ➪ *Ressourcen-Zustände* als auch für Problem-Zustände (nach *Wolinsky 1995 [1993]* enthält jedes Symptom-Erleben eine Mixtur mehrerer Tief-Trance-Phänomene). Die Durchführung von NLP-Methoden und die Anwendung von NLP-Methoden basiert in vielen Fällen auf der Fähigkeit, andere Menschen in Trance zu führen und aus Trance herauszuführen. Im Unterschied zur Hypnotherapie handelt es sich meist um kurze und „inoffizielle" Trancen, die oft nicht als solche thematisiert werden. Intensive NLP-Arbeit mit anderen Personen ist oft von einer gemeinsamen (intrapersonellen) Trance begleitet. Personen, die NLP zur ➪ *Selbststeuerung* nutzen, entwickeln die Fähigkeit, gezielt in Trance zu gehen. *(Text unter Mithilfe von Wolfgang Lenk.)*

Die folgende Stichworte bezeichnen einzelne Phasen in der Arbeitsweise von Erickson. Sie kann (sehr vereinfacht) in vier Schritte eingeteilt werden (vgl. *O'Hanlon 1995, 123ff.; Gilligan 1991 [1987], 82ff.* und *Grinder u.a. 1977, 237ff.*): (1) ➪ *Trance-Induktion*, (2) ➪ *Trance-Ratifizierung*, (3) *Trance-Utilisation*, und (4) ➪ *Trance-Beendigung*.

Weitere Literatur: *Zeig 1988 (1980); Hammond 1990; Haley 1996.*

Trance-Beendigung, Reorientierung

Die letzte Phase in der Trance-Arbeit nach Erickson. Sie umfaßt zwei Hauptschritte (*Gilligan 1991 [1987], 84f.*):

(1) den Abschluß der Trance: Nach allgemeinen Suggestionen zur Würdigung des Selbst und eventuellen posthypnotischen Suggestionen wird der Klient aus der Trance herausgeführt;

(2) die Generalisierung dessen, was in der Trance gelernt wurde, meist in Form einer Diskussion und/oder zusätzlichen Verfahren (z.B. um spezifische ➪ *Strategien* für das neue Verhalten zu entwickeln).

Trance-Induktion

Inducere heißt im Lateinischen hineinführen. Trance-Induktionen führen in einen Trance-Zustand hinein. „Die Hypnoseinduktion ist eine das ganze Erleben absorbierende Interaktionssequenz, die in einem veränderten Bewußtseinszustand gipfelt, in welchem Äußerungen des Selbst ohne analytische oder anstrengende Vermittlung entstehen" (*Gilligan 1991 [1987], 83*).

Trance kann auf unzählige Arten induziert werden. NLP betont dabei – Milton Erickson folgend – das Prinzip der ➪ *Utilisation* (woraus die Methode des ➪ *Spiegelns* resultiert). „Das Grundprinzip der Hypnoseinduktion ist, daß man auf ... (die) physiologischen Anzeichen veränderten Bewußtseins genau achtet und alles unternimmt, um sie zu verstärken" (*Grinder und Bandler*

1987 [1981], 53). „Die natürlichste und eleganteste Strategie zur Tranceinduktion besteht darin, eine Feedbackschleife der Kommunikation einzurichten, innerhalb derer trancerelevante Erfahrungen und Prozesse zugänglich und schließlich nutzbar gemacht werden" (*Gilligan 1991 [1987], 225*).

Erickson u.a. definieren ein dreifaches Ziel der Trance-Induktion (*1991 [1976], 339*):

(1) Die Aufmerksamkeitsbrennpunkte zu bündeln, gewöhnlich auf ein paar innere Realitäten,
(2) Veränderungen in den gewöhnlichen Lenkungs- und Kontrollmustern des Klienten zu fördern, und
(3) die Aufnahmefähigkeit des Klienten für eigene Assoziationen und mentale Fähigkeiten zu fördern, die in therapeutische Reaktionen integriert werden können.

In der Trance-Literatur sind Dutzende konkreter Methoden zu finden, die für Trance-Induktionen verwendet werden (einen guten Überblick bieten *Erickson u.a. 1991 [1976]*). Grinder und Bandler (*1987 [1981]*) führen u.a. an: die ➪ *Fünf-vier-drei-zwei-eins-Methode*, das ➪ *Überlappen* von Repräsentations-Systemen, den Rückgriff auf frühere Trance-Zustände, die Beschreibung von Alltags-Trancen (z.B. beim Fernsehen), ➪ *analoges Markieren*, ➪ *eingebettete Befehle*, ➪ *Metaphern* und Geschichten (z.B. Geschichten in der Geschichte) und ➪ *Vorannahmen*. Trance kann auch durch den Einsatz von ➪ *Dissoziations-Strategien*, z.B. durch ➪ *Verwirrung*, erzeugt werden. Auf der sprachlichen Ebene sind für Trance-Induktionen alle Sprach-Muster des ➪ *Milton-Modells* geeignet. Ihr Zweck ist es, beim Zuhörer ➪ *transderivationale* Suchprozesse anzuleiten.

Weitere Literatur: *Hammond 1990, 11ff.; O'Hanlon 1995 (1987), 131ff.* und *Yapko 1995, 94ff.*

Trance-Ratifizierung

Ein Feedback-Prozeß während einer Trance: dem Klienten werden beobachtete oder vermutete Veränderungen, die für eine Trance charakteristisch sind, zurückgemeldet. Dieser Prozeß bewirkt in der Regel eine Vertiefung der Trance.

Trance-Utilisation

Die Phase der eigentlichen Therapie in einer Trance-Arbeit, der Hauptteil der Trance-Arbeit. Bei der Trance-Utilisation wird der Zustand der Trance für therapeutische Zwecke genutzt. „Das bedeutet, daß der Therapeut das ➪ *Deframing*, die Loslösung der Erfahrung" (die als „Problem" definiert wird) „aus ihrem Bezugsrahmen ... betreibt, die vielfältige Möglichkeiten zum ➪ *Reframing*, der Schaffung neuer Bezugsrahmen bietet" (*Gilligan 1991 [1987], 84*).

Literatur: *Grinder und Bandler 1987 [1981], 135ff.* und *Bandler und Grinder 1996 [1975].*

Transderivationale Suche, Transderivationale Ableitung, Transderivationaler Ableitungsprozeß

Diese Begriffe werden im NLP in zwei Bedeutungen verwendet: (A) als Suchprozeß nach einer spezifischen Tiefenstruktur und (B) als eine kinästhetische Erinnerungs-Strategie.

(A) Die erste Bedeutung stammt aus der Linguistik und wurde von Bandler und Grinder zur Beschreibung der Wirkungsweise der Sprachmuster des ➪ *Milton-Modells* verwendet (*1996 [1975]*). Ein Beispiel ist die Verwendung einer ➪ *Metapher*. Bei einer Person, die eine Geschichte hört, läuft folgender Prozeß ab (*225*):

(1) Sie hört die Worte der Geschichte (eine ➪ *Oberflächenstruktur*) und
(2) versteht die Bedeutung der Geschichte (ihre ➪ *Tiefenstruktur*. Diese Bedeutung enthält keinen direkten Bezug auf die Person selbst).
(3) Sie entwickelt eine parallele Deutung (eine zusätzliche Tiefenstruktur), die in das Welt-Modell der Person „paßt", die für ihr Leben bedeutungsvoll ist.

Mit anderen Worten: Sie hören eine Geschichte. „Sie werden in den Sätzen nicht direkt erwähnt, und es wird auch in der Tiefenstruktur kein Bezug auf Sie genommen. Trotzdem findet in Ihnen ein Prozeß statt, der einen Bezugsindex zur Verfügung stellt und den Worten die gleiche Bedeutung verleiht, als ob sie direkt an Sie gerichtet wären" (*164*).

Transderivationale Suchprozesse können durch alle Sprachmuster des ➪ *Milton-Modells* ausgelöst werden. Das Modell der transderivationalen Suche erklärt die Wirkungsweise einer „kunstvoll vagen" Sprache: „*wie* Menschen sprachlichen Äußerungen eine *spezifische Bedeutung* geben, die in den Worten selbst nicht enthalten ist. ... Bandler und Grinder vertraten nun die These, daß der Empfänger einer solchen Botschaft Erfahrungen aus seinem Gedächtnisspeicher reaktivieren muß. Nur so sei er in der Lage, dem Satz" (der Geschichte) „überhaupt eine Bedeutung zuzuschreiben" (*Walker 1996, 254ff.*). Der Zweck therapeutischer Metaphern ist es, den (bewußten oder unbewußten) Prozeß der Ableitungssuche für therapeutische Zwecke in Gang zu setzen (*Gordon 1995 [1978], 25f.*).

(B) Der Begriff transderivationale Suche wird im NLP auch als ➪ *kinästhetische* Erinnerungs-Strategie definiert (*Andreas und Andreas 1992, 160; Baumeler 1994, 84*; ähnlich bei *Dilts 1993 [1990], 123f.* und *1995 [1989], 221*). Ausgehend von einem körperlich erlebten ➪ *inneren Zustand* (mit den entsprechenden Gefühlen) wird in der Vergangenheit eine ➪ *Referenz-Erfahrung* gesucht, wo genau dieser Zustand erlebt wurde. Diese Methode findet im NLP oft Anwendung, um ➪ *Ressourcen* zu aktivieren. Kinästhetische Erinnerungs-Strategien werden auch bei der ➪ *Neuprägung* eingesetzt, um das ursprünglichen Prägungs-Erlebnis (oft in der frühen Kindheit) ausfindig zu machen.

Transfer

Die Übertragung einer ➪ *Ressource* (wie einer Fähigkeit, eines Verhaltens, einer Einstellung) in die Zukunft. Der Ausdruck Transfer findet sich im NLP u.a. in zwei Bedeutungen:

(1) im Sinne des ➪ *Future Pace*, bei dem die Ziel-Konstruktion mit der Konstruktion der Zukunft verknüpft wird,
(2) im Sinne eines ➪ *chunking-ups* auf einen weiteren oder allgemeinen ➪ *Kontext* in der Zukunft: „Wenn Sie sich vorstellen, daß Sie diese Fähigkeit in der Zukunft leben können, was wird sich dann in Ihrem Leben noch verändern?"

Transformationale Prozesse

„Unter transformationalen Prozessen versteht man jede ➪ *Tilgung*, ➪ *Verzerrung* oder Generalisierung" (➪ *Verallgemeinerung*), „die zwischen den vollen linguistischen Repräsentationen – der ➪ *Tiefenstruktur* – und der ➪ *Oberflächenstruktur* erfolgt, die tatsächlich gesagt oder geschrieben, gehört oder gelesen worden ist" (*Bandler und Grinder 1996 [1975], 161*). ➪ *Meta-Modell.*

Transformations-Grammatik, Transformations-Regeln

Noam Chomsky hat in den fünfziger und sechziger Jahren die These entwickelt, daß sich die natürlichen Sprachen nicht alleine mit Hilfe kontextfreier Regeln beschreiben lassen, sondern daß darüberhinausgehend kontextspezifische Transformations-Regeln notwendig sind (*1973 [1957]*). In dieser Theorie wird Sprache hinsichtlich ihrer ➪ *Tiefen-* und ihrer ➪ *Oberflächen-Struktur* unterschieden, wobei die Umformung von der einen zu der anderen Struktur durch Transformations-Regeln beschrieben wird, dieser Prozeß wird ➪ *Ableitung* genannt (*Bandler und Grinder 1996 [1975], 19*). Die Transformations-Grammatik von Chomsky bildet die theoretische Basis für das ➪ *Meta-Modell* und das ➪ *Milton-Modell* (als inverses Meta-Modell).

Traumata-Techniken

Ein Trauma ist ein intensives negatives Erlebnis (oft in der Kindheit), das zu einer negativen ➪ *Prägung* führen kann (insbesondere dann, wenn eine für das Kind wichtige Person dabei beteiligt war). Für negative Prägungs-Erlebnisse hat NLP die Verfahren der ⇨ *Neuprägung* entwickelt. Darüber hinaus gibt es eine Klasse von Interventionen, die Traumata-Techniken genannt werden. Als Beispiel wird auf die Timelinie Traumata-Technik der beiden Andreas (*1994 [1989], 103ff.*) verwiesen.

Träumer(in)

Einer von drei Zuständen bei der ⇨ *Walt-Disney-Strategie*. Im Zustand des Träumens entstehen neue Ideen, Visionen und ⇨ *Ziele*.

Tu-so-als-ob-Rahmen

⇨ *Als ob*.

Überbrücken

➪ *Future pace*

Überkreuzen

Eine Überkreuzung tritt auf, wenn eine ➪ *Untereigenschaft* in einer Klasse mit einer Untereigenschaft in einer anderen Klasse verbunden wird. Beispiele: Ein Licht erscheint heller, wenn es von hohen Tönen begleitet ist. Rote Gegenstände fühlen sich schwerer an als gleichschwere grüne Gegenstände. Überkreuzungen sind Beispiele für ➪ *Synästhesien* (*Gordon 1995 [1978], 101f.*).

Überkreuz-Spiegeln

Eine besondere Art des ➪ *Spiegelns*, und zwar (1) in einem anderen ➪ *Repräsentationssystem* oder (2) mit einer anderen Art von Bewegung. Beispiele: (1) Der Atem-Rhythmus einer Person wird durch meinen Sprech-Rhythmus gespiegelt. (2) Der Sprech-Rhythmus einer Person wird von einer gleichschnellen (unmerklichen) Bewegung meiner Hand begleitet. Kreuzspiegeln ist eine effektive Methode, um ➪ *Rapport* herzustellen (*Bandler und Grinder 1994c [1979], 101*).

Überladen, overload

Nach Miller (*1956*) kann das ➪ *Bewußtsein* in einem Augenblick höchstens 7 +/- 2 Informationseinheiten wahrnehmen. „Alles, was 7 +/- 2 Einheiten übersteigt, ist Überladung und wird unbewußt verarbeitet" (*Grinder und Bandler 1987 [1981], 111*). Überladung kann für ➪ *Trance-Induktionen* verwendet werden. Ein Beispiel ist eine Doppelinduktion, bei der zwei Personen gleichzeitig (durcheinander) reden. Überladen kann zu ➪ *Verwirrung* führen (*Bandler 1995b [1985], 99ff.*).

Überlappen, overlapping

Ein Prozeß, bei dem – ausgehend von einem ➪ *Repräsentations-System* – nach und nach die anderen Sinnes-Modalitäten einbezogen werden, um eine reichhaltige und intensive ➪ *assoziative* Erfahrung zu erzeugen (*Cameron-Bandler 1992 [1978], 87ff.*).

Überzeugungen

➪ *Beliefs*

Umwelt

(1) Mit Umwelt bezeichnet man im NLP die „Außen-Welt“: andere Menschen, das Umfeld, in dem Verhalten passiert. (2) Umwelt ist eine der ➪ *logischen Ebenen.*

Unbewußtes

Im NLP unterscheidet man bewußte und unbewußte Prozesse (Zwei-Instanzen-Modell). (Dies kann bei der Technik des ➪ *Sechs-Stufen-Reframings* studiert werden.) NLP hat kein entwickeltes Modell des Unbewußten; es gibt auch keine verbindliche Definition des Terminus „Unbewußtes“. NLP bezieht sich in seinem Konzept vom Unbewußten u.a. auf Gregory Bateson und Milton Erickson. Bestandteile dieses Konzepts sind (vgl. *Schauer 1995, 96 ff.* und *Mohl 1996a [1993], 38 ff.*) (alle Ausführungen sind ➪ *metaphernhaft* zu verstehen. In der NLP-Arbeit wird so getan, ➪ *als ob* sie „wahr“ wären):

(1) Es gibt ein Unbewußtes: „Dazu gehört alles, was im jeweiligen Moment außerhalb eines Bewußtseins liegt“ (*Bandler und Grinder 1994c [1979], 57*). „Im NLP ist etwas bewußt, wenn es im gegenwärtigen Bewußtsein, im Bereich der augenblicklichen Aufmerksamkeit ist, wie dieser Satz jetzt. Etwas ist unbewußt, wenn es nicht in der gegenwärtigen Aufmerksamkeit, dem Bewußtsein ist“ (*O'Connor und Seymour 1996a [1990], 31*).

(2) Das Bewußte ist in das Unbewußte eingebettet. Gilligan (in Weiterführung von Bateson und Erickson) unterscheidet vier Ebenen, die in konzentrischen Kreisen von außen nach innen gedacht werden (*1991 [1987], 41 ff;* vgl. damit die vier Ebenen in der Spektrums-Psychologie von *Ken Wilber 1987b [1977], 19):*

(a) den ➪ *Kern der Person* („Kern des Selbst“).
(b) das unbewußte Gedächtnis, den unbewußten Geist (welcher nach der kybernetischen Erkenntnistheorie von Bateson auch „den Bahnen und Mitteilungen außerhalb des Körpers immanent“ ist, „und es gibt einen größeren Geist, von dem der individuelle Geist nur ein Subsystem ist. ... er ist dem gesamten, in Wechselbeziehung stehenden sozialen System und der planetaren Ökologie immanent“ (*Bateson 1983 [1972], 593*).
(c) der bewußte Verstand: „die dem Hintergrund oder Feld des Unbewußten zugehörige Figur“ (*43*), und
(d) die inhaltlichen Elemente des Bewußtseins (auf welchen ➪ *Fokus* es gerichtet ist).

(3) Die Grenze zwischen Bewußtem und Unbewußtem ist keine prinzipielle Grenze. Sind bei einer Person die Grenzen wenig durchlässig, dann können bewußter Verstand und Unbewußtes in Kampf oder Konkurrenz sein. Sind sie durchlässig, können produktive komplementäre Wechselbeziehungen eintreten (*Gilligan 1991 [1987], 47*). „Die ideale Person besäße eine Bereitschaft, den Austausch zwischen Bewußtem und Unbewußtem zu akzeptieren“ (*Erickson u.a. 1991 [1976], 291*).

(4) Unbewußte Prozesse sind Teil des komplexen Organismus von Menschen. Das Unbewußte bildet ein komplexes System. Einzelne Facetten des Unbewußten sind dem Bewußten zugänglich. Alle bewußten Komponenten können anhand der NLP-Begriffe ➪ *Repräsentations-Systeme* und ➪ *Untereigenschaften* beschrieben werden.

(5) Das Unbewußte ist mächtiger als das Bewußte, weil es (a) die meisten Lebensprozesse steuert, und (b) dem Bewußten nicht direkt zugänglich ist (vgl. dazu die Daten zum ➪ *Auswahl-Prozeß* des Bewußtseins): „Das Unbewußte gewinnt ... in jedem Fall“ (*Bandler und Grinder 1994c [1979], 205*).

(6) Das Unbewußte ist klüger als das Bewußte (*Erickson u.a. 1991 [1976], 35; Bandler und Grinder 1994c [1979], 205; Gilligan 1991 [1987], 47*). Das Bewußte verfügt nur über ein eingeschränktes Wissen, ist „blind für die kybernetischen Kreisläufe des Selbst und der äußeren Welt ... ohne Verständnis für das homöostatische Netzwerk“, in das es eingebettet ist. Aus diesem Grund muß auch „ein *systemischer* (d.h. nicht zufälliger) Unterschied zwischen den bewußten Ansichten vom Selbst und von der Welt und der wahren Natur des Selbst und der Welt bestehen“ (*Bateson 1983 [1972], 571 f.*).

(7) Das Unbewußte speichert alle wichtigen Informationen, die auf eine Person das ganze Leben einströmen (vgl. dazu das Konzept der unbewußten Kompetenz in den ➪ *Lern-Stadien*).

(8) Das Unbewußte organisiert die psychische Stabilität einer Person (im Fremdwort: ihre psychophysische Homöostase), indem es dem Bewußten manche Informationen zugänglich macht und manche nicht. Das Unbewußte kontrolliert den Informationsstand des Bewußten. ➪ *Traumatische* Erfahrungen aus der Kindheit z.B. werden oft „vergessen“ (in der Psychoanalyse sagt man „verdrängt“) und z.B. im Prozeß einer ➪ *Neuprägung* dem Bewußtsein wieder zugänglich gemacht.

(9) Es ist möglich, mit dem Unbewußten Kontakt aufzunehmen. Wie sich eine Person dabei ihr Unbewußtes vorstellt, ist für die Arbeit mit dem Unbewußten nicht von Belang (z.B. in Form von Symbolen, Personen oder einer Landschaft), ebenso nicht seine sprachliche Bezeichnung (als ➪ „*Teile*“, „Tendenzen“, „Persönlichkeitsaspekte“ usw.) sowie das individuelle ➪ *Belief*-System zum Unbewußten („Geist“, „Seele“, „überpersönliches Wissen“, „die Weisheit des Körpers“, usw.).

(10) Das Unbewußte kann durch bestimmte Ereignisse angesprochen und zum Auslöser innerer Änderungs-Prozesse werden. Ein Beispiel ist die ➪ *hypnotische Sprache*, wie sie das ➪ *Milton-Modell* beschreibt. Sie wirkt direkt auf das Unbewußte und kann von dort Einfluß auf das weitere Verhalten einer Person ausüben. In manchen Techniken des NLP, wie dem ➪ *Reframing*, bittet das Bewußte das Unbewußte direkt oder erteilt ihm Aufträge, die Verantwortung für Änderungs-Prozesse zu übernehmen, die

in der Zukunft automatisch, ohne aktiven Einfluß des Bewußten, geschehen sollen.

(11) In einer Trance können die bewußten Prozesse einer Person teilweise außer Kraft gesetzt sein. Das Unbewußte kann dadurch befähigt werden, bedeutungsvolle Veränderungsprozesse zu bewirken. Es bedarf keiner bewußten Einsicht, daß solche Veränderungen auftreten können (*Gilligan 1991 [1987], 46*).

(12) Das Unbewußte besitzt eine Struktur. Einzelne Elemente/Bereiche dieser Struktur werden im NLP meist ➪ *Teile* genannt. Teilen wird im NLP eine Absicht (Intention) unterstellt. Teile organisieren Verhalten.

(13) Auf der Ebene des Unbewußten herrscht das Prinzip der ➪ *guten Absicht* (d.h. den „Teilen" werden gute Absichten unterstellt). Die positive Absicht der Teile im Unbewußten kann bewußt erfahren werden, wenn die bewußte Kontrolle bereit ist, dies zuzulassen. Das Ericksonsche Prinzip der Kooperation bezieht sich auch auf die Kooperation des Bewußten mit dem Unbewußten (z.B. *Gilligan 1991 [1987], 48*). NLP grenzt sich gegen die psychoanalytische Ansicht ab, im Unbewußten „Triebe" anzusiedeln (die es zu bekämpfen gilt) bzw. dem Unbewußten negative Absichten zu unterstellen.

(14) Veränderung kann im Vertrauen auf die Fähigkeiten des Unbewußten und seine Absichten möglich sein: „Um einen Menschen zu ermutigen, in Trance zu gehen, müssen Sie ihn ermutigen, seinem Unbewußten zu vertrauen, weil Trance eine natürliche Form unbewußten Funktionierens ist" (*Erickson u.a. 1991 [1976], 285*).

Und-Haltung

Im NLP geht es nicht darum, ein Verhalten als negativ zu bewerten und durch ein anderes, positiv gedachtes Verhalten zu ersetzen. (Das wäre eine Oder-Haltung.) Im NLP wird der Wert jedes Verhaltens betont. Eine der ➪ *Grundannahmen des NLP* ist: „Jedes Verhalten ist in irgendeinem ➪ *Kontext* nützlich." Es geht darum, automatische Reaktionen zu unterbrechen und die Freiheit zu erlangen, jenes Verhalten zu wählen, das für einen Kontext als passend erachtet wird. Die Und-Haltung im NLP ist Ausdruck eines ➪ *polaren Denkens*, wie es auch in seinem ➪ *Teile-Konzept* zu finden ist. Sie kann insbesondere an den Ansätzen des ➪ *Reframings* studiert werden.

Unified Field Theory, Einheitliche Feldtheorie

Ein Begriff, mit dem Dilts und Epstein versucht haben, Elemente des NLP in einem einfachen Schema zusammenzufassen. (Der Begriff selbst ist m.E. überzogen: Die heutige Physik verfolgt das ehrgeizige Ziel, eine einheitliche Feldtheorie unter Einschluß aller Kräfte und Elementar-Teilchen zu erreichen.) ➪ *System-Matrix* des NLP.

Universalquantoren

Universalquantoren, auch Umfassungswörter genannt, sind Wörter wie: alle, keine, jeder, sämtliche, nirgends, niemals, nichts. Sie sind ein Zeichen dafür, daß eine Person zu sehr verallgemeinert. Im ➪ *Meta-Modell* des NLP wird vorgeschlagen, ➪ *Verallgemeinerungen* zu hinterfragen, auch um die spezifischen Erfahrungen zu erkunden, die die ➪ *Referenz-Erfahrung* für die Gültigkeit der Verallgemeinerung abgibt. Sätze wie „Frauen sind dumm", „Männer sind aggressiv" enthalten stillschweigend einen Universalquantor, weil alle Frauen und alle Männer gemeint sind.

Unterbrecher, Separator, Separator State, Bailout, Breaker, Breaker State

NLP-Techniken leiten zu einem Wechsel ➪ *innerer Zustände* an. Im Heraus-Führen aus einem Zustand, bevor ein neuer Zustand aktiviert wird, ist es immer notwendig, einen „Unterbrecher" zu setzen: den Klienten/die Klientin zu veranlassen, sich von diesem Zustand zu ➪ *dissoziieren*. Für einen Unterbrecher sind alle ➪ *Dissoziierungs-Techniken* des NLP geeignet.

Untereigenschaften, Submodalitäten

Untereigenschaften sind qualitative Merkmale innerhalb eines ➪ *Repräsentations-Systemes*, die bewußt wahrgenommen werden können. „Submodalitäten sind die feinen, subtilen Unterscheidungen, die wir in jedem Repräsentationssystem treffen: die Unterscheidung, die den Unterschied ausmacht" (*Bandler und MacDonald 1993 [1988];* vgl. damit das Bateson-Zitat im Stichwort ➪ *Bewußtsein*). Untereigenschaften sind „unterscheidbare Einheiten, von denen jede für die Kodierung von Informationen entlang einer bestimmten Dimension der Erfahrung verantwortlich ist" (*Gordon 1995 [1978], 97*). „Eine Submodalität ist ein Bestandteil oder eine Qualität einer Modalität" (*Dilts 1995 [1989], 221*). Was als Untereigenschaft definiert wird, hängt von der Unterscheidungsfähigkeit von Menschen ab. Typische visuelle Untereigenschaften sind z.B. die Helligkeit, Größe, Farbe und Schärfe visueller Vorstellungen. Typische auditive Untereigenschaften sind die Lautstärke, die Tonhöhe, der Rhythmus und das Tempo von auditiven Repräsentationen. Kinästhetische Untereigenschaften sind Temperaturempfindungen, der Ort von Gefühlen im Körper, ihr Rhythmus oder ihre Bewegung. Jede dieser Kategorien könnte nach Subkategorien weiter unterteilt werden (z.B. Lautstärke – laut – verschiedene Arten von laut, usw.), wobei der Begriff Untereigenschaft für jede Kategorie und Subkategorie Verwendung findet (*Weerth 1994 [1992], 49*).

Untereigenschaften gelten im NLP als die grundlegenden Komponenten von ➪ *Bewußtseins*-Prozessen (*Bandler 1995b [1985], 15*). Alles, was sich

Menschen bewußt machen können, ist eine Mixtur von Untereigenschaften. Innere Prozesse können als Kombinationen von Untereigenschaften beschrieben werden. Jeder ➪ *innere Zustand* kann mit Hilfe von Untereigenschafts-Beschreibungen charakterisiert werden. ➪ *Strategien* sind eine Abfolge von Repräsentations-Systemen und Untereigenschaften (auch Substrategien genannt).

Weil Untereigenschaften die Struktur-Elemente interner Repräsentationen sind, kann das innere Erleben verändert werden, indem man Untereigenschaften verändert *(Gordon 1995 [1978], 98)*. Dies kann nach Gordon vor allem auf zwei Arten geschehen (*108ff.*):

(a) durch eine Änderung der Positionierung ➪ *analoger* Untereigenschaften auf ihrer „Skala" (z.B. ein visuelles Bild heller oder dunkler werden lassen, intradimensionaler Wechsel), oder

(b) durch ➪ *Synästhesie*-Wechsel.

Die Beeinflussung innerer Zustände und äußeren Verhaltens durch eine gezielte Änderung von Untereigenschaften ist die Basis vieler NLP-Interventionen. (Dabei geht es auch um die Veränderung ➪ *kritischer Untereigenschaften.*) *Weerth* (*1994 [1992], 153 ff.*) unterscheidet dabei nach (1) Basis- und (2) spezifischen Modellen:

(1) Ziel der Basis-Modelle sind vor allem kurzfristige Änderungen. Beispiele sind die Veränderungen von Untereigenschaften in den ➪ *Assoziations-* und ➪ *Dissoziations-Techniken* des NLP.

(2) Bei den spezifischen Modellen wird eine längerfristige Wirkung angestrebt. Beispiele sind die Verfahren des ➪ *Swish*, ➪ *Phobie-* und *Traumata-Techniken*, die Verfahren des Änderns von ➪ *Beliefs* durch eine Änderung von Untereigenschaften und die Änderung der Untereigenschaften der inneren ➪ *Zeit-Linie*. (Eine Fülle von Interventionen mit Hilfe von Untereigenschaften finden sich in *Andreas und Andreas 1993 [1987].*) Für manche Problem-Lagen kann der Einsatz ➪ *kritischer Untereigenschaften* von ➪ *core states* (wie der ➪ *Quelle*) wirkungsvoll sein.

Untergeordnete Konstruktionen

„Die ... ➪ *Oberflächenstruktur*: »Ich hoffe, Sie fühlen sich besser« enthält zwei komplette Sätze in der ➪ *Tiefenstruktur*. Der erste lautet: »Ich hoffe X«, und der andere lautet: »Sie fühlen sich besser.« Wir nennen diesen letzten Satz eine untergeordnete Konstruktion des gesamten Satzes" (*Bandler und Grinder 1996 [1975], 241*). Bandler und Grinder analysieren im ➪ *Milton-Modell* drei wichtige Gruppen von untergeordneten Konstruktionen: ➪ *eingebettete Fragen*, ➪ *eingebettete Befehle* und ➪ *Zitate*.

Up-Time, Jetzt-Zeit

Gegenteil von ➪ *Down-time*: der ➪ *Fokus* der Aufmerksamkeit ist auf außen, auf die Umwelt, auf andere Menschen gerichtet. Ich bin nicht auf mein Innenleben, meinen inneren Dialog konzentriert: die Aufmerksamkeit richtet sich voll nach außen (*Bandler und Grinder 1994c [1979], 197*). Die Fähigkeit zu Up-time ist eine der Vorausbedingungen für ➪ *genaues Wahrnehmen* und für ➪ *Rapport*. Menschen in Up-time sind wenig auf ihr Innen-Leben, auf den ➪ *inneren Dialog* und auf Gefühle konzentriert.

Ur-Credo, Ur-Credo-Prozeß

Eine Weiterentwicklung des NLP durch Wolfgang Bernard (*1996*). Das Ur-Credo ist das grundlegende ➪ *Belief*, das unsere ➪ *personale Identität* organisiert. Es ist der Grundbaustein unseres Ich-Bewußtseins, welcher sich in der frühen Kindheit entwickelt – eine der grundlegenden ➪ *Voranahmen*, über die selten reflektiert wird.

Im Ur-Credo-Prozeß geht es darum, dieses Grund-Belief zu entdecken (bewußt zu machen) und zu überschreiten. Dieser Prozeß beruht u.a. auf zwei Annahmen:

(1) Die Konstruktion des Ur-Credos in der frühen Kindheit ist ein wünschenswerter Prozeß, der ein „normales" Funktionieren in der Gesellschaft erlaubt. Im Kern geht es dabei um die Konstruktion einer „trennenden Identität", welche bewirkt, daß sich der Mensch als vom anderen und von der Umwelt getrennt erlebt. Sie öffnet dem Kind den Zugang zur Fähigkeit der Repräsentation und zu all dem, was für ein Leben in der Gemeinschaft notwendig ist.

(2) „Für den Erwachsenen hingegen wird sie das Haupthindernis, wenn er sich seiner Ursprünge erinnern will und seine Erfüllung anstrebt" (*174*).

Das Ur-Credo wird im Ur-Credo-Prozeß (ein längerer geleiteter Prozeß) „entdeckt", in dem sich eine Person (im Gegensatz zu vielen NLP-Techniken) bewußt und intensiv mit ihren „Schatten-Seiten" ➪ *assoziiert*. (Dabei werden die ➪ *Dissoziierungs-Techniken* des NLP gezielt eingesetzt und bilden die Voraussetzung für diesen Prozeß.) Im Ur-Credo-Prozeß sollen die Strukturen der Identität vorübergehend aufgehoben werden und ein besonderer ➪ *innerer Zustand* erreicht werden, der „vorsinnliche Wahrnehmung" genannt wird. „Es handelt sich um die Wahrnehmung unseres Ursprungs und all dessen, was in jedem Augenblick aus ihm erwächst. Vorsinnliche Wahrnehmung ist ein Ausdruck für das Unausdrückbare: die Dimension der ungefilterten Wahrnehmung, die alle Phänomene, wahrgenommene und nicht wahrgenommene, existierende und nicht existierende, vereint. Wir sind mit ihr geboren und mußten sie vergessen, um unser Ichbewußtsein, unsere Identität entwickeln zu können. Durch gezielte Vorgehensweisen können wir den Boden dafür bereiten, diese in Vergessenheit geratene, alles miteinander versöhnende Wahrnehmung in uns wiederzuentdecken" (*175*).

In diesem Zustand eines intensiven Erlebens von ➪ *Zugehörigkeit* werden Menschen sich ihres „essentiellen Wertes" bewußt: ihrer Einzigartigkeit, ihres „Wesens" – jener Aspekte, die die beiden Andreas als ➪ *core states* beschreiben (*Connirae und Tamara Andreas 1995 [1994]*). (*Text unter Mithilfe von Wolfgang Bernard.*)

Ursache-Wirkungs-Beliefs

Unterklasse der deskriptiven ➪ *Beliefs*, ➪ *Warum-Fragen*

Utilisation, utilisieren

Im Englischen heißt to utilize nutzbar machen, auswerten.

(1) Der Begriff der Utilisation ist ein zentraler Begriff des Ansatzes von Milton Erickson. Er besagt im Kern, alles, was von einer Person kommt, für den therapeutischen Prozeß zu nutzen: „Was immer eine Person tut, es ist genau das, was ihr ermöglicht, sich zu ändern" (*Gilligan 1991 [1987], 49*). Utilisieren bedeutet alles zu nutzen, was vom Klienten kommt, z.B. seine Sprache, seine Interessen und Motivationen, seine ➪ *Beliefs* und ➪ *Werte*, seine ➪ *Verhaltensweisen* und Symptome, und sogar seinen „Widerstand" (*O'Hanlon 1995 [1987], 38*). Utilisieren bedeutet, niemals gegen die Energie zu kämpfen, die von einer anderen Person entgegengebracht wird (*Bandler und Grinder 1994c [1979], 209*).

Ericksons Vorgehensweise war es, sich vorerst seinen Klienten extrem anzupassen, sie ➪ *genau zu beobachten*, auf minimale ➪ *Zugangs-Hinweise* zu achten und sie auf vielen Ebenen zu ➪ *spiegeln*. Erickson war ein Meister dafür, tiefen ➪ *Rapport* mit seinen Klienten zu erlangen. Das ermöglichte ihm, mit dem ➪ *Unbewußten* seiner Klienten in Kontakt zu treten, und sie wirkungsvoll zu ➪ *führen*. „Widerstand" war für ihn kein Verhaltens-Merkmal des Klienten, sondern ein Interaktionsphänomen, welches durch einen geschulten Therapeuten gewinnbringend genutzt werden konnte. NLP hat diesen Gedanken in seine ➪ *Grundannahmen* übernommen.

(2) Von Utilisation spricht man auch, wenn Erkenntnisse, Fertigkeiten, Verhalten, Zustände ... gezielt eingesetzt werden. So spricht man von der Utilisation von ➪ *Strategien*, die vorher erkundet wurden. Eine ➪ *Trance-Utilisation* ist die Verwendung des Trance-Zustandes für therapeutische Zwecke.

VAKO oder VAKOG

Kurzformel für die wichtigsten ➪ *Repräsentations-Systeme*: Visuell (sehen), Auditiv (hören), Kinästhetisch (fühlen), Olfaktorisch (riechen) und Gustatorisch (schmecken). ➪ *Notation des NLP*.

Verallgemeinerung, Generalisierung

Verallgemeinerung „ist der Prozeß, durch den Elemente oder Teile eines ursprünglichen Modells von der ursprünglichen Erfahrung abgelöst werden, um dann die gesamte Kategorie, von der diese Erfahrung ein Beispiel darstellt, zu verkörpern" (*Bandler und Grinder 1994a [1975], 34*). Verallgemeinerungen sind ein Charakteristikum vieler ➪ *Modelle*, die Menschen bilden. Verallgemeinerungen sind für Orientierungen notwendig. Ein Kind lernt, wie man einen Tür öffnet – nämlich durch das Herunterdrücken einer Klinke. Diese Erfahrung wird verallgemeinert. Ein fremdes Objekt, das eine „Tür" sein könnte, wird versucht, durch Herunterdrücken einer Klinke zu öffnen (*Cameron-Bandler 1992 [1978], 154*).

Verallgemeinerungen basieren auf Abstraktionen. Bevor jemand verallgemeinern kann, muß er verschiedene abstrakte Konzepte zur Verfügung haben. Das Kind lernt zuerst, verschiedene Türen zu öffnen. Es verfügt über die Konzepte „Eingangstür", „Küchentür", „Wohnzimmertür". Verallgemeinerung ist der Prozeß, oder das Ergebnis des Prozesses, bei dem diese verschiedenen Türen dem umfassenden Konzept „Türen" zugeordnet werden. (Das Gegenteil der Verallgemeinerung ist die Spezialisierung.) „Die Fähigkeit zu generalisieren befähigt uns zu sagen, daß alle Elemente eines spezifischen Konzepts auch Elemente des umfassenden Konzepts sind, aber nicht umgekehrt" (*Jochims 1995, 121*). (Alle Eingangstüren sind Türen, aber nicht alle Türen sind Eingangstüren.)

Verallgemeinerungen finden auf allen Ebenen menschlicher Modellbildung statt, z.B. im Übergang von der vorsprachlichen zur sprachlichen Repräsentation oder im Unterschied von der ➪ *Tiefen-Struktur* zur ➪ *Oberflächen-Struktur* der Sprache. Typische sprachliche Muster, die auf Verallgemeinerungen hinweisen sind (*Jochims 1995, 138 ff.*):

(1) Fehlender Bezugsindex: die Person (die Personen) oder die Sache (die Sachen), von der der Satz handelt, wird nicht genannt. Beispiele: Konkrete Erfahrung: *Nora* hat mich verlassen. Generalisierung: *Frauen* mögen mich nicht.

(2) Universalquantoren: das sind Wörter wie: jeder, immer, alle, überall, nirgends, niemals, keiner, nichts, ... Beispiel: Man kann *niemandem* vertrauen. Mögliche Reaktionen sind:
(a) Übertreiben durch zusätzliche Universalquantoren: Es gibt sicher *auf der ganzen Welt keinen* Menschen, dem Sie vertrauen können,

(b) direkt nach der ursprünglichen Erfahrung fragen: Hat Sie jemand enttäuscht?, oder
(c) direkt nach einem Gegenbeispiel fragen: Kennen Sie jemanden, dem Sie vertrauen können?

(3) Unspezifische Verben: Es wird nicht konkret gesagt, wie etwas geschieht. Beispiele: Er macht die Sache *großartig*. Sie machen nur das *Allernotwendigste*. Sinnesspezifisch konkretere Informationen können durch Nachfragen gewonnen werden: Wie genau?

Weitere Informationen unter dem Stichwort ➪ *Meta-Modell.*

Veränderung

➪ *Änderungs-Techniken* des NLP

Verdecktes Arbeiten

Der Einsatz von NLP ausschließlich auf der Prozeß-Ebene, ohne daß die Probleme, um die es geht, inhaltlich angesprochen werden. ➪ *Prozeß und Inhalt.*

Vergangenheit

Viele Probleme, unter denen Menschen leiden, haben mit ihrer Vergangenheit zu tun: mit erlernten Verhaltensweisen, Mustern, ➪ *Beliefs*, mit schmerzhaften Erfahrungen, mit lange eingeübten ➪ *Ankern* usw. NLP-Methoden, die Probleme mit Vergangenheitsbezug mildern oder lösen wollen, gehen von der „Plastizität" von Erinnerungen aus. Jedes vergangene Ereignis, das stattgefunden hat, wird von der Person, die es erlebt hat, in einen bestimmten Rahmen, einen ➪ *Kontext*, einen ganz spezifischen Deutungs-Zusammenhang gestellt. Jede Erinnerung ist eine gefilterte Erinnerung, bei der der ➪ *Fokus des Bewußtseins* auf bestimmte Aspekte konzentriert ist und andere ausblendet. Jede Erinnerung enthält konstruierte Elemente und ist somit – in einem gewissen Ausmaß – veränderbar.

Unangenehme, unerwünschte oder ➪ *traumatische* Erinnerungen können nach NLP verändert werden, indem sie aktiviert und mit ➪ *Ressourcen* angereichert werden (eine Variante ist der Einsatz eines kinästhetischen ➪ *Ankers*, der mit einer Ressource verbunden ist).

Die „Veränderung der persönlichen Geschichte“ kann vor allem an den Methoden des ➪ *History Change*, des ➪ *Positiven History Change* und der ➪ *Neuprägung* bzw. an allen Verfahren mit der inneren oder äußeren ➪ *Zeit-Linie* studiert werden.

Verhalten

NLP kennt einen zweifachen Verhaltens-Begriff:

(1) Verhalten ist jede menschliche Lebensäußerung innerer und äußerer Art. Es umfaßt beobachtbare und nicht beobachtbare Elemente, wie „das innere Sehen oder Führen eines inneren Dialoges“ (*Dilts u.a. 1994 [1980], 24*).

(2) Im Modell der ➪ *logischen Ebenen* bezeichnet Verhalten nur das, was an einer Person von außen beobachtet werden kann, wie z.B. physische Aktionen, Handlungen, das Tun. Typische Verhaltenselemente sind ➪ *Körperhaltung*, Gesten, die Art des Redens, wie ➪ *Spiegeln* (pacing) stattfindet, beobachtbare ➪ *Strategien*, usw.

Verhaltenshinweise

➪ *Zugangs-Hinweise*

Verhandlungs-Reframing

Eine Sonderform des ➪ *Reframings*, bei dem zwei innere ➪ *„Teile“* miteinander in Konflikt liegen („Zwei Seelen wohnen ach in meiner Brust“). Meist treten diese beiden „Teile“ gleichzeitig auf und stören sich gegenseitig: „**Immer, wenn ich im Wörterbuch lese, denke ich mir, ich sollte wieder etwas arbeiten**“, und: „**Immer, wenn ich arbeite, möchte ich lieber im Wörterbuch lesen.**“ NLP empfiehlt dafür unter anderem folgendes Reframing-Verfahren: (1) beide „Teile“ sollen sich kennenlernen, (2) gegenseitig ihre ➪ *gute Absicht* erzählen, (3) sich gegenseitig würdigen und (4) beratschlagen, in welcher Weise eine Zusammenarbeit – unter Berücksichtigung ihrer Absichten – auf einer höheren Ebene möglich wäre.

Das typische Verhandlungs-Reframing basiert auf folgenden Schritten:

(1) Das Problem nennen, die beiden „Teile“ identifizieren und voneinander trennen (z.B. in Form von ➪ *Boden-Ankern*).

(2) Jeden „Teil“ getrennt nach seiner positiven Absicht befragen.

(3) Diese positive Absicht würdigen.

(4) Jedem „Teil“ von der positiven Absicht des anderen „Teils“ erzählen, ihn veranlassen, sie zu würdigen und dies dem anderen „Teil“ zur Kenntnis bringen.

(5) Eine Lösung im „Dialog“ mit den „Teilen“ erarbeiten, bei der sich beide „Teile“ gegenseitig tolerieren oder zur Zusammenarbeit bereit sind. Bei

dieser „Verhandlung" können auch die genauen Bedingungen der Abmachung festgelegt werden.
(6) ➪ *Öko-Check* mit allen anderen „Teilen" im ➪ *Unbewußten.*
(7) Die Besiegelung des Vertrages in Form eines Rituals: vom Händedruck bis zur Verschmelzung beider „Teile" im Körper.
(8) ➪ *Future pace.*

In gewissem Sinne wohnen immer (mindestens) zwei Seelen in unserer Brust. Jede Person, die sich für NLP interessiert und NLP-Seminare besucht, kennt zwei „Teile" in sich:
(1) einen „Teil", der eine Sehnsucht nach Veränderungen hat, und der Lust hat, mit dem Bewußtsein zu spielen, neue Erfahrungen zu machen und ➪ *Ziele* zu setzen, und
(2) einen anderen „Teil", der die ➪ *Hindernisse* zu den Zielen verkörpert – auf einer allgemeinen Ebene: jener „Teil", der für die Organisation des Bewußtseins, so wie es eben ist, verantwortlich ist, der das Alte bewahren will und keine Veränderung anstrebt.

Verketten, chaining

Prozeß, bei dem ein ➪ *Ketten-Anker* gesetzt wird.

Versöhnungs-Physiologie

Eine ➪ *Physiologie*, die dann beobachtet werden kann, wenn einer Person bewußt wird, daß ein Problem-Verhalten nicht nur negativ zu bewerten ist, in bestimmten ➪ *Kontexten* sinnvoll und unverzichtbar ist, d.h. also positiv zu bewerten ist: die Person ist mit sich, mit ihrem Verhalten „versöhnt".

Versteckte Befehle, versteckte Fragen

➪ *Eingebettete Befehle,* ➪ *Eingebettete Fragen.*

Verwirrung, Konfusion

Konfusion kann ein inneres ➪ *Hindernis* für die Erreichung von Zielen sein: Es fehlt an Klarheit über die Ziele und die dazu notwendigen Schritte. Konfusion entsteht nach Bandler oft dann, wenn wir über zuviel anstatt zu wenig Informationen verfügen. Konfusion wird im NLP manchmal bewußt eingesetzt, um einen Lernprozeß zu ermöglichen. Beispiele sind Elemente des ➪ *Milton-Modells* und des ➪ *Punch-Reframings.* In der Trance-Arbeit nach Milton Erickson (einer der Wurzeln des NLP) findet sich eine Liste von Konfusions-Techniken. Beispiele sind Sätze mit mehreren Verneinungen („**Ich weiß nicht, ob Sie nicht wissen, daß die Nichtkenntnis mancher Worte im Wörterbuch nichts**

zu bedeuten hat."), zwei hintereinandergestellte Sätze, bei dem ein oder mehrere Worte zugleich das Ende des ersten und der Beginn des zweiten Satzes sind („**Sie lesen diese Sätze sind leicht zu verstehen.**"), mehrdeutige Worte oder bewußt undeutlich ausgeprochene Worte. Diese Gesprächs-Strategien (Sprachmuster) können dem Bewußtsein (dem bewußten Denken) fast unlösbare Aufgaben stellen. Wenn der ➪ *Rapport*, die Beziehung stimmt, kann es so bereit sein, das Denken zugunsten ➪ *unbewußter* innerer Prozesse aufzugeben und neue Verknüpfungen entstehen zu lassen.

Kurze Konfusionsphasen können bei NLP-Interventionen manchmal genau in dem Moment beobachtet werden, in dem zwei widersprüchliche ➪ *Anker verschmelzen* (➪ *Misch-Physiologie*). Konfusion dieser Art ist ein Indikator für einen Lernprozeß auf einer tiefen Ebene.

Verzerrung

Eines der Prinzipien der menschlichen Modell-Bildung, wie es im ➪ *Meta-Modell* beschrieben wird. Verzerrung bezieht sich auf die Beziehung zwischen den einzelnen Elementen einer „Landkarte". Verzerrungen entstehen, wenn die Struktur-Beziehungen zwischen den Elementen der „Landschaft" nicht den Struktur-Beziehungen zwischen den Elementen der „Landkarte" entsprechen („Landschaft" und „Landkarte" stehen in keiner ➪ *isomorphen* Beziehung). Dies gilt in beiden Richtungen: Von Verzerrung spricht man, wenn Menschen „falsche" ➪ *Modelle* konstruieren, bzw. wenn Menschen „Realität" „falsch" wahrnehmen, z.B. wenn alte ➪ *Beliefs* die Interpretation neuer Faktoren einfärben (*Jochims 1995, 121 f.*). Verzerrung ist das gewöhnliche Ergebnis des ➪ *Auswahl-Prozesses* des Bewußtseins: Der ➪ *Fokus der Aufmerksamkeit* ist auf bestimmte Aspekte gerichtet – die „Realität" wird verzerrt. „Verzerrung ist der Prozeß, der uns ermöglicht, in unserer Erfahrung sensorischer Einzelheiten eine Umgestaltung vorzunehmen" (*Bandler und Grinder 1994a [1975], 37*). „Ohne diesen Prozeß könnten wir nicht für die Zukunft planen oder Träume in die Realität umsetzen. Wir verfälschen die Realität in der fiktiven Literatur, in der Kunst, und sogar in der Wissenschaft. Ein Mikroskop, ein Roman und ein Gemälde sind alles Beispiele für unsere Fähigkeit, die Realität zu verzerren und zu verfälschen" (*Cameron-Bandler 1992 [1978], 155 f.*).

Verzerrungen äußern sich in bestimmten Verletzungen des Meta-Modells der Sprache. Beispiele sind:

(1) Dispositionsprädikate: Wörter, die auf Möglichkeiten in der Zukunft verweisen. Beispiele: Computer-Sucht ist *heilbar*, NLP ist *lernbar*.
(2) ➪ *Nominalisierungen*: Substantive, die einen Prozeß verdeutlichen, wie: Beziehung, Liebe, Entscheidung.

Verzerrungen führen zu Beliefs. Beispiele:

(1) Komplexe Äquivalenzen (Komplexe Äquivalenz liegt vor, wenn zwei verschiedene Aussagen in einer solchen Weise miteinander verbunden

sind, daß man sie für gleichbedeutend hält): „**Wenn du nicht aufhörst, mit dem Computer zu spielen, dann hast du mich nicht gern**." Komplexe Äquivalenzen werden im Meta-Modell geklärt, indem die Gleichsetzung direkt befragt wird.

(2) Ursache-Wirkungs-Konstrukte: „**Ich würde jetzt gern aufhören zu lesen, aber ich bin zu träge.**", „**Diese Sätze machen mich fertig.**" Mehr an Tiefen-Struktur können Fragen bewirken, wie: „Was müßte passieren, damit dies nicht stimmt?", „Wie verursacht denn das eine das andere?", „Wie machen Sie das, daß das bei Ihnen so ist?"

(3) ➪ *Vorannahmen*, oft in Form von „weil", „wenn", „falls": „**Wenn du klug wirst, wirst du das alles verstehen**" (die Vorannahme ist: „Du bist nicht klug"). Hier kann man die Vorannahmen direkt hinterfragen: „Wie kommst du darauf?", „Was führt dich dazu anzunehmen, daß ...?"

(4) Gedankenlesen: „**Der Autor sollte doch wissen, daß ich das nicht mag.**" Fragen sind: „Woher kann ich das wissen?", „Wie wissen Sie das?"

Visuell-kinästhetische Dissoziation, VK-Dissoziation

Sonderform einer ➪ *Dissoziation*, hier unter ➪ *Phobie-Techniken* beschrieben.

Viszerale Körperempfindungen

Viszera sind im Lateinischen die Eingeweide. Viszerale Körperempfindungen sind ein Teilbereich der ➪ *Kinästhetik*. Es handelt sich um das Feedback, das die Nerven dem Gehirn über den Zustand der inneren Organe übermitteln. (Vgl. *Dilts u.a. 1994 [1980], 92.*)

Vollständige Sätze

➪ *Wohlgeformte Sätze.*

Vorannahmen, Präsuppositionen

(A) ➪ *Grundannahmen des NLP.*

(B) Jede Deutungs-Gebung, jeder Satz, jedes Modell bezieht sich auf stillschweigende Vorannahmen, z.B. den ➪ *Kontext*, in dem dies stattfindet, das grundlegende ➪ *Welt-Modell* oder Vermutungen, die eine Person für wahr hält (und deswegen nicht mit ihren Sinnen überprüft). Alle Ideen, Gedanken und ➪ *Beliefs* von Menschen beruhen auf Vorannahmen, die meist nicht bewußt sind. Die stärksten und wirkungsvollsten Beliefs sind Vorannahmen, die Menschen nicht als solche bekannt sind (und deshalb nur schwer thematisiert und verändert werden können).

(C) In der Linguistik sind Präsuppositionen „das, was ein Sprecher für wahr oder gegeben halten muß, damit seine Aussage ebenfalls wahr oder sinnvoll sein kann" (*Jochims 1995, 186*). Im Satz „Das Ungeheuer von Loch Ness hat wieder zugeschlagen" nimmt der Sprecher implizit an, daß es ein Ungeheuer von Loch Ness gibt. Im ➪ *Meta-Modell* gelten Vorannahmen als sprachliche Erscheinungen von ➪ *Tilgungen* (*Bandler und Grinder 1994a [1975], 118*). Sprachliche Einheiten, die Präsuppositionen „hervorbringen", werden „Präsuppositionalauslöser" genannt. Es gibt eine Vielzahl von Präsuppositional-Auslösern (*vgl. Bandler und Grinder 1996 [1975], 261ff.* und *1987 [1981], 321 ff.* sowie *Jochims 1995, 191 ff.*). Präsuppositionalauslöser wirken wie Suggestionen: Sie lenken die Bedeutung von Sätzen. Präsuppositionalauslöser können bewußt im Gespräch eingesetzt werden: Die Wahrscheinlichkeit ist hoch, daß sie die gewünschte Wirkung zeigen werden. Im Meta-Modell will man die Wirkung von Vorannahmen aufheben. Hier wird vorgeschlagen, Vorannahmen entweder direkt zu befragen, oder sie wie andere Tilgungen zu hinterfragen (*Bandler und Grinder 1994a [1975], 120*).

Weitere Literatur: *Andreas 1994 (1991), 167ff.*

Wahrnehmungs-Ebenen

➪ *Repräsentations-Systeme.*

Wahrnehmungs-Filter

Alles, was wir in der Welt rings um uns wahrnehmen, ist kein direktes, identisches Abbild der Welt, sondern eine Rekonstruktion sinnesspezifischer Erfahrungen. ➪ *Bewußtsein* ist ein enormer Auswahl-Prozeß, bei dem einzelne Aspekte erkannt und andere nicht erkannt werden. Wahrnehmen ist ein Filterprozeß – wie eine Brille, bei der bestimmte Arten des Lichts durchgehen und andere nicht. Der Filter-Prozeß der Wahrnehmung ist allgemein bekannt. Wenn jemand ein neues Auto kauft, dann „sieht" er nach dem Kauf mehr Autos dieser Marke, nimmt die Werbung bewußter wahr, usw. Der Kauf eines Autos (für die meisten eine größere Entscheidung) hat den Wahrnehmungs-Prozeß verändert: ein neuer Filter wurde wirksam.

Das, was in unserem ➪ *Bewußtsein* erscheint, ist das Resultat eines enormen ➪ *Auswahl-Prozesses*. In diesem Auswahl-Prozeß werden einzelne Aspekte der „Realität" erkannt, andere „unterdrückt".

(Die „Außen-Welt" wahrzunehmen ist wie durch eine Kamera zu schauen und zugleich einen „inneren Film" zu konstruieren. Die Aufmerksamkeit ist auf ein Detail konzentriert, das in innere [visuelle, auditive, kinästhetische, ...] „Bilder" „übersetzt" wird. Menschen, die z.B. in einem ➪ *Problem-Fokus* gefangen sind, entwerfen sich innerlich einen „Horror-Film": Ein Detail der „Außen-Welt" wird herausgepickt und mit schaurigen Farben und Tönen unterlegt.)

NLP geht davon aus, daß alle Modelle, die Menschen entwerfen, „gefilterte" Modelle sind. Das ➪ *Meta-Modell* des NLP ist ein sprachliches Modell, das auf die Art der Modell-Bildung generell hinweist. Es gibt drei große Arten von Modell-Bildungs-Prozessen, d.h. von „Filter-Prozessen": ➪ *Tilgung*, ➪ *Verallgemeinerung* und ➪ *Verzerrung*. Die Frage-Techniken des Meta-Modells dienen auch dazu, einige der Filter-Prozesse, wie sie sich in Sprache spiegeln, bewußt zu machen, und Anleitungen zu einer „weniger gefilterten Sprache" zu geben.

Daneben gibt es im NLP eine Vielzahl von Modellen, um Wahrnehmungs-Filter zu studieren und zu verändern. Beispiele sind die ➪ *Repräsentations-Systeme* im Denken und in der *Sprache*, die ➪ *Wahrnehmungs-Positionen*, der Unterschied zwischen ➪ *assoziiert* und ➪ *dissoziiert* und alle ➪ *Meta-Programme*, die als personenspezifische Wahrnehmungs-Filter gelten. Wirksame Wahrnehmungs-Filter sind die ➪ *Beliefs*, die ➪ *Werte* und die ➪ *personale Identität* einer Person. NLP offeriert eine Reihe von ➪ *Änderungs-Techniken*, die eine direkte Veränderung der Wahrnehmung bewirken können.

Ein wichtiger Gedanke von NLP ist die Zustandsabhängigkeit der Wahrnehmung. Die Art, wie wir bestimmte Ereignisse, bestimmte Menschen und uns selbst wahrnehmen, hängt in hohem Maße von unserem ➪ *inneren Zustand* ab. Die ➪ *Selbststeuerungs-Techniken* des NLP zielen darauf hinaus, den Wahrnehmungs-Prozeß in einer Weise zu verändern, die unseren ➪ *Zielen* und Werten mehr entspricht.

Der Filter-Prozeß der Wahrnehmung wird in allen ➪ *konstruktivistischen* Ansätzen betont. (NLP könnte – das ist meine Interpretation – als praktizierter Konstruktivismus gedeutet werden.) Viele NLP-Methoden erlauben das Studium der Wirkung veränderter Wahrnehmungs-Filter. Alle Techniken zur Veränderung von ➪ *Beliefs* sind geeignet, Wahrnehmungs-Prozesse selbst zu verändern. Beliefs und Wahrnehmungs-Prozesse stehen in einer interessanten Wechselwirkung: Beliefs strukturieren Wahrnehmung und Wahrnehmung formt Beliefs. Im NLP wird die Plastizität und Veränderbarkeit von Beliefs und von Wahrnehmungs-Prozessen betont.

Wenn man den Belief-Gedanken des Konstruktivismus ernstnimmt, dann ist die Filter-Metapher selbst eine unglückliche Metapher. Modell-Bildung, wie sie im ➪ *Meta-Modell* beschrieben wird, ist kein „Filter-Prozeß", sondern etwas anderes: „Filter haben nur eine einzige Funktion, nämlich die, eine Substanz aus einer anderen herauszufiltern. Ein Kaffeefilter filtert die Kaffeereste aus dem flüssigen Kaffee-Wasser-Gebräu. Der Kaffee ist im Wasser gelöst. Im Falle der Modellbildungs-Prozesse würde das bedeuten, daß sie nur die Funktion hätten, schon vorhandene Informationen von anderen zu trennen oder „herauszufiltern". Tatsächlich handelt es sich um erlernte Methoden, Modelle zu konstruieren. Symbole oder Sinneseindrücke haben „an sich" keine Bedeutung, sie bekommen erst Bedeutung während eines bedeutungsgebenden Prozesses. Welche Bedeutung sie bekommen, entscheidet sich unter anderem durch die Art der angewandten Modellbildungs-Prozesse. Die Modellbildungs-Prozesse sind keine „Filter", sondern Methoden auf der Basis von Sinneseindrücken, um Bedeutung zu konstruieren" (*Jochims 1995, 118*).

Wahrnehmungs-Positionen

Die bewußt oder unbewußt eingenommene Perspektive, aus der eine Situation erlebt wird: vom eigenen Standpunkt (erste Position), vom

Standpunkt einer anderen Person (zweite Position) oder von anderen Standpunkten aus. Im NLP gibt es verschiedene Modelle von Wahrnehmungs-Positionen, die unterschiedlich interpretiert werden:

(1) Die erste Position ist das Erleben aus der eigenen Perspektive, mit eigenen ➪ *Beliefs* und ➪ *Vorannahmen*. Man sieht hier die äußere Welt durch die eigenen Augen (*Dilts und Epstein 1992a, 5*). In der ersten Position ist man mit dem eigenen Standpunkt ➪ *assoziiert* – und in vielen Fällen auch mit den Gefühlen (manche Menschen können allerdings schwer mit ihren Gefühlen in Kontakt treten). In der ersten Position ist die Wahrnehmung direkt, unmittelbar und unvermittelt: Ich sehe mit meinen Augen, höre mit meinen Ohren und fühle meine Gefühle in dieser Situation. Es ist das ungefilterte, eigene Erleben aus der eigenen Innen-Position, der eigene Standpunkt, mit der Interpretation, die ganz meine ist.

(2) Die zweite Position ist die Wahrnehmung einer Situation aus der Perspektive einer anderen Person. Ich schlüpfe „in die Schuhe" einer anderen Person und erlebe die Welt aus der Warte dieser Person: Ich sehe mit den Augen dieser Person, höre mit ihren Ohren und fühle aus der Perspektive des anderen. Ich stelle mir vor, wie es wäre, die Situation als diese Person zu erleben und was ich da wahrnehmen könnte. Die Fähigkeit zur zweiten Position ist eine natürliche Fähigkeit. Im Klischee sind es Eltern, die „instinktiv" die Bedürfnisse eines kleines Kindes „erraten". In der zweiten Position imaginieren sich Menschen die Innen-Perspektive anderer Menschen. Sie sind von ihrem eigenen Erlebnis ➪ *dissoziiert* und mit dieser Person ➪ *assoziiert*. Sie tun so, ➪ *als ob* sie eine andere Person wären.

(3) Die dritte Position wird unterschiedlich definiert. Ich unterscheide hier (a) eine einfache und (b) eine differenzierte Variante.

(a) Die einfache Variante definiert die dritte Position als den Standpunkt eines (einer) außenstehenden, unbeteiligten Beobachters (Beobachterin) (vgl. *O'Connor und Seymour 1996 [1990], 129ff.; Weerth* (*1994 [1992], 114f.; Kutschera 1995 [1994], 95ff.*). Die dritte Position entspricht der Wahrnehmung einer außenstehenden Person, die von außen, ohne deutliche Gefühle, die Situation betrachtet. Im Klischee ist dies ein „objektiver Wissenschaftler", der von außen ein System analysiert, dem er sich nicht zugehörig fühlt und von dem er glaubt, daß er nicht ein Teil davon ist. Die dritte Position ist eine ➪ *Meta-Position* zu den beiden anderen Positionen. In der Distanz zur ersten und zur zweiten Position können die Interaktionen zwischen der ersten und der zweiten Person erkundet und ➪ *kalibrierte Schleifen* in Erfahrung gebracht werden.

(b) Die differenzierte Variante definiert die dritte Position auf andere Weise und unterscheidet zudem nach Meta-Position (in anderer Definition als oben) und Beobachter-Position (diese Version stammt von *Dilts und Epstein 1992a, 5*). Die dritte Position ist hier eine assoziierte Position außerhalb der Beziehung zwischen der ersten Person (erste Position) und einer anderen Person (zweite Position), wobei man mit den Gefühlen und Annahmen der ersten und der zweiten Position in Kontakt ist. In der dritten Position (so definiert) nimmt man die Beziehung zwischen sich und der anderen Person wahr – und man nimmt dabei auch die Beliefs und die Gefühle beider Personen wahr. Es geht hier auch um die Wahrnehmung der emotionellen Relation zwischen den beiden Personen. Die dritte Position wird hier (im Gegensatz zu der ersten Definition) nicht als völlig dissoziierte Position beschrieben, weil dabei kein Kontakt mit Gefühlen möglich wäre.

Die Beobachter-Position in dieser Variante ist weitgehend mit der dritten Position aus der einfachen Variante identisch. Sie ist als assoziierte Position definiert, bei der man von den Glaubenssätzen und Vorannahmen der ersten und zweiten Position abstrahiert. Die Meta-Position wird hier als dritte Position definiert, bei der eine Person mit den Glaubenssätzen und Vorannahmen von einer der beiden Personen assoziiert ist.

(4) Diese Modelle können durch Schaffung beliebiger zusätzlicher Positionen erweitert werden. Robert Dilts (*1993 [1990], 200 ff.*) hat den ➪ *Meta-Spiegel* als vierte Position und als Meta-Position zu drei anderen Positionen definiert. Der Meta-Spiegel dient der Erkundung des Beziehungsmusters zwischen dritter und erster Position: die Art, wie die dritte Person mit der ersten Person umgeht. Ardui und Wrycza (*1994b, 15 ff.*) definieren als vierte Position eine assoziierte Position zwischen der ersten und der zweiten Position, bei der es möglich ist, sich mit einer Organisation, einem System oder einer Beziehung als Ganzes zu identifizieren.

Im folgenden einige Gedanken zu der einfachen Variante (welche für die differenzierte oder eine erweiterte Variante nur bedingt Geltung haben):

Das (einfache) Modell der Wahrnehmungspositionen kann als Modell erfolgreicher Kommunikation verstanden werden. Erfolgreiche Kommunikatoren beherrschen die Fähigkeit, alle drei Positionen einnehmen zu können. Sie können Kommunikations-Situationen aus drei verschiedenen Perspektiven erfahren. Dabei geht es um eine ausgewogene Balance zwischen allen drei Positionen. Sie können als dreifache ➪ *Polaritäten* definiert werden. Menschen unterscheiden sich auch danach, in welchen ➪ *Kontexten* sie – gleichsam automatisch – welche der drei Positionen vorrangig einnehmen. Im NLP wird der Wert jeder Position betont, weil es in jeder Position etwas zu erfahren gibt, was den beiden anderen Positionen verborgen ist. Der Wert der ersten Position ist die Fähigkeit, ganz ➪ *assoziiert* sein zu können und auf die eigenen Bedürfnisse zu achten. Der Wert der zweiten Position sind soziale Fähigkeiten: den Standpunkt und die Bedürfnisse anderer zu erkennen, zu respektieren und für andere da zu sein. Der Wert der dritten Position ist die Fähigkeit, ➪ *dissoziiert* sein zu können, sich aus dem emotionalen Sog von Situationen befreien zu können. In der dritten Position sind Menschen fähig, Kommunikations-Strukturen zu erkennen und zu analysieren, Muster zu entdecken, ➪ *Strategien* und ➪ *Meta-Programme* in Erfahrung zu bringen.

Jede Wahrnehmungs-Position ist ein Gewinn, und jede Position kann ein Hindernis sein. Kommunikations-Konflikte sind manchmal durch ein Mißverhältnis der drei Positionen gekennzeichnet. Wird die erste Position zu sehr betont, können Menschen zu starke Selbst-Sortierer sein, unfähig zur Wahrnehmung der Welten anderer oder unfähig, sich selbst von den eigenen Gefühlen zu distanzieren und sich selbst aus einer Außen-Position Feedback zu geben. Menschen, die zu sehr in der zweiten Position leben, leben nicht ihr Leben, sondern das anderer Menschen. Dies kann mit einem geringen Selbstwert und einer schwachen ➪ *personalen Identität* verbunden sein. Ist die dritte Position zu dominant, so kann dies mit einem mangelnden Zugang zu den eigenen Gefühlen, einem Mangel an Genuß-Fähigkeit, an assoziiertem Erleben schöner Momente verbunden sein.

Mit NLP können Menschen lernen, verschiedene Perspektiven einzunehmen und alle drei Positionen abwechselnd zu erleben. Das Ziel ist Flexibilität: die Fähigkeit, eine Kommunikations-Situation ➪ *mehrfach beschreiben* und erleben zu können.

(1) Ein verstärktes Erleben der ersten Position kann durch alle ➪ *Assoziierungs-Techniken* trainiert werden.

(2) Die Anleitung zur zweiten Position ist (a) die Imagination der gewünschten Person und (b) zu tun, ➪ *als ob* man diese Person wäre. Manchmal ist es hilfreich, die zwei Prozeß-Schritte bewußt zu trennen:

(a) sich diese Person dissoziiert (z.B. in zwei Meter Abstand) vorzustellen und sich dabei auf typische Verhaltens-Merkmale, wie Körperhaltung, Bewegung, Gesten, die Art des Redens, die Art der Kleidung zu konzentrieren. Dabei genügen in vielen Fällen vage Eindrücke, eine Ahnung, das könnte so oder so sein.

(b) in diesen imaginierten Körper „hineinzugehen“: genau diese Körperhaltung einzunehmen, sich genau so zu bewegen, so zu reden oder sich das vorzustellen, usw. (Manche Personen stellen sich vor, sie würden in den Körper „hineinschlüpfen“ oder diesen Körper „wie einen Taucher-Anzug anziehen“.) Dabei kann das so erfahrene Körper-Gefühl eigenartig sein (z.B. auch, wenn es sich um eine Person des anderen Geschlechts handelt).

(3) Die dritte Position wird durch die ➪ *Dissoziierungs-Techniken* gefördert. Weil es viele Arten der dritten Position gibt, ist es oft hilfreich, in diese Position bewußt positive Eigenschaften hineinzugeben: z.B. die Vorstellung von einem kompetenten Schauspiel-Direktor, der die Performance seines Lieblings-Schauspielers begutachtet, oder einer sachkundigen Regisseurin, eines selbstbewußten Kinobesuchers, ... Dabei kann es hilfreich sein, in der eigenen Körperhaltung die Dissoziierung zu betonen: z.B. die Hände zu verschränken, den Körper zurückzulehnen, usw.

In jedem Fall soll mit jeder der drei Positionen eine klar erkennbare und deutlich unterscheidbare ➪ *Physiologie* verbunden sein. Oft sind kleine Veränderungen in der Körperhaltung geeignet, den Zugang zu einer der drei Positionen zu finden. NLP-erfahrene Menschen können sich trainieren, im

Alltag (z.B. bei Gesprächen) rasch die Positionen zu wechseln, und z.B. – ohne daß dies auffällt – für kurze Zeit die zweite oder die dritte Wahrnehmungs-Position zu aktivieren. Die Informationen, die hier gewonnen werden, können in vielen Fällen hilfreich sein, auch schwierige Kommunikations-Situationen zu bewältigen. Das Modell der drei Wahrnehmungs-Positionen kann sowohl direkt in einer Kommunikations-Situation, als auch für die Vor- und Nachbereitung wichtiger Situationen genutzt werden.

Die typische ➪ *Prozeß-Anweisung* für die Anwendung der einfachen Variante auf einen Kommunikations-Konflikt geht über neun Schritte.

(1) Das Thema und eine typische Szene festlegen und die Kommunikations-Partner benennen. Wenn es sich um einen Konflikt handelt, ist auf eine wirkungsvolle Dissoziierung vom Konflikt zu achten. Meist werden die drei Positionen als ➪ *Boden-Anker* etabliert. Sind mehrere Personen an der Szene beteiligt, kann es nützlich sein, die zweite Position nach mehreren Personen zu unterteilen.

(2) Die erste Position aktivieren. Typische Fragen dazu sind: „Wie geht es mir da?“, „Wie denke ich da über mich?“, „Wie denke ich da über die anderen Personen?“, „Wie denke ich über die Situation?“

(3) Dasselbe für alle zweiten Positionen.

(4) Die dritte Position einnehmen und aktivieren: die Szene mit den Augen eines neutralen und kompetenten Beobachters/einer neutralen und kompetenten Beobachterin von außen betrachten, dem Dialog zwischen der ersten und allen zweiten Personen von außen zuhören, usw. Die Interaktionen der ersten und der (oder den) zweiten Person(en) von außen analysieren. Typische Fragen sind: „Was machen die 1. und 2. Person, daß immer wieder das Gleiche abläuft?“, „Welche Anker werden hier von wem gesetzt?“, „Wie reagieren die anderen darauf?“, usw. Das Ziel ist ein besseres Verständnis des Systems und die Erkundung ➪ *kalibrierter Schleifen* zwischen allen Akteuren.

(5) Aus der dritten Position: das Ziel für die Kommunikations-Situation festlegen und die fehlenden ➪ *Ressourcen* für die erste Person erkunden.

(6) Eine oder mehrere Ressourcen (an einem neuen Ort am Boden) aktivieren und in die erste Position hineinbringen.

(7) Die beiden letzten Schritte, falls erforderlich, auf alle anderen Personen in dieser Situation anwenden. (Bei schweren Konflikten besteht oft eine innere Hemmung dies zu tun. Warum soll ich meinem „Feind“ eine Ressource geben? Hier kann es hilfreich sein, sich klar zu machen, daß es nicht um den „Feind“, sondern nur um mein Modell über den „Feind“ geht, und zu fragen, ob es für das gewählte Kommunikations-Ziel hilfreich sein kann, das eigene Modell über den „Feind“ zu verändern.)

(8) Ein abschließender Check aus der ersten und/oder der dritten Position: „Wie wird die Szene jetzt innerlich wahrgenommen?“, „Was hat sich verändert?“

(9) ➪ *Future Pace.*

Wahrnehmungs-Training

➪ *Genaues Wahrnehmen.*

Wahrnehmungs-Typen

Manche Menschen wenden allgemein oder in bestimmten Situationen ein bestimmtes ➪ *Repräsentations-System* so häufig an, daß man von einem ➪ *bevorzugten Repräsentations-System* sprechen kann. Personen, die z.B. das visuelle Repräsentations-System bevorzugen, gehören dem visuellen Wahrnehmungs-Typ an. Die Wahrnehmungs-Typen werden im NLP anhand von ➪ *Zugangs-Hinweisen* identifiziert, insbesondere durch sprachliche ➪ *Prädikate* und ➪ *Augenbewegungen.*

Literatur: *Mohl 1996a [1993], 44ff.*

Walt-Disney-Strategie

Eine Kreativitäts-Strategie, die Dilts und Epstein (*1994 [1991]*) durch ➪ *Modellieren* von Walt Disney entwickelt haben. Die Walt-Disney-Strategie ist ein Modell für drei Phasen in einem kreativen Prozeß: (1) die Phase des Träumers (der Träumerin), (2) die Phase des Realisten (der Realistin) und (3) die Phase des Kritikers (der Kritikerin).

(1) Der Träumer (die Träumerin) ist ein Zustand, in dem neue Ideen entstehen. In diesem Zustand existieren wenig Grenzen und Einschränkungen. Es geht um Ideen, Gedanken, Phantastereien – nicht darum, was davon verwirklicht werden kann. Der Träumer entwickelt ➪ *Ziele* und Visionen. Er ist vor allem visuell und konstruiert visuelle Zukunfts-Bilder. Er ist ➪ *assoziiert* im Zustand des Träumens und konstruiert ➪ *dissoziierte* Zukunfts-Bilder (in denen eine Person sich selbst in der Zukunft sieht).

(2) Im Zustand des Realisten oder der Realistin ist der ➪ *Fokus des Bewußtseins* auf das konzentriert, was realistisch machbar ist und was nicht. Der Realist vollzieht im assoziierten Zustand das (oder Teile davon) nach, was der Träumer dissoziiert in der Zukunft getan hat. Der Realist simuliert eine Gegenwart. In dieser Simulation entwickelt er einen konkreten Plan für die Ideen und Visionen aus dem Zustand des Träumens. Der Realist denkt logisch und erstellt einen logisch strukturierten Plan, z.B. wird ein ➪ *Ziel* in Detailziele zerlegt, die wichtigsten Schritte werden festgehalten, Aufgaben festgelegt und verteilt. Der Realist ist vor allem kinästhetisch: Er überprüft mit seinem Gefühl den Zukunfts-Entwurf des Träumers und stellt sich gedanklich vor, daß er mit seinem Körper und seinem Tun realistische Handlungen in der Gegenwart setzt.

(3) Der Kritiker oder die Kritikerin ist ein Zustand, in dem eine Person von ihrem Projekt dissoziiert ist. Der Kritiker ist eine ➪ *Meta-Position*, von der aus der bisher entwickelte Plan überprüft wird. In Abstand zu dem eigenen

Vorhaben und distanziert von sich selbst, wird nüchtern überprüft, ob irgend etwas vergessen wurde, und ob es irgend etwas gibt, was die Durchführung des Planes verhindern könnte. Der Kritiker arbeitet vor allem auf dem auditiven Kanal: Er aktiviert den ⇨ *inneren Dialog*, hört auf seine innere Stimme und fragt sich, was alles noch verbessert werden kann. Dieser Zustand hat viel mit der Vergangenheit zu tun, weil auch Erfahrungen aus der Vergangenheit aktiviert werden.

Das Modell des Träumers, des Realisten und des Kritikers beschreibt drei innere Zustände und Haltungen. Man kann sie auch als dreifache ⇨ *Polaritäten* definieren. NLP betont den Wert jedes dieser drei Zustände. Um zum Beispiel Ziele zu finden, ist es sinnvoll, die Träumerin, den Träumer zu aktivieren, um die Ziele zu verwirklichen, ist es wichtig, der Realistin, dem Realisten den Plan erstellen zu lassen und der Kritikerin, dem Kritiker die Kompetenz der Überprüfung zu geben. Jeder dieser Zustände kann als ⇨ *Teil* im Unbewußten definiert werden. Wie immer im NLP geht es um einen geordneten und zielgerichteten Umgang mit Teilen. Bei erfolgreichen Personen wurde festgestellt, daß sie die drei Zustände klar voneinander trennen und alle drei Haltungen praktizieren.

Das Walt-Disney-Modell liefert auch eine einfache Klassifikation von Menschen. Manche Menschen leben (in einem bestimmten ⇨ *Kontext*) mehr einen dieser Pole. Jemand ist z.B. mehr mit dem Träumer vertraut. Dieser Person wird es leichtfallen, viele Ideen zu entwickeln. Meist ist sie sehr begeisterungsfähig, allerdings wird selten etwas konsequent umgesetzt. Jemand anderer ist eher Realist: konsequent im Erledigen von Angelegenheiten, zielführend in der Umsetzung, aber vielleicht nicht so kreativ, wenn es darum geht, neue Wege zu entwickeln. Der Wert von Menschen, die sich auf das Kritisieren spezialisiert haben, wird oft geringgeschätzt. Ihr Fokus ist auf das Fehlende gerichtet: sie wissen meistens, warum etwas nicht geht, was falsch an dem Ganzen ist, was fehlt und was man noch besser machen könnte. Für die Arbeit in einem Team kann es hilfreich sein, dieses Modell zu kennen und Menschen nach ihrer Spezialisierung koordiniert einzusetzen (und zum Beispiel den üblichen Streit zwischen Träumer und Kritiker zu unterbinden).

Das Modell von Träumer-Realist-Kritiker ist im NLP als Kreativitäts-Technik für ein konkretes Projekt bekannt. Die ⇨ *Prozeß-Schritte* sind:

(1) Die drei Zustände für sich, ohne Bezug zum Projekt nacheinander und getrennt voneinander aktivieren, in der Regel mittels ⇨ *Boden-Anker*.

(2) Den Träumer aktivieren, an das Projekt denken und neue Ideen, Ziele und Visionen finden.

(3) Den Realisten aktivieren und die Ergebnisse des Träumers in einen konkreten Plan umsetzen.

(4) Den Kritiker aktivieren und den Plan von außen kritisch durchleuchten und hinterfragen.

(5) Ist der Kritiker nicht zufrieden, hat der Träumer neue Inhalte, über die er nachdenken kann, es geht weiter zum Realisten und zum Kritiker.

D.h. die Schritte (2) bis (5) werden – immer in der Reihenfolge Träumer-Realist-Kritiker – solange wiederholt, bis der Kritiker beim letzten Plan keine Schwachstellen mehr erkennen kann.

Warum-Fragen

Mit „Warum" kann man nach zwei verschiedenen Arten von Erklärungen fragen: (1) nach kausalen und (2) nach epistemischen Erklärungen.

(1) Eine kausale Erklärung schließt von einer Ursache q auf eine Wirkung p. Sie setzt die Wirkung als Tatsache, als wahren Sachverhalt voraus und sucht nach einem ursächlichen Zusammenhang, z.B. veranlaßt durch die Frage „Wie konnte es dazu kommen, daß p?" Beispiel: Die Heizungsrohre sind geplatzt, weil es Frost gegeben hat.

(2) Eine epistemische Erklärung richtet sich nicht auf Tatsachen, sondern auf Annahmen oder unsichere Behauptungen, z.B. veranlaßt durch die Frage: „Woher weißt du, daß p?"

Die kausale Erklärung beschreibt einen Zusammenhang von Sachverhalten, z.B. Naturprozesse, die epistemische Erklärung beschreibt einen Zusammenhang von Grund und Annahme, also letztlich Einstellungen, die jemand hat. Beispiel: „Ich nehme an, daß es Frost gegeben hat, weil die Heizungsrohre geplatzt sind." *(Text von Inke Jochims.)*

Im NLP werden Warum-Fragen unterschiedlich beurteilt. Warum-Fragen werden benötigt, um ➪ *Kriterien,* ➪ *Werte* und ➪ *Beliefs* zu erkunden. Wenn Menschen im Alltag über Probleme reden, stellen sie sich oft die Frage nach den „Ursachen" von Problemen. Fragen dieser Art bewirken in der Regel eine Aktivierung des Problem-Fokus und damit eine Verschlechterung des ➪ *inneren Zustandes* jener Person, die unter dem Problem leidet. Der Aufbau vermeintlicher Ursache-Wirkungs-Ketten (d.h. von Beliefs) kann die Schwere des Problems noch vergrößern – das Problem kann „einzementiert" und „unlösbar" gedacht werden: „schuld" sind andere Personen, ein System, eine Struktur, die Gesellschaft, ... usw.

Warum-Denken (kausales Denken) ist nach Chong und Chong die „vorherrschende Art des Denkens" (*1995 [1991], 61*): „Wir leben in einer Welt des *Warum*" (*108*). Das „kausale Modell" bildet den „Meta-Meta-Operator" (ein anderer Ausdruck für das ➪ *mechanistische Welt-Bild*), der für die „Funktionsfähigkeit aller übrigen Operatoren unserer Kultur sorgt" (*61*). Warum-Fragen und Warum-Denken aktivieren nach Chong und Chong einen Schuld-Rahmen: Die Frage nach dem Warum ist die Frage nach Schuld und Schuldzuweisung (*119*). Damit werden negative innere Zustände aktiviert, die mit selbstzerstörerischen Konsequenzen einhergehen (*37*). Sie führen letztlich zum Krieg. Die Autoren plädieren für die Entwicklung eines „Nicht-warum-Rahmens" (*157ff.*), der Wahrnehmung der Wirklichkeit (insbesondere der sozialen Wirklichkeit) ohne Bezug auf kausale Zusammenhänge. In einer solchen Welt gibt es keine starren kausalen Relationen (niemand ist „schuld" für irgend etwas), sondern funktionale Zusammenhänge von Variablen, die sich unentwegt ändern und daher einzigartig sind.

Weg von

Ein ➪ *Meta-Programm*. Manche Menschen motivieren sich, indem sie von etwas weg gehen, z.B.: „Nur kein Mann, der diese Eigenschaft hat." Der ➪ *Fokus des Bewußtseins* ist dabei auf das gerichtet, was jemand nicht will. James und Woodsmall *(1994 [1988]*) beschreiben dies als „Richtungsfilter", mit einem Kontinuum von Möglichkeiten von „hin zu" und „weg von". Das, worauf man sich hinbewegt oder von dem man weggeht, sind ➪ *Werte.*

Welt-Bild, Welt-Modell

Die innere Landkarte, die Repräsentation von dem, was als real und wirklich gilt. NLP betont die Einzigartigkeit des Welt-Modells jeder Person, geformt von einzigartigen Erfahrungen und personenspezifischen Wahrnehmungs-Prozessen. Der Ausdruck Welt-Modell wird im NLP unterschiedlich verwendet:

(1) Er bezeichnet das innere Modell einer Person für einen bestimmten ➪ *Kontext* oder eine bestimmte Aufgabe, ihre mentale Landkarte – wie eine Person die Welt hier sieht, hört, fühlt, ...
(2) Der Ausdruck Welt-Bild wird auch in einem abstrakteren Sinn verwendet: als die Gesamtheit dessen, was für eine Person allgemein – und generell – „real" ist, sozusagen die allgemeine „Sicht" der Welt, über andere, über die Realität.

Welt-Bilder können auf verschiedenen Ebenen studiert werden: auf der rein persönlichen Ebene, auf der Ebene einer Familie, einer Firma, einer Altersgruppe usw. (➪ *Soziales Panorama-Modell*). Die allgemeinste Ebene ist die ➪ *Kultur*. Das Welt-Bild einer Kultur ist das allgemeinste und verbindlichste „Bild" von Realität insgesamt, die kulturellen Überzeugungen über das, was die meisten Menschen für wirklich und real halten. Das (offizielle) Welt-Bild unserer Kultur ist das ➪ *mechanistische Welt-Bild.* (NLP kann als praktische Kritik dieses Welt-Bildes verstanden werden, weil durch NLP-Techniken alle Basis-Annahmen dieses Welt-Bildes in Frage gestellt und verändert werden können.)

Werte, Werte-Hierarchie, höchster Wert

Werte bezeichnen im NLP das, was einem Menschen wichtig ist, was ihm Bedeutung gibt, was ihn motiviert. Werte sind z.B. „Friede", „Freude", „Glück" oder „Liebe". Werte sind auf einem hohen ➪ *Chunk,* auf einer sehr allgemeinen Ebene. Sie bezeichnen etwas Übergeordnetes, etwas Allgemeines. Werte sind Begriffe, die Konzepte von Lebensqualität beschreiben.

Die sprachliche Verpackung von Werten sind ➪ *Nominalisierungen*. Werte werden in einer persönlichen Sprache erzählt. Was ein bestimmter Wert (z.B. „Gerechtigkeit") auf der Ebene des Verhaltens für eine Person bedeutet, kann im allgemeinen nicht vorhergesagt, sondern muß für diese Person konkret in Erfahrung gebracht werden.

Die Begriffe „Werte", ➪ *„Kriterien"* und ➪ *„Beliefs"* sind im NLP nicht eindeutig definiert. Für Dilts sind „Kriterien und Werte ... (eine) spezielle Kategorie von Glaubenssätzen, die man darüber hat, *warum* etwas wichtig und lohnenswert ist" (*1995 [1989], 147*). Beliefs definieren eine Beziehung zwischen Ursache („Wenn ich das tue") und Wirkung („dann wird X so reagieren"), die einem Wert oder Kriterium (z.B. „Erfolg") zugeordnet werden (*1993 [1990], 192f.*). James und Woodsmall definieren Werte als (weitgehend unbewußt wirkende) ➪ *Meta-Programme*: sie sind „das, wo wir uns »hin zu« oder »weg von« bewegen" (*1994 [1988], 183*). Sie unterscheiden dabei (in einer Abfolge von „völlig unbewußt" zu „völlig bewußt") nach Meta-Programmen, Grundwerten (Kernglaubenssätze, die mit der ➪ *Identität* einer Person verbunden sind), Glaubenssätzen (die an Werten „hängen") und Einstellungen (Gruppen von Glaubenssätzen, die sich auf ein bestimmtes Thema beziehen).

Werte treten nach James und Woodsmall typischerweise in einer Hierarchie auf. Der höchste Wert bezeichnet jenen Wert, dem in einem bestimmten ➪ *Kontext* die erste Priorität zukommt. Höchste Werte werden durch Befragen erkundet. Dabei wird eine Person gefragt, ob Wert A wichtiger als Wert B sei bzw. ob A das Vorhandensein von B bedingt (in diesem Fall ist A ein höherer Wert als B. Vgl. dazu auch *Weerth 1994 [1992], 99ff.*). Die Werte-Hierarchie selbst wird innerlich durch ein Kontinuum in bezug auf eine ➪ *Untereigenschaft* repräsentiert (z.B. durch Größe, Entfernung oder Lautstärke). Diese Untereigenschaft kann erkundet und für die Veränderung eines oder mehrerer Werte in der Werte-Hierarchie einer Person verwendet werden (vgl. zu dieser Technik *James und Woodsmall 1994 [1988], 237ff.*; *Andreas und Andreas 1993 [1987], 105ff.* und *Weerth 1994 [1992], 184ff.*). In der ➪ *Imperativen-Selbst-Analyse* geht es darum, unbewußte höchste Werte (core beliefs) zu erkunden (und gegebenenfalls zu verändern).

Wieder-Prägung

➪ *Neuprägung*

Wohlgeformt

Etwas, das bestimmten Kriterien für seine Form genügt.

Wohlgeformtes Ziel

Ein Ziel, das bestimmten Kriterien genügt. Joseph O'Connor und John Seymour definieren ein wohlgeformtes Ziel anhand von sieben Kriterien (*1996 [1990], 36ff.*):

(1) positive Formulierung, d.h. keine Negationen,
(2) aktive Beteiligung, d.h. unter Eigenkontrolle,
(3) spezifisch, in einem genauen Kontext,
(4) ein sinnlich wahrnehmbarer Beweis für die Erfüllung des Zieles,
(5) das Vorhandensein von ⇨ *Ressourcen*,
(6) eine angemessene Größe, d.h. der richtige ⇨ *chunk*,
(7) die Überprüfung der ⇨ *Ökologie*, d.h. der Auswirkungen auf andere Menschen und Systeme. (Vgl. auch das Stichwort ⇨ *Ziel.*)

Zeit

Zeit ist eines der Fundamente von Realität. Die zeitliche Einordnung von Ereignissen ist eine der wichtigsten inneren Operationen, mit denen wir Realität konstruieren. Zeit scheint für die meisten Menschen etwas absolut Reales zu sein. Eine erstaunliche Tatsache ist, daß es keinen besonderen Zeit-Sinn gibt, so wie wir über einen besonderen Sinn für das Sehen, Hören, Schmecken, Riechen und Tasten verfügen. Die moderne Zeitforschung betont, daß es keine Hinweise darauf gibt, daß uns ein eigener Sinn für zeitliche Wahrnehmung angeboren sei. Kulturen und Individuen unterscheiden sich auch nach ihren Vorstellungen über die Zeit und die Art, wie sie Ereignisse zeitlich einordnen.

Die dominante Zeit-Vorstellung unserer Kultur ist die „objektive Zeit" der klassischen Physik (Newtons „wahre, mathematische und absolute Zeit"). Sie gilt als „objektives" (subjektiv nicht veränderbares) Merkmal der Welt. Zeit existiert in diesem Konzept unabhängig von Ereignissen und unabhängig von subjektiven Repräsentationen von Ereignissen. Zeit ist objektiv meßbar. Es gibt den Maßstab der Zeit und diesem Maßstab können alle „äußeren" Ereignisse zugeordnet werden. Zeit ist lineare Zeit. Zeit kann in gleichartige (homogene) Zeiteinheiten zerlegt werden. Zeit fließt immer von der Vergangenheit über die Gegenwart in die Zukunft. Die Vergangenheit ist unwiderruflich vorbei. Sie ist „objektiv" fixiert und kann nicht verändert werden. Die Dimension der Zeit ist wie eine Dimension im physikalischen Raum (man spricht auch vom „Zeit-Raum"). Zeit ist damit eine universelle, unpersönliche Kategorie. Sie hat nichts mit Menschen zu tun. Zeit existiert unabhängig von Ereignissen und unabhängig von Menschen. Die objektive Zeit ist ein wesentliches Charakteristikum des ⇨ *mechanistischen Welt-Bildes*. Weil es (immer noch) das offizielle Welt-Bild unserer ⇨ *Kultur* ist, glauben die meisten Menschen an dieses Zeit-Konzept. Die Vorstellung der Existenz der linearen Zeit ist einer der großen kulturellen ⇨ *Beliefs* unserer Zeit.

NLP beschäftigt sich mit der Repräsentation von Zeit und der Art, wie sich Menschen Zeit vorstellen, wie sie innerlich Zeit konstruieren. Wie immer im NLP geht es dabei um ⇨ *Repräsentations-Systeme* und ⇨ *Untereigenschaften*. Beispiele für das Studium zeitlicher Repräsentationen im NLP sind:

(1) das Studium des zeitlichen Erlebens einer Zeitstrecke, z.B. ob Zeit langsam oder schnell verstreicht. Eine Möglichkeit geht so:

(I) Halten Sie eine Hand vor das Gesicht und geben Sie dem Abstand die Bedeutung von „einer Minute" (dies kann von wenigen Zentimetern bis Armlänge reichen).
(II) Denken Sie innerlich: „Das ist eine Minute!"
(III) Geben Sie Ihre Hand weiter weg und stellen Sie sich vor, für eine Minute wäre „mehr Raum" vorhanden. Welche Wirkung übt diese Vorstellung auf Sie aus?

(IV) Lassen Sie die Strecke von einer Minute noch größer werden. Wie weit ist es angenehm? (Dies kann unterschiedliche Empfindungen von sehr unangenehm bis hin zu mystischen Erfahrungen von Zeitlosigkeit auslösen.)

(2) das Studium von „langsamer" und „schneller" Zeit generell. Man kann z.B. zwei Erinnerungen anhand ihrer Untereigenschaften vergleichen: ein Ereignis A (bei dem die Zeit „stillstand") und ein Ereignis B (bei dem die Zeit „wie im Flug verging") und diese Informationen verwenden, um das aktuelle Zeiterleben (je nach Wunsch) zu verändern (indem man sich die entsprechenden Untereigenschaften vorstellt). Diese Technik kann verwendet werden, um z.B. unangenehme Ereignisse schneller vergehen zu lassen, angenehme Ereignisse mehr zu genießen oder innerlich über viel Zeit „in kurzer Zeit" zu verfügen (z.B. um Simulationen für ein kommendes Ereignis zu machen und viele Varianten durchzuspielen).

(3) das Studium von Zeit-Repräsentationen generell. NLP hat dazu das Konzept der (inneren) ➪ *Zeit-Linie* entwickelt. Nach diesem Konzept stellen sich Menschen Zeit in Form einer Linie (in ihrem inneren Raum, in Relation zu ihrem Körper) vor. Orten und Strecken auf dieser Linie wird eine zeitliche Bedeutung gegeben; d.h. Erinnerungen (die sich auf eine bestimmte Zeit beziehen, z.B. Ereignisse vor fünf Jahren) werden innerlich (im inneren Raum) am gleichen Ort imaginiert. Das Konzept der Zeit-Linie ist eines der grundlegenden Konzepte, mit denen NLP die Konstruktion von Realität erklärt. Die individuelle Zeit-Linie ist ein wichtiges Persönlichkeits-Merkmal. Sie sagt viel über die Art aus, wie sich Menschen im Leben orientieren.

Das Konzept der (subjektiven) Zeit-Linie illustriert, wie auf der Ebene der Repräsentationen „objektive Zeit" (die „offizielle" Zeit des Alltags) und „subjektive Zeit" (die „persönliche" Zeit) zusammenhängen. Im subjektiven Erleben der Zeit finden wir keine Bestätigung für des Konzept der „objektiven Zeit". Wir erleben innerlich keine gleichartigen Zeit-Einheiten und wir erleben Zeit nicht unabhängig von Ereignissen und unserem Leben. Die Lösung für diesen scheinbaren Widerspruch ist einfach. Wer sich Zeit subjektiv in Form einer inneren Zeit-Linie repräsentiert, konstruiert eine linear geordnete Zeit. Das Form-Element der Strecke (der Linie) verkörpert dabei die „objektiven" Eigenschaften der Zeit, alle anderen Elemente (repräsentiert in anderen Untereigenschaften) verkörpern „individuelle" Aspekte (z.B. können manche Strecken-Abschnitte in helle, manche in dunkle Farben getaucht sein). Die Tatsache, daß fast alle Menschen in unserer Kultur Zeit innerlich als Linie konstruieren, ist Ausdruck des ➪ *mechanistischen Welt-Bildes*, das viele Aspekte unseres Alltags reguliert. Im ➪ *kulturellen NLP* kann man die Zeit-Repräsentationen anderer Kulturen studieren. (Im Mittelalter z.B. hatten die Menschen keine Zeit-Linie, sondern einen Zeit-Kreis bzw. eine Zeit-Spirale. Es gab keine objektive Zeit in unserem Sinne, weil die eigentliche Realität [Gott und die Seele] nichts mit Zeit zu tun hatte.)

Literatur zur Geschichte der linearen Zeit: *Dijsksterhuis 1983 (1950); Wendorff 1985; Whitrow 1991 (1988); Aveni 1991 (1989); Bodmann 1992; Dohrn-van Rossum 1992* und *Ötsch 1997.*

(4) die „Veränderung der Vergangenheit". NLP geht davon aus, daß Erinnerungen an vergangene Ereignisse in gewissem Ausmaß verändert werden können, z.B. indem man ihnen eine andere Bedeutung gibt. NLP hat viele Methoden entwickelt, um Erinnerungen und Sichtweisen über vergangene Ereignisse zu verändern. Bekannte Beispiele sind: ⇨ *History Change,* ⇨ *Positiver History Change,* ⇨ *Phobie-Techniken,* ⇨ *Traumata-Techniken* und ⇨ *Neuprägung*. In vielen Fällen werden diese Techniken unter Verwendung einer ⇨ *Boden-Zeit-Linie* durchgeführt, bei der eine Strecke am Boden eine zeitliche Interpretation bekommt (die innere Zeit-Linie wird auf den Boden gelegt und als räumlicher Anker installiert).

(5) Die Konstruktion der Zukunft. NLP ist auf ⇨ *Ziele* orientiert, d.h. zukunfts-orientiert. NLP geht davon aus, daß es eine wichtige Rolle spielt, welche Vorstellungen wir über unsere eigene Zukunft besitzen. Zukunfts-Vorstellungen sind wichtige ⇨ *Wahrnehmungs-Filter*. Zukunftsvorstellungen beeinflussen das Handeln in der Gegenwart, und das Handeln jetzt hat Auswirkungen auf das, was in Zukunft sein wird. Zukunft ist für NLP etwas, das bewußt konstruiert werden kann, und Zukunft ist für NLP etwas, das bewußt konstruiert werden soll. Das Mittel dazu ist die ⇨ *Ziel-Arbeit*. Die Ziel-Arbeit des NLP ist eine Handlungs-Anleitung zur aktiven Konstruktion persönlicher Zukünfte.

Zeit-Linie, Time Line

Im NLP wird der Ausdruck Zeit-Linie in zweifacher Weise verwendet. Wir wollen sie die (1) äußere und die (2) innere Zeit-Linie nennen.

(1) Bei der äußeren Zeit-Linie wird die innere Zeit-Linie (siehe unten) in den eine Person umgebenden, äußeren Raum projiziert. D.h. bestimmte Orte im Raum werden zeitlich interpretiert (in der NLP-Sprache: als räumliche Anker installiert). Die Zeit-Linie erscheint hier als „materialisierte, verräumlichte Zeitlinie". Meist geschieht dies in Form der ⇨ *Boden-Zeit-Linie*: eine Linie, die am Boden ausgebreitet wird. Ein Punkt auf dieser Linie repräsentiert die Gegenwart, eine Richtung die Vergangenheit, die andere die Zukunft. Das Abschreiten dieser Linie bzw. das Denken an bestimmte Orte auf dieser Linie entspricht einem ⇨ *assoziierten* bzw. ⇨ *dissoziierten* Erleben vergangener bzw. zukünftiger Ereignisse. Das Konzept der Boden-Zeit-Linie ist im heutigen NLP weit verbreitet. Boden-Zeit-Linien sind ein effizientes Instrument, um zeitliche Erfahrungen systematisch zu nutzen, sie assoziiert oder dissoziiert (oft in schnellem Wechsel) zu erleben und ⇨ *Ressourcen* gezielt zeitlich zu verschieben. Bekannte Beispiele für NLP-Interventionen unter Verwendung der äußeren Zeit-Linie sind: ⇨ *History*

change, ➪ *Positiver History change*, ➪ *Phobie-Techniken*, ➪ *Traumata-Techniken* und ➪ *Neuprägung* sowie die ➪ *Zeit-Linie der Eltern.*

(2) Die innere Zeit-Linie (auch kognitive Zeit-Linie genannt) ist die Form jener Repräsentation, in der sich die meisten Menschen die Zeit innerlich vorstellen. Die häufigste Repräsentation von Zeit ist eine visuelle räumliche Positionierung zeitlicher Ereignisse, meist in kontinuierlicher Form, in Form einer Linie. Die Linie verkörpert den „Fluß der Zeit" in einer Systematik von Vergangenheit, Gegenwart und Zukunft. Ereignisse zeitlich zu ordnen, ihnen einen Zeit-Bezug zu geben, bedeutet nach diesem Konzept, ihnen einen Ort (eine Strecke) auf dieser Linie im inneren Raum, immer in Relation zum eigenen Körper, zu geben. Ereignisse werden nach diesem Konzept deshalb als vergangene oder zukünftige Ereignisse interpretiert, weil sie innerlich einem bestimmten Ort (einer bestimmten Strecke) auf der Zeit-Linie zugeordnet werden. Ein- und dieselbe Imagination (z.B. die Vorstellung, beim Frühstück zu sitzen) wird zeitlich je nach dem Ort gedeutet, auf dem sie auf der inneren Zeit-Linie erscheint. Die Repräsentation von Zeit ist demnach vor allem eine visuelle Repräsentation, eine Art von „innerem Sehen", die wichtigste Untereigenschaft ist die räumliche Positionierung innerer visueller „Bilder".

Die Zeit-Linie einer Person ist meist ➪ *unbewußter* Natur. Sie kann durch gezieltes Befragen erkundet und bewußt gemacht werden.

Zeit-Linien sind in den meisten Fällen kontinuierliche Linien, manchmal verknüpft mit diskontinuierlichen Elementen (*Andreas und Andreas 1993 [1987], 35* beschreiben das Beispiel einer Person, die sich Zeit als Schnur mit Seifenblasen oder Plastikperlen vorstellt. Jede Blase symbolisiert einen Zeitraum von ungefähr sechs Monaten.) Neben der räumlichen Zuordnung können für die Zeit-Linie einer Person alle anderen ➪ *Untereigenschaften* bedeutsam sein (z.B. die Farben bestimmter Zeitabschnitte, Klänge und Töne, bestimmte Gefühle, die damit verbunden sind, ...). Knicke in der Zeit-Linie stehen oft für einschneidende Erlebnisse. Wechselnde Untereigenschaften auf der Zeit-Linie (z.B. ein Streckenabschnitt ist hell, der andere dunkel) geben Informationen über ihre subjektive Bedeutungsgebung (vgl. damit die Beispiele in *Andreas und Andreas 1993 [1987], 21 ff.*, sowie *Andreas und Andreas 1994 [1989], 336 ff.*).

Drei typische innere Repräsentationen von Zeit sind: (1) die In-Zeit (In Time), (2) die Durch-Zeit (Through Time) und (3) die Zwischen-Zeit (Between Time).

(1) „Eine In-Time-Person kodiert ihre Erinnerungen vorzugsweise von vorn nach hinten, oben nach unten oder in Form eines »V« oder einer anderen Anordnung, bei der ein Teil der Vergangenheit, Gegenwart oder Zukunft hinter oder in ihr ist. ... Für In-Time-Menschen ist gewöhnlich ein Teil ihrer Geschichte oder der Zukunftsanteil ihrer Time-Line unzugänglich" (*James und Woodsmall 1994 [1988], 37*). Ein Teil der Zeit ist damit dem direkten Blick verborgen, z.B.: „Die Vergangenheit liegt hinter mir." Der Zugang zur Vergangenheit ist damit schwieriger. Erst durch bewußtes Umdrehen und Fokussieren werden Ressourcen, aber auch Mißerfolge aktiviert. In-Zeit-Personen leben oft intensiv im Hier und Jetzt, ohne viel Gefühl für die aktuelle Zeit. Sie vermeiden es, Fristen zu setzen, und wenn, dann sind es oft (unrealistische) zu frühe Termine. Verabredungen werden oft verspätet eingehalten, weil das Gespür für die Zeit weniger entwickelt ist. (Man spricht auch von einem „arabischen Zeitgefühl".) Entscheidungen werden nicht gerne getroffen bzw. hinausgezogen, weil sich Menschen mit diesem Zeit-Konzept nicht auf die Zukunft festlegen wollen. Erinnerungen werden oft ➪ *assoziiert* abgerufen: Die Person geht in der Zeit einfach zurück und ist dann „in der Zeit" da.

(2) Die Durch-Zeit schließlich bezeichnet alle Zeit-Linien, die zur Gänze außerhalb des Körpers sind: die gesamte Zeit befindet sich im inneren Raum vor einer Person (*35*). Vergangenheit, Gegenwart und Zukunft befinden sich im Blickfeld. Die Zeit kann von rechts nach links oder von links nach rechts verstreichen. Auch die Gegenwart wird von außen betrachtet, meistens liegt sie direkt vor (und/oder unterhalb) der Betrachterin oder des Betrachters.

Der Zugang zur Vergangenheit ist in dieser Zeit-Vorstellung leichter möglich. Positive und negative Erinnerungen können schnell aktiviert werden. Erfolg und unangenehme Erlebnisse halten länger an. In diesem Zeit-Konzept ist alle Zeit präsent und Menschen entwickeln ein gutes Gespür für die Zeit. Sie wissen meist genau, wie spät es jetzt ist, und entwerfen für Projekte realistische Zeit-Vorgaben. Verabredungen werden meist pünktlich eingehalten: Zeit ist kostbar. Durch-Zeit-Menschen können gut planen. Sie rufen Erinnerungen meist ➪ *dissoziiert* ab: Sie sehen, hören und fühlen sich selbst von außerhalb.

(3) Die Zwischen-Zeit ist eine Abwandlung der Durch-Zeit, wobei die gesamte Zeit-Linie mit Ausnahme der Gegenwart (sie wird im Körper gedacht) im Beobachtungsfeld vorne liegt. Im Falle einer „Zwischen-Zeit-Person" werden Vergangenheit und Zukunft im mentalen Raum als Bilder repräsentiert, die wie ein V außerhalb der Person liegen. Die Gegenwart wird dabei im Körper der Person repräsentiert. „Die Person ist in der Gegenwart assoziiert und von da geht die Linie der Vergangenheit meist nach links und die der Zukunft meist nach rechts" (*Kutschera 1995a [1994], 94*).

Alle Zeit-Linien haben für die Erfüllung bestimmter Aufgaben und die Erreichung bestimmter Ziele Vor- und Nachteile (*Andreas und Andreas 1993 [1987], 21 ff.*). Hinderliche Zeit-Repräsentationen und Zeit-Linien können nach NLP gezielt verändert werden. Möglichkeiten sind:

(1) Veränderungen innerhalb einer Zeit-Linie. Sie „bieten sich bei allen Schwierigkeiten mit offensichtlichem oder verstecktem zeitlichen Bezug an, vor allem *bei* zu starker, zu schwacher oder generell ungünstig *verzerrter Vergangenheits-, Gegenwarts- und/oder Zukunftsorientierung* (*Weerth 1994 [1992], 187*), z.B. wenn unangenehme, zeitlich weit zurückliegende Ereignisse sehr nah repräsentiert werden.

(2) „Handelt es sich um *generelle* einseitige, sich ungünstig auswirkende *Zeitorientierungen*, bietet es sich an, auch die generelle Struktur der gesamten Zeitlinie oder einzelne ihrer Abschnitte zu verändern, also z.B. Änderungen in *Verlauf, Breite, Ausdehnung* und/oder *Helligkeit* vorzunehmen. ... Handelt es sich um einzelne Zeitorientierungen, die sich auf einen bestimmten Kontext ungünstig auswirken, bietet es sich an, lediglich die Repräsentation dieser Kontexte innerhalb der bestehenden Zeitlinie zu verändern" (*188f.*). Interventionen dieser Art können persönlichkeitsverändernd sein. Andreas und Andreas empfehlen, dabei sehr behutsam und vorsichtig vorzugehen (*1993 [1987], 52 f.*).

Zeit-Linie der Eltern, Parental Time Line

Eine Form der ➪ *Neuprägung*, bei der die verinnerlichten Eltern (das Eltern-Introjekt) neu repräsentiert werden. Dabei wird die eigene ➪ *Zeit-Linie* um eine Zeit-Linie für die inneren Eltern erweitert. Die Vorstellungen von den Eltern werden verändert, indem man in die Rolle der Eltern geht und diese – auf ihrer Zeit-Linie – gedanklich und im Erleben eine Entwicklung erleben läßt, bei der viele ➪ *Ressourcen* verfügbar sind. Connirae und Tamara Andreas (*1995 [1994], 217 ff.*) verwenden diese Technik im Rahmen der ➪ *Core Transformation.* Dabei werden den inneren Großeltern ➪ *Core-Zustände* gegeben, welche sie in der Vorstellung den inneren Eltern (im Rahmen ihres Heranwachsens auf ihrer Zeit-Linie) weitergeben, welche sie wiederum dem eigenen inneren Kind (im Heranwachsen auf der eigenen Zeit-Linie) weitergeben.

Zeit-Orientierung

Menschen haben eine unterschiedliche Vorliebe für Vergangenheit, Gegenwart oder Zukunft. Vergangenheitsorientierte Menschen erzählen gerne Geschichten, geben sich nostalgisch und beziehen ihre Standards aus der Vergangenheit. Änderungen müssen versucht und getestet werden, bevor sie akzeptiert werden. Gegenwartsorientierte Menschen leben mehr im Hier und Jetzt, lieben sofortige Belohnungen und entwickeln meist keine langfristigen ➪ *Ziele.* Zukunftsorientierte Menschen planen, arbeiten und leben für die Zukunft, manchmal auch auf Kosten von Gegenwarts-Erfahrungen und -Erlebnissen. Die drei Orientierungen beschreiben ➪ *Pole*, die Menschen in bestimmten ➪ *Kontexten* oder immer leben. NLP betont den Wert jedes Poles und versucht, die Vorteile jedes Poles erfahrbar und nutzbar zu machen.

Literatur: *Andreas und Andreas 1993 (1987), 55 ff.*

Zeit-Verzerrung

Subjektiv erleben wir ➪ *Zeit* sehr ungleich: Zeit vergeht manchmal „wie im Flug" und manchmal „schlagen wir uns die Zeit tot". Nach NLP sind dafür unterschiedliche ➪ *Repräsentationen* und ➪ *Untereigenschaften* verantwortlich. Wer weiß, wie er innerlich „schnelle" und „langsame Zeit" konstruiert, kann die Zeit in seinem Erleben bewußt verzerren. Dies kann in manchen Fällen hilfreich sein, z.B. um in wenigen Minuten Simulationen für ein kommendes Ereigniss zu machen.

Ziel

NLP ist ziel-orientiert. Im NLP konzentriert man sich nicht – im Unterschied zu anderen beraterischen und therapeutischen Richtungen – auf die Probleme und ihre (vermeintlichen) Ursachen, sondern auf das Ziel. Das Ziel ist die Lösung für das Problem. Es geht nicht vorrangig um die Ursachen-Analyse von Problemen, sondern um die Konstruktion von Zielen, die ein Klient oder eine Klientin für sich in Eigen-Kompetenz alleine oder mit Hilfe eines Beraters oder einer Beraterin festlegt.

Ziele im NLP sind ➪ *wohlgeformte Ziele.* Sie genügen bestimmten Kriterien (*Stahl 1995 [1988], 72 f.; Weerth 1994 [1992], 137 f.; Mohl 1996a [1993], 111 ff.*):

(1) Eigen-Kompetenz. Ein Ziel muß so formuliert sein, daß nur solche Verhaltensweisen zu seinem Erreichen erforderlich sind, die die Person, die das Ziel formuliert, selbst ausführen kann und will.

(2) Positiv formuliert. Auf einer tiefen Ebene der unbewußten Verarbeitung von Informationen gibt es kein Nicht. Wer sich wünscht, mit dem Rauchen aufzuhören, repräsentiert sich innerlich das Rauchen (und bleibt damit zum Teil im ➪ *Problem-Fokus* gefangen). Positiv formulierte Ziele schließen Negationen („Ich möchte nicht so depressiv sein!") und Vergleiche („Ich möchte energievoller sein.") aus.

(3) Situations-spezifisch. Ziele sind konkret, auf einen genauen ➪ *Kontext* bezogen und keine vagen Wünsche, wie: „Ich möchte glücklich sein!"

(4) Sinnesspezifisch-konkret. Ziele enthalten ein genaues, sinnlich konkretes Kriterium für ihre Erfüllung: Was muß ich sehen, hören, fühlen – um zu wissen, daß mein Ziel erreicht ist?

(5) „Die Zieldefinition soll einen kurzen Feedbackbogen enthalten“ (*Stahl 1995 [1988], 72*), d.h. das Eintreten des Ziels soll möglichst kurzfristig erkannt und bestätigt werden.

Ziel-Arbeit

Die Summe aller Maßnahmen, die im NLP für die präzise Bestimmung eines ➪ *wohlgeformten Zieles* gesetzt werden. Dies umfaßt u.a. den Fragen-Katalog des ➪ *Ziel-Rahmens*, die Aktivierung des ➪ *Ziel-Zustandes* unter Einschluß des ➪ *Ökologie-Checks* sowie das Erkunden von Hindernissen für das Ziel.

Ziel-Bild

Eine innere Vorstellung vom Ziel. Die Imagination einer Situation, in der das Ziel erreicht ist. Im Ziel-Bild sollen alle Qualitäten enthalten sein, die das Erreichen des Zieles attraktiv machen. Ein Ziel-Bild kann ein „Bild“ in allen ➪ *Repräsentations-Systemen* sein. Bei der Ziel-Arbeit geht es darum, ein möglichst attraktives Ziel-Bild (nach den Kriterien wohlgeformter Ziele und unter Einschluß eines ➪ *Öko-Checks*) zu entwerfen.

Bei der Ziel-Arbeit wird oft zuerst eine ➪ *dissoziierte* Ziel-Vorstellung entworfen, die dann ➪ *assoziiert* als ➪ *Ziel-Zustand* erlebt wird. Das „Hineingehen“ in das Ziel ist ein guter Check, ob das Ziel auch ein richtiges Ziel ist. Treten beim assoziierten Erleben des Zieles keine angenehmen oder gar unangenehme Gefühle auf (d.h. auch: kann von außen keine Ziel-Physiologie beobachtet werden), dann muß das Ziel modifiziert werden (meist durch einen intensivierten oder erweiterten Öko-Check).

Ziel-Physiologie

Die Physiologie, die eine Person entwickelt, wenn sie an das Ziel denkt und sich vorstellt, ➪ *assoziiert* im Ziel zu sein. Der Wechsel von der Problem-Physiologie zur Ziel-Physiologie muß im Rahmen einer (erfolgversprechenden) Ziel-Arbeit vom Berater/von der Beraterin wahrnehmbar sein.

Ziel-Rahmen

Ein Katalog von Fragen und Anleitungen zur Erreichung wohlgeformter Ziele. Beispiele sind Fragen: (a) zum Ist-Zustand und zum Problem, (b) nach dem genauen ⇨ *Kontext* des Zieles, (c) nach den Kritierien für die Erreichung des Zieles, (d) nach den Auswirkungen des Zieles auf andere Lebensbereiche, (e) nach dem Zeitaspekt des Zieles, (f) nach hinderlichen ⇨ *Beliefs*, die das Problem aufrechterhalten (können), (g) nach dem Preis für das Ziel, z.B. nach dem „Sekundärgewinn" des Problems, und (h) nach konkreten Schritten zum Ziel.

Ziel-Satz

Ein Merksatz, der in knapper Form ein Ziel und seine Qualitäten, oft in Ich-Form, beschreibt. Ziel-Sätze sind ⇨ *Affirmationen*. Sie wirken selbst-hypnotisch: „**Ich bin ruhig und gelassen!**" Übliche Kriterien sind:

(1) positive Formulierung: keine Negationen und Vergleiche,
(2) in Eigenverantwortung: keine Wünsche an andere, und
(3) in Gegenwart formuliert: keine Zukunft oder Konjunktive.

Ziel-Zustand

Der innere Zustand bei der Vorstellung, man sei im Ziel und habe das Ziel ereicht. Dem Erleben eines Ziel-Zustandes (von außen an einer entsprechenden ⇨ *Physiologie* erkennbar, ⇨ *Ziel-Physiologie*) kommt im Rahmen der Ziel-Arbeit des NLP ein großer Stellenwert zu. Dabei wird der Klient/die Klientin angeleitet, sich das Erreichen des künftigen Zieles bereits in der Gegenwart intensiv und sinnlich vorzustellen (d.h. zu tun, ⇨ *als ob* das Ziel bereits erreicht wäre). Dies dient nach Weerth (*1994 [1992], 136 f.*) u.a. folgenden Zwecken:

(1) einer Überprüfung, ob der Klient/die Klientin das Ziel auch tatsächlich erreichen will (wenn nicht, muß es modifiziert werden).
(2) der Überprüfung von vielleicht vorher nicht bedachten Umständen und Konsequenzen des Zieles (d.h. von Elementen eines ⇨ *Öko-Checks*).
(3) dem mentalen Erleben in jenem Zustand, der für die Erreichung des Zieles benötigt wird.

Zitate

Ein Sprachmuster, in dem eine Botschaft in Form eines Zitates verkleidet wird. Elegant erzählte Zitate erlauben es Botschaften anzubringen, ohne einen Konflikt, eine Verstimmung usw. zu riskieren. Will ich zum Beispiel eine Person loben, von der ich weiß, daß sie direktes Lob wenig mag, so kann ich das in Form eines Zitates versuchen: „Herr Meyer, also wissen Sie, was mir vor vierzehn Tagen passiert ist, da habe ich im Zuge jemanden getroffen – leider habe ich mir seinen Namen nicht gemerkt, der hat mir erzählt, wie gut Sie dieses

Projekt gemacht haben. Der hat gesagt: »Der Meyer ist wirklich ein tüchtiger Mensch!«, ...“ Wenn es darum geht, die Botschaft wirklich an den Mann (in unserem Fall: an den Herrn Meyer) zu bringen, dann ist es nützlich, die Pointe ➪ *analog* zu markieren und durch ➪ *genaues Wahrnehmen* ihre Wirkung zu studieren.

Ein anderer Ausdruck für Zitate im NLP ist die „Onkel John-Geschichte“, wobei Onkel John die Person ist, die das Zitat (angeblich) gesagt hat. Zitate sind Teil des ➪ *Milton-Modells*.

Zugangs-Hinweise, Zugangs-Signale

Zugangs-Hinweise (im Englischen accessing cues) sind nach außen sichtbare non-verbale Hinweise, die es einem Beobachter deutlich machen, über welches der fünf ➪ *Repräsentations-Systeme* sich eine Person eine bestimmte Erfahrung (eine Erinnerung, eine Vergegenwärtigung, eine Phantasie, eine Vorstellung oder eine Antizipation) zugänglich macht, bzw. in welchem Repräsentations-System sie sich gerade befindet oder „aufhält“. Zugangshinweise sind oft nur kleine Details im beobachtbaren Verhalten einer Person. Sie werden im ➪ *Wahrnehmungs-Training* von NLP als Indikatoren verwendet, um herauszufinden, welches Repräsentations-System eine Person zur Zeit vorrangig nutzt (➪ *bevorzugtes Repräsentations-System*, ➪ *Leit-System*, ➪ *Referenz-System*). Typische Zugangs-Hinweise sind: ➪ *Augenbewegungen*, ➪ *Atmen*, ➪ *Muskelspannungen*, ➪ *nonverbale Elemente* in der Sprache, Gesten, ➪ *Körperhaltung*.

Literatur: *Grinder u.a. 1977, 53ff.; Dilts u.a. 1994 (1980), 65f.; Gilligan 1991 (1987), 168ff.*

Zugangs-System

Das ➪ *Repräsentations-System*, mit dem sich jemand Informationen intern zugänglich macht. ➪ *Leit-System*.

Zugehörigkeit, Verbindung

Die sechste der ➪ *logischen Ebenen*, die Ebene, bei der Menschen sich auf etwas beziehen, was mehr ist als sie als Person. Hier geht es um die Zugehörigkeit einer Person zu etwas Größerem oder Höherem – für manche: die spirituelle Ebene, umfassende Visionen, der Sinn des Lebens, Lebensaufgaben, eine Mission, das Erleben von ➪ *Core-Zuständen* oder der ➪ *Quelle*. Menschen, die ihr ➪ *Bewußtsein* auf die Inhalte dieser Ebene richten, fühlen sich anderen Menschen, der Menschheit insgesamt, der Natur, dem Leben, einer umfassenden Idee oder dem Göttlichen verbunden. Auf der Ebene der Verbindung geht es um die „großen Fragen“ im Leben: Warum leben wir? Warum sind wir hier? Was ist der Sinn des Lebens?

(Bei alldem folgt NLP als ➪ *Prozeß-Theorie* strikt dem ➪ *Belief-Gedanken* und nimmt zu Antworten auf diese Fragen inhaltlich nicht Stellung. NLP ist keiner Ideologie, keinem religiösen oder spirituellen Glaubenssystem verbunden. NLP nimmt dazu eine Meta-Position ein: NLP studiert die Wirkungen von Glaubenssystemen.)

Zweite Position

Die zweite der drei ➪ *Wahrnehmungs-Positionen*: das Erleben einer Situation aus der Perspektive einer anderen Person.

Zwischen-Zeit (between time)

Eine Variante der inneren ➪ *Zeit-Linie*: Vergangenheit und Zukunft werden wie im mentalen Raum als Bilder repräsentiert, die wie ein V außerhalb der Person liegen. Die Gegenwart wird dabei im Körper der Person repräsentiert.

Literatur

A

Andreas, Connirae und Andreas, Steve (1993): *Gewußt wie. Arbeit mit Submodalitäten und weitere NLP-Interventionen nach Maß*, 3. Auflage, Junfermann, Paderborn (Original 1987: *Change Your Mind – and Keep the Change*, Real People Press, Moab/UT).

Andreas, Connirae und Andreas, Steve (1994): *Mit Herz und Verstand. NLP für alle Fälle*, 2. Auflage, Junfermann, Paderborn (Original 1989: *Heart of the Mind – Engaging Your Inner Power to Change with Neuro-Linguistic Programming*, Real People Press, Moab/UT).

Andreas, Connirae und Andreas, Tamara (1995): *Der Weg zur inneren Quelle. Core-Transformation in der Praxis. Neue Dimensionen des NLP*, Junfermann, Paderborn (Original 1994: *Core Transformation – Reaching the Wellspring Within*, Real People Press, Moab/UT).

Andreas, Steve (1994): *Virginia Satir – Muster ihres Zaubers*, Junfermann, Paderborn (Original 1991: *Virginia Satir – The Patterns of Her Magic*, Science and Behaviour Books).

Andreas, Steve und Andreas, Connirae (1992): *Das NLP Trainer Manual für die Practitioner Stufe*, Verlag Thomas Kirschner Seminare, Eichstätt (Original: *NLP 24-Day Practitioner Certification Trainer´s Manual*, NLP Comprehensive, Boulder/CO).

Ardui, Jan und Wrycza, Peter (1994): „NLP-Presuppositions Revisited“, *NLP-World*, 1/1, 7-23.

Aveni, Anthony (1991): *Rhythmen des Lebens. Eine Kulturgeschichte der Zeit*, Klett-Cotta, Stuttgart (Original 1989: *Empires of Time. Calendors, Clocks and Cultures*, Basic Books, New York).

B

Bachmann, Heinz (1985): *Der Weg der mathematischen Grundlagenforschung*, 2. Auflage, Peter Lang, Bern u.a.

Bachmann, Winfried (1993): *Das Neue Lernen. Eine systematische Einführung in das Konzept des Neurolinguistischen Programmierens (NLP)*, 3. Auflage, Junfermann, Paderborn.

Bachmann, W. und Friedrich, M. (1994): *Chaos – die neue Kraft im Selbst-Management. Das Kreative Brainwriting als innovatives Ordnungskonzept*, Junfermann, Paderborn.

Bachmann, W. und Priester, A. (1992): *WIN-WIN. Die Handschrift des erfolgreichen Verkäufers*, Junfermann, Paderborn.

Bandler, Richard (1993): *„Bitte verändern Sie sich ... jetzt!“. Transkripte meisterhafter NLP-Sitzungen*, 2. Auflage, Junfermann, Paderborn (Original 1985: *Magic in Action*, Meta Publications, Cupertino/CA).

Bandler, Richard (1995a): *Time for a Change. Neue NLP-Techniken & Transformationen für die Zukunft*, Junfermann, Paderborn (Original 1993: *Time for a Change*, Meta Publications, Cupertino/CA).

Bandler, Richard (1995b): *Veränderung des subjektiven Erlebens. Fortgeschrittene Methoden des NLP*, 5. Auflage, Junfermann, Paderborn (Original 1985: *Using Your Brain – For a Change*, Real People Press, Moab/UT).

Bandler, Richard und Donner, Paul (1995): *Die Schatztruhe. NLP – Das neue Paradigma des Erfolgs*, Junfermann, Paderborn (Original 1988: *Paradigms of Persuasion, Paradigms For Excellence)*.

Bandler, Richard und Grinder, John (1983): *Mit Familien reden. Gesprächsmuster und therapeutische Veränderungen*, 2. Auflage, Pfeiffer, München (Original 1976: *Chancing with Families. A Book about Further Education for Being Human*, Science and Behaviour Books, Palo Alto/CA).

Bandler, Richard und Grinder, John (1994a): *Metasprache & Psychotherapie. Struktur der Magie I*, 8. Auflage, Junfermann, Paderborn (Original 1975: *The Structure of Magic. Volume I*, Science and Behaviour Books, Palo Alto/CA).

Bandler, Richard und Grinder, John (1994b): *Kommunikation & Veränderung. Die Struktur der Magie II,* 6. Auflage, Junfermann, Paderborn (Original 1976: *The Structure of Magic – Volume II,* Science and Behaviour Books, Palo Alto/CA).

Bandler, Richard und Grinder, John (1994c): *Neue Wege der Kurzzeit-Therapie. Neurolinguistische Programme,* 11. Auflage, Junfermann, Paderborn (Original 1979: *Frogs into Princes,* Real People Press, Moab/UT).

Bandler, Richard und Grinder, John (1995): *Reframing. Ein ökologischer Ansatz in der Psychotherapie (NLP),* 6. Auflage, Junfermann, Paderborn (Original 1982: *Reframing,* Real People Press, Moab/UT).

Bandler, Richard und Grinder, John (1996): *Patterns. Muster der hypnotischen Techniken Milton H. Ericksons,* Junfermann, Paderborn (Original 1975: *Patterns of the Hypnotic Techniques of Milton H. Erickson, M.D. – Vol 1,* Meta Publications, Cupertino/CA).

Bandler, Richard und MacDonald, W. (1993): *Der feine Unterschied ... NLP-Übungsbuch zu den Submodalitäten,* 3. Auflage, Junfermann, Paderborn (Original 1988: *An Insider's Guide to Sub-Modalities,* Meta Publications, Cupertino/CA).

Bandura, Albert (1962): *Social Learning Trough Imitation,* in: John, M.R. (ed.): *Nebraska Symposium on Motivation,* University of Nebraska Press, Lincoln, 211-269.

Bateson, Gregory (1983): *Ökologie des Geistes. Anthropologische, psychologische, biologische und epistemologische Perspektiven,* Suhrkamp, Frankfurt/M. (Original 1972: *Steps to an Ecology of Mind. Collected Essays in Anthropology, Psychiatry, Evolution and Epistemology,* Chandler Publishing Company).

Bateson, Gregory (1984): *Geist und Natur. Eine notwendige Einheit,* Suhrkamp, Frankfurt/M. (Original 1979: *Mind and Nature. A Necessary Unity*).

Bateson, Mary Catherine (1986): *Mit den Augen einer Tochter. Meine Erinnerung an Margaret Mead und Gregory Bateson,* Rowohlt, Reinbek bei Hamburg (Original: *With a Doughter´s Eye. A Memoir of Margaret Mead and Gregory Bateson*).

Baumeler, Megha (1994): *Script der NLP-Akademie Bodensee zur Ausbildung zum cert. NLP-Practitioner,* Manuskript, Freienstein.

Beaver, Diana (1996): *Locker lernen. NLP Pädagogik für Lehrerinnen und Lehrer,* Junfermann, Paderborn (Original 1994: *Lazy Learning – Making the Most of the Brains You Were Born With,* Element Books Limited, Shaftesbury, Dorset).

Becker, Eva (1993): *Ich sehe deine Sprache, wenn du schweigst. Aphasietherapie & NLP,* Junfermann, Paderborn.

Berman, Morris (1983): *Wiederverzauberung der Welt. Am Ende des Newtonschen Zeitalters,* Dianus Trikont (Original 1981: *The Reenchantment of the World,* Cornell University Press, Ithaca and London).

Berman, Morris (1989): *Coming to Our Senses. Body and Spirit in the Hidden History of the West,* Simon and Schuster, New York u. a.

Bernhard, Wolfgang (1996): *In sich hinausgehen. Mit NLP zum Ur-Credo,* VAK Verlag für Angewandte Kinesiologie, Freiburg i.B. (Original 1995: *Le Chants des Sirénes – La P.N.L. et la Perception Pré-sensorielle,* Edition A.L.T.E.S.S., Paris).

Beyer, Maria (1994): *Power Line,* 2. Auflage, Junfermann, Paderborn.

Bierbaum, G.; Marwitz, K. und May, H. (1993): *Happy Selling. Der geniale Verkäufer,* 3. Auflage, Junfermann, Paderborn.

Birkenbihl, Vera F. (1995): *Kommunikation für Könner ... schnell trainiert: Die hohe Kunst der professionellen Kommunikation,* MVG, München.

Blaseio, Helmuth (1986): *Das Kognos-Prinzip. Zur Dynamik sich selbst-organisierender wirtschaftlicher und sozialer Systeme,* Duncker & Humblot, Berlin.

Blickhan, Daniela (1996): *Mit Kindern wachsen. NLP im Alltag,* 2. Auflage, Junfermann, Paderborn.

Bliemeister, J. (1987): „Empirische Überprüfung von Grundannahmen des Neurolinguistischen Programmierens (N.L.P.). Kritische Bewertung der Darstellung des NLP durch Bandler und Grinder", *Integrative Therapie,* 4, 397-406.

Bliemeister, J. (1988): „Empirische Überprüfung zentraler theoretischer Konstrukte des Neurolinguistischen Programmierens (NLP)", *Zeitschrift für klinische Psychologie,* 1, 21-30.

Block, Richard J. und Yuker, Harald E. (1993): *Ich sehe was, was Du nicht siehst. 250 optische Täuschungen und visuelle Illusionen,* Buchgemeinschaft Donauland, Wien (Original 1989: *Can you Believe your Eyes?*, Gardner Press).

Boas, Phil und Brooks, Jane (1985): *Advanced Techniques. An NLP Workbook,* revised edition, Metamorphous Press, Oregon.

Bodmann, Gertrud (1992): *Jahreszahlen und Weltalter. Zeit- und Raumvorstellungen im Mittelalter,* Campus, Frankfurt.

Bohm, David (1987): *Die implizite Ordnung. Grundlagen eines dynamischen Holismus,* Goldmann, München (Original: *Wholeness and the Implicate Order,* Routledge & Kegan Paul, London).

Boscolo, Luigi und Bertrando, Paolo (1994): *Die Zeiten der Zeit. Eine neue Perspektive in systemischer Therapie und Konsultation,* Carl Auer, Heidelberg.

Bretto, Charlotte (1988): *A Framework for Excellence. A Resource Manual for NLP,* Eigenverlag, Capitola/CA.

C

Cameron-Bandler, Leslie (1992): *Wieder zusammenfinden. NLP – neue Wege der Paartherapie,* 6. Auflage, Junfermann, Paderborn (Original 1978: *They Lived Happily Ever After,* Meta Publications, Cupertino/CA).

Cameron-Bandler, Leslie und Lebeau, Michael (1993): *Die Intelligenz der Gefühle. Grundlagen der „Imperative Self Analysis",* 3. Auflage, Junfermann, Paderborn (Original 1988: *The Emotional Hostage. Rescuing Your Emotional Life,* Future Pace Inc.).

Cameron-Bandler, Leslie; Gordon, David und Lebeau, Michael (1992): *Muster-Lösungen. Lösungsmuster für alltägliche Probleme,* Junfermann, Paderborn (Original 1988: *Know How – Guided Programms For Inventing Your Own Best Future,* Real People Press, Moab/UT).

Cameron-Bandler, Leslie; Gordon, David und Lebeau, Michael (1995): *Die Emprint-Methode. Ressourcen- und Kompetenztraining,* Junfermann, Paderborn (Original 1985: *The Emprint Method. A Guide To Reproducing Competence,* Future Pace Inc.).

Chomsky, Noam (1973): *Strukturen der Syntax,* Den Haag (Original 1957: *Syntactic Structures,* Mouton, Den Haag).

Chong, Dennis K. und Smith-Chong, Jennifer K. (1995): *Frag nicht warum ... Zur Struktur der Wirklichkeit und der Erweiterung unserer Fähigkeiten. NLP-Grundlagenarbeit,* Junfermann, Paderborn (Original 1991: *Don't Ask Why?!*, C-Jade Publishing).

Cleveland, Bernard F. (1992): *Das Lernen lehren. Erfolgreiche NLP-Unterrichtstechniken,* Verlag für angewandte Kinesiologie, Freiburg i.B. (Original 1987: *Master teaching techniques,* 4th ed., The Connecting Link Press, Lawrenceville/GA).

Cohen, David (1995): *Lexikon der Psychologie. Namen-Daten-Begriffe,* Heyne, München (Original 1990: *Psychology*, Bloomsbury, London).

Csikszentmihalyi, Mihaly (1992): *Flow. Das Geheimnis des Glücks,* Klett-Cotta, Stuttgart (Original 1990: *Flow – The Psychology of Optimal Experience,* Harper & Row, New York).

D

Damme, Uwe; Schneider, Klaus und Dolke, Gabriele (Hrsg.) (1995a): *Leben ohne Magenschmerzen. Aktivieren Sie Ihre Ressourcen zur Selbstheilung. Ein NLP-Hörprogramm,* Junfermann, Paderborn.

Damme, Uwe; Schneider, Klaus und Dolke, Gabriele (Hrsg.) (1995b): *Von der Lust zu rauchen zur Lust gesund zu werden. Ein Weg zu mehr Gesundheit. Ein NLP-Hörprogramm,* Junfermann, Paderborn.

Deikman, Arthur J. (1986): *Therapie und Erleuchtung. Die Erweiterung des menschlichen Bewußtseins,* Rowohlt, Reinbek bei Hamburg (Original 1982: *The Observing Self,* Beacon Press, Boston).

Dennett, Daniel C. (1994): *Philosophie des menschlichen Bewußtseins,* Hoffmann und Campe (Original 1991: *Consciousness Explained,* Little, Brown & Company, Boston, Toronto, London).

Derks, Lucas A.C. (1995a): „Exploring the Social Panorama“, *NLP World,* 2(3), 28-42.

Derks, Lucas A.C. (1995b): *The Social Panorama. NLP and Group Processes,* Manuskript, Nijmegen (Niederlande).

Derks, Lucas und Hollander, Jaap (1996a): *Essenties van NLP. Slentels tot personlijke verandering,* Servire, Utrecht.

Derks, Lucas und Hollander, Jaap (1996b): „Exploring the Spiritual Panorama“, *NLP World,* 3/2, 55-69.

Dijsksterhuis, E.J. (1983): *Die Mechanisierung des Weltbildes,* Reprint der Ausgabe 1956, Springer, Berlin (Original 1950: *De mechanisering van het weveldbeeld,* J.M. Menlenhoff, Amsterdam).

Dillman, Bruce (1992): *Ziel um Ziel,* Junfermann, Paderborn (Original 1989: *Results on Target – Practical Steps to Improve Results and Avoid Traps,* Outcome Publications, Kansas City, Cincinnati, Dallas).

Dilts, Robert (1983): *Roots of Neuro-Linguistic Programming,* Meta Publications, Cupertino/CA.

Dilts, Robert (1993): *Die Veränderung von Glaubenssystemen. NLP & Glaubensarbeit,* Junfermann, Paderborn (Original 1990: *Changing Belief Systems with NLP,* Meta Publications, Cupertino/CA).

Dilts, Robert (1994): *Einstein. Geniale Denkstrukturen und NLP,* 2. Auflage, Junfermann, Paderborn (Original 1990: *Albert Einstein. Neuro-Linguistic Analysis of a Genius,* Ben Lomond/CA).

Dilts, Robert (1995): *Identität, Glaubenssysteme und Gesundheit. NLP-Veränderungsarbeit,* 3. Auflage, Junfermann, Paderborn (Original 1989: *Beliefs – Pathways to Health & Well-Being,* Metamorphous Press).

Dilts, Robert; Bandler, Richard und Grinder, John (1994): *Strukturen subjektiver Erfahrung. Ihre Erforschung und Veränderung durch NLP,* 5. Auflage, Junfermann, Paderborn (Original 1980: *Neuro-Linguistic Programming: Volume I,* Meta Publications, Cupertino/CA).

Dilts, Robert und Epstein, Todd (1991): *Systemic NLP – A Unified Field Theory,* Dynamic Learning Publications, Ben Lomond/CA.

Dilts, Robert und Epstein, Todd (1992a): *Overview of Basic NLP Skills and Tools,* Dynamic Learning Publications, Ben Lomond/CA.

Dilts, Robert und Epstein, Todd (1992b): *Overview of Advanced NLP Skills and Tools,* Dynamic Learning Publications, Ben Lomond/CA.

Dilts, Robert; Epstein, Todd und Dilts, Robert W. (1994): *Know How für Träumer. Strategien der Kreativität,* Junfermann, Paderborn (Original 1991: *Tools for Dreamers. Strategies for Creativity and the Structure of Innovation,* Meta Publications, Cupertino/CA).

Dilts, Robert und Hollander, Jaap (1990): *NLP and Life Extension – Modeling Longevity,* Dynamic Learning Publications, Ben Lomond/CA.

Dohrn-van Rossum, Gerhard (1992): *Die Geschichte der Stunde. Uhren und moderne Zeitordnung,* Carl Hanser, München und Wien.

Dreyfus, Hubert und Dreyfus, Stuart (1988): *Künstliche Intelligenz. Von den Grenzen der Denkmaschine und dem Wert der Intuition,* Rowohlt, Reinbek bei Hamburg (Original 1986: *Mind over Machine,* The Free Press, New York).

E

Emrich, Hinderick (1990): *Phantasie, Traum und Halluzinationen,* in: Maelicke 1990, 159-173.

Erickson, Milton H.; Rossi, Ernest L. und Rossi, Sheila L. (1991): *Hypnose. Induktion – Psychotherapeutische Anwendung – Beispiele,* J. Pfeiffer, München (Original 1976: *Hypnotic Realities. The Induction of Clinical Hypnosis and Forms of Indirect Suggestions,* Irvington Publishers, New York).

Erickson, Milton H. und Rossi, E.L. (1994): *Der Februarmann. Persönlichkeits- und Identitätsentwicklung in Hypnose,* 2. Auflage, Junfermann, Paderborn (Original 1989: *The February Man – Evolving Consciousness and Identity in Hypnotherapy,* Brunner/Mazel, New York).

F

Farrelly, Frank und Brandsma, Jeffrey M. (1986): *Provokative Therapie,* Springer, Berlin (Original 1972: *Provocative Therapy,* Meta Publications, Cupertino/CA).

Farmer, A.; Rooney, R. und Cunningham, J. (1985): „Hypothized Eye Movement of Neurolinguistic Programming. A Statistical Artifact", *Journal of Perceptual Motor Skills*", 61(3), 717 f.

Fischer, Hans Rudi (Hrsg.) (1995): *Die Wirklichkeit des Konstruktivismus. Zur Auseinandersetzung um ein neues Paradigma,* Carl Auer, Heidelberg.

Freudenthal, Gideon (1982): *Atom und Individuum im Zeitalter Newtons. Zur Genese der mechanistischen Natur- und Sozialphilosophie,* Suhrkamp, Frankfurt.

Fromme, D. und Daniell, J. (1984): „Neurolinguistic Programming Examined. Imagery, Sensory Mode and Communication", *Journal of Counselling Psychology,* 31 (3), 387-390.

G

Gergen, Kenneth J. (1996): *Das übersättigte Selbst. Identitätsprobleme im heutigen Leben,* Carl Auer, Heidelberg (Original 1991: *The Saturated Self,* Basic Books, New York).

Gerken, Gerd und Kappellner, Rudolf (Hrsg.) (1993): *Wie der Geist überlegen wird,* Junfermann, Paderborn.

Gilligan, Stephen (1991): *Therapeutische Trance. Das Prinzip Kooperation in der Ericksonschen Hypnotherapie,* Carl Auer, Heidelberg (Original 1987: *Therapeutic Trances,* Brunner & Mazel, New York).

Glasersfeld, Ernest von (1997): *Wege des Wissens. Konstruktivistische Erkundungen durch unser Denken,* Carl Auer, Heidelberg.

Glasersfeld, E. und Richards, J. (1984): „Die Kontrolle von Wahrnehmung und die Konstruktion von Realität. Erkenntnistheoretische Aspekte des Rückkopplungs-Kontroll-Systems", *Delfin,* 3, 4-25.

Gordon, David (1995): *Therapeutische Metaphern,* 5. Auflage, Junfermann, Paderborn (Original 1978: *Therapeutic Methaphors,* Meta Publications, Cupertino/CA).

Gottwald, Franz-Theo und Howard, Wolfgang (1990): *Bewußtseinsentfaltung in spirituellen Traditionen Asiens,* in: Resch 1990, 405-494.

Goulding, Mary (1996): *„Kopfbewohner" oder: Wer bestimmt dein Denken?,* 5. Auflage, Junfermann Verlag, Paderborn (Original 1985: *Who's Been Living in Your Head? Fun and Easy Ways to Stop Being Your Own Enemy and Start Being Your Own Best Ally*).

Gribbin, John (1987): *Auf der Suche nach Schrödingers Katze. Quantenphysik und Wirklichkeit,* Piper, München und Zürich (Original 1984: *In Search of Schrödinger's Cat. Quantum Physics and Reality,* Wildwood House, London).

Gribbin, John (1996): *Schrödingers Kätzchen und die Suche nach der Wirklichkeit,* S. Fischer, Frankfurt (Original 1995: *Schrödinger's Kittens and the Search for Reality,* Weidenfeld & Nicholson, London).

Grinder, John und Bandler, Richard (1987): *Therapie in Trance. Hypnose: Kommunikation mit dem Unbewußten,* 2. Auflage, Klett-Cotta, Stuttgart (Original 1981: *TRANCE-Formations. Neuro-Linguistic Programming and the Structure of Hypnosis,* Real People Press, Moab/UT).

Grinder, John und DeLozier, Judith (1995): *Der Reigen der Daimonen. Vorbedingungen persönlichen Genies,* Junfermann, Paderborn (Original 1987: *Turtles all the Way Down – Prerequisites to Personal Genius,* Grinder, DeLozier and Associates).

Grinder, John; DeLozier, Judith und Bandler, Richard (1977): *Patterns of the Hypnotic Techniques of Milton H. Erickson, M.D.,* Vol. 2, Meta Publications, Cupertino/CA.

Grinder, Michael (1991): *Righting the Educational Conveyor Belt,* 2nd edition, Metamorphous Press, Portland/Oregon.

Grinder, Michael (1993): *Envoy. Your Personal Guide to Classroom Management,* Eigenverlag, Battleground/WA.

Grochowiak, Klaus (1996): *Das NLP Practitioner Handbuch,* 2. Auflage, Junfermann, Paderborn.

Grof, Stanislav (1993a): *Geburt, Tod und Transzendenz. Neue Dimensionen der Psychologie,* Rowohlt, Reinbek bei Hamburg (Original 1985: *Beyond the Brain,* The State University of New York Press, Albany/N.Y.).

Grof, Stanislav (1993b): *Die Welt der Psyche. Neue Erkenntnisse aus Psychologie und Bewußtseinsforschung*, Kösel, München (Original 1992: *The Holotropic Mind. The Three Levels of Human Consciousness and How They Shape our Lives*, Harper Collins Publisher, New York).

H

Hadamard, J. (1945): *The Psychology of Invention in the Mathematical Field,* Princeton University Press.

Haley, Jay (1996): *Typisch Erickson. Der Mann, der immer noch seiner Zeit voraus ist. Muster seiner Arbeit,* Junfermann, Paderborn (Original 1993: *Jay Haley on Milton H. Erickson,* Brunner/Mazel, New York).

Haley, Jay und Hoffman, Lynn (1967): *Techniques of Family Therapy. Five Leading Therapists Reveal Their Working Styles, Strategies, and Approaches,* Basic Books, New York.

Hall, Michael (1995): „The New Domain of Meta-States in the History of NLP“, *NLP World,* 2/3, 53-60.

Hall, Michael (1996): „Meta-States as Correlated to »Core States«“, *NLP World,* 3/1, 37-41.

Hammond, Corydon C. (Hrsg.) (1990): *Handbook of Hypnotic Suggestions and Metaphors,* W.W. Norton & Company, New York and London.

Hampden-Turner, Charles (1986): *Modelle des Menschen. Ein Handbuch des menschlichen Bewußtseins,* Beltz, Weinheim und Basel (Original 1982: *Maps of Mind,* Mitchell Beazley, London).

Hellinger, Bert (1993): *Finden, was wirkt. Therapeutische Briefe,* Kösel, München.

Herbert, Nick (1990): *Quantenrealität. Jenseits der Neuen Physik,* Goldmann (Original: *Quantum Reality, Beyond the New Physics,* Anchor Press/Doubleday, New York).

Hoffman, Kay; Schneider, Maria und Haberzettl, Martin (1996): *BodyMindManagement in Action. NLP · Body · Trance · Feldenkrais,* Junfermann, Paderborn.

Holl, Hans-Günther (1985): *Das lockere und das strenge Denken. Essays über Gregory Bateson,* Beltz Verlag, Weinheim und Basel.

Hollander, Jaap; Derks, Lucas und Tannenbaum, Bruce (1996): „The Modelling of Magic. Pragmagical NLP-Processes Based on Modeling Native Magical-Religious Practices“, *NLP World,* 3/3, 4-20.

Holler, Johannes (1996): *Das Neue Gehirn. Möglichkeiten moderner Gehirnforschung – Unser Gehirn im Überblick – ein Handbuch,* Junfermann, Paderborn.

Houston, Jean (1987): *Der mögliche Mensch. Handbuch zur Entwicklung des menschlichen Potentials,* Rowohlt, Reinbek bei Hamburg (Original 1982: The Possible Human, Tarcher, Los Angeles).

Hügli, Anton und Lübcke, Paul (Hrsg.) (1991): *Philosophie-Lexikon. Personen und Begriffe der abendländischen Philosophie von der Antike bis zur Gegenwart,* Rowohlt, Reinbek bei Hamburg (Original 1983: *Politikens filosofi leksikon,* Politikens Ferlag, Kopenhagen).

Hutchison, Michael (1996): *Megabrain-Power. Transformiere dein Leben,* Junfermann, Paderborn (Original 1994: *Megabrain Power – Transform Your Life with Mind Machines and Brain Nutrients,* Hyperion, New York).

I

Imber-Black, Evan; Roberts, Jane und Whiting, Richard A. (1993): *Rituale. Rituale in Familien und Familientherapie,* Carl Auer, Heidelberg (Original: *Rituals in Families and Family Therapy*).

J

James, Tad (1993): *Time Coaching*, 2. Auflage, Junfermann, Paderborn (Original 1989: *The Secret of Creating Your Future,* Advanced Neuro Dynamics).

James, Tad und Woodsmall, Wyatt (1994): *Time Line. NLP-Konzepte zur Grundstruktur der Persönlichkeit,* 3. Auflage, Junfermann, Paderborn (Original 1988: *Time Line Therapy,* Meta Publications, Cupertino/CA).

Jensen, Eric P. (1988): *Super-Teaching. Master Strategies for Building Student Success,* Manuskript.

Jochims, Inke (Hrsg.) (1992): *Wer trainiert NLP? Die NLP-Trainer und Trainerinnen im deutschsprachigen Raum,* Junfermann, Paderborn.

Jochims, Inke (1995): *NLP für Profis. Glaubenssätze & Sprachmodelle,* Junfermann, Paderborn.

Jochims, Inke (1996): Alfred Korzybski und das Neurolinguistische Training, Manuskript, Berlin; publiziert im Internet unter: http://www.nlp.at/theorie/th.htm

Johnson, Kerry L. (1995): *Selling with NLP. New Techniques That will Double Your Sales Volume,* Nicolas Brealey, London.

Jung, C.G. (1978): *Psychologische Typen,* Gesammelte Werke VI, Walter, Olten.

Jupp, J. (1989): „A Further Empirical Evaluation of Neurolinguistic Primary Representational Systems“, *Counseling Psychology Quarterly,* 2/4, S. 441-450.

K

Kelly, George A. (1986): *Die Psychologie der persönlichen Konstrukte,* Junfermann, Paderborn (Original 1955: *The Psychology of Personal Constructs,* W.W. Norton & Company, New York).

Kempler, Walter (1975): *Grundzüge der Gestalt-Familientherapie,* dtv, München (Original 1973: *Principles of Gestalt Family Therapy*).

King, Serge (1992): *Der Stadt-Schamane. Ein Handbuch zur Transformation durch Huna, dem Urwissen der hawaiianischen Schamanen,* Alf Lüchow, Freiburg i.B. (Original 1990: *Urban Shaman,* Simon & Schuster, New York).

Kline, Peter (1995): *Das alltägliche Genie – oder: Wie man sich in das Lernen (neu) verlieben kann*, Junfermann, Paderborn (Original 1988: *The Everyday Genius. Restoring Children's natural joy of learning – and yours too,* Great Ocean Publishers, Arlington, West Virginia).

Knight, Sue (1995): *NLP at work. The Differences that makes a Difference in Business,* Nicholas Brealey, London.

Kolbeck, Christoph und Nicolai, Alexander (1996): *Von der Organisation der Kultur zur Kultur der Organisation. Kritische Perspektiven eines neueren systemtheoretischen Modells,* Metropolis, Marburg.

Kramer, Joel and Alstad, Diana (1993): *The Guru Papers. Masks of Authoritarian Power,* North Atlantic Books, Berkeley/CA.

Kriz, Jürgen (1994): *Grundkonzepte der Psychotherapie. Eine Einführung,* 4. Auflage, Psychologie Verlags Union, Weinheim.

Krusche, Helmut (1992): *Der Frosch auf der Butter. NLP.* Die Grundlagen des Neurolinguistischen Programmierens, Econ, Düsseldorf.

Küpfmüller, Karl (1971): *Grundlagen der Informationstheorie und Kybernetik,* in: Grauer, O.H.; Kramer, K. und Jug, R. (Hrsg.): *Physiologie des Menschen,* Band 10, Urban und Schwarzenberg, München.

Kutschera, Gundl (1995a): *Tanz zwischen Bewußt-sein & Unbewußt-sein. NLP Arbeits- und Trainingsbuch,* 2. Auflage, Junfermann, Paderborn.

Kutschera, Gundl (1995b): *Resonanz lernen. Handbuch für Multilevel-Kommunikation,* Junfermann, Paderborn.

Kutschera, Gundl; Carl, Roswitha und Pfeffer, Simone (1995): *Resonanz in Partnerbeziehungen. NLP – in Harmonie miteinander leben,* Junfermann, Paderborn.

L

Laborde, Genie Z. (1994): *Kompetenz und Integrität,* 3. Auflage, Junfermann, Paderborn (Original 1988: *Fine Tune Your Brain,* Syntony Inc. Publishing, Palo Alto).

Laing, Ronald D. (1989): *Die Stimme der Erfahrung. Erfahrung, Wissenschaft und Psychiatrie,* dtv, München (Original 1982: *The Voice of Experience,* Allan Lane, London).

Lakoff, George und Johnson, Mark (1980): *Metaphors We Live By,* The University of Chicago Press, Chicago and London.

Lankton, S.R. (1980): *Practical Magic. A Translation of Basic Neuro-Linguistic Programming into Clinical Psychotherapy,* Meta Publications, Cupertino/CA.

Lasko, Wolf und Frenzel, Frank (1996): *Die Magie der Erfolgreichen. Wetten, daß auch Ihr Talent geweckt werden kann,* Junfermann, Paderborn.

Linden, Anné und Spalding, Murray (1996): *Enneagramm und NLP. Auf dem Weg der Evolution,* Junfermann, Paderborn (Original 1994: *The Enneagram and NLP – A Journey of Evolution,* Metamorphous Press, Portland/OR).

Ludewig, Kurt (1992): *Systemische Therapie. Grundlagen klinischer Theorie und Praxis,* Klett-Cotta, Stuttgart.

Lück, Helmut E. (1996): *Geschichte der Psychologie,* 2. Auflage, Kohlhammer, Stuttgart.

Lübeck, Walter (1994): *Handbuch des spirituellen NLP. Geistige Brücken, die Herzen und Verstand auf harmonische Weise verbinden und eine neue Lebendigkeit bewirken,* Windpferd, Aitrang.

Luther, Michael und Maaß, Evelyne (1996): *NLP-Spiele-Spectrum,* 2. überarb. Auflage, Junfermann, Paderborn.

M

Maelicke, Alfred (Hrsg.) (1990): *Vom Reiz der Sinne,* VCH, Weinheim.

Major, David (1996): „A Critical Examination of the Place of Belief in NLP“, *NLP World,* 3/3, 21-34.

Marwitz, Klaus (1993): *Lean Company,* Junfermann, Paderborn.

Mast, Karl (1995): *Kommunikation in Weiß. NLP für Ärzte & Heilberufe,* Junfermann, Paderborn.

Masters, Robert und Houston, Jean (1984): *Phantasie-Reisen. Zu neuen Stufen des Bewußtseins. Ein Führer durch unsere inneren Räume,* Kösel, München (Original 1972: *Mind Games,* Viking Press, New York).

Mayer-Wamos, Angelika (1993): *Fremdsprachen erfolgreich lehren und lernen,* Junfermann, Paderborn.

Mayr, Otto (1987): *Uhrwerk und Waage. Autorität, Freiheit und technische Systeme in der frühen Neuzeit,* C.H. Beck, München (Original 1986: *Authority, Liberty and Automatic Machinery in Early Modern Europe,* The John Hopkins University Press, Baltimore and London).

Merchant, Carolyn (1987): *Der Tod der Natur. Ökologie, Frauen und neuzeitliche Naturwissenschaft,* C.H. Beck, München (Original 1980: *The Death of Nature. Women, Ecology and the Scientific Revolution*).

Meyer, Annegret und Stender, Jan (1995): *Systemisches NLP. Arbeit mit Paaren, Teams und Gruppen,* Junfermann, Paderborn.

Miketta, Gaby (1992): *Netzwerk Mensch. Psychoneuroimmunologie. Den Verbindungen von Körper und Seele auf der Spur,* 2. Auflage, Georg Thieme, Stuttgart.

Miller, George A. (1956): „The Magical Number Seven, Plus or Minus Two“, *Psychological Review,* 63, 81-87.

Miller, G.A.; Galanter, E. und Pribram, K. (1973): *Strategie des Handelns,* Klett, Stuttgart (Original 1960: *Plans and the Structure of Behavior,* Holt, Rinehart & Winston, New York).

Minuchin, Salvador (1981): *Familie und Praxis struktureller Familientherapie,* 4. Auflage, Lambertus, Freiburg i.B. (Original 1976: *Family and Family Therapie,* 6th ed., President & Fellows of Harvard College).

Mohl, Alexa (1995): *Auch ohne daß ein Prinz dich küßt. Kommunikationsmethoden und NLP-Lernstrategien,* 2. Auflage, Junfermann, Paderborn.

Mohl, Alexa (1996a): *Der Zauberlehrling. Das NLP Lern- und Übungsbuch,* 5. Auflage, Junfermann, Paderborn.

Mohl, Alexa (1996b): *Der Meisterschüler. Der Zauberlehrling Teil II. Das NLP-Lern- und Übungsbuch,* Junfermann, Paderborn.

Mohl, Alexa (1996c): *Neue Wege zum gewünschten Gewicht. Mit NLP zu einem wohltuenden Eßverhalten,* Junfermann, Paderborn.

Mongino, E. and Lippman, L. (1987): „Image Formation as Related to Visual Fixation Point", *Journal of Mental Imagery,* 11(1), S. 87-96.

Moine, Donald und Lloyd, Kenneth (1994): *Unlimited Selling Power. Die Techniken der Verkaufselite,* Junfermann, Paderborn (Original 1990: *Unlimited Selling Power. How to Master Hypnotic Selling Skills,* Prentice Hall).

Murphy, Michael (1994): *Der Quanten-Mensch,* Integral, Wessobrunn (Original 1992: *The Future of the Body,* Jeremy P. Tarcher Inc., Los Angeles).

N

Nagel, Clint Van; Sindzinski, Robert; Reese, Edward J. und Reese, Mary Ann (1989): *Megateaching. Neurolinguistisches Programmieren im Unterricht,* Verlag für angewandte Kinesiologie, Freiburg i.B. (Original 1985: *Megateaching and Learning – Neurolinguistic Programming, Applied to Education*).

Nagel, Ernest und Newman, James R. (1984): *Der Gödelsche Beweis,* R. Oldenbourg, München.

Nickel, Erwin (1990): *Zwischen Quantentheorie und Transpersonalem Bewußtsein. Gedanken zur Verschiebung des Realitätsbegriffes angesicht unserer Erfahrungen in der „Wendezeit"*, in: Resch 1990, 1-28.

Norretranders, Tore (1994): *Spüre die Welt. Die Wissenschaft des Bewußtseins,* Rowohlt, Reinbek bei Hamburg (Original 1991: *Maerk werden,* Gyldendal, Kopenhagen).

O

O'Connor, Joseph und Seymour, John (1996): *Gelungene Kommunikation und Entfaltung,* 6. Auflage, Verlag für angewandte Kinesiologie, Freiburg i.B. (Original 1990: *Introducing Neuro-Linguistic Programming. Psychological Skills for Understanding and Influencing People,* Mandala, London).

O'Connor, Joseph und McDermott, Ian (1996): *Principles of NLP,* Harper Collins Publishers, London.

O'Hanlon, William H. (1995): *Eckpfeiler. Grundlegende Prinzipien der Therapie und Hypnose Milton Ericksons,* 2. Auflage, Iskopress, Salzhausen (Original 1987: *Taproots. Underlying Principles of Milton Erickson´s Therapy and Hypnosis*, Norton, New York).

Ornstein, Robert (1992): *Multimind. Ein neues Modell des menschlichen Geistes,* 3. Auflage, Junfermann, Paderborn (Original 1986: *Multimind*, Houghton Mifflin, Boston).

Ötsch, Walter (1991): „Gibt es eine Grundlagenkrise der neoklassischen Theorie?", *Jahrbücher für Nationalökonomie und Statistik,* 208/6, 642-656.

Ötsch, Walter (1996): *Die Herausforderung des Konstruktivismus für die ökonomische Theorie,* in: Priddat, B./Wegner, G,. (Hrsg.): *Zwischen Evolution und Institution. Neue Ansätze in der ökonomischen Theorie,* Metropolis Verlag, S. 35-55.

Ötsch, Walter (1997): „NLP, kulturelle Beliefs und kultureller Wandel", *Multimind,* 2/97, 28-33.

P

Palazzoli, Selvini M.; Boscolo, L.; Cecchin, G. und Prata, G. (1981): *Paradoxon und Gegenparadoxon. Ein neues Therapiemodell für die Familie mit schizophrener Störung,* 3. Auflage, Klett-Cotta, Stuttgart (Original 1975: *Paradosso & Controparadosso,* Feltrinelli, Mailand).

Pelletier, Kenneth R. (1988): *Unser Wissen vom Bewußtsein. Von Psyche und Soma,* Rowohlt, Reinbek bei Hamburg (Original 1978: *Toward a Science of Consciousness*).

Penrose, Roger (1990): *The Emperor´s New Mind. Concerning Computers, Mind, and The Laws of Physics*, Oxford University Press.

Peter, Uwe Henrik (o.J.): *Psychiatrie und medizinische Psychologie von A-Z,* 3. Auflage, Seehamer, Weyarn.

Poffel, S. and Cross, H. (1985): „Neurolinguistic Programming. A Test of the Eye Movement Hypothesis", *Journal of Perceptual and Motor Skills,* 61(3), 126-132.

R

Redaktion Naturwissenschaft und Medizin (1992): *Duden „Das Wörterbuch medizinischer Fachausdrücke"*, 5. Auflage, Duden-Verlag, Mannheim u.a.

Rehfus, Wulff D. (1990): *Die Vernunft frißt ihre Kinder. Zeitgeist und Zerfall des modernen Weltbildes,* Hoffmann und Campe, Hamburg.

Resch, Andreas (1990): *Veränderte Bewußtseinszustände. Träume – Trance – Ekstase,* Resch Verlag, Innsbruck.

Robbins, Anthony (1991a): *Grenzenlose Energie. Das Power Prinzip. Wie Sie Ihre persönlichen Schwächen in positive Energie verwandeln,* Heyne, München (Original 1986: *Unlimited Power*, Ballantine Books, New York).

Robbins, Anthony (1991b): *Das Robbins Power Prinzip. Wie Sie Ihre wahren inneren Kräfte sofort einsetzen,* Heyne, München (Original: *Awaken the Giant Within. How to take Immediate Control of Your Mental, Emotional, Physical and Financial Destiny*, Simon & Schuster, New York).

Rossi, Ernest L. (1995): *20 Minuten Pause,* 3. Auflage, Junfermann, Paderborn (Original 1991: *The 20-Minute-Break – Reduce Stress, Maximize Performance, and Improve Health and Emotional Well-Being Using the New Science of Ultradian Rhythmus,* Jeremy P. Tarcher).

Roth, Gerhard (1990a): *Autopoiese und Kognition. Die Theorie H.R. Maturanas und die Notwendigkeit ihrer Weiterentwicklung,* in: Schmidt 1990, 256-286.

Roth, Gerhard (1990b): *Gehirn und Selbstorganisation,* in: Krohm, W. und Krippes, G. (Hrg): *Selbstorganisation. Aspekte einer wissenschaftlichen Revolution,* Vieweg, Braunschweig und Wiesbaden, 167-180.

Roth, Gerhard (1990c): *Erkenntnis und Realität. Das reale Gehirn und seine Wirklichkeit*, in: Schmidt 1990, 228ff.

Roth, Gerhard (1991): *Neurale Grundlage des Lernens und des Gedächnisses,* in: Schmidt 1991, 127-158.

Rückerl, Thomas (1996): *NLP in Stichworten. Das aktuelle NLP-Lexikon. Ein Überblick für Einsteiger und Fortgeschrittene*, 2. Auflage, Junfermann, Paderborn (1. Auflage 1994).

Rückerl, Thomas (1997): *NLP in Action, Die Kunst des NLP als angewandte Psychologie im täglichen Leben und in der professionellen Kommunikation,* Junfermann, Paderborn.

Ruesch, Jürgen und Bateson, Gregory (1995): *Kommunikation. Die soziale Matrix der Psychiatrie,* Carl Auer, Heidelberg (Original 1968: *Communication. The Social Matrix of Psychiatry*).

S

Satir, Virginia (1988): *Meine vielen Gesichter. Wer bin ich wirklich?*, Kösel, München (Original 1978: *Your Many Faces,* Celestical Arts, Berkeley/CA).

Satir, Virginia (1987): *Selbstwert und Kommunikation. Familientherapie für Berater und zur Selbsthilfe,* Pfeiffer, München (Original 1972: *Peoplemaking,* Science and Behaviour Books, Palo Alto/CA).

Satir, Virginia (1996): *Kommunikation – Selbstwert – Kongruenz,* Junfermann, Paderborn (Original 1988: *The New Peoplemaking*, Science and Behavior Books, Palo Alto).

Satir, Virginia (1994): *Sei direkt. Der Weg zu freien Entscheidungen,* Junfermann, Paderborn (Original 1994: *Say it Straight,* Science and Behavior Books, Palo Alto).

Satir, Virginia u.a. (1995): *Das Satir-Modell. Familientherapie und ihre Erweiterung,* Junfermann, Paderborn (Original 1991: *The Satir Model*, Science and Behavior Books, Palo Alto).

Schauer, Gernot (1995): *NLP als Psychotherapie. Harmlose Mixtur oder hochwirksames Verfahren?*, Junfermann, Paderborn.

Scheele, Paul R. (1996): *PhotoReading. Die neue Hochgeschwindigkeits-Lesemethode in der Praxis,* 2. Auflage, Junfermann, Paderborn (Original 1993: The PhotoReading Whole Mind System, Learning Strategies Corporation).

Schellenbaum, Peter (1992): *Nimm Deine Couch und geh! Heilung mit Spontanritualen,* Kösel, München.

Schick, Klaus H. (Hrsg.) (1995): *NLP und Rechtschreibtherapie. Praxishilfen für Unterricht und Therapie. Lehse- unt Rächschreip-Schwihrikkaitn adeh,* Junfermann, Paderborn.

Schiermann, J.K. (1987): *Die Repräsentation anschaulicher Information. Eine experimentelle Studie zur kognitiven Psychologie über die Identifizierung modalitätsspezifischer Repräsentationssysteme,* Lang, Frankfurt/M.

Schlippe, Arist von und Schweitzer, Jochen (1996): *Lehrbuch der systemischen Therapie und Beratung*, 2. Auflage, Vandenhoeck und Ruprecht, Göttingen und Zürich.

Schmid-Oumard und Nahler, Michael (1994): *Lehren mit Leib und Seele. NLP in der pädagogischen Praxis,* 2. Auflage, Junfermann, Paderborn.

Schmid-Oumard und Nahler, Michael (1996): *Vom Wunsch zur Wirklichkeit. Strategien des NLP für die pädagogische Praxis,* Junfermann, Paderborn.

Schmidt, Siegfried J. (Hrsg.) (1990): *Der Diskurs des Radikalen Konstruktivismus,* 3. Auflage, Suhrkamp, Frankfurt a.M.

Schmidt, Siegfried J. (Hrsg.) (1991): *Gedächtnis. Probleme und Perspektiven der interdisziplinären Gedächtnisforschung,* Suhrkamp, Frankfurt a.M.

Schmidt, Siegfried J. (Hrsg.) (1992): *Kognition und Gesellschaft. Der Diskurs des Radikalen Konstruktivismus 2,* Suhrkamp, Frankfurt a.M.

Schöppe, Arno (1995): *Theorie paradox. Kreativität als systemische Herausforderung,* Carl Auer, Heidelberg.

Schott, Barbara (1993): *Lust statt Frust. Endlich entspannt verkaufen,* Junfermann, Paderborn.

Schuhbauer, J. (1988): *Augenbewegungen als Indikatoren für Informationsverarbeitungsprozesse.* Unveröffentlichte Diplomarbeit, Ludwig-Maximilian-Universität, München.

Schulz von Thun, Friedemann (1988): *Miteinander reden. Störungen und Klärungen. Psychologie der zwischenmenschlichen Kommunikation,* Rowohlt, Reinbek bei Hamburg.

Schweitzer, Jochen; Retzer, Arnold und Fischer, Hans Rudi (Hrsg.) (1994): *Systemische Praxis und Postmoderne,* 2. Auflage, Suhrkamp, Frankfurt a.M.

Sekuller, Robert und Blake, Randolph (1994): *Perception*, 3rd edition, McGraw-Hill, New York.

Simon, Fritz (1990): *Meine Psychose, mein Fahrrad und ich. Zur Selbstorganisation der Verrücktheit,* Carl Auer, Heidelberg.

Simon, Fritz (1993): *Unterschiede, die Unterschiede machen. Grundlage einer systemischen Psychiatrie und Psychosomatik,* 3. Auflage, Suhrkamp, Frankfurt a.M.

Sinclair, Joseph (1992): *An ABC of NLP,* Aspen, London.

Spencer-Brown, George (1969): *Laws of Form,* Dutton, New York.

Spencer-Brown, George (1996): *Wahrscheinlichkeit und Wissenschaft,* Carl Auer, Heidelberg (Original 1975: *Probability and Scientific Interference,* Longmans, Green & Co., London).

Stahl, Thies (1992): *Neurolinguistisches Programmieren,* PAL, München.

Stahl, Thies (1995): *Triffst du 'nen Frosch unterwegs ...,* 6. Auflage, Junfermann, Paderborn.

Staples, Walter Doyle (1995): *Think like a winner!,* 2. Auflage, Junfermann, Paderborn (Original 1991: *Think Like a Winner!,* Pelican, Gretna, Louisiana).

Steiner, Claude (1986): *Wie man Lebenspläne verändert. Die Arbeit mit Scripts in der Transaktionsanalyse*, 5. Auflage, Junfermann, Paderborn (Original 1974: *Scripts People Live*, Grove Press, New York).

Stevens, John O. (1984): *Die Kunst der Wahrnehmung. Übungen der Gestalttherapie,* Chr. Kaiser, München (Original 1971: *Awareness: Exploring, Experimenting, Experiencing,* Real People Press, Moab/UT).

Stierlin, Helm; Simon, Fritz B. und Schmidt, Gunther (Hrsg.) (1987): *Familiäre Wirklichkeiten. Der Heidelberger Kongreß,* Klett-Cotta, Stuttgart.

Stierlin, Helm (1994): *Ich und die anderen. Psychotherapien in einer sich wandelnden Gesellschaft,* Klett-Cotta, Stuttgart.

Strikker, Frank und Strikker, Heidrun (1994): *Redekunst im Rampenlicht. Mit Persönlichkeit, NLP und Kreativität überzeugen,* Verlag moderne Industrie, Landsberg.

Strube, Gerhard u.a. (Hrsg.) (1996): *Wörterbuch der Kognitionwissenschaft,* Klett-Cotta, Stuttgart.

T

Tart, Charles (1988): *Hellwach und bewußt leben. Wege zur Entfaltung des menschlichen Potentials – eine Anleitung zum bewußten Sein,* Scherz, Bern (Original 1986: Waking Up).

Taylor, Charles (1994): *Quellen des Selbst. Die Entstehung der neuzeitlichen Identität,* Suhrkamp, Frankfurt (Original 1989: *Sources of the Self. The Making of Modern Identity,* Harvard University Press).

Tepperwein, Kurt (1988): *Die hohe Schule der Hypnose. Praktische Lebenshilfe für jedermann,* 4. Auflage, Goldmann.

Trenkle, Bernhard (1994): *Das Ha-Handbuch der Psychotherapie. Witze – ganz im Ernst,* Carl Auer, Heidelberg.

Trincker, Dietrich (1966): *Aufnahme, Speicherung und Verarbeitung von Information durch den Menschen,* Ferdinand Hirt, Kiel.

Tulku, Thartang (1983): *Raum, Zeit und Erkenntnis,* Scherz, Bern (Original 1977: Time, Space and Knowledge, Dharma Publishing).

Tulku, Thartang (1984): *Selbstheilung durch Entspannung,* Heyne, München (Original 1978: *Kum Nye Relaxation,* Dharma Publishing).

U

Ulsamer, Berthold (1992): *Erfolgstraining für Manager. Ihr Mentalkurs zur Spitzenleistung,* Econ, Düsseldorf.

Ulsamer, Berthold (1994a): *Exzellente Kommunikation mit NLP. Erfolgsfaktoren des Neurolinguistischen Programmierens für Führungskräfte,* 3. Auflage, Gabal, Offenbach.

Ulsamer, Berthold (1994b): *NLP in Seminaren. Gruppenarbeit erfolgreich gestalten,* Gabal, Offenbach.

Ulsamer Berthold und Blickhan, Claus (1995): *NLP für Einsteiger. Neuro-linguistisches Programmieren leicht gemacht,* 8. Auflage, Gabal, Offenbach.

V

Von Roden, Rüdiger (1997): *Das Erleben erweiterten Bewußtseins. Rituale der Selbstentdekkung. Eine Synthese des Holotropen Atems nach Grof mit Übungen aus der Psychoenergetik,* Junfermann, Paderborn.

Vaihinger, Hans (1911): *Die Philosophie des Als Ob. System der theoretischen, praktischen und religiösen Fiktionen der Menschheit auf Grund eines idealistischen Positivismus,* Reuther und Reichard, Berlin.

Van der Horst, Brian (1994): „An NLP-Primer on Spirituality", *NLP World,* 1/3, 28-44.

Varela, Francisco J. und Thompson, Evan (1992): *Der Mittlere Weg der Erkenntnis. Die Beziehung von Ich und Welt in der Kognitionswissenschaft – der Brückenschlag,* Scherz, Bern (Original 1991: *The Embodied Mind,* Massachusetts Institute of Technology).

W

Walker, Wolfgang (1996): *Abenteuer Kommunikation. Bateson, Perls, Satir, Erickson und die Anfänge des Neurolinguistischen Programmierens (NLP)*, Klett-Cotta, Stuttgart.

Walsh, Roger und Vaughan, Frances (Hrsg.) (1987): *Psychologie in der Wende. Grundlagen, Methoden und Ziele der Transpersonalen Psychologie,* Rowohlt, Reinbek bei Hamburg (Original 1980: *Beyond Ego*).

Watts, Alan (1978): *Weisheit des ungesicherten Lebens,* O.W. Barth (Original 1951: *The Wisdom of Insecurity,* Pantheon Books).

Watts, Alan (1980): *Die Illusion des Ich. Westliche Wissenschaft und Zivilisation in der Krise,* Kösel, München (Original 1966: *The Book on the Taboo Against Knowing Who You Are,* Jonathan Cape, London).

Watzlawick, Paul (1984): *Wie wirklich ist die Wirklichkeit? Wahn – Täuschung – Verstecken,* 12. Auflage, Piper, München.

Watzlawick, Paul (Hrsg.) (1991a): *Die erfundene Wirklichkeit. Wie wissen wir, was wir zu wissen glauben? Beiträge zum Konstruktivismus,* 7. Auflage, Piper, München.

Watzlawick, Paul und Krieg, Peter (Hrsg.) (1991b): *Das Auge des Betrachters. Beiträge zum Konstruktivismus,* Piper, München.

Watzlawick, Paul; Weakland, John H. und Fisch, Richard (1984): *Lösungen. Zur Theorie und Praxis menschlichen Wandels,* 3. Auflage, Hans Huber, Bern (Original 1974: *Change. Principles of Problem Formation and Problem Resolution,* W.W. Norton, New York).

Weerth, Rupprecht (1993): *NLP & Imagination II. Die Untersuchung zum Buch. Daten & Fakten,* Junfermann, Paderborn.

Weerth, Rupprecht (1994): *NLP & Imagination. Grundannahmen, Methoden, Möglichkeiten und Grenzen,* 2. Auflage, Junfermann, Paderborn.

Weiß, Josef und Kirchner, Isolde (1996): *Selbst-Coaching. Persönliche Power und Kompetenz gewinnen,* 5. Auflage, Junfermann, Paderborn.

Wendorff, Rudolf (1985): *Zeit und Kultur. Geschichte des Zeitbewußtseins in Europa,* 3. Auflage, Westdeutscher Verlag, Opladen (1. Auflage: 1980).

Whitehead, A. N. und Russell, B. (1910-1913): *Principia Mathematica,* 3 Bände, Cambridge University Press.

Whitrow, Gerald J. (1991): *Die Erfindung der Zeit,* Junius, Hamburg (Original 1988: *Time in History,* Oxford University Press).

Wilber, Ken (1987a): *Wege zum Selbst. Östliche und Westliche Ansätze zu persönlichem Wachstum,* 3. Auflage, Kösel, München (Original 1979: *No Boundary,* Shambala Publications, Boulder/CO).

Wilber, Ken (1987b): *Das Spektrum des Bewußtseins,* Scherz, Bern (Original 1977: *The Spectrum of Consciousness*).

Wilber, Ken (1988a): *Die drei Augen der Erkenntnis. Auf dem Weg zu einem neuen Weltbild,* Kösel, München (Original 1983: *Eye to Eye. The Quest for the New Paradigm,* Doubleday, New York).

Wilber, Ken (1988b): *Halbzeit der Evolution. Der Mensch auf dem Weg vom animalischen zum kosmischen Bewußtsein. Eine interdisziplinäre Darstellung der Entwicklung des menschlichen Geistes,* Goldmann, München (Original 1981: *Up From Eden,* Doubleday, New York).

Wilber, Ken (1996): *Eros, Kosmos, Logos. Eine Vision an der Schwelle zum nächsten Jahrtausend,* Wolfgang Krüger, Frankfurt a.M. (Original 1995: *Sex, Ecology, Spirituality,* Shambala Publications, Boston).

Wippich, Jürgen (1995): *Denk nicht an Blau,* Junfermann, Paderborn.

Witt, Klaus (1995): *Allergie? Nein danke! Gesundheit? Ja bitte! Mentale Wege zur Behandlung und Heilung von Allergien, Neurodermitis und Asthma mit NLP,* Junfermann, Paderborn.

Wolf, Fred Alan (1986): *Der Quantensprung ist keine Hexerei. Die neue Physik für Einsteiger,* Birkhäuser, Basel (Original 1981: *Taking the Quantum Leap,* Harper & Row, New York).

Wolf, Fred Alan (1989): *Körper, Geist und neue Physik. Eine Synthese der neuesten Erkenntnisse von Medizin und moderner Naturwissenschaft,* Barth (Original 1986: *The Body Quantum,* Youniverse Seminars, Inc.).

Wolf, Rainer und Wolf, Dorothea (1990): *Vom Sehen zum Wahrnehmen: Aus Illusionen entsteht ein Bild der Wirklichkeit.* In: Maelicke 1990, 47-74.

Wolinsky, Stephen (1993): *Die alltägliche Trance. Heilungsansätze in der Quantenpsychologie,* Alf Lüchow, Freiburg i.B. (Original 1991: *Trances People Live,* Bramble Company, Connecticut).

Wolinsky, Stephen (1994): *Quantenbewußtsein. Das experimentielle Handbuch der Quantenpsychologie,* Alf Lüchow, Freiburg i.B. (Original 1993: *Quantum Consciousness,* Bramble Company, Conneticut).

Wolinsky, Stephen (1995): *Die dunkle Seite des inneren Kindes. Der nächste Schritt,* Alf Lüchow, Freiburg i.B. (Original 1993: *The Dark Side of the Inner Child. The Next Step,* Bramble Company, Conneticut).
Wrycza, Peter (1994): „Selfquestions", *NLP World,* 1/3, 45-60.
Wrycza, Peter (1995): „Maps beyond the Mind", *NLP World,* 2/1, 35-65.
Wrycza, Peter (1997): *Living Awareness. Awakening to the Roots of Learning and Perception. A Heart-Warming Approach to NLP*, Gateway Books, Bath.

Y

Yapko, Michael D. (1995): *Essentials of Hypnosis,* Brunner/Mazel, New York.

Z

Zajonc, Arthur (1994): *Die gemeinsame Geschichte von Licht und Bewußtsein,* Rowohlt, Reinbek bei Hamburg (Original 1993: *Catching the Light. The Entwined History of Light and Mind,* Bantam Books, New York).
Zeig, Jeffrey K. (Hrsg.) (1988): *Meine Stimme begleitet Sie überallhin. Ein Lehrseminar mit Milton H. Erickson,* 3. Auflage, Klett-Cotta, Stuttgart (Original 1980: *A Teaching Seminar with Milton H. Erickson,* Brunner/Mazel, New York).
Zerlauth, Thomas (1996): *Sport im State of Excellence. Mit NLP & mentalen Techniken zu sportlichen Höchstleistungen,* Junfermann, Paderborn.
Zimmermann, M. (1993): *Das Nervensystem – nachrichtentechnisch gesehen,* in: Schmidt, R.F. und Thews, G. (Hrsg.): *Physiologie des Menschen,* 25. Auflage, Springer, Berlin und Heidelberg, 176-183.
Zukav, Gary (1981): *Die tanzenden Wu Li Meister. Der östliche Pfad zum Verständnis der modernen Physik,* Rowohlt, Reinbek bei Hamburg (Original 1979: *The Dancing Wu Li Masters. An Overview of the New Physics,* William Morrow, New York).

Information zur Aus- und Fortbildung in NLP

Milton H. Erickson Institut Berlin

Dr. Wolfgang Lenk, Dipl. Psych.

Wartburgstr. 17 • D-10825 Berlin
Tel. & Fax: 0 30 / 7 81 77 95

Ausbildungen in NLP (Practitioner, Master Practitioner, Health Certification Training, Trainer Training), in Systembezogener Therapie und in Klinischer Hypnose nach M.H. Erickson • Beratung • Supervision • Coaching

---

NLP professional Seminarzentrum NRW

Dipl. Psych. Marina Schmidt-Tanger

Ehrenfeldstr. 14 • 44789 Bochum
Tel.: 02 34 / 93 70 80 • Fax: 02 34 / 9 37 08 15

Anerkannte Zertifikatsausbildungen aller Stufen • Qualifiziertes Business-NLP

Thies Stahl Seminare

Dipl.-Psych. Thies Stahl

Drosselweg 1
D-25451 Quickborn
Tel.: 0 41 06 / 8 23 81 • Fax: 0 41 06 / 8 23 83

Training • Beratung • Supervision für professionelle Kommunikatoren

JUNFERMANN

Muster der Exzellenz

296 Seiten, kart.
DM 44,-
ISBN 3-87387-313-3

Die Beiträge, aus denen sich dieser Sammelband zusammensetzt, sind Berichte von engagierten Anwendern der Kunst des NLP. Es handelt sich dabei nicht um distanzierte, leidenschaftslose Darstellungen der besten Leistungen, derer diese Anwender fähig sind, sondern um Berichte von Menschen, die voll mit der Anwendung einer Technologie (NLP) beschäftigt sind, um einen lohnenden Beitrag für die Verbesserung von Lebensqualität zu leisten.
Der Zweck dieser Aufsatzsammlung besteht darin, den Leser dazu anzuregen, in der Anwendung des NLP in seinem Leben Herausragendes zu leisten. Die transparente Qualität der Darstellung erlaubt es dem Leser, die Wahrnehmungsposition des jeweiligen Autors/Handelnden einzunehmen und sowohl das zu erleben, was der betreffende Anwender wahrnahm, dachte und tat, wie auch - was noch wichtiger ist - das, was der Anwender hätte wahrnehmen, denken und tun *können.*
Die enorme Spannweite verschiedener Kontexte bietet dem Leser ein weites Feld der Würdigung von Anwendungen der gleichen Art der Musterbildung - Muster der Exzellenz, wie sie durch die Prinzipien der NLP-Modellbildung identifiziert und kodiert worden sind.

Die Herausgeber dieses Buches gehören zum großen Teil zur Gründergruppe des NLP. Sie sind allesamt bedeutsame Weiterentwickler des NLP in den USA.

JUNFERMANN VERLAG ● Postfach 1840
33048 Paderborn ● Telefon 0 52 51/3 40 34